사악한 디자인
나약한 인간 본성을
교묘히 조종하는
심리학적 디자인 기법

사악한 디자인
나약한 인간 본성을 교묘히 조종하는
심리학적 디자인 기법

지은이 크리스 노더 옮긴이 KAIST IT융합연구소
펴낸이 박찬규 엮은이 이대엽 디자인 북누리 표지디자인 아로와 & 아로와나

펴낸곳 위키북스 전화 031-955-3658, 3659 팩스 031-955-3660
주소 경기도 파주시 문발로 115 세종출판벤처타운 #311

가격 28,000 페이지 340 책규격 172 x 235 x 18mm

초판 발행 2014년 08월 07일
ISBN 978-89-98139-61-2 (13000)

등록번호 제406-2006-000036호 등록일자 2006년 05월 19일
홈페이지 wikibook.co.kr 전자우편 wikibook@wikibook.co.kr

Evil by Design: Interaction Design to Lead Us into Temptation by Chris Nodder
Copyright © 2013. All rights reserved.

This translation published under license with the original publisher John Wiley & Sons, Inc.
Korean edition copyright © 2014 by WIKIBOOKS.

이 책의 한국어판 저작권은 대니홍 에이전시를 통한 저작권사와의 독점 계약으로 위키북스가 소유합니다.
신 저작권법에 의해 한국 내에서 보호를 받는 저작물이므로 무단 전재와 복제를 금합니다.
이 책의 내용에 대한 추가 지원과 문의는 위키북스 출판사 홈페이지 wikibook.co.kr이나
이메일 wikibook@wikibook.co.kr을 이용해 주세요.

이 도서의 국립중앙도서관 출판예정도서목록(CIP)은
서지정보유통지원시스템 홈페이지(http://seoji.nl.go.kr)와 국가자료공동목록시스템(http://www.nl.go.kr/kolisnet)에서
이용하실 수 있습니다.(CIP제어번호: CIP2014022014)

사악한 디자인

나약한 인간 본성을
교묘히 조종하는
심리학적 디자인 기법

크리스 노더 지음
KAIST IT융합연구소 옮김

Evil by Design:
Interaction Design
to Lead Us
into Temptation

위키북스

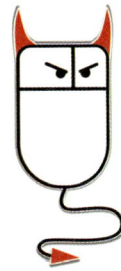

힘든 시기를 잘 참아준 나의 아내 멜과

같은 힘든 시기에 휴식을 취하기 위한 최고의 핑계가 되어준

 나의 강아지 쉴라에게

저자 소개

크리스 노더(Chris Nodder)는 크리스 노더 컨설팅 LLC의 설립자다. 크리스 노더 컨설팅 LLC는 사용자 경험 자문을 한발 빠르게 제공함으로써 기업들이 사용자에게 사랑받는 제품을 만들 수 있게 한다.

저자가 운영하는 웹사이트인 QuestionableMethods.com에서는 기민한 소규모 연구팀들의 사용자 연구에 필요한 도구를 제공한다. 또한 인터넷 온라인 강좌 사이트인 린다닷컴(Lynda.com)에서 동영상 강의를 했으며, 국제 학회에서는 사용자 경험을 주제로 발표하기도 한다.

저자는 직접 컨설팅 사업을 시작하기 전에 업계 최고의 회사에서 일하면서 소중한 경험들을 쌓았다. 세계 최초의 사용자 연구 회사인 닐슨 노먼 그룹에서 5년간 이사를 맡았으며, 마이크로소프트에서 7년간 선임 사용자 연구원으로 일했다.

심리학과 HCI 분야가 주 연구 배경 분야다.

테크니컬 에디터 소개

테크니컬 에디터인 댄 락턴(Dan Lockton)의 전문 분야는 행동 변화를 이끌어내는 디자인으로서, 이는 사회적, 환경적 이익을 위해 제품과 서비스를 활용하는 방식을 이해하고 이에 영향을 미치는 작업을 말한다. 이 새로운 연구 분야를 다루는 디자이너들을 위해 댄은 박사 학위 과정에서 Design with Intent Toolkit이라는 패턴 라이브러리를 개발했다. 헬렌 햄린 디자인 센터(Helen Hamlyn Center for Design), 영국 왕립예술대학(Royal College of Art)의 준(準)선임 연구원이며, 레퀴짓 버라이어티(Requisite Variety)라는 회사를 운영하면서 컨설팅 서비스를 제공하고 있다.

감사의 말

닐슨 노먼 그룹 학회의 기조 주제로 이 책에 나온 아이디어들을 점검할 기회를 마련해준 제이콥 닐슨(Jakob Nielsen), 책의 제목을 제안하고 훌륭한 머리말을 써준 도널드 노먼(Don Norman), 영감 넘치는 스토리텔링의 주인공이자 밉지 않은 사기꾼인 브루스 "토그" 토그나치니(Bruce "Tog" Tognazzini)에게 감사를 전한다. 이들은 사용자 경험 연구의 드림팀이었다.

와일리 출판사 분들에게도 감사를 전한다. 특히 매리 제임스(Mary James)는 내게 처음으로 이 책을 써보지 않겠냐고 제안한 사람이었다. 애대오비 오비 털튼(Adaobi Obi Tulton)이 아니었다면 제대로 진행하지 못했을 것이다. 샌 디 필립스(San Dee Phillips)는 내가 쓴 글의 시제를 일치시키고, 구두법을 완벽하게 만들어 주었으며, 내 영어를 더 미국식으로 다듬어 주었다.

또한 이들을 빼 놓을 수 없다. 댄 락턴(Dan Lockton)은 기술적 수정 사항에 대해 내게 정확히 알려주었을 뿐만 아니라 훌륭한 예시와 새로운 저술 방향을 제시해 주었다. 스캇 버컨(Scott Berkun)의 선견과 지혜는 이 책을 쓰기로 결정하고 미쳐가는 나를 붙잡아 주었다. 그리고 이름없는 온라인 리뷰어에게도 모두 감사하며, 마지막으로 자신의 의도와는 무관하게 이 책에 쓰인 예시 사례를 제공한 수많은 기업과 개인에게 감사를 전한다.

역자 서문

현대 인간의 삶을 논할 때 디자인을 빼고 설명한다는 것은 이제 불가능한 일이 되었다. 그만큼 디자인이란 우리의 일상에 전방위적으로 관여하고 있고, 무대를 온라인 세상으로 옮긴다면 디자인에 관한 이야깃거리는 가히 무궁무진하다. 흔히 UI, UX로 불리는 사용자 인터페이스, 사용자 경험이란 단어는 더 이상 낯선 단어가 아니고 디자인의 초점은 기능과 기술에서 사용자 중심으로 옮겨 간지 오래이며, 이 과정에서 인간 중심 디자인(Human-Centered Design)의 개념이 정립되기에 이르렀다. 이러한 개념은 스마트 사회의 도래와 함께 그 중요성이 더욱 높아지고 있다.

하지만 디자인 역시 이윤의 창출을 목적으로 하는 여러 사업의 도구라는 점을 놓쳐서는 안 된다. 디자인은 결국 사용자의 설득을 이끌어내야 자신의 목적을 달성할 수 있는 것이다. 사용자 없는 디자인이란 존재할 수 없다.

과연 디자인은 언제든 진정 사용자, 더 넓게 보면 일반 사람들의 행복을 중심에 놓고 발전하고 있는가? 디자이너들은 사용자의 참여를 위해 인간의 행동 방식을 알아야 한다. 여기서 인간의 약점이 드러나고 디자이너들이 이를 자신의 이익을 위해 이용하기 시작한다면? 온라인 세계의 디자인이 제공하는 무궁무진한 이야깃거리에는 기술 혁신 속에 나날이 발전해 가는 인간 사회를 떠올리게 하는 밝은 면만이 존재하는가? 저자 크리스 노더는 지금까지 우리가 주목하지 못했던 디자인의 광채 뒤편의 그늘에 주목하였다.

노더의 설명에 따르면 UX 디자인은 갖가지 설득 기법으로 무장하고 사용자를 정신 없이 유혹하고 있다. 저자는 온라인 세계 구석구석에서 찾아낸 풍부한 사례들로 그 현장을 보여주고, 여기서 드러나는 디자인 기법들을 알기 쉽게 해설해준다. 이 기법들에는 심리학, 마케팅, 행동 경제학에서 뽑아낸 다양한 기술이 결합되어 있다.

디자인은 지금도 우리를 수많은 유혹에 빠뜨리고 있다. 온라인 세상의 디자인은 사용자의 눈 앞에 어둠의 장막을 드리우고, 우리 사용자는 부지불식간에 디자인 속에 숨은 악마에 협조하게 된다. 유혹에 빠지는 사람들의 실로 다양한 모습을 체계적으로 묘사하기 위해서 저자가 정한 기준이 있다. 바로 7대 죄악이다.

인간의 행동 양식을 정리는 것은 인간 중심 디자인의 일만은 아니다. 이미 오래 전에, 옛사람들 역시 사람들의 행동을 관찰하고 설명해 왔다. 그 중 인간의 나약함에 주목한 이들은 교만, 나태, 식탐, 분노, 시기, 색욕, 탐욕의 7가지 죄악으로 나약함에서 비롯된 행동들을 분류하였다.

옛 것을 보아야 오늘이 보인다는 말은 디자인에도 예외가 아니다. 참으로 오래된 옛 기준에 입각하여 가장 최신의 현상인 온라인 세계의 디자인 현상을 관찰하는 이 책에서 여러분은 놀랍도록 새로운 시각으로 디자인에 다시금 주목하게 될 것이다. 진정한 인간 중심 디자인을 위해서는 인간의 행동 양식을 이해해야 한다는 원칙은 더욱 공고해진다.

책을 다 읽고 나면, 악마가 디자인에 숨어 우리를 상대로 어떤 일들을 저질러 왔는지 그 전모를 알게 될 것이다. 하지만 주의하자. 책은 그저 악에서 시작한 현상을 설명한 것일 뿐이다. 결과까지 악이어야 한다고는 어디서도 나오지 않는다. 원칙들의 쓰임은 역시 어느 한 쪽으로 정해져 있는 것이 아니다.

이제 다른 누군가를 또다시 유혹에 빠뜨릴지, 행복에 빠뜨릴지 결정하는 것은 온전히 독자의 몫이다.

KI IT 융합연구소

추천사 — 14

들어가며 — 16
사악한 디자인과 선량한 상대 — 16

교만 — 20
교만이 자리를 잘못 찾으면 인지 부조화가 일어난다 — 21
사용해야 할 이유를 제시하라 — 23

'사회적 검증': 친구들이 주는 메시지를 이용하면
사회적 검증을 개인적이고 정서적으로 만들 수 있다 — 26
긍정적인 메시지를 반복해서 의구심을 없애라 — 27
개인적 메시지는 정곡을 찌른다 — 32
목표가 생기면 공개적으로 약속하게 한다 — 38
일반적인 유사성을 강조해 의견을 바꾸게 한다 — 40
인증과 추천을 이미지로서 드러낸다 — 43

폐쇄성: 완전함의 매력과 질서에 대한 욕구 — 46
세트를 완성하도록 도와라 — 47
질서에 대한 사람들의 욕망에 영합하라 — 53

교만을 조작해 신념을 바꾸게 하기 — 57

나태 — 60
희망선: A에서 B로 가는 길 위에 장벽을 최소로 — 61
최소 저항 경로 — 62

줄어든 옵션과 똑똑한 기본 설정은 결정 과정을 매끄럽게 한다 — 66
선택의 폭을 더 좁게 — 67
팔고 싶은 걸 먼저 보여줘라 — 73
찾거나 이해하기 힘들게 하라 — 76
네거티브 옵션: 가입하지 말지 마십시오 — 80

나태: 이것이 수고를 들일 만한 일인가? — 88

식탐 — 90
받아 마땅한 보상 — 90
- 보상을 쥐어준다 — 92
- 통 큰 보상 말고 소소한 보상 — 95
- 계산은 그만 — 98
- 문제를 보여준다 — 102

관여도의 단계적 상승: 문간에 발 들이기, 면전에서 문 닫기 — 108
- 문간에 발 들이기 — 109
- 면전에서 문 닫기 — 111
- 사용자가 쉽게 결정할 수 없는 것은 충분한 시간과 노력이 투입된 후에야 제시한다 — 115

희소성과 손실 회피를 이용한 식탐 자극 — 118
- 톰 소여 효과 — 118
- 의구심을 퍼뜨려 취소를 막는다 — 121
- 조급하면, 따르게 된다 — 125

자제력: 식탐에 내리는 천벌 — 127

분노 — 129
분노를 피하기 — 130
- 유머로 분노를 막는다 — 131
- 미끄러운 경사길을 써서 분노를 노골적으로 자극하지 않는다 — 133
- 초경험적 형이상학으로 무장해서 적을 무찌른다 — 139

분노 끌어안기 — 144
- 익명성을 사용해 억눌러 왔던 행동을 불러낸다 — 146
- 허락해 버려라 — 151
- 사람들에게 겁을 준다(단, 그에 대한 해결책을 우선 확보하고) — 157

분노를 사용한다면 안전하게 — 162

시기

욕망과 동경으로 시기심 자아내기 166
- 욕망을 일깨워 시기를 낳기 167
- 동경을 심어주기 169
- 사기 전에 벌써 가진 듯한 느낌이 들게 한다 174

지위에 대한 시기: 업적과 중요도 보여주기 180
- 지위의 차이를 야기해 행동을 유도한다 180
- 성취를 지위의 표시로서 강조하기 184
- 업적의 대안으로 금전 지불 권장하기 187
- 사용자들이 자신의 지위를 널리 알리게 하라 191
- 사람들로 하여금 자신이 중요하다고 느끼게 한다 193

제품에 시기를 빚어내고 이를 유지하기 197

색욕 200

색욕의 탄생: 감정으로 행동의 모양을 잡는다 201
- "사랑해"라고 말해라 202
- 2등이 되어라 206
- 메시지를 질문으로 표현해서 전달하라 210
- 내집단(in-group)을 마련한다 214

색욕 조절하기: 욕구를 이용해 깊이 관여시키기 217
- 가는 것이 있어야 오는 것이 있다 218
- 공짜로 팔기도 하라 222
- 무형의 가치를 팔아라 227
- 좋은 인상을 주려면 먼저 부탁을 하라 231

색욕에 젖은 행실 234

탐욕 — 237

카지노에서 배우기: 운, 확률, 부분 강화 계획 — 239

부분 강화 계획을 사용하라 — 243
게임으로 만들어라 — 246
소비자는 "종료"하거나 "구매"를 하는 게 아니라 "승리해야" 한다 — 250
사람들이 자신의 실력에 대해 갖는 (이미 과도한) 우쭐함을 더 부풀려라 — 253
운이 아니라 기술 때문에 보상을 받는 것처럼 만들어라 — 258
정원에 울타리 두르기 — 262

닻내림 효과와 임의적 일관성 — 265

닻을 확보하라 — 268
돈에서 토큰으로 — 271
미실현수당을 장려한다 — 274
비싸게 판다 — 276
차선을 먼저 제시한다 — 279
일관성을 깨서 가격을 합리화한다 — 282

욕심이 나는가? — 285

사악한 디자인 — 288

속임수를 나쁘다고 생각해야 하는가? — 289
이 책의 원칙들을 활용하는 것을 나쁘다고 생각해야 하는가? — 294
목적을 가지고 설득하라 — 298

설득형 디자인 기법 탐구 게임 — 299

참고문헌 — 308

추천사

나태, 교만, 시기, 탐욕, 색욕, 분노, 식탐. 잠깐 뭐? 이런 것들을 위한 디자인을 해야 한다고? 인간중심 디자이너로서 나는 이런 것들을 위해 디자인한다는 생각에 혐오감을 느끼지 않을 수 없다. 저자인 크리스 노더는 대체 무슨 생각인가? 출판사는 무슨 생각이지? 이것들은 악덕도 보통 악덕이 아니다.

하지만 생각해 보면 이 7대 죄악은 인간의 속성이다. 사람들이 실제로 어떻게 행동하는지 알고 싶은가? 법전을 읽어보라. 그럼 법 중에서도 가장 유명한 법, 십계명으로 시작해 보자. 이 계명은 모두 사람들이 이미 저지른 일을 금하는 내용이다. 모든 법은 사람들의 행동을 중지시키거나 통제하기 위한 의도로 쓰여졌다. 따라서 독자 여러분이 실제 인간 행동을 이해하고 싶다면 법이 무엇을 멈추게 하려는지 보면 된다. 7대 죄악은 인간 행동을 퍽 깔끔하게 잘 간추려 그 골자를 전하고 있다. 7대 죄악의 각 죄악으로부터는 덜 중한 수많은 죄들이 갈라져 나오니 말이다.

그런데 왜 디자인의 바탕이 악이 돼야 한다는 말인가? 간단하다. 악에서 시작한다는 것은 진정한 인간 행동에서 시작한다는 말이다. 그렇다고 결과까지 악이라는 소리는 아니다. 각 죄목의 의미를 이해할 때 우리는 사람들에 대한 이해 역시 늘려나갈 수 있다. 그리고 훌륭한 디자인은 훌륭한 이해에서 비롯되는 것이다. 이렇게 크리스 노더의 통찰력은 빛을 발해서 인간의 나약함은 우리의 눈을 크게 뜨게 해 주고 기본 원칙들을 알려주는 사례를 선명하게 보여주나는 것이 드러난다. 이러한 기본 원칙들이 선과 악 어느 쪽으로도 적용될 수 있는 것처럼 노더의 원칙들 역시 어느 한 쪽으로 정해져 쓰이는 것이 아니다.

죄악에서 배운 교훈을 인류의 행복을 위한 디자인 프로세스를 향상시키는 데 이용하는 것은 확실히 사회에 유익한 일이다. 하지만 우리보다 양심적이지 못한 이들이 이 가르침들을 사악한 목적이나 사기를 치기 위해 유용하고, 또는 그저 사람들이 필요하지도 않은 것들을 자신의 형편으로 감당할 수 없는 금액에 사도록 획책하는 방식을 이해하기에도 이것은 유익한 과정이다. 어떻게 유익할 수 있단 말인가? 우리가 전략을 알면 알수록 상대의 정체는 더 잘 드러나고 더 큰 저항에 직면할 것이며, 우리는 더욱 거세게 맞서 싸울 것이며, 마침내 격퇴할 것이다.

노더의 정리와 설명은 실로 빼어나다. 이 책은 읽기도 재미있으면서, 저자의 통찰력은 생각할 거리를 던져준다. 너무 빼어나게 잘 쓴 것일 수도 있겠다. 이제 나는 이 책을 읽기 전보다 더욱 능숙하게 악행을 저지를 준비가 됐다. 하지만 다른 사람들이 나에게 책에서 언급된 원칙들을 적용하려고 할 때 이를 능숙하게 알아챌 준비도 됐다. 실제로 이는 내가 인터넷을 이용하고, 링크를 누르고, 실리콘 밸리라는 이름을 지닌 속악한 작은 동네의 기리 이곳저곳을 돌아다닐 때마다 하루에도 몇 번씩 일어나는 일이다. 현지인들이 노천 카페에서 배를 채우고, 유리로 건물 외벽을 마감한 가게에서 죄 받을 전기 장난감들을 사며 나의 애를 태우고, 상상도 못할 가격의 호사스런 차들이 위용을 뽐내며 주차돼 있는(이 동네 속도 제한 규정은 시속 40km이고, 그마저도 여기서는 넘길 일이 거의 없다) 벤처 투자자들의 사무실을 지나갈 때 나는 탐욕과 색욕, 식탐의 유혹에 저항한다. 그렇다면 어떠한 죄악이 상설 전시 중인 것인가? 모든 것들이 그렇다.

7대 죄악은 도처에 존재하고, 어렵지 않게 찾을 수 있다. 하지만 죄악을 뒷받침하는 근본적인 행동 유발 요인을 적용하는 디자이너를 찾기란 그보다 어렵다. 그래서 이 책이 필요한 것이다.

이렇게 재미있게 우리의 이해를 넓혀준 데 대해 크리스 노더에게 감사한다. 인간 행동에 대한 깊은 통찰과 더불어 소중한 지침들과 기법 적용을 위한 체계를 알려주는 그의 가르침은 축복이다. 이 책에 담긴 57가지 축복은 제각기 노더가 7대 죄악에서 길어 올린 디자인 기법을 전하고 있다. 배움을 죄에서 찾고, 기쁨도 죄에서 찾는다. 기막힌 조합이다. 그러니까 이 책을 사라. 아니, 공짜로 다운로드하지 마라. 이야말로 죄가 되는 일이니.

캘리포니아 팰러앨토에서
『Design of Everyday Things』 저자
닐슨 노먼 그룹
도널드 노먼(Don Norman)

들어가는 말

마크 트웨인의 고전 『톰 소여의 모험』에서 주인공 소여는 자신이 할 일을 남들이 하도록 꾀어 내려고 울타리 칠하기를 따분한 일이 아니라 재미있어 보이는 일로 탈바꿈시킨다. 친구들은 서로 앞다투어 칠하고 싶어 아우성이다.

결국 톰은 세상살이가 그리 허무하지는 않다고 혼자 중얼거렸다. 그리고 자기도 모르는 사이에 인간 행동의 엄청난 법칙을 깨닫게 되었다. 즉, 어른이든 아이든 그가 어떤 것을 원하게 하려면 쉽게 손에 넣을 수 없게 만들기만 하면 된다는 것.[1]

마크 트웨인, 『톰 소여의 모험』, 1876년

디자이너들은 사용자의 감정과 행동을 통제하는 데 갖은 노력을 기울인다. 정말 훌륭한 웹사이트는 선하든 악하든 특정 기법을 반복적으로 사용해 자사가 의도한 행동을 사용자가 하게 한다. 대부분의 경우 웹 디자인의 성공을 판단하는 척도는 얼마나 많은 사용자가 앞다투어 만들고 싶어하고, 공유하고 싶어하며, 댓글을 달고 구매를 하고 싶어 하느냐다.

사악한 디자인과 선량한 상대

디자인은 설득에 관한 것이다. 앞서 마케팅 전문가들은 1930년대 중반에 설득에 관한 행동들을 체계화했다. 그 후 21세기도 접어늘 즈음에야 경제를 연구하는 사람들과 심리학자들은 사람들이 이러한 행동들에 왜 특정한 반응을 보이는지 파악했다. 이제 여러분은 이렇게 얻은 지식을 인터랙션 디자인에 어떻게 적용할지 알 수 있게 됐다.

웹사이트는 우리의 약점을 밑천으로 삼는다. 의도가 간혹 좋을 때도 있지만 사악한 경우가 대부분이다. 우리 돈으로 저들은 수익을 얻는다는 말이다. 그런데 최상의 사이트는 동시에 우리의 기분까지 좋게 해 준다.

---

1 마크 트웨인, 이화연 옮김, 『톰 소여의 모험』, 펭귄클래식코리아, 2009.

최상의 예에서 배우기

금전적 수익을 위해 사람들의 행동을 조종하는 것은 새로운 개념은 아니다. 카지노, 정치인, 마케팅 전문가들이 늘 해 온 일이다. 사람에게 빈틈이 있다면 디지털 시대에 이를 어떻게 이용할지 생각해 보자. 소프트웨어라는 매체를 통해서는 우리가 어떻게 행동에 영향을 줄 것인가?

이 책에서는 기존의 앱과 웹사이트에서 많은 사례를 가져오겠다. 막상 만든 사람은 자신의 디자인적 결정에 숨은 심리학적 저변까지는 생각이 미치지 않았을지 모른다. 설마 자신이 구현한 것이 정말 사악한 것이기를 바라지는 않았을 것이다. 하지만 최종 결과는 디자인의 사악함을 훌륭히 홍보해 주는 경우가 많다.

솜씨 좋은 마술의 속임수와 같이, 직접 알려주기 전에는 자신이 조종당했는지도 모르는 경우가 최상의 예다. 사람들의 실제 반응에 대한 이유를 이해함으로써 여러분은 어떤 '속임수'들이 얼마나 영악한지 더 잘 알아볼 수 있을 것이며, 어떤 디자인의 사악함은 경탄을 자아낼 정도로 아름다울 것이다.

사악한 디자인 정의하기

사악한 디자인과 단순한 어리석음은 서로 분명히 구별해야 한다. 엉터리로 만들어지거나 성의 없는 디자인 때문에 얼불이 나는 경우는 드물지 않다. 디자인이 사악하더라도 우리가 또 뭔가를 바라고 계속 찾아 오게 하려면 정말 잘 만들어진 것이어야 한다.

어리석음은 사악한 것이 아니다. 더 나은 것을 잘 몰라서 혹은 그냥 좀 정성이 부족해서 나쁜 디자인을 만든다고 제작자들이 사악하다고 할 수는 없다. 사악한 디자인에는 의도가 있어야 한다. 앞으로 다양한 장에서 보게 될 테지만, 진정 효과적인 사악한 디자인을 만드는 데는 실제로 상당한 계획이 필요한 것이 일반적이다.

사악한 디자인 뒤에는 조건이 공개돼 있는 상황에서도 사람들이 기꺼이 거래에 참여한다는 생각이 숨어 있다. 사기꾼들은 이익을 위해 사람들의 행동을 조종하는 또 다른 집단이지만 이들은 이 활동의 진짜 결과를 숨김으로써 사악한 디자인보다 한 단계 더 나아간다.

어리석음은 엉성한 에러 메시지와 같아서 뭐가 잘못됐는지, 무엇을 고쳐야 하는지 알려주지 않는다. 이러한 대화상자는 짜증스럽긴 해도 해를 주진 않는다. 사기는 바이러스 제거를 약속하고서는 컴퓨터를 감염시켜 버리는 소프트웨어다. 이는 선한 자의 가면을 쓴 악이다. 만약 사용자들이 가면의 뒤를 본다면 경악을 금치 못할 것이다. 사악한 디자인은 소비자에게 가치 제안이 본인들의 최고의 관심사(금전적으로나 정서적으로나)라는 것을 확신시키고, 소비자들이 결과의 불균형을 알고 있더라도 참여하게끔 이끌어내려 한다는 점에서 다르다.

따라서 사악한 디자인의 의도적 인터페이스로 인해 사용자의 감성적 참여가 이뤄지고 이 과정에서 사용자 자신보다 디자이너들에게 더 큰 이득이 돌아가게 되는 것이다.

인간의 약점: 7대 죄악, 그리고 사이트에서 이를 견인하는 방법

많은 사이트에서는 사용자의 관심을 끌고 사용자와 관계를 형성하기 위해 여러 악덕을 이용하며, 이에 따라 이 책의 내용을 구성하는 것이 적절한 듯하다. 따라서 이어지는 장에서는 디자인 기법들을 7대 죄악[2]의 각 죄목 아래 묶고 있다.

역사적으로 철학가와 종교학자들은 사람의 약점을 '죄악'의 집합으로 분류해왔다. 용서받을 수 없는 7대 죄악은 교만, 나태, 식탐, 분노, 시기, 색욕, 탐욕이다. 이 책의 각 장에서는 이러한 죄악을 하나씩 다루고 있으며, 소프트웨어 엔지니어가 각 약점에 호소하는 설득력 있는 인터페이스를 만들 수 있게 하는 인간의 특징들을 제시한다. 오늘날의 웹 디자인 사례를 통해 여러분은 어떻게 특정 죄악을 선하게 또는 악하게 활용할 수 있는지 볼 수 있을 것이다. 각 특징은 프로젝트에 동일한 기법들을 적용하는 데 필요한 간단한 규칙들을 제공하는 디자인 패턴을 동반하고 있다.

---

2 (옮긴이) 성경에 나오는 일곱 가지 죄의 씨앗을 말하며, 가톨릭에서는 공식적으로 칠죄종(七罪宗)이라고 칭한다. 죄종이란 그 자체가 죄이면서 다른 죄와 악습을 일으키는 씨앗이란 의미다.

이 책은 윤리에 관한 논의로 마친다. 이는 사악한 디자인의 패턴 중 하나라도 사용할지 말지에 대한 골치 아픈 도덕적 딜레마가 아닌, 지금도 이미 이들이 사용되고 있음을 인정하는 일에 관한 내용이다. 이 패턴들을 알아채는 방법을 앎으로써 여러분은 소비자로서, 그리고 소프트웨어와 웹사이트 디자이너로서 이것들을 유리하게 활용할 수 있을 것이다.

겸손은 사람을 천사처럼 만들지만
교만은 천사도 악마로 바꾼다.
- 성 아우구스티누스 -

교만(Pride)은 이제 옛날의 그 죄가 아니다. 4세기에 에바그리우스 폰티쿠스(Evagrius of Pontus, Evagrius Ponticus, 345~399)는 교만이야말로 7대 죄악 중에서도 가장 중하여, 이로부터 다른 모든 죄악이 싹튼다고 했다. 13세기 성 토마스 아퀴나스의 시대에는 더 신중한 판단 하에 일정 부분까지는 용인돼도 지나치면 여전히 죄라고 여겼다. 이제 소셜 미디어가 도래한 21세기다. 술 취해서 찍힌 파티 사진들을 보다 보면 "넌 자존심(pride)도 없니?"라고 묻는 게 다반사다. 마치 사촌심, 자만, 교만이 취향에 따라 조정(調停) 가능한 긍정적 특질인 양 말이다.

오늘날 교만의 해악을 가장 잘 압축해서 보여주는 단어는 아마 휴브리스(Hubris)[3]일 것이다. 거만, 현실 감각 상실, 자기 능력의 과대평가, 자신은 어떠한 오류도 저지르지 않는다는 생각이 여기에 해당한다. 그리스 신화에서 휴브리스로 인해 영웅은 신들에게 싸움을 걸고 그러한 오만불손함의 대가로 죽임을 당한다. 현재에는 자신에 대한 신뢰를 지나치게 확대한다는 의미로 쓰인다.

---

3 (옮긴이) 고전 그리스 윤리·종교 사상에서 질서 있는 세계 속에서 인간의 행동을 규제하고 있는 한계를 불손하게 무시하는 자만 또는 교만을 일컫는 말

물론 이 책을 현대 사회에 나타나는 이러한 겸손 부족을 개탄하자고 쓴 것은 아니다. 우리의 목적은 사이트에서 어떻게 이 같은 인간의 약점을 이끌어내는지 보는 것이다.

교만이 자리를 잘못 찾으면 인지 부조화가 일어난다

패밀리라디오(Familyradio.com)[4]의 사주인 해롤드 캠핑(Harold Camping)은 과거 몇 차례에 걸쳐 오류를 범해 왔다. 그는 세계가 종말을 맞는 날을 1988년 5월 21로 예언했다가, 그다음엔 1994년 9월 7일, 그리고 뒤이어 2011년 5월 21일, 다시 2011년 10월 21일로 발표했다. 하지만 그 후에도 세상은 꿋꿋이 종말을 맞기를 거부했는데, 그렇다면 해롤드가 이 짓을 그만두고 휴거[5]가 임박했다고 믿는 일도 그만뒀을 것이라고 생각하는 게 정상일 것이다. 또한 예언 때문에 재산을 팔거나 처분하고 대사건을 알리는 광고에 평생 모은 돈을 써버린 그의 추종자 상당수는 당황스러워하거나 분노를 표했을 것이다. 예언이 빗나갈 때마다 소수는 이런 실망감을 비추기는 했으나 대다수는 해롤드를 계속 믿었다. 왜일까?

두뇌가 상충하는 두 개념을 합리화하거나 해결할 때 보이는 모습이 이를 설명해 준다. 바로 인지 부조화(cognitive dissonance)라고 부르는 상황이다. 예를 들면, 사람들은 흡연이 해롭다는 점을 알지만 계속 흡연을 한다. 그런데 서로 조화되지 않는 생각들은 함께 잘 어울리지 못한다. 이때 사람들은 상충하는 두 개념 중 하나를 제거함으로써 문제를 해결한다. 나 개인은 건강하니까 흡연이 결국 자신을 죽이지는 못할 것이라고 합리화하는 게 담배를 끊는 것보다 훨씬 쉽기 때문이다. 어쨌든 사람은 무슨 이유로든 죽으니까 말이다. 다시 말하면 의견(흡연은 해롭다는)을 바꾸는 것이 행동(흡연)을 바꾸는 것보다 훨씬 쉽다는 것이다.

---

4 (옮긴이) 미국 기독교 계열의 라디오 방송사. 캘리포니아 오클랜드에 본부를 두고 있다.
5 기독교 종말론을 미래학적으로 해석한 사건으로, 그리스도가 세상에 다시 올 때 기독교인들이 공중에 함께 올라가 그분을 만난다는 것을 가리키는 말이다. (출처: 위키백과)

따라서 부조화는 생각을 합리화함으로써 해결된다. 합리화의 결과가 이상하게 들리는 생각일지라도 말이다.

해롤드의 경우에서는 매번 어떻게 그의 계산이 조금씩 빗나갔는지 입증(성경의 해석에 기대어)하는 모습을 보여왔다. 사소한 실수를 개인적으로 인정함으로써 추종자들이 새로운 날짜에 다시 초점을 맞춰 행동하게 만들었다. 추종자들로서는 지도자가 본인의 계산에서 몇 년을 더하는 것을 잊었다고 받아들이는 것이 휴거에 대한 집착이 나사 풀린 생각, 심하면 비웃음까지도 살 행위라는 것을 인정하는 것보다 쉬웠던 것이다. 해롤드의 예언에 더 깊이 빠질수록 교만의 중함은 늘어갔고, 더 많은 인지 부조화를 해결해야 했으며, 그리하여 그들은 해롤드가 내놓는 설명이라면 무엇이든 더욱더 쥐고 놓지 않을 것이었다.

하지만 2011년 10월 21일을 겨냥한 예언 후, 해롤드는 새로운 날짜를 내놓는 것을 중단하고 잘못을 시인하는 듯한 태도를 보인다.

우리는 여기서 어디로 나아가는가? 이러한 질문은 끊임없이 제기되고 있다. 우리 중 많은 이들은 주님이 몇 달 전 재림하실 것으로 기대했으나 명백히 지금도 우리는 이 세상에 그대로 있다. 패밀리라디오는 계속 돌아가고 있다. 우리의 생각은 이제 어떠해야 하는가? 하나님이 우리에게 가르쳐 주신 것은 무엇인가? 지난 몇 년 간의 성경 연구에서 우리가 다다른 결론은 5월 21일과 10월 21일이 성경력(聖經曆)에서 매우 중요한 날짜라는 것이다. 하나님께서 이 날짜들로 우리를 이끌긴 하시지만 완전한 이해까지 선사하시지는 않았다는 것을 이제 우리는 믿는다. 사실 우리는 그 두 날짜의 정확한 의의를 전혀 이해하지 못했다. 우리는 여전히 주님을 기다리며, 그분의 자비 안에 주님께서 장차 이 두 날의 중대함에 대한 이해를 내려주실지도 모른다.

어쩌면 이러한 새로운 전망은 부분적으로 해롤드 캠핑이 2011년 이그 노벨 수학상(Ig Nobel mathematics prize)[6]을 수상한 것에 따른 것일 수도 있다. 수상(다른 예언자들과 공동 수상함)의 이유는 "수학적 가정이나 계산을 도출할 때 필요한 조심성을 전 세계에 잘 알려줌"이었다.

---

[6] 이그 노벨상(Ig Nobel Prize)은 노벨상을 패러디한 상으로, "흉내 낼 수 없거나 흉내 내서는 안 되는 업적"에 수여된다. 보통은 실제 논문으로 발표된 과학적인 업적 가운데 재미있거나 엉뚱한 점이 있는 것에 상을 준다. (출처: 위키백과)

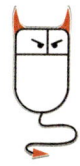
사용해야 할 이유를 제시하라

사용자가 제품이나 서비스를 놓고 갈등을 겪을 수 있다면 이들에게 인지 부조화를 해결할 수 있는 다양한 이유를 던져주고 이들의 교만이 다치지 않게 하라.

온라인에서 인지 부조화를 부르는 현상은 '구매자의 후회' 같은 것으로서, 구매자가 높은 구입 가격, 해당 상품에 대한 자신의 욕구를 구매 후 상품의 가치와 결부해 뒤이어 따라오는 느낌과 비교하며 정당화하려고 애쓰는 것을 말한다.

사이트에서는 구매자가 상품을 반품해서 부조화를 해결하게 하는 것이 아니라 상품에 대한 만족도를 강화하는 이유와 증거를 제공(긍정적인 리뷰, 해당 상품을 사용하는 유명인의 사진, 정량화하기 힘든 이익에 대한 약속, 해당 제품의 사용으로 얻는 사회적 인정)함으로써 사용자가 인지 부조화를 해결하도록 돕는다.

베스트 메이드 컴퍼니(Best Made Company)에서는 도끼를 판매한다. 모델 중 하나는 런던의 사치 갤러리(Saatchi Gallery)에서 전시됐었는데, 이로써 단순한 실용 용품이 예술 작품으로 바뀌었다. 한정 수량으로 디자인에 따라 도끼 손잡이에 줄무늬를 채색한다는 것은 독점적인 가치, 더 나아가 호감도를 배가시켰다('식탐' 장에서 다루는 톰 소여 효과를 참고).

로우스(Lowe's) 역시 도끼를 판매하는 하드웨어 회사다. 로우스에서는 비슷한 히코리목 손잡이 벌목 도끼를 30달러에 판매하고 있다. 이 30달러 상품에는 평생 보증까지 따라오는데, 그렇다면 300달러짜리를 고르는 이유는 뭘까? 주된 이유로는 베스트 메이드 컴퍼니가 인지 부조화를 누그러뜨리는 데 도움을 주는 최상품을 다수 내놓는다는 섬일 것이다. 제품의 상품 설명이 기능의 단순한 열거라기보다는 야외에서 펼쳐지는 라이프스타일에 대한 일종의 선언문처럼 읽히는 것이다.

이 도끼를 소유한 사람들에게 나무 하나 베는 데 너무 많은 돈을, 즉 10배나 되는 돈을 써버리는 것이라고 지적한다면 그들도 맞받아칠 거리를 충분히 확보하고 있을 것이다. 베스트 메이드 컴퍼니 사이트(bestmadeco.com)의 영리한 마케팅은 실용적인 목적을 위한 소비를 소수를 위한 예술을 찾는 행위로 탈바꿈시키고 가격에 대한 고객의 기대를 재설정한다. 마케팅 메시지는 상품 포장에서도 지속되어 전달되고, 고객이 상품을 수령할 때와 차후 상품을 볼 때마다 이는 더욱 강화된다.

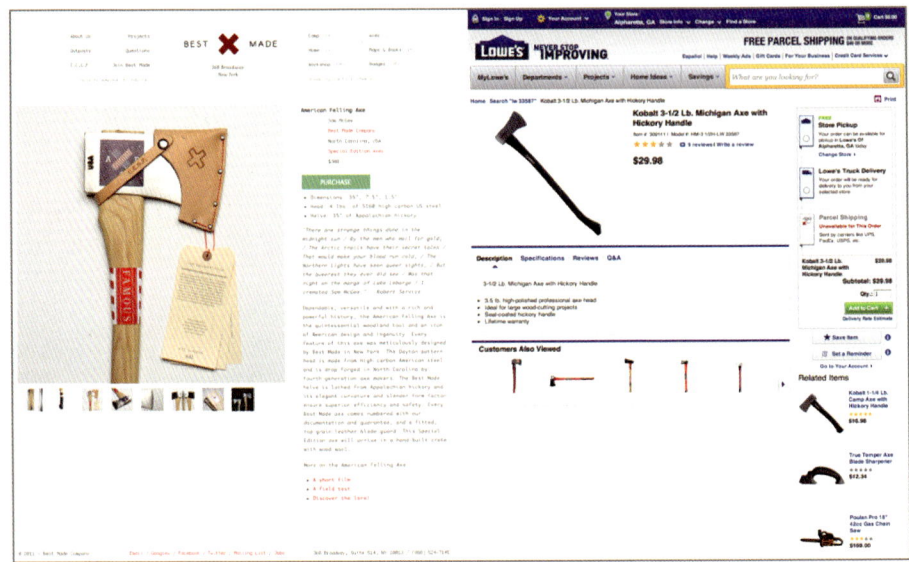

구매자의 후회: 300달러를 쓰든 30달러를 쓰든 결국 히코리목 손잡이 벌목 도끼를 갖게 되는 건 마찬가지다. (왼쪽 사진: 베스트 메이드 컴퍼니(bestmadeco.com), 오른쪽 사진: 로우스(lowes.com))

구매자의 후회를 방지하려면 여러분이 제공하는 제품과 함께 갖게 될 경험 또는 여러분의 제품을 사용하는 것을 다른 이들이 볼 때 보일 반응을 구매자가 상상할 수 있게 한다. 제품에 따라올 만족스러운 미래를 마음속으로 그릴 수 있게 하고, 지금 이 시점을 주요한 결정적 시점으로 되돌아볼 수 있게 만들자.

도끼 이야기를 계속해보자. 회사 소개(About Us) 페이지에 어떠한 문구가 자리하고 있는지 살펴보면 "베스트 메이드 컴퍼니는 여러분께 양질의 도구와 신뢰할 수 있는 정보, 나아가 다음 세대에서도 사용할 수 있는 제품을 공급하는 데 전념하고 있습니다. 본사와 함께 사람들은 야외로 나가 직접 자신의 손을 활용하는 능력을 얻고 이로써 계획한 일들을 완수하고 오랫동안 지속되는 경험으로 가득 찬 삶을 시작할 수 있을 것입니다." 이러한 말은 우리가 미래를 향해 도약하고 지금을 되돌아볼 수 있게 만드는 데 목적이 있다. 오래가는 경험으로 가득 찬 성취감을 주는 삶을 약속하는 그 무엇을 어떻게 안 사고 있을 수 있겠는가?

구매자의 후회가 여전히 발생할 때 이를 해결하는 묘안은 무엇일까? 돌아오는 길을 숨길 것이 아니라 고객이 자신의 의견을 바꿈으로써 부조화를 푸는 것이 차라리 더 쉽게 만드는 것이다. 왜냐하면 사람들은 자신이 한 선택이 정확하다는 편견에 흔히 사로잡혀 있기 때문에(곧이어 나오는 의견 바꾸기 패턴에서의 확증편향(confirmation bias)에 대한 설명을 참고), 이를 뒷받침하는 증거라면 무엇이든지 제품 구매로 이끈 애초의 의견을 강화할 수 있고, 결정을 합리화하는 것을 도와주며 따라서 처음 선택한 것에서 더 많은 행복을 찾는 것을 가능케 한다. 따라서 사이트 전반에서 동일한 스타일의 메시지를 전달하는 것이 중요해진다. 제품 설명, 고객지원, 보증/환불, 그리고 제품과 함께 발송되는 문서와 같은 모든 부차적인 것까지 말이다.

이유는 어떻게 제시하는가

- 구매자에게 제품을 원하는 충분한 이유를 제시하라. 추천사, 리뷰, 라이프스타일 이미지 등을 제공한다. 구매자가 그려보는 장밋빛 미래 안에 여러분의 제품이 포함될 수 있게 도와주는 것이다. 구매 후에도 구매 전과 다름 없이 이 점은 계속 중요하다. 번쩍번쩍한 판매 페이지나 고리타분한 고객지원 페이지는 안 될 말이다. 기존 소유자에게 해당 제품을 구매한 것은 잘한 일이라는 점을 명확하게 짚어준다.

- 비용이 많이 들진 않지만 유니크한 것을 제품에 추가하라. 베스트 메이드 컴퍼니는 자사의 도끼를 목모(木毛 – 나무를 깎아낸 부스러기)로 테를 두른 목재 상자에 넣는다. 이 과정 자체의 비용은 상대적으로 높지 않지만 구매자에게 자신이 뭔가 특별한 것을 받았다는 안심이 되는 증거를 제공함으로써 상품의 매력을 껑충 뛰게 한다.

- 훌륭한 제품 포장과 사이트 디자이너가 필요하다. 제품이 어떻게 보이는지가 가격 지점을 결정할 수 있다. 실용품인가 예술품인가?

'사회적 검증': 친구들이 주는 메시지를 이용하면 사회적 검증을 개인적이고 정서적으로 만들 수 있다

교만의 출발점인 자존심을 달리 말하면 우리가 주위 친구들이 우리와 우리의 행동을 어떻게 생각하는지에 신경 쓴다는 것이다. 친구들이 우리가 한 일을 칭찬해 주면 우리는 우쭐해지고, 못마땅해 하면 속이 상할 것이다. 우리의 행동 대부분을 결정하는 것은 무엇이 적절한 일인가에 대한 느낌이다. 이 느낌은 우리 눈에 보이는 다른 사람들의 행동에 근거한다.

이때 다른 사람들이 꼭 친구들일 필요는 없다. 상황이 변하면 완전히 모르는 사람들이 주는 신호를 따를 수도 있다. 이들 또한 해당 환경을 접해 본 적이 없을 수도 있지만, 여전히 우리는 이들이야말로 상황을 더 잘 이해하고 있다고 판단한다. 전문가, 유명 인사, 기존 고객 그리고 이른바 '대중의 지혜'까지 모두가 우리의 행동을 이끄는 기제가 될 수 있다. 이러한 영향은 '사회적 검증(social proof)'이라고 알려져 있는 것으로, "다른 사람들이 하면 맞는 거겠지"라는 생각이 바로 여기에 해당한다.

팁 넣는 통에 지폐가 가득 차 있다면 우리 역시 팁을 넣을 확률이 높다. 나이트클럽 밖으로 줄이 길게 서 있으면 여기가 유명한 곳이라고 생각할 공산이 크다. 식당에 행복해 보이는 사람들이 자리를 꽉 채우고 있으면 그곳에서 식사를 할 가치가 있다고 생각할 확률이 높다. 이러한 이유로 바리스타들은 카페에서 자신의 팁 통에 '밑칠(priming)'[7]을 하고, 나이트클럽들은 클럽 내부가 붐비지 않더라도 밖에 긴 대기 줄을 세워두는 것이고, 식당들은 저녁 시간에는 일단 사람들을 창가 쪽으로 안내하는 것이다.

제품 출시일에 애플스토어 바깥에 긴 줄을 세워둔다고 애플이 손해 볼 것은 없다(예외가 있긴 한데, 중국에서 아이폰 4S가 출시되던 날 너무 많은 사람들이 몰려서 공안이 출시를 취소하는 사태가 벌어졌다). 그렇게 많은 사람들이 애플 제품을 사려고 줄을 서기 때문에 애플의 제품이야말로 꼭 보유할 가치가 있다는 사회적 검증이 더해지는 것이다.

---

[7] (옮긴이) 팁 통이 너무 비어 보이지 않게 미리 동전이나 지폐를 조금 넣어두는 일

아이패드가 처음 출시되고 2주가 지난 어느 쌀쌀한 날 아침 시카고의 애플 스토어에 생긴 줄. 이 매장에 그래도 흰색 아이패드 재고가 좀 있으리라는 막연한 기대로 사람들이 개장 전 최소 30분 전부터 밖에서 서 있을 각오를 한다는 사실은 애플 제품의 구매 가치를 나타낸다.

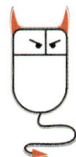
긍정적인 메시지를 반복해서 의구심을 없애라

서로 다른 믿을 만한 출처로부터 같은 긍정적 메시지를 여러 번 듣는 것은 사용자의 결정을 돕는 사회적 검증을 제공한다.

1969년 스탠리 밀그램(Stanley Milgram)은 복종에 관한 연구를 진행하고 있었다. 그의 연구 중 제일 잘 알려진 것은 권위 있는 사람이 지시할 경우에는 피실험자가 다른 사람에게 심한 충격을 가할 수 있다는 연구일 것이다(밀그램의 복종 실험). 하지만 그는 그렇게까지 지독하지 않은 연구에서는 영향력이 발생하는 곳의 개수에 따라 영향 자체가 달라지는 모습을 연구하기도 했다. 그는 도우미를 한 명 고용해서 붐비는 인도 위에 서 있게 하고 (아무것도 없는) 하늘을 바라보게 했더니 지나가는 사람들 중 약 40퍼센트가 따라서 올려다 보는 것을 관찰했다. 도우미를 둘로 했더니 비율은 60퍼센트로 올라갔다. 그다음엔 네 명을 고용해서 다 같이 서서 하늘을 올려다 보게 했더니 지나가는 이들의 80퍼센트 정도가 똑같이 올려다 보는 것이었다.

어떤 일을 더 많은 사람들이 한다면 해당 활동에 대한 신뢰도가 더해진다. 여러분이 몇 가지 다른 출처에서 같은 제품에 대해 이야기를 듣는다면 잘 알지 못하는 제품보다는 이 제품에 대해 긍정적인 의견을 더 비추기 마련이다. 즉, 익숙함은 무시가 아니라 안심으로 이어지는 것이다.

다른 사람들은 무엇을 샀는지, 자주 함께 팔린 다른 제품은 무엇인지 보여줌으로써 페이지 상의 제품에 대한 사회적 검증을 두 가지 방식으로 더욱 강화한다. (amazon.com)

사람들은 무엇을 할지 확실히 모를 때 사회적 검증에 더 의지한다. 새로운 사용자들, 자주 쓰지 않거나 익숙지 않은 것을 사는 사람들, 혹은 전문적인 지식을 구하는 사람들은 모두 사회적 검증을 통한 설득의 대상이다.

사회적 검증을 강화하는 통일된 진술을 소비자에게 여럿 제공하기 위해 사이트에서는 사례 조사 보고, 특정 아이템의 인기도에 대한 지표(판매 개수, 재고 수량, '품절' 표시까지도), 보완 제품이나 부대용품 추천, 제품 리뷰 등도 제시한다.

추천평은 사회적 검증의 또 다른 형태다. 추천평을 제시할 때는 이러한 평이 그만한 내용을 진술할 만한 사람들에게서 나온 것으로 이들에 대한 세부 사항 역시 충분히 제공되어 이들이 실제로 존재한다는 것을 읽는 사람들이 납득할 수 있어야 한다.

이러한 각 출처에서 비롯된 정보가 다른 출처들을 보완하고 사이트 내에서 서로 다른 곳에서 나타나기 때문에 사용자들은 같은 기본적 메시지가 매번 다른 방식으로 반복되고 있다는 것을 눈치채지 못하는 경향이 있다.

중요한 것은 사회적 검증으로 드는 사례들이 사람들을 여러분이 원하는 방향으로 이끈다는 점이다. 여러분이 원하지 않는 행동이 있더라도(정말로 "하지 말았으면" 하는 의미에서 이 행동을 강조한다고 해도) 다수의 사람들이 여기에 관여하는 것이 명확할 때는 사람들의 마음속에서 그 행동이 정당화되고 잘못된 방향으로 사회적 검증을 제시할 수도 있다. 예를 들면, 십대의 음주 비율을 제시해서 충격을 주려는 십대를 대상으로 한 금주 캠페인은 어른들에겐 효과가 있을지 몰라도 십대 본인들에게는 정반대의 효과만 일으킬 수 있다(다들 하는데, 나라고 못할 이유는 없지!).

가장 좋은 형태의 사회적 검증은 사이트가 행사하는 영향력의 직접적인 범위 바깥에서 오는 것이다. 외견상 중립적인 제3의 사이트에서 상품이나 회사에 대한 긍정적 의견을 읽을 때 해당 회사 사이트 내에서 같은 진술을 읽을 때보다 더 큰 사회적 검증이 나온다. 2011년에 조사한 바에 따르면 전문가 리뷰나 소비자 단체보다는 다른 소비자에게서 의견을 얻는 것이 중요하다고 생각한 소비자는 전체의 13퍼센트에 불과했다.

이러한 이유로 돈을 받고 블로그에 글을 올려주는 형태의 광고나 기업의 후원으로 작성되는 글들이 급증했다. 블로거와 광고주를 연결해 주는 회사도 있고(inblogads.com, weblogsinc.com, sponsoredreviews.com, reviewme.com, payperpost.com, and blogsvertise.com), 돈이 되는 홍보를 십분 활용하려는 블로거들도 굉장히 많다. 이들 다수는 가정, 가족, 육아 카테고리, 그리고 첨단 기술 리뷰 사이드에서 관찰된다.

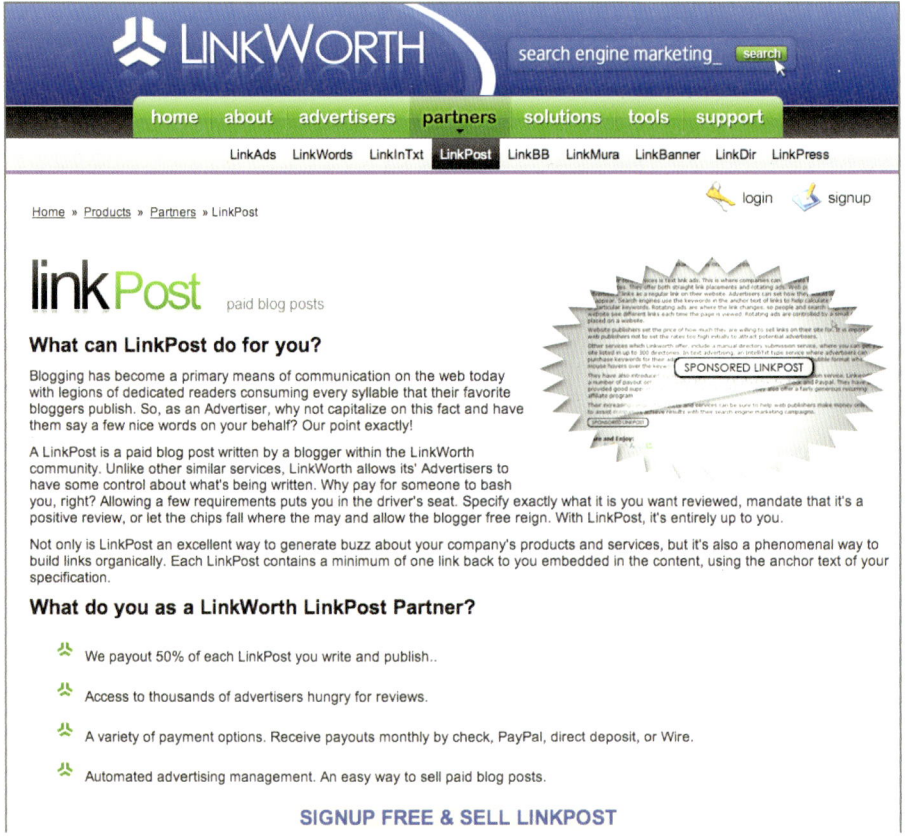

LinkWorth는 블로거와 광고주를 연결하는 회사 중 하나다. '진짜 같은' 블로그 글(같은 주제지만 각각은 서로 다른 블로거가 쓴 것)은 검색 엔진 최적화의 증가로 이어지고 사회적 검증을 더해준다(linkworth.com).

이러힌 대가싱 블로그의 범람으로 온라인 리뷰의 공정성 및 서로 짜고 사기를 치는 상업 사이트와 블로그 간의 불분명한 경계에 대한 관심이 촉구됐다.

2009년 미 연방 거래 위원회(Federal Trade Commision, FTC)는 1980년 이래로 사상 처음 추천과 홍보에 대한 가이드라인을 개정했다.

광고 대상 상품의 판매자와 추천자 간에 추천/홍보의 비중이나 신뢰도에 물리적으로 영향을 미칠 수 있는 관계가 존재할 경우(예컨대 일반적으로 이러한 관계가 예상되지 않는 경우) 해당 관계는 완전히 명시돼야 한다.

이에 대한 벌금은 최대 11,000달러에 달한다. 물론 이는 소소하게 블로그를 운영하는 초보엄마들보다는 토크쇼에 출연할 만한 유명 인사들을 대상으로 한 것으로 보이긴 한다. 이제 블로거들이 정직한 의견을 쓰면서도 광고주로부터 금전을 받을 수 있게 허용하는 다른 듯하면서도 비슷한 행동 강령들이 마련됐다. 돈은 사라지지 않았지만 정직함(과 블로그 글들이 후원하에 작성된다는 사실)은 더욱 분명히 드러나게 됐다.

블로거들의 리뷰가 덜 호의적일 수 있다는 사실이 후원 업체에게 심각한 해를 끼치진 않을 것이다. 부정적인 리뷰를 읽고서 제품이나 서비스에 대한 마음을 바꾸는 사람들은 4퍼센트에 지나지 않으며, 부정적인 리뷰를 세 차례는 접해야 다수의 사용자가 의견을 바꾼다. 리뷰의 비율도 짚고 넘어가야 한다. 부정적 리뷰가 세 개 있더라도, 300개의 긍정적 리뷰 앞에서는 새 발의 피일 것이다.

사회적 검증을 이용하는 방법

- 상품이나 서비스에 대한 보편적인 개념을 뒷받침하는 동일한 맥락의 표현을 여럿 만든다. 같은 주제를 변형시킨 것을 다양하게 접하면 사용자들은 더 믿음을 보인다.
- 상품평을 여러 출처나 여러 사이트에 배치한다. 리뷰어들이 공정해 보여야 더 신뢰를 얻고, 같은 내용을 여러 군데의 출처에서 들으면 사회적 검증이 증대된다.
- 사이트 내에서 새로운 사용자들, 자주 쓰지 않거나 익숙지 않은 것을 사는 사람들, 혹은 전문적인 지식을 구하는 사람들이 볼 만한 위치에 상품평을 배치한다.
- 공정, 제품 등등을 업계에서 통하는 표준으로 묘사한다. 예컨대 산업 표준이나 레퍼런스, 즉 척도에 해당될 수 있게 말이다. 상품이 표준으로 인식된다는 것은 사회적 검증을 시사한다.
- 일반적으로 정형화된 행동을 든다. 상황 A에서 B를 한다는 것이 일반적인 생각이면 이 고정관념을 여러분에게 유리하게 강화해 사회적 검증을 노린다.
- 통계를 사용해 사회적 검증의 자리를 마련한다. 예를 들면, "우리의 비즈니스 파트너 중 70퍼센트가 고객의 소개에 의한 것입니다"라는 말은 업계가 다른 이들에게 이곳을 추천할 정도로 충분히 좋아한다는 말을 뜻한다.
- 사회적 검증으로서의 실례는 여러분이 바라는 행동을 강조하는 것이지, 반대의 행농으로부터 사람들을 빠져 나오게 하려는 목적으로 쓰여서는 좋지 않다. 반대의 행동은 선택지에 올리지도 마라.

개인적 메시지는 정곡을 찌른다

사용자를 직접 겨냥한 메시지는 주의를 사로잡는다. 친구나 신뢰하는 이들로부터 오는 메시지의 효과가 더 크다.

하와이 제도의 카우아이에 위치한 하나카피아이 비치(Hanakapiai Beach)에 가기 위해서는 나팔리 해안을 따라 오르락내리락하는 칼랄라우 둘레길(Kalalau trail)을 따라 몇 마일을 열심히 걸어야 한다. 그 답례로 만나는 경관은 힘든 도보를 잊을 만한데, 그 경관 사진을 미리 보여줘서 김을 새게 하는 일은 온당치 못한 처사일 것이다. 대신 해변에 막 도착하기 전에 볼 수 있는 경고 표지판 사진을 좀 보여주겠다.

왼쪽 사진에서는 한 줄로 세워진 세 개의 정식 표지판이 보인다. 각각은 여러분을 기다리는 위험을 설명하기 위해 세심히 고안됐으며, 엄중한 경고 문구가 이들을 뒷받침하고 있다. 깔끔하고 공식적이며, 직접적이지 않은 어조는 소극적이고 특정인을 겨냥하지 않은 분위기를 자아내어 상대적으로 쉽게 보고 넘길 수 있게 한다.

오른쪽 사진에 보이는 비공식적으로 설치된 표지판은 둘레길 아래에 몇 야드 떨어진 곳에 위치해 있다. 걱정이 된 어느 비전문가가 분명히 손으로 썼을 법한 이 표지판은 해변의 자연적 특성보다는 결과에 관해 더 많은 말을 하고 있다. "죽었어요? 악!" 이렇게 더 개인적인 접근법은(희생자를 거의 실시간으로 적어 두는 업데이트에 힘입어) 지나가는 여행자들에게 돌직구를 날린다.

다시 첨단 기술의 세계로 시선을 돌리면 지미 웨일즈(Jimmy Wales)가 위키피디아에 올린 "개인적 청원"은 위키피디아의 기금 마련에 파란불이 커지게 했다. 위키피디아는 해마다 기금 모금 활동을 벌이는데, 2011년에 쓰인 기금 모금 배너 광고는 최대 클릭 수를 도모하기 위해 일련의 A/B 비교 테스트[8]를 통해 고안됐고, 광고 다음엔 의견 수렴과 모금액을 최대화할 만한 이야기를 전달하는 방식으로 디자인된 호소문이 뒤이어 나타나는 방식이었다.

위키피디아의 A/B 테스트 결과, 가장 효과적인 메시지의 주인공은 다름아닌 위키피디아의 설립자이자 대표인 지미 웨일즈였으며, 이 메시지는 왜 모금이 필요한지에 대해 믿음을 주는 설명을 담고 있었다. 이 경우 기증자들이 알지 못하는 사람에게서 최대한으로 가능한 '개인적' 관계가 형성됐다.

소셜 네트워크 사이트는 개인적인 메시지와 유사한 것을 이용해 서비스 이용을 확산시키려고 시도한다. 일례로, 구글 플러스는 여러분의 친구가 여러분을 초대했다고 말해주고, 따라서 여러분은 친구들이 직접 서비스를 추천한 것처럼 느낀다. 실제로는 여러분의 친구들이 여러분의 이메일 주소를 자신의 구글 플러스 서클에 추가한 것일 뿐인데 말이다.

---

8 A/B 테스트(테스팅): 사용성 평가 기법의 하나로, 전체 디자인에서 한 가지 요소에 대한 두 가지 이상의 버전을 시험함으로써 더 나은 것을 판별하는 기법.

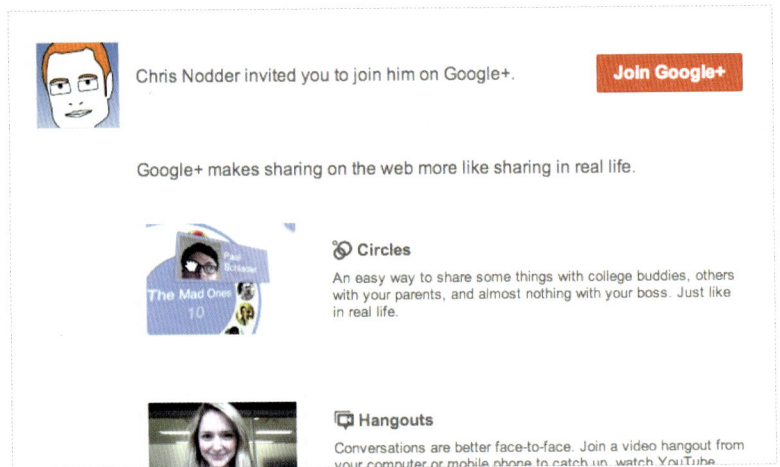

크리스가 정말 날 같이 하자고 초대한 건가? 아니다. 그는 그냥 서클에다 날 추가했을 뿐이다. 하지만 이런 방법이 더 추천을 받은 것처럼 느껴진다.

등록을 하고 몇 사람을 여러분의 서클에 추가하는 작업은 사회적 검증 효과를 지속시킨다. 게다가 여러분이 "추가"를 눌러 응답하면 구글은 여러분을 먼저 추가한 "당신의 소식을 듣고 싶어 하는" 사람들을 알려준다.

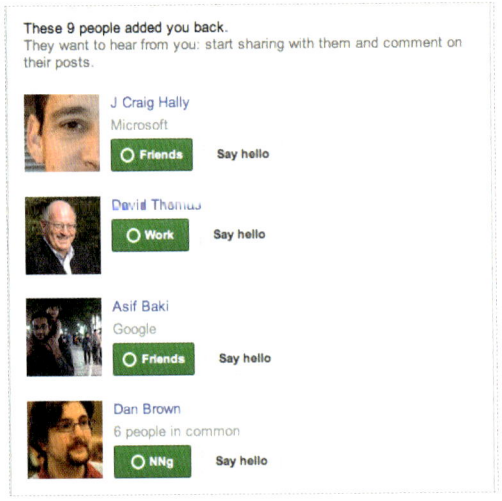

나의 "초대"를 받은 사람들이 내 소식을 듣고 싶어하는 게 확실하다. 이제 서비스를 더 자주 이용해야겠구나!

링크드인(LinkedIn)이나 페이스북의 방식은 더욱 은밀하다. 이들은 여러분의 친구들과 지인들에게 노출되는 광고에 여러분의 이름과 유사성을 활용해 여러분이 해당 광고 대상을 추천하고 사용하고 행했다는 사실을 친구들과 지인들에게 전한다. 여러분이 했으니 친구들도 해야 한다는 것이다.

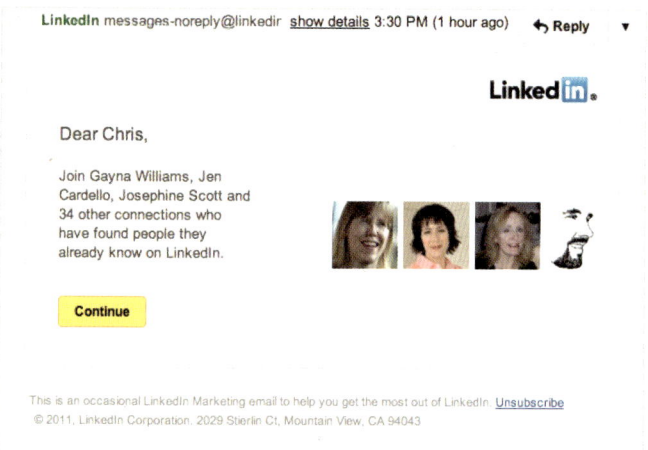

링크드인의 이메일은 사용자와 관련이 있는 사람들의 이름과 유사점을 이용해 사용자가 뭔가를 하도록 유도한다. 이렇게 훌륭한 사람들이 다 한다면 사용자 자신도 뭔가를 해야 할지 모른다.

흥미롭게도 페이스북이 2007년에 먼저 자사의 비콘(Beacon) 제품을 대상으로 이를 시도했다. 하지만 이루 말할 수 없을 정도로 거슬리는 바람에 아주 처절하게 망하고 말았는데, 바로 페이스북 담벼락에다 개개인이 서드파티 사이트에서 구매한 내역까지도 공유시키는 지경에 이르렀던 것이다. 대중의 격렬한 항의 끝에 결국 2009년 이 서비스는 막을 내렸다.

이제 페이스북은 유사한 기능을 스폰서 스토리(Sponsored Stories)라는 이름으로 운영하고 있다. 친구들이 글을 작성하면서 회사나 제품의 이름을 사용하거나 웹 상에서 회사의 '좋아요' 버튼을 누르거나 하면 이 기능으로 인해 해당 회사나 제품의 로고나 다른 시각적 광고 자료가 친구들의 글에 따라붙어 페이지 우측 티커(Ticker)[9]에 노출됐고, 최근에는 뉴스피드에 나타나고 있다. 운용과 노출

---

9 (옮긴이) 한국어 버전에서는 '지금 이 순간'

방식에서 이 두 번째 방법의 주된 차이점은 해당 기능이 스팸보다는 사회적 검증의 모습을 더 띠고 있다는 것이다.

여러분 친구들이 올리는 글에 편승하는 방식으로 광고를 뉴스피드에 노출시키기 위해 광고자가 어떻게 사회적 검증을 활용하는지를 보여주는 페이스북의 예

여러분이 접하는 사회적 검증의 대상이 비슷할수록 여러분이 보일 호의도 커진다. 소셜 미디어 활용이 그렇게 효과가 큰 이유가 바로 여기에 있다. 사회적 검증은 여러분의 네트워크 내에 위치한 사람들이 제공하는 것이기 때문이다. 사회적 검증이 미미해도 분위기를 전환하기엔 충분하다. 여러분이 접하는 온라인 광고는 자동차 보험, 재택 근무 제도, 이웃이 어떻게 돈을 아끼고 큰 돈을 벌고 삶의 질을 향상시켰는지 강조하는 담보 대출 상품에 대한 광고일 수 있다. 이러한 광고가 한 일은 결국 여러분의 IP 주소의 지리적 위치를 파악한 것뿐인데도 최종 결과는 조금 더 설득력 있는 광고로 나타난다.

미미한 사회적 검증도 효과적일 수 있다. 추가적인 금전적 보상이 없는 한 광고주들이 여러분의 대략적인 인터넷 접속 위치를 기반으로 광고를 사용자에 맞게 일일이 변경하는 데 돈을 또 쓰진 않을 것이다.

사용자들이 사회적 검증을 사용하라고 촉구하는 일이 있을까? 아니다. 개개인 대부분은 사회적 검증에 대한 이야기를 듣긴 해도 타인의 행동이 자신들에게 별 영향을 미치지 않는다고 주장한다. 그래서 이런 속임수에 넘어가지 않으리라고 생각하지만 이 순간에도 속임수에 넘어가고 있는 것이다.

개인적 메시지를 만드는 법

- 사용자가 여러분이 원하는 방식으로 행동하도록 다른 이들이 어떻게 그 행동을 이미 했는지 보여준다.

- 이러한 "다른 이들"과 사용자가 서로 같은 특징을 지닌다는 점을 명확하게 드러냄으로써 사용자가 최대한 이들과 자신을 동일시하게 한다. 친구와 연락처 목록은 영향력을 더해준다.

- 유사한 특정 상황에서 다른 이들이 한 행동을 보여주는 것이 이득을 가져온다고 생각되면 이를 실행에 옮긴다. 사례 연구 보고, 아마존의 "같이 본 상품", "몇 퍼센트의 고객이 구매했습니다…"와 같은 장치가 좋은 예다.

- 좋아요, 추천 표시, 댓글, 리트윗 등의 소셜 미디어 활동에 대한 응답을 장려한다. 사회적 검증이 많은 수의 추천을 통해 제공되면 설득력이 매우 높아진다.
- 사회적 검증이 제일 효과적일 때는 검증으로 쓰이는 사회적 집단이 현재 사용자와 맞아떨어질 때다. 사용자의 프로필 정보를 사용해 사용자의 니즈와 잘 맞는 이야기를 만든다.

목표가 생기면 공개적으로 약속하게 한다

사용자의 결정을 공개적인 것으로 만들면 사용자는 결정을 이행하는 데 더 신경 쓰게 되고 주위의 방해를 물리치려 든다.

새해 결심은 지키기가 어렵다. 22퍼센트의 사람들이 일주일 만에 포기하고, 이 비율은 한달 후엔 40퍼센트, 2년이 지나고 나면 81퍼센트까지 올라간다. 금연, 술 줄이기, 체중 감량 모두 쉬운 일들이 아니다.

48시간 내에 5킬로그램을 빼는 한 가지 확실히 증명된 방법이 있다면 식중독 정도가 있을 텐데, 웨이트 워처스(Weight Watchers) 같은 회사에서는 사회적 요인(체중 검사를 위한 정기적 미팅과 다른 사람들과 진도를 함께 체크하는 방식의)이 성공적인 체중 감량과 장기적 체중 유지에 도움이 되는 큰 동인이라는 사실을 알고 있다. 이 방법의 요점은 목표를 달성하기 위해 약속을 공유한다는 것이다. 비슷한 위치에 있는 이들과 함께 만나고 격려를 나누면 계획을 고수하기가 더 쉬워진다.

일단 다짐을 한다. 그리고 이를 다른 사람들과 공유하면 더욱 위력이 세진다. 이제 사용자는 그 일을 다 해내지 못하면 사회적 비난에 마주치게 된다. 다짐을 적는 벽에 사용자의 이름을 추가한다거나 사용자의 추천인에게 가입했음을 알리는 것처럼 간단한 일이다. 목표에 대한 다짐을 더욱 굳건하게 하는 방법은 다짐을 직접 적어 내려가는 것이다.

많은 사이트와 앱이 여러분의 노력을 돕기 위해 존재한다. 이러한 사이트 다수가 사용하는 큰 동기 부여 기술은 여러분의 목표를 사회적으로 공개함으로써 사회적 요인이 거듭 되풀이되게 하는 것이다. 이렇게 되면 여러분의 소셜 네트워크

내의 사람들은 여러분이 운동 계획과 실제 진행 상황을 볼 수 있게 되고 격려의 댓글을 남겨줄 것이다. 런키퍼(Runkeeper), 피토러시(Fitoracy), 플릿틀리(Fleetly), 맵마이런/맵마이라이드(MapMyRun/MapMyRide) 등은 모두 사용자별로 다른 이들에게 공개되는 페이지를 제공하고, 이를 페이스북이나 트위터 같은 다른 소셜미디어를 통해 공유하는 기능도 지원한다.

짐팩트(GymPact) 사이트와 아이폰 앱은 사용자가 목표를 정하고("조약(Pact)") 이 목표에 대해 돈을 걸어놓는다("판돈(Stakes)"). 그리고 참석했음을 증명하기 위해 체크인(위치 정보)해야 한다. 평균 10퍼센트의 사람들이 약속한 날의 운동 계획을 지키지 못한다. 이런 일이 발생하면 이 사용자 계정의 판돈이 차감되고, 차감된 돈은 운동에 참여한 다른 사람들에게 보상으로 지급된다.

해빗포지(HabitForge), 21해빗(21habit), 짐팩트 등은 다른 노선을 취하는데, 이들은 서드파티(사이트나 앱)를 이용해 사용자가 계획을 준수하게 만든다. 21해빗이나 짐팩트는 심지어 금전적인 인센티브를 동반하고 있다. 21해빗에서는 일단 사용자가 선불로 결제를 하고, 사용자가 활동을 완수하는 날 각각에 하루치의 돈을 다시 돌려받을 수 있다. 하루를 빼먹으면 그만큼의 돈은 자선 단체로 기부된다. 처음에는 개인과 사이트 간에 이상한 계약을 맺은 것처럼 보일 수 있지만 사이트가 사용자에게 알려주는(그 후에는 매일매일 사용자에게 짚어주는) 방식은 활동을 내적인 개인 활동이 아니라 외적인 공개 활동으로 만들어 준다.

공개적으로 약속하게 하는 방법

- 여러분의 서비스를 이용하는 사용자가 자신의 소셜 미디어 계정으로 쓴 글에 여러분이 접근할 수 있다는 점을 수긍하게 하라. 여러분 입장에서는 누구를 속일 필요까진 없을 것이다. 제품이나 서비스를 일단 잘 판매했다면 공개적인 약속이 사용자의 계획을 이행할 가능성을 어떻게 높이는지 설명하는 것은 쉬울 것이다.

- 특정 활동에 대해 한 다짐을 사용자들이 서로 공유하면서 집단을 형성하는 포럼과 같은 환경을 만들어 놓는다. 동료 집단에게서 발생하는 압박은 집단을 더 열성적으로 만든다.

- "성공"을 가늠하는 단순한 측정 기준을 제시함으로써 사용자가 자신이 공언한 목표를 행해 나아가고 있는지 살짝 보여준다. 이 기준은 사용자, 더 나아가 사용자 주위의 소셜 네트워크의 구성원이 해석하기에 어려움이 없어야 한다. 사용자가 다른 사이트 상의 위젯으로 측정 기준을 "공유"하게 할 수 있게 함으로써 다짐의 공개성을 더욱 높인다.

- 공개적인 약속에 제휴 프로그램을 결합한다. 그러면 사용자들은 서로 공유할 수 있는 동기를 더 부여받는데, 자신들의 다짐을 표현하는 과정에서 금전적 보답을 받기도 하기 때문이다.

일반적인 유사성을 강조해 의견을 바꾸게 한다

사람들은 자신의 의견을 바꾸길 좋아하지 않고 반대되는 정보는 무시한다. 대신 사용자의 현재 위치가 여러분이 바라는 위치와 얼마나 가까운지를 보여줘야 한다.

의견을 바꾼다는 것은 자신이 틀렸음을 인정하는 과정을 필요로 한다. 처음 나온 말이 공개적일수록 새로운 관점으로 이동하려면 더 많은 자존심을 억누를 수밖에 없다.

모두가 이를 너무나도 잘 알고 있기 때문에 정보를 검색하고 해석할 때 우리는 자신의 현재 이익을 확언하는 쪽으로 기우는 경향이 있다. 더욱 흥미로운 것은 충분히 정보를 찾았다 싶으면 검색을 그만둔다. 우리가 틀렸음을 밝히는 정보를 찾아 헤매는 일은 별로 없다. 바로 확증 편향(confirmation bias)이라는 현상이다.

사용자가 자신의 마음을 바꿔야 함을 납득시켜야 하는 영악한 사이트에서는 사용자의 기존 생각을 확인해 주는 정보를 선택적으로 주면서도 동시에 사이트가 목적하는 바를 뒷받침하는 것 역시 놓치지 않는다.

그런데 생각보다 이 작업은 어렵지 않다. 심야 코미디 쇼를 진행하는 미국의 희극인이자 배우인 스티븐 콜베어(Stephen Colvert)는 난폭한 공화당원으로 분하면서 실제로는 우편향 정치를 풍자한다. 아니면 저자 본인만 그렇게 생각할 수도 있다. 오하이오 주립 대학의 연구에 따르면 우파 성향을 가진 시청자 역시 쇼를 재미있다고 생각하는 것으로 나타났다. 보수파들은 콜베어가 그냥 농담하는 척 해도 실제로는 진심을 전달한다고 하는 반면 진보파들은 콜베어가 하는 건 풍자이고 정치적 견지를 제시할 때도 진지한 게 아니라고 응답할 확률이 더 높았다는 것이다.

스티븐 콜베어[10]: 패러디하는 대상은 공화당의 신조지만, 보수 진보 양 정치 집단에게 모두 재미를 준다.

---

10 (옮긴이) Colbert는 원래 콜버트라고 발음하나 그의 아버지가 콜베어로 발음하기를 좋아해서 바꿨다고 인터뷰에서 밝혔다.

콜베어는 정치적 편향성에 대해 질문을 받았을 때 "공화당 지지자나 공화당 정책과 나 사이엔 아무 문제가 없다"라고 답했다. 콜베어는 공화당 정책에 대한 패러디를 통해 공화당 지지자의 선입견을 바꾸려고 공화당의 지지를 받는 신념을 이용하는 것과 같이 보일 수 있다.

디바컵 사이트의 "혹시 당신도…?" 페이지는 여성들이 자신이 겪은 점과 유사한 상황을 생각하게 해준다.

온라인에서는 유사성을 드러내어 사람들의 의견을 바꾼 사례를 설명하는 데 디바컵(DivaCup) 이상으로 적절한 예가 없을 것이다. 디바컵 사이트에서는 일반적으로 사람들이 입에 올리길 꺼려하는 주제(여성의 생리)를 다루고 있는데, 기존의 방법(탐폰이나 생리대)을 중지하는 것에 대한 여성들의 마음을 바꾸고, 처음에는 이게 말이 되나 싶은 방법(삽입 실리콘 컵)을 시도하라고 한다. 이를 위해 디바컵에서는 일단 대상 구매자를 끌어들여 사이트에서 열거하는 문제들을 그들도 경험했다고 수긍하게 하고, 뒤이어 디바컵의 해법이 어떻게 기존의 방법과 유사하지만 더 나은 것인지 보여준다. 이렇게 되면 제품의 긍정적인 측면(청결함, 위생, 편리성, 환경 친화성 등)이 부각되어 사람들이 자신의 구매의사를 부인할 수 없게 한다.

유사성을 부각시키는 방법

- 바꿔야 한다는 점을 사람들에게 설득하려 들지 말자. 대신 여러분이 생각하고 있는 것과 사람들이 이미 하고 있는 행동에 공통 요소가 있다는 점을 보여준다.
- 부정적이고 생소한 측면에 대해 생각해 보라고 요구하기보다는 긍정적이고 유사한 요소를 드러낸다.
- 어떠한 사용자라도 해석하는 데 어려움이 없는 일반적인 어휘로 이야기를 꺼낸다. "가족의 가치"와 같은 말은 어떻게 받아들이든 누구에게나 긍정적으로 다가온다.
- 포부를 자극한다. "그럼요, 살을 빼고(파트너를 찾고/돈을 엄청 벌고... 등등) 싶죠." 실제로는 턱도 없더라도 이런 말이 나오면 사람들은 자신의 포부를 성취하려는 동기를 부여받는다.

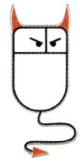

인증과 추천을 이미지로서 드러낸다

제3의 인증기관을 통한 입장 전환은 효과에 비해 많은 비용이 들지 않는다. 아니면 직접 인증을 하나 만들든지, 약속을 하든지, 보증을 하라.

2002년에 저자는 마이크로소프트의 연구원으로 일하면서 새로 발표된 트러스트 워디 컴퓨팅(Trustworthy Computing) 계획을 담당하고 있었다. 나중에 윈도우 XP와 비스타에 포함될 보안 기능에 대한 사용자 이해를 테스트하고 있었는데, 연구에 이용한 프로토타입 일부에 보안 인증 로고가 필요했다. 디자이너인 안젤라는 외관상 믿을 만한 로고를 하나 만들어 사용자 테스트에 쓰는 스크린에 보이게 했다. 놀랍게도 사용자들은 이전에는 한 번도 본 적도 없고 들어 본 적도 없는 (가상의) 인증기관의 가짜 로고에 큰 신뢰를 표했다.

2006년 미국의 애완동물 용품 업체인 펫코(Petco.com)의 e-커머스 부문 부사장인 존 라자치크(John Lazarchik)는 제3의 인증기관의 아이콘을 홈페이지에 사용했을 때 그냥 눌러보는 사람들을 구매자로 전환하는 비율을 상당히 높일 수 있다는 이야기를 듣게 됐다. 해당 부서에서 진행한 몇 차례의 테스트에서 펫코 사이트의 홈페이지와 하위 페이지에 보안 로고를 보여줬다. 참가자를 절반으로 나눠서 진행한 A/B 테스트에서 펫코는 아이콘이 스크롤을 쭉 내려야 볼 수 있는 페이지 우측 하단에 위치할 때 전환율이 1.76퍼센트 상승하는 것을 발견했다. 아이콘을 좌측 상단, 검색 박스 바로 아래에 위치시키자 비율은 8.83퍼센트까지 올라갔다. 아이콘이 스크린에서 차지하는 면적을 생각하면(광고 하나가 차지하는 면적보다도 적은) 이야말로 엄청난 판매량 증가에 해당한다.

지어낸 회사의 로고에 사용자들이 왜 신뢰를 표하는 것일까? 사용자들이 더 지갑을 열도록 사용자들의 마음을 놓이게 하는 인증 이미지의 비밀은 뭘까? 실제 상황보다는 상황을 어떻게 받아들이느냐에 답이 있다. 스탠포드 설득 기술 연구실(Stanford Persuasion Technology Lab.)의 설립자인 B.J. 포그(B.J. Fogg)는 웹사이트의 신뢰도를 구성하는 네 가지 요소를 언급한다. 이것들은 차례로 추정 신뢰(사용자의 가정), 표면적 신뢰(사이트의 첫인상), 알려진 신뢰(제3자의 보증), 구축된 신뢰(시간이 지나면서 쌓이는)다.

왜 우리는 이러한 로고를 신뢰하게 되는가? 이러한 로고는 모두 뭔가를 보장해 준다는 모양새를 취하고 있다. 그것들이 사이트 자체에서 만들어진 것이라고 해도 여전히 사회적 증거의 일종이다.

신뢰를 높이는 로고는 이러한 신뢰 카테고리 중 두 가지에 해당한다. 표면적 신뢰는 "보증"이나 "인증"과 같은 글자를 동반하면서 전문성을 띠는 인증 이미지에 의해 부분적으로 제공된다. 제3의 기관이 제공하는 이미지의 경우 인증은 사이트에 대한 보증을 나타내고, 알려진 신뢰 유형에 해당한다.

이러한 인증 이미지가 유료 보증 시스템(다른 누군가를 통해 사이트를 칭송하게 하거나 미국의 거래개선협회(Better Business Bureau, BBB) 같은 중재 기관의 회원사임을 보여주는)과 크게 다를 것이 없다는 점은 명백하다. 하지만 다른 사람의 긍정적 평가에 대해 돈을 지불하는 것이 사이트의 자체적 평가보다는 더 믿음직하게 느껴진다.

이러한 방법이 신뢰 인지를 늘리는 데 효과적이기는 하지만 이들 중 그 무엇도 포그의 네번째 신뢰 유형, 구축된 신뢰에 대한 훌륭한 지표인 것은 아니다. 하버드 경영대학원의 벤 에델만(Ben Edelman) 교수는 신뢰 인증을 내건 사이트들이 실제로는 그러한 인증을 포기한 사이트보다도 두드러지게 더 적은 신뢰도를 지닌다는 것이 일반적인 현상임을 발견했다. 맥아피(MacAfee)의 사이트어드바이저를 이용해 TRUSTe 인증을 받은 1000개의 사이트를 50만 개의 비인증 웹사이트와 비교한 결과, TRUSTe 인증을 받은 사이트가 비인증 사이트보다도 오히려 두 배 이상 신뢰가 가지 않는 것으로 드러났다.

그러나 이 상황에서는 인지가 실제보다도 더 중요한 것으로 보인다. 펫코는 "해커 세이프" 로고를 2006년부터는 사용하지 않고 있으며, 해당 보안 인증을 두 개의 신뢰 마크로 대신했다. 맥아피 안티바이러스 메시지를 우측 상단에, 그리고 비즈레이트(Bizrate)의 고객 인증(Customer Certified) 아이콘을 우측 하단에 배치한 것이다. 이론적으로는 이러한 인증이 모두 구축된 신뢰를 가리키는 것들이지만(비즈레이트의 아이콘은 고객 만족도를 일정 수준 이상으로 달성한 사이트에 한해 부착할 수 있다) 배후의 목표는 여전히 금전적인 것이리라. 맥아피의 안티바이러스는 "본사의 보안 신뢰 마크를 단 사이트들이 평균 12%의 판매 전환율 증가를 보였다"고 내세우고 있다.

실제적으로는 그렇게 큰 의미가 없을 수도 있지만 인증은 방문자 입장에서 사이트의 신뢰도를 다른 경쟁자에 비해 조금이나마 올려준다. 누굴 믿어야 할시 확실치 않은 사용자로서는 찾을 수 있는 것은 무엇이든 받아들이려 할 것이다. 바로 이처럼 미미한 정도의 추가적 확신이 누군가를 비슷비슷한 사이트 중에서도 인증된 사이트를 이용하는 쪽으로 마음을 동하게 할 수 있다.

인증을 이용하는 방법

- 등록할 수 있는 인증기관을 찾아본다. 거래개선협회(BBB), 사이트 호스트나 도메인 등록기관을 통한 SSL 인증서, 개인정보 보호정책을 위한 TRUSTe 인증서, 비즈레이트나 안티바이러스 회사, 혹은 산업 인가 프로그램과 같은 곳의 평점과 리뷰 등을 선택할 수 있겠다.

- 여러분의 인증 이미지가 대상 사용자의 관심사에 큰 초점이 맞춰져야 한다는 점을 유념한다. 그들이 가장 크게 염려하는 것이 무엇인가? 바이러스? 환불 정책? 사용자의 신용카드 번호 보안? 여러분이 내거는 로고는 이런 두려움을 물리쳐 줘야 한다.

- 인증 이미지를 현명하게 배치한다. 인터랙션 중 사용자가 추가적인 확신을 구하려 들만한 곳에만 배치해야 한다. 이를 모든 페이지에 사용하면 배경과 구별하기가 어려워지고 다른 용도로 쓸 수 있는 공간까지 낭비하게 된다.

- 사이트의 보증 제도를 홍보하기 위해 자체적으로 인증을 만드는 것도 생각해 본다. 보증 체계가 엄청 특별할 필요는 없다. 로고만 있으면 인상적으로 보이니까.

폐쇄성: 완전함의 매력과 질서에 대한 욕구

다음 이미지를 뭐라고 설명하겠는가?

이 도형에 눈에 띠는 빈틈이 있음에도 대부분의 사람들의 즉각적인 답은 "원"일 것이다. 사실 원보다도 대문자 C를 돌려 놓은 모양이라는 게 더 그럴듯해 보인다. 우리의 두뇌는 모호하지 않고 깔끔한 결과를 선호하도록 디자인돼 있어서 우리는 자주 모호한 것들을 모호하지 않은 말로써 설명한다.

심리학에서는 이를 폐쇄성(closure)이라고 일컫는데, 이는 모호함을 지속하기보다는 확실한 해결책을 찾으려는 욕구를 의미한다. 모호함이나 불확실성의 느낌은 사람들을 불편하게 한다. 목표를 달성하거나 해결책을 찾았을 때만 사람들은 걱정을 한 켠으로 제쳐놓고 편안함을 느낄 수 있다. 폐쇄성을 동반하는 완전함의 느낌은 사람들의 마음을 편하게 만들어준다. 정신적으로 "원의 빈 곳을 채움으로써", 모호함에 머물러 있기보다는 만족한 상태에 다다르게 되는 방식으로 자신을 속이는 경우가 흔하다.

또한 이러한 욕구는 사회적 압박으로 자신을 드러낸다. 교만은 엉성하거나 미완성이 아닌 질서정연하고 완결된 상태에 근거한다. 폐쇄성을 온라인에서 견인하는 방법에는 여러 가지가 있다. 특정한 부가 목표를 달성하거나 완전한 세트를 구성할 때까지 아이템을 모음으로써 완전함을 달성하기 위해 매진하도록 사람들을 고무하는 데 주로 초점을 맞춘다.

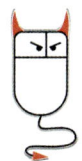

세트를 완성하도록 도와라

수집, 완결에 대한 충동은 사람들을 행동으로 이끈다. 최초로 제공하는 아이템은 '무상으로' 제공하고, 세트를 완성하게 하라.

포스퀘어(Foursquare)는 위치 기반 소셜 미디어 사이트로서, 사용자가 한 위치에서 체크인하면 포스퀘어 배지(badge)를 획득할 수 있게 돼 있다. 동일한 지역에서 빈번하게 체크인을 반복하면 사용자 개인은 그곳의 "시장(Mayor)"이 될 수도 있다. 이것은 게임처럼 보일 수도 있지만 배지를 모으고 한 위치의 시장으로 계속 남고 싶어하는 충동이 (게임처럼) 해당 위치에서 사람들이 체크인하는 소매점, 식당, 카페 등의 매출에 해를 주지 않는 것은 분명하다.

코드카데미(Codecademy)는 학습 환경에서 비슷한 일을 한다. 이 온라인 학습 사이트는 방문자들이 자바스크립트 코드를 공부할 수 있게 해준다. 여기서도 학습 성취를 포인트와 배지로 나타내어 먼저 방문자들이 등록할 수 있게 이끌고, 그다음엔 등록한 사용자들이 코딩 연습과 과제를 계속 완수할 수 있게 격려한다. '코드의 해'(더 많은 사람이 코딩에 눈뜨게 하려고 2012년 벌인 운동) 시기에는 거의 40만 명에 달하는 사람들이 주간 코딩 경연대회에 참가했다.

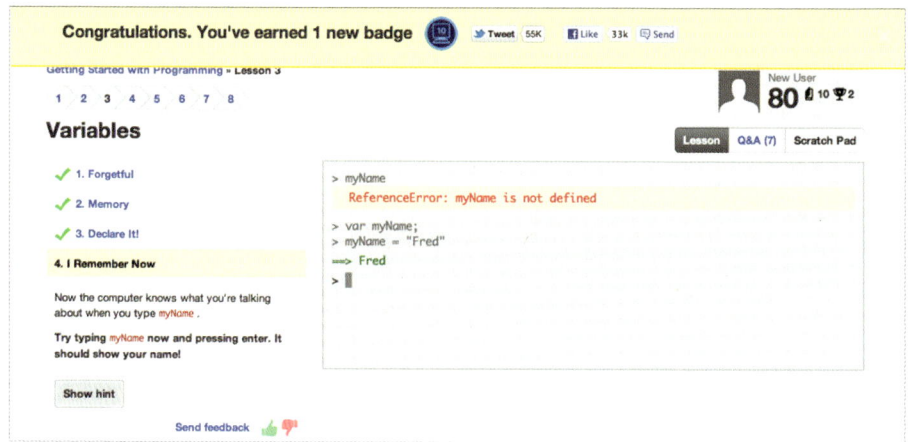

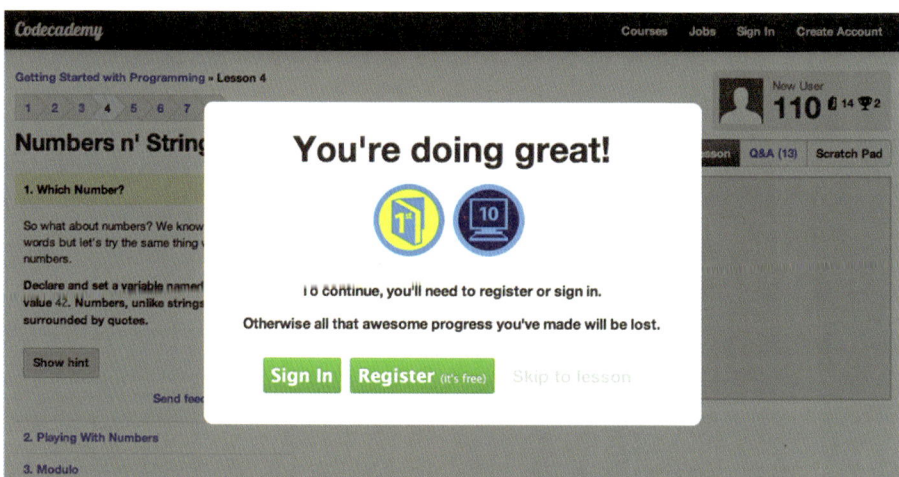

코드카데미(Codecademy.com)는 사용자가 점수 수여와 배지 획득(위 그림)을 통해 프로그래밍을 배우게끔 격려한다. 첫 시간에 이미 무엇을 얻게 됐는지 보여줌으로써(아래 그림) 뭔가를 소유했다는 개념을 높이고, 이로써 배지에 아무 실제적 '가치'가 없는데도 방문자의 사이트 등록 가능성을 높인다.

사용자가 만드는 콘텐츠에 의지하는 사이트에서도 사용자의 기여를 촉진하기 위한 메커니즘이 필요하다. 질문자는 활발하게 질문에 답해주는 사이트에 방문하게 될 것이다. 이때 답을 제공하는 사람들에게 보상을 주는 것이 비결이다. 질문에 답하는 것에 대해 "점수"의 형태로 보상을 줘어주는 것이다.

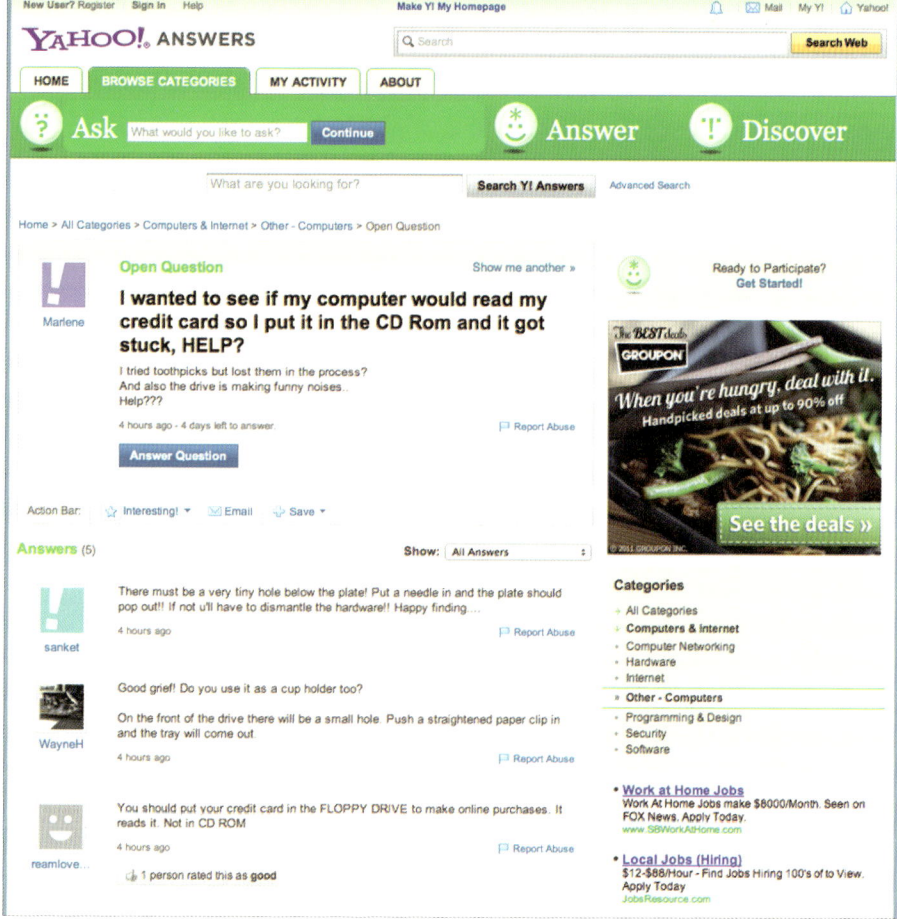

야후! 앤서즈(Yahoo! Answers)는 크라우드소싱 지식 사이트로서, 질문과 답 모두에 대해 사용자의 기여에 기대고 있다.

야후! 앤서즈 같은 사이트에서는 보상이 꼭 금전적이지 않아도 된다는 점을 알아냈다. 몇몇 사람들은 가장 훌륭한 답변을 제공해서 달성할 수 있는 자격을 획득하기 위해서라도 참여할 것이다.

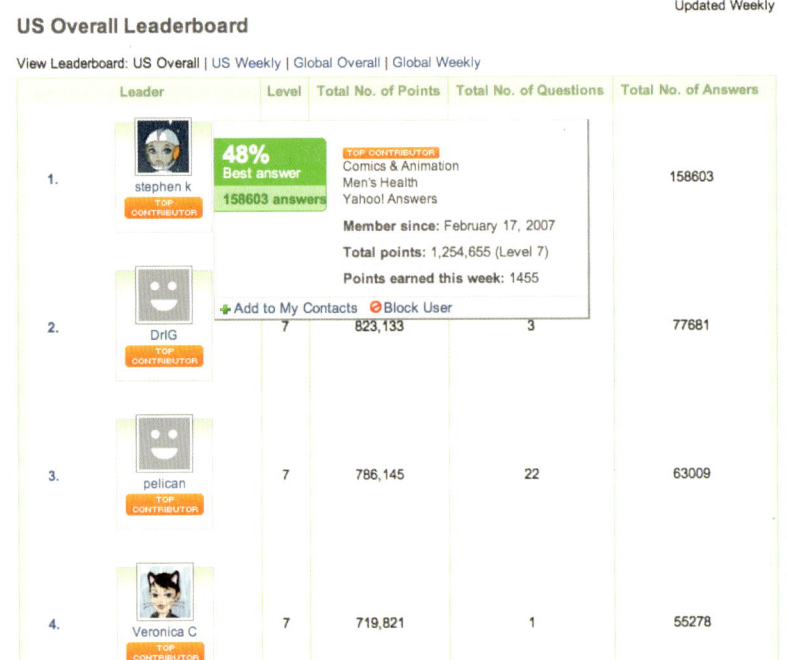

스티븐 K는 5년이 안 되는 시간 동안 거의 16만 개의 질문에 답했다. 이는 이 기간 동안 거의 한 시간에 질문 네 개씩 답하는 일을 매 시간, 매일 반복했다는 것이다. 이 점수가 현금화된다거나 하지는 않는다. 하나의 자격을 나타낼 뿐이다. (answers.yahoo.com)

월드 오브 워크래프트(World of Warcraft) 같은 온라인 게임은 레벨업과 게임 내의 아이템 수집을 통해 폐쇄성(완결성)을 장려하고 있음이 분명하지만 진짜 비밀은 비(非)게임 활동을 게임의 형태로 바꿔 놓는 것(흔히 게임화(Gamification)라고 일컫는)에 있다.

카우 클리커(Cow Clicker)는 이 메커니즘의 기본적인 요소만을 최대한으로 뽑아낸 경우다. 조지아 공대의 교수인 이안 보고스트(Ian Bogost)는 페이스북 게임인 카우 클리커를 게임화, 소셜 게이밍 장르(보고스트 자신은 별로 좋아하지 않는), 게임이 주는 보상 문화에 대해 사회적 입장을 표명하기 위해 개발했다.

카우 클리커: 소를 클릭하고, 소 클릭질에 대한 상태 업데이트를 보내고 무니를 써서 클릭할 새 소를 사는 게임. 사용자의 소 주위에 위치한 9개의 빈 공간은 친구들의 풀밭 초대를 통해 소로 채울 수 있다(인식 확산의 증진). 목적이 없다는 것이 게임의 복석이다. (이미지는 bogost.com에서 빌췌)

게임을 하면 소(카우)를 받는다. 소를 클릭한다. 여섯 시간 후 다시 클릭할 수 있다. 클릭을 하면 클릭 수가 쌓인다. 커스텀 "프리미엄" 소를 소액결제를 통해 구매할 수도 있다(카우 클리커에서 통용되는 돈은 "무니(Mooney)"라고 불린다). 지체된 시간은 무니를 지출하는 방식으로 돈으로 해결할 수 있다. 사용자는 자신의 소를 클릭하는 것에 대한 피드 스토리를 공개할 수 있고, 친구들의 피드 스토리에서 친구들 소를 클릭할 수도 있다. 카우 클리커는 본질만 남도록 고도의 정제를 거친 페이스북 게임이다.

여러분 귀에 이런 이야기가 와 닿지 않게 들린다면 아마 여러분은 팜빌(Farmville), 캐슬빌(Casteville), 시티빌(Cityville)의 팬이 아닌 듯싶다. 이 게임들은 모두 페이스북 게임으로서 모두 징가(Zynga)라는 회사의 제품이며, 2011년에 페이스북과 연계해 페이스북 수입의 12퍼센트를 창출했다. 클릭질을 한 페이스북 사용자로부터만 4억 4,500만 달러를 거둬들인 것이다.

카우 클리커나 이 게임들이나 서로 대동소이한 내용을 담고 있다는 사실은 자명하다. 하지만 이안 보고스트의 관점에 따르면 이러한 게임들은 근본적으로 사용자가 클릭하고 계속 신경이 쓰여 게임으로 돌아와서 더 클릭하고, 이를 반복할 수 있게끔 디자인돼 있다.

또 하나의 반전은 사용자가 걱정할 거리(작물에 물을 줘야 하는지, 소의 젖을 짜줘야 하는지 등등에 대해)를 줄여준다는 것이다. 게임 내 아이템을 돈을 내고 구입하는 식으로 일을 더 쉽게 해결하면 되니까 말이다. 아이템 구매에 필요한 포인트는 이론적으로 게임 내에서도 쌓을 수 있지만(클릭을 많이 해서) 포인트를 돈을 주고 사오면 더 쉬운 일이 되며('탐욕'에 관한 장에서 "돈에서 토큰(자체적인 통화 단위)으로"에 관한 패턴을 참고), 광고주 사이트의 제안을 완수하고 그 대가로 아이템을 구매할 수 있게 포인트를 지급받는 방법도 더 쉬운 길이다.

세트 완성을 돕는 방법

- 인터랙션 초기에 달성 가능한 과제를 부여해 개념에 익숙해지게 한다.
- 빈 공간을 많이 노출시켜 이를 성취로 더 많이 채워나갈 수 있게 독려한다.
- 여러 단계로 나뉜 멤버십을 제공함으로써 달성 정도에 따라 추가 포인트가 지급되고, 각 단계에 도달할 때마다 이익이 더 따라올 가능성이 있는 구조를 갖춘다. 포럼 관리자처럼 사람들이 해줬으면 하는 것들을 더 하게 해주는 능력이 이러한 이익에 포함될 수 있다.
- 게임으로 바꾸든지, 아니면 적어도 게임과 닮은 인터페이스를 구축한다. 원가 몰래 "게임"을 하는 인상에서 뜻밖의 즐거움이 나올 수 있다면, 이러한 잠재적 이익을 최대화하는 일에 전념하는 집단이 탄생한다(온라인 쿠폰 커뮤니티처럼).
- 노력이 아니라 돈으로 해결할 수 있는 방법을 마련한다. 카우 클리커 게임의 무니 사용이나, 월드 오브 워크래프트의 골드 및 써 본 게임 캐릭터 등등을 거래할 수 있는 사이트가 그 예다.

질서에 대한 사람들의 욕망에 영합하라

정돈에 대한 충동에서 돈을 이끌어낸다. 원하는 정보를 제공하거나 여러분이 요구하는 작업을 완결함으로써 그들이 "정리"하게 한다.

댄 락턴(Dan Lockton)은 물리적 세계의 디자인이 어떻게 행동을 독려하는지를 연구하고 있다. 현실 세계에서 사람들의 행동을 유도하려 할 때 질서에 대한 욕구가 어떻게 사용될 수 있는지를 보여주는 것이다. 다음에 나오는 그림은 전등 스위치가 켠 상태(왼쪽)와 끈 상태(오른쪽)일 때를 각각 보여준다. 이 스위치를 사용하는 사람은 불을 끌 때만 폐쇄성을 달성할 수 있고, 따라서 에너지가 절약된다.

이 전등 스위치에는 불을 끌 수 있게 "정렬"해 달라는 절실함이 느껴진다. 이 스위치는 전기 절약을 독려하는 쉬운 방법을 증명하기 위해 만들어졌다. AWARE 프로젝트의 일환으로서, 스톡홀름 인터랙션 연구소의 루브 브롬스(Loove Broms)와 카린 에른버거(Karin Ehrnberger)의 작품이다.

링크드인 같은 소셜 네트워킹 사이트에서는 유용한 네트워크를 만드는 연결을 구성하기 위해 여러분의 데이터를 필요로 한다. 하지만 사용자 자신의 주소록 공개와 같이 개인적인 일에는 보통 약간의 설득이 필요하다. 사용자를 더 독려하기 위해 링크드인에서는 여러분이 현재 정돈되지 않은 상태에 놓여있음을 명확히 짚어주는 표현을 사용한다. "당신의 프로필이 25% 완성된 상태입니다."라는 문구는 불협화음을 일으키기에 충분하다.

링크드인의 프로필 완성도 – 서비스 제공자가 내 이메일에 접근하면 내가 이것을 100퍼센트 완성할 수 있는데 내가 이를 왜 막겠는가?

다른 개개인과 비교해 여러분이 연결된 정도가 더 작다는 점을 드러내면 여러분이 더 많은 연락처를 "모으는" 작업을 시작할 동기를 마련해 준다. 이게 실없는 일이라 생각된다면 탑링크드닷컴(Toplinked.com) 같은 사이트가 존재하는 이유를 설명해보라. 이 사이트는 소셜 네트워크를 단시간에 키울 수 있는 방법("오픈 네트워킹"이라 불리는)을 월정액 10달러라는 저렴한 비용에 제공한다. 이것은 소셜 네트워킹을 마음이 비슷한 개인들을 묶는 유용한 관계에서 어떻게든 공통점을 찾아내려는 최소공배수의 경쟁으로 탈바꿈시키며, "자존심"이야말로 이를 부채질한다.

탑링크드닷컴이 장려하는 오픈 네트워킹은 온 세상의 연락처 수집가들에게 어필한다.

탑링크드는 가장 많은 연락처를 가진 링크드인 회원이 나오는 성적표를 게시하던 적이 있었다. 2008년의 경우를 보면 여러 유명 인사들이 리스트의 정상 주변에 있었다.

그래요, 링크드인 전체에서 최상위에 랭크된(toplinked) 사람들 리스트에는 진짜 상원의원이면서 나중에 미국의 대통령이 될 사람, 바로 버락 오바마가 있었다구요! 정식으로 등록한 탑링크드 회원은 아니었지만(아마도 공직에 출마하느라고 바빠서) 오바마의 캠페인 메시지가 포용과 화합에 관한 것이어서 우리로선 그가 자신의 링크드인 네트워크를 확장하는 데 도움을 주길 바라는 탑링크드의 사람들을 환영해 줄 거라고 계속 믿을 수 있다는 걸 알았죠. 진짜로 궁금한 것은 근데 그가 이 리스트의 가장 높은 곳까지 올라갈 수 있을까 하는 것이었지만요! :-)

탑링크드닷컴, 2008

이러한 점이 또다시 사용자들의 경쟁적인 본성에 불을 당겼지만 사실 이것은 링크드인의 "신뢰할 수 있는 인맥을 위한 전문적인 네트워크"라는 비전과 완전히 배치되는 것이다. 링크드인의 주장에 따르면 "링크드인에서 누군가와 연결된다는 것은 그 사람을 잘 안다는 것"이고 그것이 비즈니스를 돌아가게 한다. 개개인의 연결된 특성을 분석해서 이들의 특색과 타겟 광고를 결정하고 여기서 링크드인의 수익이 발생한다. 연결이 무작위로 이뤄질 때는 창출할 수익이 없다. 또한 더 광범위한 검색(친구와 다른 친구의 친구 간의 관계, 즉 서드레벨 커넥션(third-level connection)보다 더 넓은)이나 자신의 네트워크 범위 바깥에 속한 사람에게도 메일을 보낼 수 있는 기능인 인메일(InMail)과 같은 프리미엄 기능을 사용자에게 추가로 구매하게 함으로써 수익을 내기도 한다. 다시 말하지만, 어떤 개인이 막대한 규모의 네트워크를 보유하는 경우 이러한 서비스에 대한 필요는 줄어든다. 이러한 경우에 해당하는 스티븐 버다(Steven Burda)는 자신이 서드레벨 커넥션을 통해 링크드인의 회원 중 97퍼센트에 접근할 수 있다고 주장한다.

링크드인에서 사용자 프로필을 정확한 수치보다는 "500 이상"과 같이 일반화된 지수로 나타내기로 바꾸자 탑링크드는 더는 점수판을 유지할 수 없게 됐다. 대신 우수 후원자(Top Supporter) 포인트(역시 한 달 단위로 정액 구입)를 구입하게 하는 묘안이 있었고, 매달 가장 많은 우수 후원자 포인트를 구입한 사람이 우수 후원자 리스트의 맨 꼭대기에 올라가게 됐다.

이 우수 회원자 리스트는 탑링크 사이트 외의 영역에서는 실효성이 전혀 없다. 링크드인 커뮤니티 내부에서 회원의 위치를 반영하지도 않고 그들에게 실제로 연락할 수 있는 번호와도 아무런 관련이 없다. 그러나 이것은 여전히 엄연한 하나의 리스트이고, 더 많은 우수 후원자 포인트를 구매하게 하는 방식으로 여전히 리스트의 꼭대기에 올라갈 수 있는 방법이 있다. 놀랍게도 사람들이 참여하고 싶게 만드는 것은 이게 다다.

리쿠르터나 세일즈맨들은 탑링크트의 우수 후원자 리스트에 자주 얼굴을 보이는 것으로 나타난다. 오픈 네트워킹은 채용 공고 스팸 메일에 필요한 이름을 긁어 더 많이 모으는 방법이 될 수 있겠지만, 일단 대충 쏘고 맞는지는 나중인 산탄총처럼 질보다는 양을 중시하는 접근법이고 산업 밑바닥에 자리한 넝마주이한테나 그럴싸하게 다가올 뿐이다. 여러분은 친구를 사귀려고 돈을 내야 한다는 느낌이 들어 슬픈데, 특히나 그렇게 얻는 친구들 대부분이 당신만큼이나 이상하다면 분명히 이러한 유형의 폐쇄성에 돈을 지불할 각오가 돼 있는 사람들도 많을 것이다.

질서에 대한 욕구를 견인하는 방법

- 사용자에게 자신의 계정과 관련된 무질서를 보여준다. 이 무질서를 풀어 질서에 이르는 방법을 준다.
- 질서로 향하는 논리적 단계로 구성된 세트를 제공함으로써 발전하고 있다는 인상을 자아낸다
- 데이터가 없는 빈틈을 보여준다. 가능하다면 이 빈틈을 전체에게 공개하고 사용자가 창피를 느껴 빈 공간을 메우게 한다.
- 정돈함에 대해 보상한다. 사용자가 여러분이 원하는 행동을 더 많이 완성할 때마다 더 많은 접근, 포인트, 통용되는 다른 통화를 비롯해 그 무엇이라도 건네준다.

교만을 조작해 신념을 바꾸게 하기

사회는 교만에 대해 양면적인 태도를 취한다. 이 장의 들어가는 말에서 교만에는 여러 단계가 있다고 했다. 외관이나 능력(자부심)에서 드러나는 교만은 허영으로 이르지 않는 한 용인된다. 하지만 도가 지나치면 사람들은 휴브리스에 빠지게 되고, 자기 안에 갇혀 자신의 현재 습관과 신념만을 확신한다.

사람들을 현재 상태에 이르게 한 결정을 바꾸게 하기란 어려운 일이다. 여러분이 소개하는 어떤 새로운 개념이라도 그들의 기존 지식과 다르면 인지 부조화를 낳을 것이다. 사람들은 대립하는 두 아이디어를 고려하도록 강요받는 것을 좋아하지 않는데, 이 과정에서 그들이 바라는 폐쇄성의 상태에서 벗어나야 하기 때문이다. 또한 폐쇄성을 가장 필요로 하는 사람들은 독단, 질서에 대한 필요, 보수주의와 어울리는 태도를 지니는 경향이 있다는 사실은 별다른 도움이 되지 않는다.

따라서 사람들은 새로 알게 된 개념을 무시하거나 합리화하려는 경향을 보이게 된다. 그들이 내세우는 이유가 다른 사람에게 얼마나 이상하게 보이는지와는 상관없이, 무질서를 이런 식으로 해결함으로써 그들은 자신의 신념을 고집할 수 있게 된다.

여러분은 사람들이 특정 사고방식에 갇힐 때 또는 타성에 빠질 때 보이는 행동 방식을 더욱 견인하거나 반대로 극복하는 방법을 모색할 수 있다.

타성을 더욱 조장하려면 구매자의 후회 방지와 인지 부조화를 제거하는 데 도움을 주는 설득력 있는 이유를 제공한다. 반복해서 같은 메시지를 다른 출처에서 몇 번이고 듣는 것, 혹은 다른 많은 사람들도 똑같은 방식으로 행동하는 것을 보는 것(사회적 검증)은 한 사람의 결정에 더욱 무게를 실어준다. 친구나 같은 집단의 구성원으로부터 사회적 검증이 나올 때 이런 일이 특히 두드러진다. 사회적 검증은 신뢰성을 제공하고, 이 신뢰성은 사람들이 드문드문하거나 생소한 구매를 할 때 이를 정당화하는 것을 돕는 데 특히 유용하다.

고리를 완성하려면 우선 교묘한 방식으로 변화를 제시하고, 그다음으로 사람들이 그들의 새로운 행동을 정당화하는 것을 도울 필요가 있다. 그들이 자신들의 새로운 입장을 일단 공개적으로 인정하고 나면, 그 행동을 굳히고 다시 한번 폐쇄성을 만들어 낼 수 있다.

사회적 검증이 유용한 다른 경우는 타성을 극복해 사람들에게 변화를 일으키려고 할 때다. 폐쇄성에 대한 필요는 보수성과 연관돼 있기 때문에 주위 사례를 바탕으로 한 행동의 미묘한 변화를 통해 좋은 호소가 이뤄질 수 있다. 예를 들어, 누군가의 친구가 새로운 일을 하는 방식을 보여주고 그 새로운 일이 기존의 오래된 방식과 어떻게 유사한지 증명하는 것이다. 두 관점 사이의 보편적 유사성을 강조하는 것은 사람들이 새로운 관점을 손쉽게 접하는 데 도움이 된다.

여러분이 제안한 새로운 방식이 수용 가능하다는 자신감을 제공하는 것이 중요하다. 인증 이미지를 통해 질서에 대한 필요에 어필하는 것은 신뢰성을 부여하고, 신뢰성은 그 자체로 사회적 검증의 한 형태로 기능한다.

사람들로 하여금 새로운 접근법에 대해 공개적으로 다짐하게 하면 이제 사람들은 물러설 곳이 없어진다. 공적인 다짐은 인지 부조화를 더 키울 수 있을지 몰라도 이제 그들이 새로운 접근법에 보조를 맞추기 때문에 부조화된 신념은 곧 쫓겨날 것이고 옛날 일이 된다.

이 시점에서 개인들은 자신의 새로운 행동을 합리화하기 시작한다. 이제 여러분은 타성을 다시금 견인할 위치로 되돌아온다. 이때 그들 각자의 자부심에는 영향을 주지 않을 이유를 제시하고 새로운 행동에 대한 사회적 검증을 제시하는 것이 도움될 수 있다. 여러분이 방금 변화시킨 사고 방식의 주인공들은 새로운 일에 기꺼이 참여할 것이다. 그들은 어떤 데이터를 자신들이 구하고 믿는지에 대해 선택적인 태도를 보일 것이다. 이제 그들은 여러분이 소개한 새로운 아이디어에 호응하는 쪽으로 인지 부조화를 물리치려 할 것이기 때문에 폐쇄성에 다시 한번 도달하기 위해 해당 관점을 뒷받침하는 리뷰, 인증, 다른 사회적 검증을 찾아 나설 것이다.

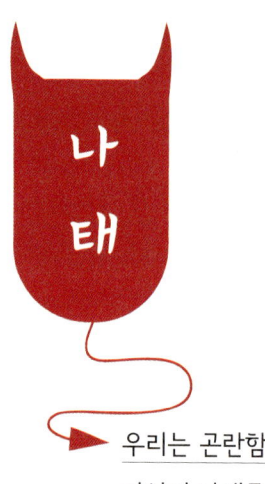

우리는 곤란함을 구실로
자신의 나태를 눈감는다.

- 퀸틸리아누스(Quintilian) -

요즘에야 나태라는 단어를 게으름을 표현할 때 쓰지만 게으름은 나태의 근원이 아니라 결과다. 사실 나태는 일의 회피나 "상관 없다"는 생각을 의미한다. 과거에 주님의 일을 회피하는 것은 중대한 죄로 간주됐다.

나태를 일의 회피나 결과에 신경 쓰지 않는 태도로 생각하는 데는 유용한 부분이 있다. 즉, 사람들은 온라인 상의 목표를 달성하는 데 필요한 절대 최소치의 일 이상을 하지 않으려 드는 것이다. 이것을 게으르다고 표현해도 되겠지만 꼭 옳은 말은 아니다. 대신 소비자는 쓰기 쉬운 사이트와 소프트웨어를 요구한다. 우리는 어떤 일을 할 때 최소한의 노력만으로 진행하는 데 유용한 단서를 찾도록 훈련받았고, 때때로 일이 너무 많은 사이트는 포기하곤 한다.

사용자에게 최소한의 노력만을 요구하는 인터페이스(개발자에게 가장 많은 수익을 남기는 길이기도 한)를 만든다고 해서 추가적인 디자인 작업을 잔뜩 할 필요는 없다.

희망선: A에서 B로 가는 길 위의 장벽을 최소로

희망선(Desire line)[11]은 매일같이 접할 수 있다. 대학 캠퍼스의 조경이나 쇼핑몰 주차장을 한 번 봐 보라. 그곳에 통행하는 사람과 목적지 사이를 막는 장애물이 위치해 있다면 사람들은 그걸 뛰어넘거나 가로질러 길을 낼 것이다.

지금 보이는 런던의 리치몬드 공원의 이 구역에는 "공식적인" 길은 다섯 개가 나 있다. 각 구역 사이에는 수많은 희망선이 나 있어 더 빠르게 출입할 수 있다. (Image © 2012 Bluesky, DigitalGlobe, GeoEye, Getmapping plc, Infoterra Lts & Bluesky, The GeoInformation Group, Map data © 2012 Google)

물론 처음 몇 사람은 덤불을 헤쳐나가느라 더 많이 노력해야 했을 것이다. 하지만 발걸음이 계속되면 더 매끈하게 다듬어진 길이 생긴다. 조경 건축가의 어리석음으로 생겨난 이러한 비공식적인 길을 희망선(desire lines)이라 한다. 희망선은 사용자가 판단하기에 현재 위치에서 희망하는 목적지 사이에 장애 요소가 가장 적은 경로를 따른다.

---

11 (옮긴이) 인도 등 공식적인 보행자 도로 대신 풀밭이나 화단 위에 사람들이 지나다니면서 만들어진 길

이따금 디자이너들은 이러한 자연적인 성향을 끌어내는 작업을 해 왔다. 뉴욕 센트럴 파크나 오레곤 대학의 캠퍼스 (재)디자인 작업에서는 사람들이 이미 지면에 만든 희망선을 관찰해 이러한 위치에 적절한 경로를 구축했다.

사람들을 당신이 바라는 결과로 이끄는 가장 쉬운 방법은 이 일이 최소 저항 경로를 따른다는 점을 명확히 보여주는 것이다. 희망선이 이 점을 보여주고 있다.

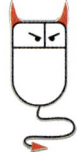

최소 저항 경로

당신이 바라는 최종 결과가 가장 쉬운 길 위에 놓여 있어야 한다. 도중에 이를 부인하는 요소는 길에서 감춰버려라.

2008년 당시의 이 스크린샷을 보면 프리크레딧리포트는 자사의 홈페이지에 본 사이트가 진정한 '무상' 신용정보 리포트 사이트가 아님(애뉴얼크레딧리포트(annualcreditreport.com)와는 다르게)을 밝히고 있다. 그러나 정보의 위치 선정은 희망선 관점에서 볼 때 완벽하다.

프리크레딧리포트(freecreditreport.com)는 왜 자사의 홈페이지 방문자에게 구태여 자신의 경쟁사에 대한 이야기를 하는가? 의무적으로 이렇게 해야 하기 때문이다. 가입 과정의 일부로 신용카드 세부정보를 수집하는 것이 해당 회사의 사업 관행이었는데, 실제로는 신용보고서를 무상으로 하나 제공하고 나서는 사용자의 카드에 매월 14.95달러의 요금이 찍히게 만든 것이었다.

2005년 연방거래위원회(Federal Trade Commission, FTC)는 고객을 기만하는 마케팅 관행을 들어 해당 사이트를 대상으로 소송을 제기했다. 이후 합의에서 연방거래위원회는 1,200만 달러 이상을 징수했다. 이 합의에는 프리크레딧리포트가 홈페이지에 불리한 내용을 게시해야 하는 것도 포함돼 있었다. 이는 사업에는 좋지 않은 일이었지만 프리크레딧리포트는 불리한 내용이 포함될 자사의 홈페이지를 어떻게 다시 디자인해야 할지에 대해 감을 잡고 있었다.

그렇게 해서 쓴 꼼수는 사용자의 시선이 향하기 쉬운 곳에 이해와 주의를 분산시키는 디자인을 결합함으로써 방문자가 자사가 선호하는 경로를 따르고 싶게 만드는 것이었다. 별도의 통제가 없는 상황이라면 서구 사회의 사용자는 대부분 웹 페이지의 많은 내용을 F자 형태의 패턴(F-pattern)으로 훑어 내려간다. 즉, 일단 페이지의 맨 위를 죽 읽어나가고, 시선은 그 후 (예를 들면) 제목, 문단, 그림 등에 마음이 끌릴 때마다 왼쪽 가장자리를 훑어가며 이동한다. 애플리케이션 대화창이나 콜투액션(Call to Action)[12]에서 사용자는 왼쪽 위에서 오른쪽 아래로 탐색을 진행하는 경향을 보이고, 이때 소외되는 오른쪽 위와 왼쪽 아래의 구석은 휴경지인 셈이다. 하지만 여러분이 바라는 대상(예를 들면, 크고 눈에 띄는 버튼)을 페이지의 다른 위치에 배치함으로써 사용자들을 이 같은 전형적인 흐름에서 벗어나게 할 수 있다.

프리크레딧리포트 역시 불리한 내용을 고지해야 하는 영역에 빈 회색 상자를 배치했다. 문구는 눈에 잘 띄지 않게 디자인됐으며, 색의 대조는 낮고, 시각적으로는 죽은 영역이면서 둘레에서는 외려 더 근사한 목표가 포위하고 있는 지역으로 만들어졌다. 이로써 희망선은 먼 이야기가 돼 버렸다. 페이지의 이 부분을 밝은

---

12 (옮긴이) 마케팅 용어. 사용자의 클릭과 구매전환(인터넷 광고와 검색 시스템을 거쳐 온라인 상거래 사이트를 방문해 최종적으로 구매에 이르는 것)을 유도하는 배너, 버튼, 또는 웹사이트의 그래픽이나 텍스트

주황색의 "콜투액션" 버튼과 서비스의 혜택을 설명하는 고대비 사각형과 비교해 보라.

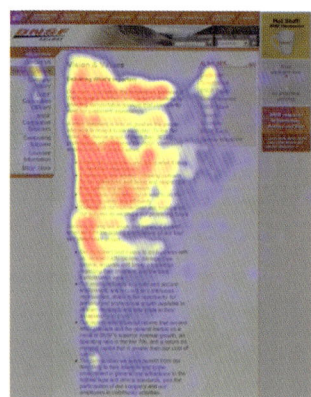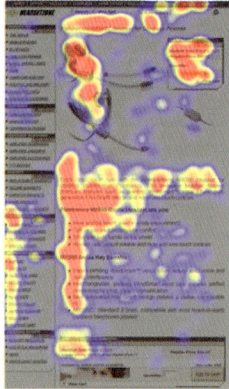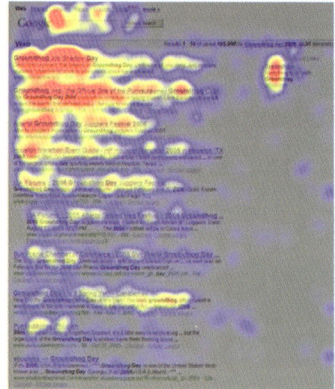

F-패턴은 글자로 가득 찬 페이지에서 사용자의 시선을 히트맵[13]으로 나타낼 때 드러난다. 이 이미지에서 빨간색은 사람들이 가장 많이 보는 곳을, 파란색은 사람들이 가장 적게 보는 곳을 나타낸다. (Image courtesy of Jakob Nielsen, Nielsen Norman Group, nngroup.com/articles/f-shaped-pattern-reading-web-content/)

프리크레딧리포트의 다음 버전 페이지에서는 고지 내용이 로고 상단으로 올라가 버렸다. 이 공간은 보통 배너 광고를 위해 비워놓는데, 사람들은 무의식적으로 걸러 버리도록 학습된 공간이다. 희망선의 원칙을 이 회사는 진정으로 이해하고 있는 것이다.

헌데 희망선을 유용하는 것은 여기서 그치지 않았다. 2005년에 벌금이 징수된 이후에도 프리크레딧리포트는 여전히 가입 링킹시를 세시하고 있었는데(법조문을 글자 그대로 따르긴 했겠지만) 디자인 관점에선 뭔가 의뭉스러운 실정이었다. 반복 결제 요금에 대한 정보를 개인 정보 보호 정책의 바로 밑에, 그것도 개인 정보 보호 정책과 동일한 글씨체로 배치하는 영악한 수법을 쓴 것이다. 이론적으로는 계좌에서 돈이 빠져나갈 것이라는 경고가 있긴 했지만 사용자의 행동을 잘 이해하고 있는 해당 회사의 사이트에서는 사용자를 자신의 행동이 부르는 결과 앞에 장님으로 만드는 데 성공했다. 어쨌든 누가 개인 보호 정책을 읽겠는가?

---

13 (옮긴이) 열을 뜻하는 히트(heat)와 지도를 뜻하는 맵(map)을 결합시킨 단어로, 일정한 이미지 위에 특정 정보를 열 감지 카메라의 화상과 같은 형태의 그래픽으로 출력하는 것을 말한다.

프리크레딧리포트는 세계 최대 신용평가 기관 중 하나인 엑스페리안(Experian) 사의 컨슈머 디렉트 부서(Consumer Direct Division)가 운영하는데, 이 부서의 최고 마케팅 경영자인 마이크 딘(Mike Dean)은 "우린 항상 매우 공격적인 마케팅을 해 왔다. 이것은 그야말로 정말 '공짜 신용보고서(free credit report)'다. 정부에서 발간하는 것이 아니기 때문에 우리가 웹사이트의 첫 페이지에다 링크를 배치한 것이고, 공짜 보고서가 나오는 것이다. 이건 사람들이 보고서를 이해하는 데 필요한 시운전과 같다. 실제 보고서란 매우 복잡할 수 있기 때문이다."라고 말했다.

자, 이제 사이트에서 달갑지 않은 정보를 아주 손쉽게 피할 수 있게 만드는 데 투자한 시간을 보고서를 재디자인함으로써 덜 복잡하게 만드는 데 쓴다면…?

이렇게 수정된 디자인은 여전히 적지 않은 수의 일반 대중을 현혹했고 정부가 다시금 개입에 나섰다. 2009년 시행된 미국의 신용카드법(Credit CARD[14] Act)의 일환으로 텔레비전과 라디오에서 공짜 신용보고서 서비스를 광고하는 마케터들은 의무적으로 시험 서비스 제공에 대한 내용 및 잠재 고객들이 정부의 연간신용보고서(annualcreditreoprt.com) 웹사이트를 참조할 수 있는 링크와 수신자 부담 전화번호를 명확히 노출하게 됐다.

이래서 문제가 해결됐을까? 퍽이나. 해당 사이트는 아직도 없어지지 않았다. 하지만 이제는 공짜 신용 보고서가 아닌 공짜 신용 점수를 제공한다. 차이를 눈치 챘는가? 법망을 피해가려는 의도가 다분히 보이는 것이다. 신용 보고서가 필요하면 누구든지 이들 사이트(프리크레딧리포트를 포함해)에서 하나 구할 수 있는데, 지금도 가격은 1달러로 엄밀히 말하면 "공짜"는 이니므로 법망을 에둘러 피하고 있다. 그리고 이제는 제공하는 것이 보고서가 아니라 점수이기 때문에 프리크레딧리포트는 (보고서에 관해) 자사가 밝혀야 하는 말들을 웹사이트에서 완전히 없애버리는 데 이르렀다. 그뿐만 아니라 연방거래위원회를 대상으로 한 로비도 성공적이어서 정부의 "공식적인" 신용 보고 사이트 상에 자사의 서비스에 대한 광고 게재를 허락받았다. 이를 통한 수익이 특히 짭짤한 것으로 드러났는데,

---

14 (옮긴이) Card Accountability, Responsibility, and Disclosure

고객의 14퍼센트는 이들 광고를 본 후 프리크레딧리포트 같은 회사의 서비스를 구매하는 것이 명백하게 드러났기 때문이다.

최소 저항 경로를 디자인하는 법

- 여러분 웹 페이지와 광고 이메일 상의 희망선을 디자인하고 테스트하라. 사용자가 봤으면 하는 것들이 그들의 시선을 끌어야 한다. 보지 않았으면 하는 항목으로는 시선이 가지 않게 해야 한다.
- 의무적인 고지 내용을 최소 저항 경로에서 멀찍이 치워 놓는다.
- 화면 상의 "죽은" 영역(오른쪽 위, 왼쪽 아래)에 자리하는 문구의 색상 대조를 낮춰 정보를 숨긴다. 또는 광고처럼 보이게 함으로써 사람들이 읽지 않고 그냥 넘겨 버리게 만든다.
- 사용자가 화면에 너무 오래 머물지 않고 다음 단계로 진행하는 것을 독려하는 다이내믹한 "콜 투 액션"을 버튼에 표시하라.
- 버튼을 크고 화려하게 만들어 현재 페이지를 읽는 것이 아닌 다음으로 이동하는 방향으로 주의를 끌게 한다.
- 내용을 페이지의 행동 버튼 아래에 위치시켜 은폐한다. 사용자가 행동 버튼을 찾는 것은 다음으로 넘어갈 준비가 돼 있다는 의미다.

줄어든 옵션과 똑똑한 기본 설정은 결정 과정을 매끄럽게 한다

다른 선택이 더 나을 것이라는 증거를 마주해도 사람들이 자신의 버릇과 익숙한 상품을 고집하는 것은 놀라운 일이 아니다. 서구 사회의 슈퍼마켓은 쇼핑을 속사포 퀴즈쇼로 바꿔놓는다. 참치 캔은 어떤 종류로? 소금물(brine)에 든 거? 스프링 워터(spring water)? 아니면 기름? 가다랑어, 날개다랑어, 황다랑어? 스테이크, 청크? 돈 좀 더 내고 돌고래 친화적인[15] 제품으로? 대신 정어리나 연어는 어떨까? 그냥 저번에 샀던 걸 잡고 뛰는 게 더 쉬울 것이다.

---

15 (옮긴이) 미국 참치 캔에서 볼 수 있는 문구로, 참치 조업 과정에서 돌고래의 피해를 최소화하는 방식을 택했다는 뜻

음식 코너만 그런 것이 아니다. 2011년 1월에 미국 슈퍼마켓에서 구할 수 있는 치약은 352가지나 있었는데, 이 중 69가지는 2010년에 출시된 것이다. 선택의 폭이 이 정도가 되면 사람들은 겁에 질려 뒷걸음질칠 위험마저 있다. 연구에 따르면 중요도를 선택의 가짓수와 혼동하는 문제가 있다고 한다. 이렇게 되면 결정의 실질적인 가치는 뒷전이고 더 많은 시간을 결정 과정 자체에 소모하게 된다.

여러 회사에서는 고객이 자사의 가게나 사이트에 머무는 동안 결정을 미루기보다 결정하기를 원한다. 다른 데서 결정을 내리려고 고르고 있는 것은 더 최악이다. 그러면 이들은 무얼 하고 있는 것인가?

선택의 폭을 더 좁게
가짓수가 많으면 꾸물거릴 일은 더 많다.

배리 슈워츠는 자신의 책 『선택의 심리학(The Paradox of Choice)』[16]에서 선택이 우리를 마비시키고 불만족스럽게 한다고 말한다. 선택의 가짓수가 많을수록 우리의 기대치는 더 높아진다. 기대치가 높아질수록 결과가 기대에 미치지 못했을 때의 실망도 더 커진다. 이와 반대로 선택안이 "하든지 말든지"밖에 없을 때는 선택지가 그것 하나뿐이더라도 만족할 것이다.

쉬나 아이엔가(Sheena Iyengar)와 마크 레퍼(Mark Lepper)는 참가자들이 자신이 시식할 초콜릿을 정하는 실험을 진행했다. 이들은 참가자에게 6가지 초콜릿과 30가지 초콜릿을 제시했고 후자의 경우에서 선택 과정을 더 즐거워하긴 했지만 선택에 대해 더 많은 책임이 따라온다고 느꼈으며 나중에는 해당 선택에 대해 불만족이나 후회를 더 느끼는 것으로 나타났다. 참가자들이 이후 실험의 대가로 돈보다 초콜릿을 받을 가능성도 현저하게 더 낮게 나타났다. 초콜릿의 경우만 봐도 이러한데, 실제로는 금전적이거나 개인적으로 중요한 장기적 결과가 걸려 있을 때는 이러한 "선택 과부하(Choice Overload)" 현상이 더 악화될 수 있다.

---

[16] 국내 번역서: 『선택의 심리학: 선택하면 반드시 후회하는 이들의 심리탐구』, 형선호 옮김, 웅진지식하우스, 2005

슈워츠는 사람들이 결정 과정에서 두 그룹으로 나뉜다고 말한다. "극대화자(Maximizer)"는 언제나 최상의 결정을 해야 한다고 생각한다. 이들은 모든 옵션을 비교하고 구매 이후에도 최선의 선택을 하지 않았는지 걱정한다. "만족자(Satisficer)"는 일정 품질이나 미적 기준만 넘어서면 그 중 어떤 선택을 하든 충분하다고 느끼는 사람이다. 이들의 전략은 자신들의 기준을 충족하는 첫 번째 옵션을 고르고, 탐색하는 데 너무 오랜 시간을 들일 필요 없이 다른 일을 진행한다.

여러 선택안을 제공하는 사이트는 이 두 유형의 사람들을 모두 상대해야 한다. 극대화자는 반드시 자신이 최상의 결과를 얻은 기분이 들어야 하는 반면, 만족자는 기대를 충분히 만족시키는 옵션에 신속하게 접근할 수 있기를 바란다.

가장 단순한 해결책은 가능한 선택의 가짓수를 줄이는 것이다. 선택의 가짓수가 줄면 비교에 필요한 시간이 줄고, 사람들이 자신의 선택에 대해 더 낫게 느끼게 할 수 있다. 하지만 극대화자는 자신이 모든 경우의 수를 살펴 골랐다고 느끼길 바라므로 세 가지 대안 정도로는 충분하지 않을 수 있다. 더 폭넓은 선택을 위해 이들이 다른 곳으로 발길을 돌릴 수 있기 때문이다. 따라서 극대화자를 만족시킬 정도로 풍부한 옵션을 갖추고 있다는 점을 입증하면서, 동시에 극대화자와 만족자가 자신이 원하는 옵션을 재빨리 찾을 수 있게 하는 길을 제공하는 요령이 필요하다.

여러분이 활용할 수 있는 세 가지 기법은(개별적으로든 조합해서든) 서로 호환되는 옵션을 많이 제공하거나, 추천 엔진이나 필터를 사용하거나, 또는 최우수 제품 인증(best choice guarantee)을 제시하는 것이다. 호환되는 옵션을 더 다양하게 제공하는(즉, 중점적이며 내부적으로 일관된) 브랜드는 분야 내에 더 많은 투자를 하고 전문적 지식을 갖춘 것으로 인식되고, 그 결과 품질 인식과 구매 지수 모두를 올려준다.

사용자가 의사결정을 더 중요하게 느끼게 하려면 사용자가 여러 유사한 옵션(이것들 모두가 긍정적인 결과로 이어져야 한다) 중에서 고를 수 있게 한다. 그들이 이러한 선택의 환상 속에서 보내는 시간이 길어질수록 최종 결과에 더 높은 중요도를 부여할 것이다(그리고 결과에 매달리기도 더할 것이다).

하지만 조심해야 한다. 일관된 구성이 중요하다. 예를 들어, 다양한 고급 초콜릿을 제시해야지 고급 초콜릿과 저렴한 초콜릿바를 내놓으면 안 된다. 비교 기준 역시 정렬돼 있어야 한다. 예컨대 코코아 함량이든 맛이든 한 번에 하나만 변화를 줘야지, 이 두 기준에 동시에 변화를 줘서는 안 된다. 선택의 폭이 넓으면 결정을 내리는 과정은 더 어렵고 짜증나지만, 잠재적으로는 브랜드 품질이 더 높게 느껴질 수 있기 때문에 균형을 잘 잡아야 한다.

여러 호환되는 옵션이 유용한 경우로 특히 새 차의 옵션을 고를 때처럼 컨피규레이터(configurator)[17]를 활용하는 경우가 있다. 회사 입장에서는 고객이 원하는 자동차에 정확히 부합하는 차를 구할 수 있는 유연한 대안들을 선보이는 것도 중요하지만 잠재적인 구매자를 압도하지 않는 것도 중요하다. 컨피규레이터 내에서 고객이 느끼는 부담을 줄이기 위해 옵션을 그룹으로 제시(구동계, 차체, 인테리어)하거나, 만족자인 소비자를 위해 단일 사양 안에 여러 옵션을 묶는 패키지를 제공할 수도 있다.

소비자가 느끼는 품질 수준을 유지하면서도 옵션의 가짓수로 인한 혼란을 줄이기 위해 여러 사이트에서는 추천 엔진이나 필터의 힘을 이용한다. 추천 엔진은 앞선 행동과의 비교 혹은 선호도에 관한 질문의 답을 기초로, 옵션을 작은 집단으로 묶어 제공한다.

넷플릭스는 고객이 이미 관람한 영화를 바탕으로 새로운 영화를 제안하는 검색 엔진을 사용한다. 넷플릭스의 비즈니스는 이 기능에 대한 의존도가 매우 높기 때문에 최근 넷플릭스는 엔진의 정확도를 10퍼센트 이상 높일 수 있는 사람에게 백만 달러를 지급하기로 했다. 현재 넷플릭스에시 관람한 영화 중 75퍼센트가 사이트의 추천 시스템에서 제공되고 있다.

---

17 (옮긴이) 사용자가 옵션을 선택하고 제품/공정 결과 상의 변화를 표시하며, 각종 설정을 사용자가 손쉽게 변경할 수 있는 컴퓨터 프로그램

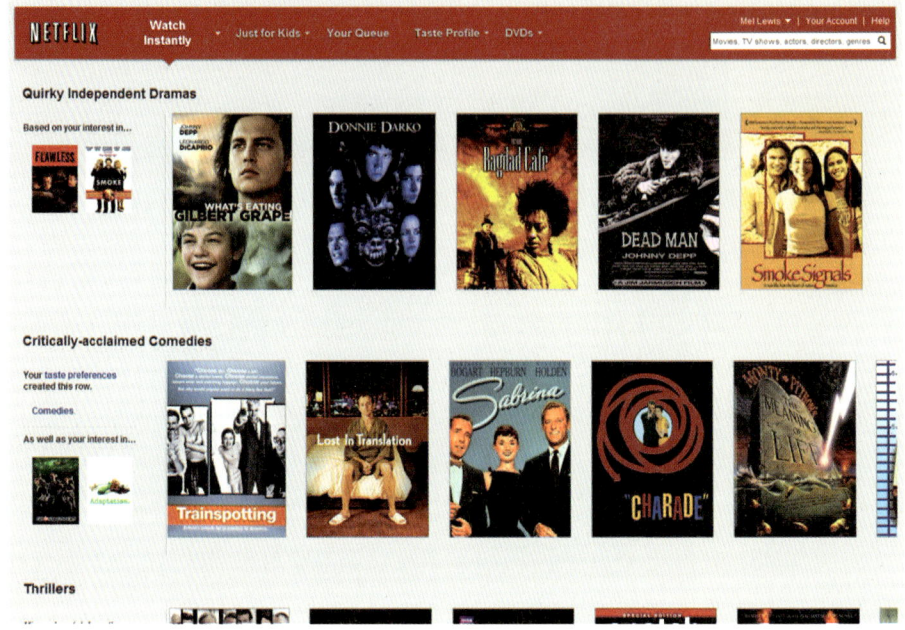

항목의 양이 감당할 수 없을 때 추천 엔진은 선택에 한계를 부여하는 훌륭한 방법이다. (Netflix.com)

필터는 선호도 알고리즘보다는 화면 상에서 이뤄지는 선택에 더 기반을 둔다. 고객은 상품의 연이은 특징(사이즈, 색상, 스타일, 브랜드 등)을 골라 나가면서 감당할 수 있을 정도의 그룹에 도달할 때까지 좁혀 나간다. 즉, 상품 검색을 정제해 나갈 수 있다. 연이은 결정의 각 단계는 개개인의 책임이기 때문에 도중에 버린 항목의 숫자에 압도되지 않으면서도 자신이 결과에 많은 투자를 했다고 느끼기 마련이다.

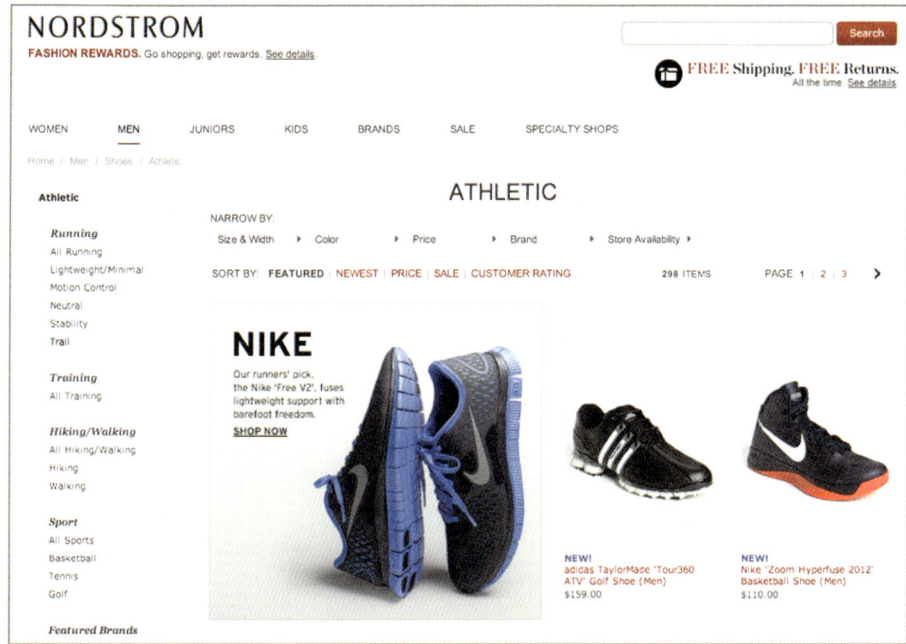

필터는 결정에 근거를 제공한다. 지금 보이는 노드스트롬 사이트에서 왼쪽 메뉴와 범위 좁히기(Narrow by) 기능은 모두 선택의 수를 줄이는 필터의 역할을 한다. (Nordstrom.com)

최우수 제품 인증은 가능한 최선의 구매를 했다는 점을 인증하기 때문에 고객이 어떤 선택을 하든 이에 대한 확신을 더해준다. 여행 사이트, 렌터카 회사, 호텔은 이 기술을 우선적으로 이용해 고객이 제3의 회사가 아닌 자사의 사이트에서 소비하도록 설득한다.

최우수 제품 인증은 극대화자와 만족자를 모두 만족시키는 부차적인 이익을 가져다 준다. 극대화자는 다른 곳에서 더 나은 조건을 찾는다고 해도 해당 사이트가 가격에 부합한다는 점을 알게 된다. 만족자 입장에서는 사이트 내에 한해 검색을 좁혀갈 수 있고, 이 사이트의 옵션이 다른 곳과 비교했을 때 적절하다는 점을 확신하게 된다.

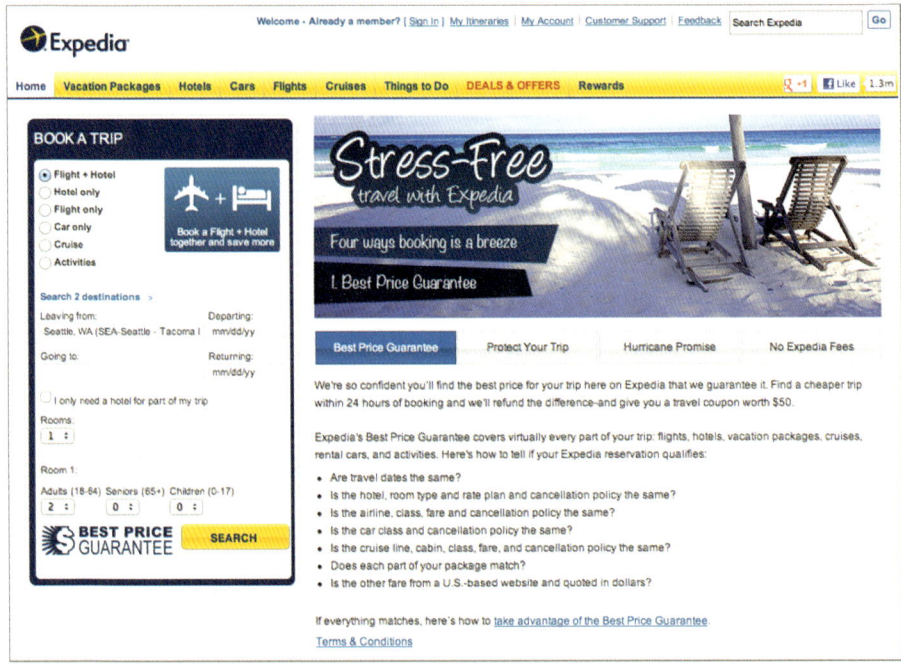

익스피디아의 "최저 가격 보장"(Best Price Guarantee)은 극대화자의 구매의 후회를 확실히 방지하면서 동시에 만족자에게도 적절한 숙박지를 찾았다는 인식을 준다. (Expedia.com)

필터, 추천 시스템, 인증을 서로 조합하면 가장 강경한 극대화자를 대상으로도 모든 고려사항을 빠짐없이 검토했다고 납득시킬 수 있다. 동일한 기능 조합으로 만족자 역시 다양한 여러 옵션들을 단시간에 검토할 수 있게 되고, 자신의 필요에 부합하는 것을 찾게 된다.

더 적은 선택을 디자인하는 법

- 고객이 제공 서비스에 대한 결정을 신속하게 내리기를 바란다면 너무 많은 옵션을 주지 마라. 선택의 폭이 넓으면 더 꾸물거리게 된다.

- 반대로, 사용자가 의사결정을 더 중요하게 느끼게 하고 싶을 때 혹은 개인화가 중요할 때는 한정된 범위 내의 호환되는 옵션만을 선택할 수 있음을 분명히 밝힌다.

- 대안의 수가 감당할 수 없을 정도로 많으면 추천 엔진이나 필터를 사용해 대안의 수를 합리적인 수준으로 빠르게 줄일 수 있게 한다.

- 선택 가능한 항목의 개수를 쉽게 줄일 수 없으면 우수 제품 인증을 사용해 사람들에게 확신을 줌으로써 의사결정을 재촉한다.

팔고 싶은 걸 먼저 보여줘라

여러분이 강조한 제안에 사람들이 주목하고 마음의 문을 열도록 불을 댕겨준다.

예전부터 심리학자들은 사람들에게 단어나 그림을 시간적으로 먼저 제시하면 그 동안 의식적으로 특정 단어를 잊고 있었더라도 해당 항목이나 관련된 사항들을 차후의 테스트에서 더 쉽게 연상할 수 있다는 사실을 알고 있었다. 심리학에서 이를 점화효과(Priming)라고 한다.

이것이 바로 우리가 브랜드에 관련된 광고를 그렇게도 많이 접할 수 있는 이유다. 광고는 콕 집어서 무엇을 사라고 말해주기보다는 특정 위치(예: 호프집), 정서(예: 행복함), 또는 이벤트(예: 축하 행사)와 관련해 브랜드의 큰 그림을 그려나간다. 다음에 여러분이 누군가의 생일 잔치 때문에 어떤 바에 있을 때 이 모든 브랜드의 점화효과는 여러분의 무의식에 곧장 도달해 불을 댕긴다. 이제 럼주나 콜라를 마시는 게 아니다. 바카디와 코카콜라를 마시는 것이다. 그냥 맥주를 사는 게 아니다. 버드와이저를 사는 것이다.

웹사이트 역시 사람들이 옵션들 중 뭔가를 괜찮다고 "인정"하는 것을 도우면서 알맞은 단어나 개념을 먼저 제시해 밑밥을 깔면서 똑같은 효과를 활용한다. 점화효과는 몇 가지 형태로 나뉜다. 브랜드 관련 마케팅처럼 은근한 것일 수도 있고, 권장이나 추천을 끌어들이는 노골적인 것일 수도 있다.

더 은근한 접근법은 선호되는 옵션을 선택하고 성공을 거둔 사람들의 증거를 잠재 고객에게 보여주는 것이다. 선택을 하기 전에 이미 다른 곳에서 똑같은 추천을 봤기 때문에 사회적 검증이 치고 들어오며, 이것이 올바른 선택이라는 설득이 이뤄진다.

점화효과의 다른 방법은 최우수 가격 대비 성능 혹은 최우수 품질 등을 제시해 사람들을 끌어들이고, 선호 옵션이 그 같은 성능이나 품질을 제공하는 것으로 포장하는 것이다. 이러한 전략은 (특정 목표를 대상으로 하는) 타깃 마케팅 캠페인에 효과적인데, 특정 광고를 클릭해 사이트로 들어온 사람은 처음 제안된 내용에 대해 의심의 여지가 없는 흥미를 보인 사람들이기 때문이다. 사람들은 이제 선호 옵션이 포장된 내용을 자신들이 흥미를 느꼈던 제안과 맞춰보면서 판매사가 바라는 선택으로 기울게 된다.

이 페이지로 이어지는 해당 제안의 초점은 가족 보호다. 따라서 가정 보안의 측면에서 선택안이 제시되고 있다.

강도가 약간 더 높으면서도 동등한 보상을 안겨주는 또 다른 점화 방법은 사람들의 동기를 파악하는 연구를 수행하고 이 동기를 만족시키는 용어를 사용하는 것이다. 절약에 대한 동기가 있으면 가장 저렴한 안을 고를 것이다. 남이 끼어들길 원치 않는 동기가 있으면 비밀을 지켜주는 안을 원할 것이다.

더 노골적이면서 효과적인 점화효과의 형태는 옵션들을 나열할 때 이뤄진다. "권장/추천"이나 "선호"와 같은 단어를 추가하는 것은 사회적 검증(더 많은 사람들이 한다는)이나 권위("이렇게 하셔야 합니다")에 의지한다. 마이크로소프트가 더 많은 사람들이 윈도우 XP의 자동 업데이트를 활성화하길 원했을 당시(의도는 좋았다. 바이러스의 확산을 막는 데 도움이 됐으니까) 설치 과정 중에 시행하는 것을 권장하기 위해 운영체제 개발자로서의 권위에 의존했다. 이 사례에서 점화 효과는 상황 조성이나 권위 구축에 앞서 발생했다. 의사결정 혹은 사이트 신뢰에 필요한 충분한 정보를 제공받았다고 느끼지 않는 한 사람들은 선뜻 권장 옵션을 받아들이지 않을 것이다.

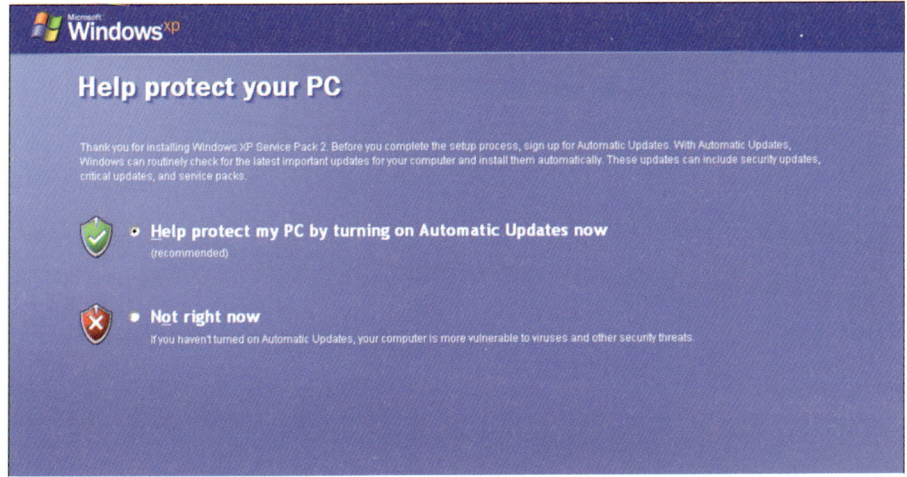

윈도우 XP 서비스팩 2의 자동 업데이트 활성화 여부를 선택하는 단계에서 선호 옵션이 미리 선택되어 있다. 이것은 아마 "권장"이라는 용어를 옵션 바로 옆에 위치시켜 광범위하게 사용한 최초의 예일 것이다.

또한 여러 사이트에서는 사용자가 우선적으로 선택했으면 하는 옵션을 기본 설정으로 미리 선택해 둔다. 특정 옵션을 기본으로 선택해 두는 작업이 믿는 구석은 한편으로는 나태요(옵션을 바꾸는 것이 그냥 놔두는 것보다 손이 더 많이 간다), 다른 한편으로는 앞선 점화효과에 의해 촉발된 인식이다.

선호 옵션을 디자인하는 법

- 여러분이 제공하는 옵션들이 익숙하게 느껴지도록 미리 보여줘서(점화효과를 이용해), 사람들이 결정에 필요한 충분한 양의 정보를 제공받았다는 점을 수긍하게 한다.

- 사전에 주제를 뒷받침하는 정보를 제공하거나 여러분의 권위를 입증함으로써 여러분의 권장안이 믿을 만한 것으로 보이게 한다.

- 사람들이 했으면 하는 행동을 기본 설정으로 둔다. 신뢰가 충분히 구축돼 있는 한 사람들은 여러분의 바람을 따를 것이다.

찾거나 이해하기 힘들게 하라

옵트아웃[18]을 한쪽으로 치워놓든지 애매하게 만들어라.

최종 사용자 라이선스 계약을 얼마나 읽어봤는가? 개인 정보 준칙은? 이용 약관은? 지금 당신이 알루미늄 호일 모자(tin-foil hat)[19]를 쓰고 다니는 강박적인 사람이 아닌 이상, 이상의 것들을 읽어본 일은 별로 없을 것이다. 필자의 오랜 사용성 연구를 돌이켜 봐도 아마 소프트웨어와 웹사이트를 이용하는 와중에 이 문서를 일부러 읽어 내려간 사람은 한 손에 꼽을 수 있을 정도로 적을 것이다. 대신 대부분의 사람들은 "개인 정보 정책"이라는 문구가 있는 링크만 확인하고 다음 버튼을 누른다. 개인 정보 정책에 실제로는 "사용자의 개인 정보는 모두 공개"라고 쓰여 있는지 아닌지는 문제가 아니다. 사이트가 먼저 그 정보를 사용자와 공유한다고 나서는데, "그럼 별 일이나 있겠어" 하는 마음으로 신경을 끄게 된다.

사람들이 서둘러 클릭을 하며 라이선스 계약, 이용 약관, 개인 정보 보호 정책, 그 밖의 형식적으로 들리는 계약 등등을 넘기는 이유 중 하나는 하필 이들이 나타나는 시점에 사용자들은 다른 작업(소프트웨어나 사이트의 본래 목표)을 하려 한다는 것이다. 그래서 사람들은 방해되는 대화창이 나오기만 하면 일단 제쳐놓고 보는 것이다. 또 다른 이유로는 문구 자체가 지루하고 거의 알아먹을 수가 없게 돼 있다는 점이다.

PC 핏스탑(PC Pitstop)이라는 회사는 심지어 고객 혜택을 옵디마이스(Optimize)라는 자사 제품 내 최종 사용자 라이선스 계약에 숨겨 버리는 일도 있었다. 네 달이 흘러 3천 건의 다운로드가 진행된 후에야 비로소 이러한 사실이 알려져 보상을 요구하는 움직임이 이뤄졌다.

---

[18] (옮긴이) 마케팅 분야에서 옵트아웃에는 몇 가지 뜻이 있지만 여기서는 체크박스 내 선택이 기본값으로 잡혀 있는 상태, 즉 해당 기능 활성화를 위해 고객의 비개입(opt OUT)을 필요로 한다.

[19] (옮긴이) 영미권에서 통용되는 말로, 말 그대로 알루미늄 호일(은박지)로 모자 모양을 만들어 착용하는 일을 말한다. 이 모자 쓰는 일의 배경에는 전자파로부터 전뇌를 보호하고 텔레파시나 세뇌 전파를 막아낼 수 있거나 CIA 같은 정보기관이나 스파이에 대항해 맞설 수 있다는 믿음이 자리한다. 외계인의 납치를 막기 위해 착용한다는 사람들도 있다. 이 같은 배경에서 짐작할 수 있듯이 이 행동은 과대망상, 편집증, 음모론 숭배의 대명사가 됐다. 2002년 영화 "싸인(Signs)"이 개봉된 이후 일반인 사이에서 붐이 일기 시작했다는 설이 있다.

이 말은 사용자가 개인 정보에 관심이 없다는 소리가 아니다. 난해한 법률 문구를 몇 페이지씩 읽든지 아니면 회사가 자신의 데이터를 가지고 흉악한 짓을 저지르지 않을 것으로 믿든지 해야 하는 선택의 기로에서 사용자들은 인지 부조화('교만' 장을 참조)를 해결하면서 나태에 굴복하고 회사를 신뢰하는 쪽으로 기우는 것이다.

물론 항상 이 같은 신뢰가 얻어지는 것은 아니다. 2007년과 2009년 사이, 미국의 여러 인터넷 서비스 제공업체(ISP)는 네부애드(NebuAd)라는 회사가 제작한 광고 서비스 제공 기술을 도입하는데, 이 기술은 고객의 웹 페이지에 광고를 삽입할 수 있었다. 거의 비슷한 시기에 유럽의 사용자들도 폼(Phorm)이라는 이름의 유사한 기술을 마주하게 됐다. 일반적으로 이 기술(딥 패킷 인스펙션(Deep Packet Inspection, DPI)을 사용해 사용자의 행동 정보를 수집하고 네부애드의 서버로 전달하는 기술)은 ISP의 기업 웹페이지에 감춰져 있으면서 개인 정보 정책의 변화를 통해 사용자에게 접해지는 방식이었고 옵트아웃이었다(따라서 '기술 허용'이 기본값). 엠바크(Embarq)라는 이름의 ISP는 미국 하원 에너지 상무 위원회의 질의에서 옵트아웃 비율이 0.06퍼센트라고 답했다.

고객들이 ISP의 이용 약관에 대한 업데이트를 확인하지 않는 것도 무리는 아닌데, 이들은 인터넷 접속을 전기나 수도처럼 그저 또 하나의 공공 자원으로 여기는 게 보통이기 때문이다. 이들은 자신의 ISP 사이트를 기껏해야 어쩌다 한 번 방문할 것이다. 그런데도 사람들은 자신이 매일 사용하는 제품에 대해 매우 느슨한 마음가짐을 지닌 것처럼 보인다.

페이스북은 사용자의 친구들만이 사용자가 올린 개인 정보에 접근할 수 있다는 개념과 함께 2004년에 출발했다. 몇 년이 흐르면서 이 운영 철학은 변화하여 2010년에 이르러 설립자인 마크 주커버그는 인터뷰에서 새로운 사회적 규범은 "개방성"이지 개인 정보가 아님을 주장했다. "시스템에서 우리의 역할은 혁신을 계속하면서 현재의 사회적 규범이 무엇인지 우리의 시스템이 반영하는 바를 업데이트하는 것이라고 본다. … 우리가 지금 사업을 시작했으면 어떻게 일을 했을까 [자문했다.] 그래서 우리는 이들이 현재의 사회적 규범일 것이라는 결정을 내렸고, 그에 맞게 행동했다."

페이스북의 개인정보보호 옵션에서의 최소 저항 경로를 따르면 사용자는 개인정보 설정 페이지까지 절대로 가지 않고, 그냥 기본 설정값을 받아들이게 돼 있다. 하지만 이로써 몇 가지 재미있는 "개방성" 문제가 부상한다. 전체 개인정보 설정의 기본값을 따르면 정보가 모두에게 공개된다. 광고 기본값은 광고 표시다. 서드파티 광고도 허용된다. 즉, 서드파티 웹사이트가 사용자의 데이터를 입수해 실시간 개인 업데이트(instant personalization)를 가능하게 하며, 사용자의 타임라인도 일반 검색에 노출된다.

정보도 많고 이를 공유하는 사람도 많다. 이 같은 공유가 의도에 따른 것이고 쉽게 제어 가능하다면 별 문제는 없을 것이다. 하지만 또 다시 나태가 페이스북에게 좋은 일을 해주고 있다. 18세부터 29세에 이르는 소셜 네트워크 사용자의 71퍼센트가 자신의 개인 정보 설정을 변경했다고 밝혔지만 50~64세의 사용자 중에서는 55퍼센트만이 기본값을 변경했다. 젊은 층 인터넷 사용자 중에서는 44퍼센트가 자신에 대한 개인 정보가 얼마나 많이 온라인에서 접근 가능한지 제한하는 단계를 거쳤다고 했지만 이 수치는 50~64세의 연령층에서는 25퍼센트로 감소한다.

페이스북 편을 들자면 개인 정보는 다루기가 쉽지 않은 일이긴 하다. 마크 주커버그의 말대로, "역설적으로 사람들은 자신의 전화번호를 전화번호부에는 공개하지만 온라인에서는 남들이 알길 바라지 않는다". 이 말에 담긴 흥미로운 속내는 공공(public) 정보와 공공'화'된(publicized) 정보 사이에는 차이가 있다는 것이다. 마케팅 담당자들은 누군가의 이름이나 주소 중 하나라도 반드시 알아야 전화번호부에서 그 사람의 전화번호를 검색할 수 있는데 반해 페이스북에서는 이름, 주소, 친구 목록, 전화번호, 사진, 좋아요 표시 목록을 비롯한 수많은 정보를 깔끔하게 하나로 묶어 단번에 전달받을 수 있다.

사용자가 고객이 아니고 상품이라면 우리가 페이스북에 무얼 또 바랄 수 있겠는가? 페이스북의 생존법은 사용자 데이터를 회사들과 공유해서 이들의 광고가 개개인을 더 잘 겨냥할 수 있게 하는 것이다. 사람들의 삶이 더 폐쇄적일수록 공유는 더 적게 이뤄지며, 사용자가 인식하는 맞춤형 광고의 가치도 줄어들 것이다.

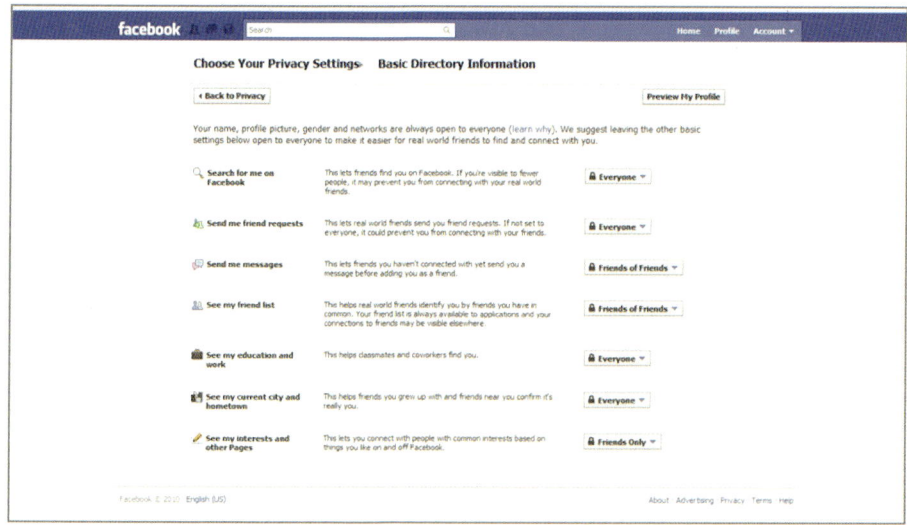

페이스북 개인정보 설정의 연막 작전으로 등잔 밑이 어두워진다. 그럴듯한 말을 써가며 고개를 끄덕일 만한 공유에 대한 이유를 내세우고, 정작 실제 공유 항목에 대해서는 어물쩍 넘어가 버린다. (facebook.com)

페이스북은 새로운 사회적 규범은 개방성이라고 주장하지만 실상은 페이스북이 나태의 힘을 빌리고 있는 것이다. 즉, 기본 설정(대다수는 이해하지 못하고 신경도 쓰지 않을)을 변경해 사람들을 이 새로운 사회적 규범으로 이동시키고 있다.

옵트아웃 항목 물타기를 디자인하는 법

- 거래 시점에서 옵트아웃에 대한 이야기를 뺀다. 대신 별개의 장소를 만들어("개인정보 센터"), 일반적인 말들을 쓰면서 진짜 활동을 애매모호하게 진술한다.

- 사용자 데이터를 가지고 나쁜 짓을 하다 걸리면 거듭 사과의 말을 전한다. 그다음엔 체크박스, 설명, 개인정보 센터의 옵션을 더 늘린다. 이제 뭐가 정확한 세팅인지 척 보고 알기는 더 어려워진다.

- 애매함을 조장한다. 옵션을 난해한 법률 용어로 배배 꼬아 설명함으로서 개인정보 준칙 사항을 정말로 이해하는 것이 너무 수고로운 일이 되게 하라. 사용자의 신뢰를 충분히 확보하고 있거나 사이트가 충분히 유용하다면 사용자들은 자신들의 데이터가 옳지 않은 일에 쓰이진 못하리라 생각할 것이다.

네거티브 옵션: 가입하지 말지 마십시오.

사람들이 기본 설정대로 가입하게 한 후 여러분이 바라는 대로 계속 행동하는 것이 탈퇴보다 쉽게 하라. 희망선을 사용해 가입 과정을 눈치채지 못하게 한다.

여러분이 가입 양식에서 마케팅 옵트인[20] 체크박스를 찾는 데 도사라고 해도 여전히 극도로 주의해서 내용을 읽어볼 필요가 있다. 박스가 미리 선택돼 있는가? 체크를 하면 우리가 동의를 한다는 건가 거부를 한다는 건가? 제3자 기관과 세부 정보를 공유한다는 내용의 두 번째 박스 또한 미리 선택돼 있는가? 그러면 이게 거부인가 허용인가?

고객이 자사의 이메일 구독을 시작하게 하려는 회사가 있다. 관성(나태)이라는 것은 일단 가입한 고객이 받아보기를 중지하려는 노력을 하지 않게끔 하기 때문이다. 콕 집어서 구독 중지를 선택할 때까지 계속 뭔가를 받아보도록 사람들을 가입시키는 것, 이것이 네거티브 옵션의 기반이다.

순진하게 생긴 세 개의 체크박스가 앞으로 여러분의 받은 편지함의 용량과 선물을 보낼 사람들의 규모에 파급효과를 미친다. 잘 읽어보라. 이메일을 받지 않으려면 무엇을 체크해야 하고 무엇을 체크해제 해야 할까? (hotelchocolat.com)

스티브 벨먼(Steve Bellman)과 동료들이 수행한 연구에서는 네거티브 옵션을 사용하기만 해도 옵트인 유지(체크박스 해제 상태를 건드리지 않고 유지) 비율이 두 배로 늘어나는 것으로 관찰됐다. 옵션 문구를 "설문에 관해 더 알려줍니다"

---

[20] (옮긴이) 옵트아웃의 반대 개념. 여기서는 체크박스 내 선택 해제가 기본값으로 잡혀 있는 상태, 즉 해당 기능을 활성화하기 위해서는 고객의 개입(opt IN)을 필요로 한다.

로 하고 체크박스를 해제시켜 놓았더니(추가적인 설문 자료를 얻기 위해서는 단계를 밟아야 함) 48퍼센트가 옵트인을 유지했다. "설문에 관해 더 이상 알려주지 않습니다"로 문구를 바꾸고 체크박스 해제는 그대로 유지했더니(이제 추가적인 설문 자료를 얻기 위해 별도의 단계를 밟을 필요가 없음), 이번에는 옵트인 유지 수치가 96퍼센트라는 놀라운 값을 보여줬다. 물론 벨먼이 지적한 대로 두 번째 차례에서 옵트인을 유지한 모든 개인이 그렇다고 다 유망한 고객인 것은 아니지만 그럼에도 이처럼 명확히 나타나는 동의 비율은 자못 인상적이다.

마케팅 분야에서 사전 동의 마케팅(advance consent marketing)이라고도 하는 네거티브 옵션은 서적이나 DVD를 우편 배달[21]하는 회원제 조직의 기초가 된다.

해리 셔먼(Harry Sherman)은 1926년 네거티브 옵션의 개념을 활용해 "이달의 도서 클럽"(Book-of-the-Month Club)을 설립했다. 이후 시장의 여러 변화에도 불구하고 이러한 종류의 클럽들은 여전히 존속하고 있으며, 모집 절차를 온라인으로 옮겼다. 모집은 다음과 같이 이뤄진다. 처음에 클럽에 가입하면 신규 가입 혜택으로 책 몇 권을 할인된 가격에 고른다. 클럽 멤버십이 있으면 정기적으로 책들을 받을 수 있게 된다. 이달의 도서 클럽(bomclub.com)에서는 편집자 특별 선정 도서가 보내지고 자동적으로 결제되는데, 이는 회원이 반송 엽서를 보내는 것을 잘 기억하거나, 전화를 걸거나, 매달 웹사이트에 들어가 할인 상품을 거부하는 조치를 취하지 않는 이상 계속된다. 연간 구매량이 설정돼 있어서 시간이 얼마 지나면 반송 엽서에 보내는 것만으로 책 배송을 중지시킬 수가 없다. 영수된 책들의 가격 또한 비슷한 판매점의 가격보다 훨씬 비싼 경우가 많다.

이것이 "네거티브 옵션 요금 청구"의 기본적인 전제다. 뭔가를 받기 위해 가입한 후에는 특정 행동을 취해 발송을 막지 않는 이상 계속 구매가 진행된다. 네거티브 옵션의 작동 과정은 다양한 유형으로 분류된다.

---

21 (옮긴이) 대표적인 업체로 미국의 넷플릭스(Netflix)가 있다. 최근에는 유료 스트리밍 서비스와 앱도 운영하고 있다.

- **사전 고지 네거티브 옵션**: 다음 상품을 주기적으로 고지하며, 소비자들이 조치를 취하지 않을 경우 차후 상품을 받게 된다. 회원제 도서 업체들이 전형적으로 취하는 방식이다.
- **지속 네거티브 옵션**: 소비자가 취소할 때까지 정기적인 일정에 따라 상품을 받는 구독 형태다.
- **자동 갱신 네거티브 옵션**: 정기적으로 제공되는 상품을 묶어 구매하도록 요구한다(예를 들면, 월간 잡지의 1년 구독권). 그러고 나서 별도의 취소 요구가 없으면 자동으로 다음 묶음 구매가 이뤄진다.
- **(명목상의) 무상 결제 네거티브 옵션**: 무료 혹은 저렴한 가격의 시험 사용을 제공하지만 사용자가 시험 사용 기간이 만료되기 전에 취소 절차를 밟지 않으면 이후 서비스에 대한 결제가 이뤄진다.

사전 동의 마케팅이라는 말에는 모순이 있다. 사이트들은 이미 동의를 얻었다고 주장하기 위해 이 말을 사용하지만 실제로 그 같은 동의를 표했는지 고객 자신이 알고 있는지는 불명확하다는 것이다.

미 연방 거래 위원회(FTC)는 2009년에 업계와 소비자 단체로부터 네거티브 옵션이나 사전 동의 마케팅에 대한 의견을 수렴하기 위해 청문회를 열었다. 보고서의 일부에서 다음과 같은 것이 지적된다.

패널들은 많은 온라인 고객이 부주의, 근거 없는 자신감, 과열, 즉각적인 만족에 대한 욕구 등과 같은 특정 성향을 보인다고 털어놓았다. 이로 인해 고객은 고지 내용을 보거나 읽지 못할 가능성이 커진다. 이어지는 패널들의 설명에 따르면 온라인 상에서 보이는 이 같은 성향의 결과로, 고객은 좋다고 클릭만 하면서 주의를 게을리 한 채 재빨리 웹페이지를 탐색하게 된다. 소비자는 그저 "별 탈 없겠지" 하는 생각으로 최대한 빨리 거래를 마무리하고 싶어하기 때문이다. 그 결과, 소비자가 자신들이 수락하는 합의 내용과 조건을 읽거나 이해하지 못하는 일이 자주 발생한다.

네거티브 옵션: 연방 거래 위원회 집행 부서 직원이 작성한 보고서 중에서

이야말로 나태의 현재 진행형이다. 소비자들은 사이트의 모든 약관과 조건을 읽고 이해하려는 별도의 노력을 기울이고 싶어하지 않으므로 최소 저항 경로를 따라 사이트가 "나쁜" 짓을 하지 않으리라 믿어버리고 만다.

물론 무작정 회사들만 탓할 일은 아니다. 거래 조건이 너무 좋아 의심이 갈 정도라면 아마 맞을 것이다. 하지만 그게 거짓이라는 것을 찾아 내는 것이 어려운 일일 수 있다. 북스팬(이달의 책 클럽 배후의 회사)을 대상으로 진행 중인 집단 소송에서 다음과 같은 주장이 제기됐다.

25페이지에 달하는 해당 클럽의 다단계 등록 절차 내 어디서도 다음과 같은 내용을 공개하지 않는다.

1. 구매 요건이 존재
2. 이러한 구매가 발생하는 기간
3. 구매 요건을 만족하는 품목당 비용
4. 구매 요건 충족 미달로 인한 불이익
5. 주기적으로 자동 발송되는 "추천 목록"
6. 배송 중지와 요금 청구 방지에 필요한 분명한 행동
7. 임의의 "추천 목록"의 실제 가격

… 멤버십 규약에 대한 고객 동의라는 것은 신용카드 정보 제출 페이지 앞에 따로 존재하는 페이지에서 발견된다. 이것은 멤버십 규약을 실제로 읽어보려고 하는 미래 구매자의 숫자를 줄이려고 고안된 세계적 추세다.

집단 소송 제소, 마사 코넷 대 디렉트브랜즈 주식회사 및 북스팬

상황은 더 나아지고 있다. 하나의 네거티브 옵션 클럽에 사람들을 등록시키는 것으로는 충분하지 않았던 모양인지 스콜라스틱(Schloastic)이 2005년 미 연방 거래 위원회의 네거티브 옵션 규정 위반으로 71만 달러의 과징금을 부과 당했다. 클럽 멤버십 계약서 중 놓치기 쉬운 작은 활자의 내용에 의거해 첫 번째 클럽의 회원이 된 사람들을 자동적으로 두 번째 클럽에 가입시키는 일을 저지른 것이다.

이런 뻔뻔한 계책도 얌전하게 보이게 만드는 이들이 바로 할인 클럽으로, 이들 회사는 클립 멤비십의 혜택으로 다양한 사이트에 걸쳐 무료 배송, 캐시백, 그 밖의 유사한 이익이 제공된다고 주장한다. 만약 이에 관해 들어본 적이 없다면 여러분만 그런 것이 아니다. 이들이 쓰는 모집 방법은 온라인 소매 업자와 협력해 네거티브 옵션 계약을 가입이나 주문 단계 속에다 고객 혜택의 일부로 포함시키는 것이다. 해당 혜택은 사이트가 직접 제공하는 것마냥 보인다. 좀 전의 거래로 소비자의 신뢰를 확보한 것이다.

희망선은 여러 웹 페이지에 걸쳐 있을 수도 있다. 전자 상거래(e-commerce) 사이트에서의 주문 진행과 같은 과정이 특정한 패턴을 따를 것으로 사용자가 기

대한다면 이들은 최종 단계에 이를 때까지 클릭을 계속하면서(한 화면에서 동작과 읽기를 최소화하기 위해) 다음 단계로 넘길 것이다.

할인 클럽 회사들은 이 효과를 유용해 자사의 판매 권유를 과정 마지막에 덧붙이는 데 써먹는다. 이 전략을 조사한 미국 상원 상업위원회는 이를 "수백만 미국 소비자가 자신이 원치 않고 자신이 구입했다는 사실조차 알지 못하는 서비스에 대해 요금을 청구 당하는 대단히 공격적인 판매 전략"이라고 표현했다.

이 체계는 다음과 같이 동작한다. 사용자가 유명한 여러 전자 상거래 사이트(buy.com, expedia.com, Orbitz, US Airways 등)에서 주문장을 작성하고 나면 이메일 주소를 기입하고 "예", 또는 "계속" 버튼을 누르기만 해도 해당 주문에 대한 캐시백 혜택이 있다는 정보를 제시받는다. 버튼의 문구 선택은 의도적인 것으로서 혜택을 주문장 작성 과정의 연장이거나 필수 단계로 보이게끔 만든다.

클럽 멤버십에서 할인이 비롯된다는 것, 그리고 이러한 클럽을 운영하는 회사들(애피니온(Affinion), 버트루(Vertrue), 웹로열티(Webloyalty) 같은)이 자신과 파트너 관계에 있는 소매업체들이 보유한 주 결제 카드 기록을 조회한다는 것은 명확하게 나타나지 않는다. 그래서 죄 없는 이메일 주소는 데이터 패스(data pass)라는 과정을 통해 사용자의 전체 결제 내역에 딸려가게 된다.

버트루의 고객 피드백에 관한 내부 문서에는 "멤버십 센터"의 방문자 중 43퍼센트가 "승인하지 않은 신용카드 과금 전부 검색"을 시도했다고 밝혀져 있다. 나는 44퍼센트는 "프로그램 취소"가 방문 목적이었다. 단 한 명만이 "멤버십의 혜택에 대해 더 알아보기" 위해 온 것으로 나타났다.

희망선은 신용카드 정보 재입력이라는 일종의 과속방지턱을 없애는 역할을 한다. 상원 청문회가 열리는 동안, 웹로열티는 고객에 대한 신용카드 정보 재입력 요청의 파장에 대해 선선히 밝혔다. "페이지에서의 데이터 수집(신용카드 정보를 다시 입력하는 것)을 요구하면 구매전환율이 최소 70퍼센트 이상 감소하는 것으로 예측된다."

바로 이것이다. 희망선이 끊어진다면 이는 사용자들이 자신들의 행동에는 금전적 대가가 따른다는 점을 상기하는 상황일 것이다. 금전적 거래가 발생할 때는 신용카드 정보 입력을 예상하도록 그렇게 오랫동안 길들여진 후이니 (주문) 절차의 간소화는 결국 사용자의 혼란과 할인 클럽 및 이들의 전자상거래 파트너들의 이익으로 이어진다.

상업위원회의 지적이다.

업자들이 고객의 요금 청구 정보를 획득하고 고객들을 기만하며, 이들을 자신의 네거티브 옵션 회원제 클럽에 가입시키고 나면 애피니온, 버트루, 웹로열티는 고객이 조치를 취하지 않는 이상 계속 이득을 봤다. 이 세 회사는 고객이 이용하지 않고 구매 사실을 알지도 못하는 서비스에 대해 다달이 요금을 청구했다. 마침내 고객들이 자신에 대한 세 회사의 요금 청구를 깨닫기에 이르자 애피니온, 버트루, 웹로열티는 청구 요금에 대한 중요 정보를 은폐하고 고객들이 자신의 돈을 되찾는 것을 최대한 어렵게 만들었다.

**인터넷과 인터넷이 미국 소비자에 미친 영향에 대해,
상원 위원회의 공격적 판매 전략에 대한 청문회**

평소 익숙한 절차 속에 규약을 슬며시 밀어 넣고, 이 과정에서 평상시 사용하는 표현 방식과 같은 스타일을 이용함으로써 사용자가 보통의 경우라면 절대 동의하지 않았을 일들에 동의하게 만드는 것이 가능해진다.

할인 클럽 가입 절차의 성공을 낳은 핵심 요소는 이 절차가 네거티브 옵션의 개념에 의지한다는 점이다. 회원제 도서/CD 클럽과 마찬가지로, 소비자가 조치를 따로 취하지 않으면 요금이 청구된다. 도서 클럽에서 이 조치란 배송된 책을 취소하거나 반송하는 것이 될 수 있다. 온라인 할인 클럽의 경우에는 무엇이 네거티브 옵션인지 정확히 알기가 어려워서 회원 탈퇴까지 생각이 미치지 못하기도 한다. 상원 위원회가 지적한 대로 멤버십 탈퇴는 만만한 일이 아니었던 것이다.

네거티브 옵션 제도에서 빠져 나오는 것은 쉬운 일이 아니다. 우선 소비자들은 반드시 자신이 애초에 이미 이 제도의 일부라는 것을 눈치채야 하는데, 지금껏 봤겠지만 가입 시점에서 이런 일은 잘 일어나지 않는다. 할인 클럽의 사례에서 대부분의 소비자는 신용카드 요금 청구서를 검토하고 나서야 자신이 클럽 회원이라는 것을 인지할 수 있었다.

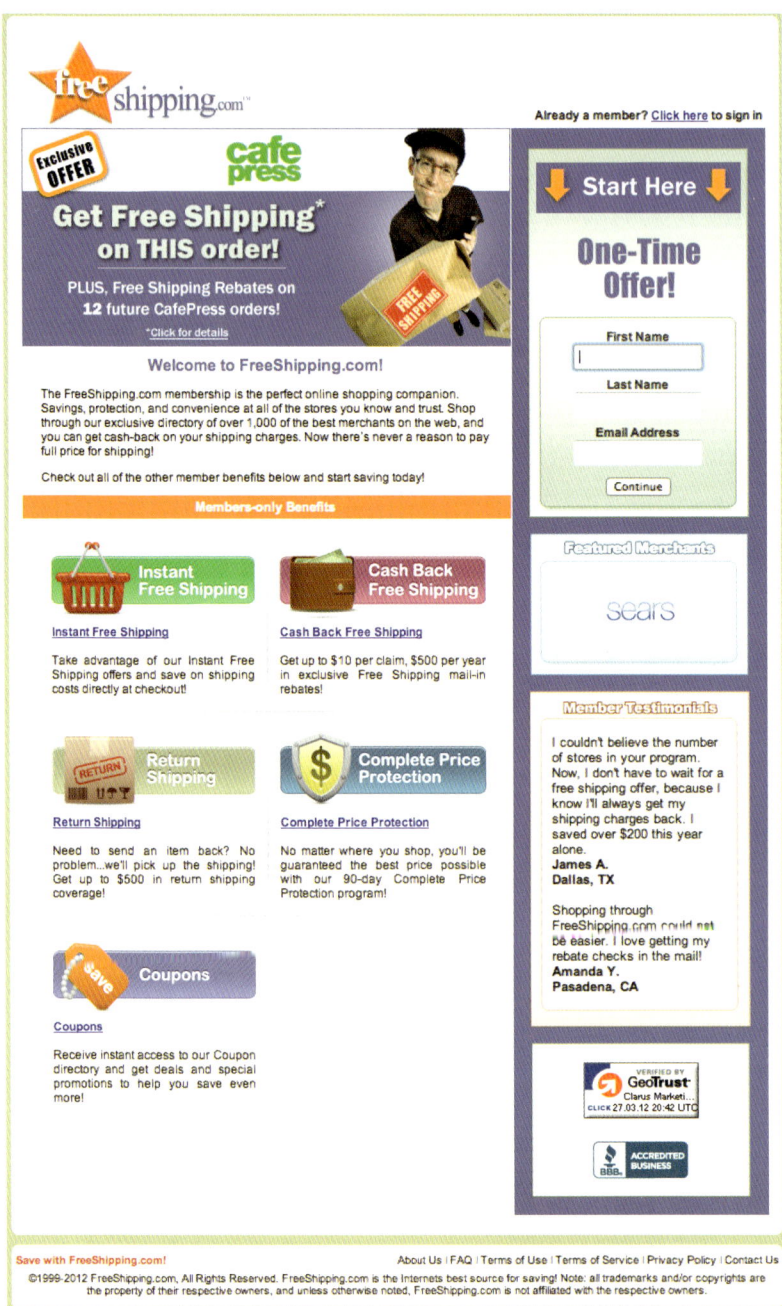

프리쉬핑(FreeShipping.com)이 카페프레스(CafePress.com's) 사이트에 삽입한 주문 결제 과정 중에 보이는 전형적인 틈새 "혜택". 흥미롭게도 3,126만 2,674명의 회원이 자동 현금 기프트 또는 다른 인센티브를 약속받았지만, 이 가운데 단 3퍼센트만이 이 혜택의 실제 주인공이 될 수 있었다.

사태를 파악했으니 소비자들은 탈퇴 방안을 찾아야 한다. 도서 클럽들은 회원이 의무 가입 기간이 끝나기 전에 벗어나려 한다면 불이익을 준다. 할인 클럽들은 상담 데스크에 전화를 하려는 사람들에게 긴 대기 시간을 안겨주고, 추가 매출보다 기존 판매 취소를 우선하는 직원에 벌을 내렸다. 전화 상담 데스크는 계정을 해지하려면 고객 자신의 서명이 필요하다고 하면서 고객에게 탈퇴 절차 완료에 필요한 서면 양식을 내세우는 일이 흔했다. 계정을 만들 때는 어떤 서명도 필요하지 않았는데 말이다.

이러한 술책은 고객이 지쳐 떨어져나가게 하려고 고안됐다. 회원 자격 해지가 어려우면 어려울수록 더 많은 사람들의 나태한 행동이 고개를 내민다. 대다수의 사람들은 이러한 요구를 일일이 이행하는 데 실패한다. 아마 규제 기관은 업체가 가입 절차와 마찬가지로 눈에 잘 띄는 링크나 버튼을 사용해 홈페이지에서 몇 번의 클릭만으로 가입 해지를 가능하게 해야 함을 권고해야 할 것이다.

네거티브 옵션을 디자인하는 법

- 네거티브 옵션의 유형을 고르고, 그에 맞춰 디자인한다.

    - 사전고지 네거티브 옵션: 할인가 혜택으로 사람들을 끌어들이고, 그다음에는 최소 가입 기간 동안 그 돈을 되찾아온다.
    - 지속 네거티브 옵션: 비가입 시 금액을 비교 대상으로 들어 정기적인 업데이트로 보는 이득과 상대적으로 낮은 비용을 강조한다.
    - 자동 갱신 네거티브 옵션: 가입 기간 동안 고객이 얻는 절감액을 강조한다. 다음 가입 기간에 자동으로 청구할 것이라는 사실은 탈색시켜 주의를 피한다.
    - 무상 결제 네거티브 옵션: 무료 시험 사용 기간을 제공하라. 하지만 신용카드 정보는 어떻게든 획득한다. 카드 정보 수집의 그럴듯한 이유로 들 수 있는 말로 계정 확인용, 명목상의 수수료 결제용, 별도 거래 지불용 등이 있다. 많은 소비자는 시험 사용 기간이 끝나갈 쯤이면 가입 여부조차 이미 잊고 있을 것이다.

- 등록이나 주문완료처럼 사용자들이 반사적으로 해치우는 작업 과정 속에 제휴 업체에 대한 가입 유청을 합쳐 버린다.

- 버튼에 "계속"이나 "예"와 같은 문구를 사용해 네거티브 옵션이 결합된 작업 흐름과 네거티브 옵션을 하나로 묶는다.

- 차후 서비스 탈퇴 빙안을 세공한다 해도 사용자에게 쉽지 않은 작업(예를 들면, 서면 양식을 다 채우고 이를 발송해야 하는)을 요구한다. 이로써 해지 포기 비율이 커진다.

나태: 이것이 수고를 들일 만한 일인가?

최소한의 수고로 최대한의 결과를 내고 싶은 것은 사람의 본성이다. 우리가 어떤 유용한 행동을 내재화하면 당장 행하고 있는 작업에는 최적의 행동이 아닐 수 있음에도 지속적으로 다시 그 행동을 하는 경향이 있다. 화면에 뜬 말들을 하나하나 읽지는 않으면서 "다음"을 클릭해도 보통은 일이 잘 풀린다. 그래서 때때로 우리는 나중에야 예상보다 일이 커졌음을 알고서 놀라는 것이다. 꾀가 많은 마케팅 업자가 자신의 제안을 페이지 위에 놀고 있는 공간에다 슬쩍 밀어 넣고 희망선과 멀찍이 떨어뜨려 놓으면 우리가 평상시 하는 행동은 우리 자신을 실망으로 이끈다.

하지만 적나라한 기만술만으로 우리가 비의도적인 선택을 하는 것은 아니다. 굳이 변경을 내켜 하지 않든지, 결정에 쏟을 에너지가 바닥나든지 간에 내재된 나태 역시 기본 설정값을 그냥 받아들이게 한다.

미국에서는 많은 고용주가 근로자를 위해 개인 퇴직연금 저축상품(401[k])[22] 플랜)을 제공한다. 가입은 일반적으로 선택적이고, 일단 시작하게 되면 근로자는 납입금 규모를 선택할 수 있다. 고용주들은 직원이 개인적으로 가입했을 때보다 자신들이 자동적으로 새로운 근로자들을 가입시킬 때 더 높은 액수의 납입금을 낸다는 것을 확인했다. 두 경우 모두 많은 직원들은 기본 설정에 손을 대려 하지 않았다. 이는 나라의 미래 재정건전성에 중대한 시사점을 제공하는데, 개인 퇴직연금 상품 참여가 사회보장 제도가 받는 부담을 줄여주기 때문이다. 흥미롭게도, 자동적으로 가입된 근로자의 상당수가 납입금 액수와 자금 배분에서 모두 기본 액수를 고수했고, 이는 진작하고 싶은 행동을 기본 옵션으로 설정해 놓는 것의 타당성을 보여준다.

하나의 결정을 내리는 것조차 어렵다면 다중 결정의 효과를 고려해 보라. 결정을 계속해서 하게 되면 그 후 사람들은 과정에 피로함을 느끼고 기본 설정을 더 자주 받아들이기 시작한다. 반드시 해야 하는 최초의 결정들이 대다수의 옵션을 포

---

[22] (옮긴이) 미국 소득세법 401조에 K항이 추가됐다는 데서 유래한 명칭

함한 것이라면 효과는 강력해진다. 우리의 의사결정 잠재력에는 일정한 한계가 있는 것처럼 보이는데, 이것이 고갈되고 나면 더는 평가를 내릴 수가 없게 된다. 이제 유혹에 굴하거나 기본 제안을 그냥 받아들이게 된다.

또한 우리는 가장 편리한 방법으로 일을 끝내려 하고 수긍할 만한 결과가 나오는 즉시 작업을 중지하는 행태를 보인다. 회사들은 사이트에 많은 양의 정보를 숨기고 우리가 이를 찾아 헤매지 않을 거라 자신하는데, 해당 정보는 서비스 약관 문서 내부에 혼란스런 모양새로 자리하거나 "개인 정보 센터"와 같은 완곡한 말 아래 은폐돼 있기 때문이다.

어떤 변화가 우리의 시간, 돈, 스팸투성이인 받은 편지함의 번거로움을 절약해준다 하더라도 변화를 시도하기보다는 그냥 해오던 것을 계속 하는 것이 쉬운 경우가 한두 번이 아니다.

그렇다. 소비자의 나태를 염두에 두는 디자인 작업은 회사들로서는 수고를 들일 만한 일인 것이다. 희망선 조작, 기본값 추천, 중요 정보 모호화, 네거티브 옵션에 대한 신중한 어구 선택 모두가 소비자를 더 잘 따라오게 한다.

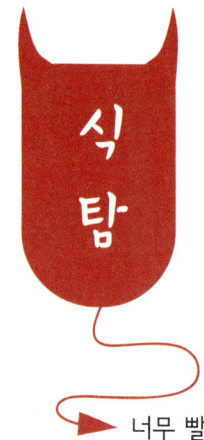

너무 빨리, 너무 비싸게, 너무 많이,
너무 열심히, 너무 까다롭게.

- 성 토마스 아퀴나스 著, 신학대전, 1274년 -

식탐이란 사치나 낭비에 이를 정도로 지나치게 먹고 탐하는 일이다. 역사적으로 식탐은 중죄로 간주됐지만(종교 의례에 대한 집중을 흐린다는 이유에서) 오늘날 서구 문화에서는 거의 당연한 것으로 여겨지는 양상이다. 우리는 차고 넘치는 물질을 내세우며 부를 증명하게 됐다.

회사들은 우리가 처음 의도한 것 이상으로 빠져들게 하고, 이에 대한 보상을 받아야 한다고 느끼게 함으로써 이러한 과잉을 부추긴다. 이 때문에 처음엔 약속을 믿고 발을 들여놨지만 나중에는 무슨 말이든지 듣는 사태가 벌어지는 것이다. 또한 여러 사이트에서는 우리가 뭔가 놓치지 않을까 노심초사하게 만든다. 부족, 배제, 손실을 질색하는 심리는 식탐 뒤에 숨어 우리의 두려움을 이용한다.

받아 마땅한 보상

식탐은 우리를 잘도 속여 먹는다. 우리 뇌는 메뉴판이나 자판기에서 건강에 좋은 선택안을 고를 수 있기만 해도 건강과 영양 목표를 달성했다고 생각하고, 건강에 덜 좋은 선택에 대한 면죄부를 스스로 부여한다.

현재 미국의 식당에서 먹는 한 끼 식사는 평균적으로 1950년대에 비해 네 배가 커졌는데, 그럼에도 입는 옷은 늘 입던 사이즈대로 입어도 계속 잘 맞는 것 같기도 하다. 이것은 우리가 내내 날씬했기 때문이 아니라 실은 옷 자체가 커졌기 때문이다. 식사 중 배가 불러오는 것에 맞춰 아기돼지, 암퇘지, 수퇘지로 표시된 세 개의 단추로 허리 사이즈 조정이 가능한 베타브랜드(Betabrand)의 먹보 바지처럼 커졌다는 것은 아니다. 그게 아니라 70년대의 사이즈 14 옷이 오늘날 같은 사이즈의 옷이랑 크기가 다른 것이다. 이코노미스트는 사이즈 14인 여성복(영국 기준)이 70년대에 비해 엉덩이 둘레가 3인치 정도가 늘어난 것을 발견했으며, 따라서 70년대 기준으로는 사이즈 18인 것이다. 남성복도 같은 거짓말을 하고 있다. 에스콰이어의 최근 조사에서 일부 브랜드의 36인치 바지가 사실은 41인치 정도로 측정된다는 결과가 나타났다.

이렇게 옷들이 늘어나니 우리 기분은 좋아진다. 몇 년이 지나도 여전히 같은 사이즈 옷이 맞으니 기분이 우쭐해져 같은 회사의 제품을 더 살 일이 늘어나는 것이다.

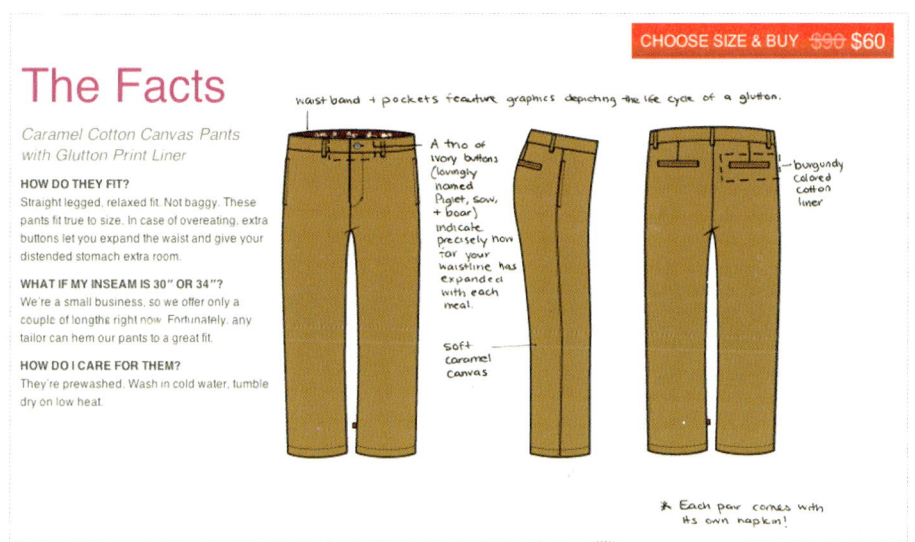

베타브랜드의 먹보 바지: "최초의 냅킨 일체형 바지"(betabrand.com)

과시적 소비, 필요성과 무관하게 염가 제품을 찾는 일, 충분히 살 자격이 있다고 생각하는 일이 식탐의 요점이다.

설득하는 사람의 입장에서 식탐은 사람들을 꾀어내는 쉬운 유인 방법이다. 현대 서구 문화에서 식탐에 대한 거부감이 두드러지게 낮다는 현실을 감안할 때 우리는 사람들의 마음속에 다음과 같은 생각을 심어주면 족하다. "나 정도면, 그럴 자격 있어."

식탐 조장 지도: 랜드마크가 아니라 가게 기준으로. (citymaps.com)

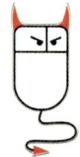

보상을 쥐어준다

사람들은 아무나 얻을 수 없는 보상을 더 높이 쳐준다.

캐내이디언 타이어(Canadian Tire)는 소매 자동차 용역 회사로 캐나다 전역에 480개 이상의 지점을 확보하고 있다. 1961년 캐내이디언 타이어는 연료 구입 로열티 프로그램으로서 캐내이디언 타이어 머니를 선보였는데, 연료 구입가의 5퍼센트에 해당하는 액수를 "캐내이디언 타이어"에서 발급하는 지폐로 보상해주는 것이었다.

시간이 지남에 따라 보상액은 구입가의 0.4퍼센트까지 떨어졌지만 이렇게 대접이 박한데도 고객들은 계속 이 화폐를 모아나갔다. 비상식적으로 오랜 시간이 소요됐음에도 말이다. 애드먼턴[23]에서 한 사람이 탑승식 잔디깎이 한 대를 살 수 있는 액수를 모으는 데 15년이 걸리는 판이었다. 잔디깎이의 가격은 1,053달러였는데, 이만큼의 캐내이디언 타이어 머니를 모으려면 263,250달러를 지출해야만 하고, 이는 다시 말해 15년간 매년 17,550달러씩 지출해야 한다는 것을 의미한다.

코린 레이먼드는 수천 명의 사람들이 기부한 캐내이디언 타이어 머니로 앨범 제작비를 댔다. 이 사진에 보이는 지폐 대부분의 실제 액면가는 5센트, 10센트, 25센트다. (dontspendithoney.com)

---

23 (옮긴이) 캐나다 서부 앨버타 주에 있는 도시

캐내이디언 타이어 머니는 캐나다의 다른 곳에서도 통용되기도 했다. 포크 가수 코린 레이몬드(Corin Raymond)는 자신의 앨범 페이퍼 니켈즈(Paper Nickels[24])를 위해 녹음실 비용 3,500달러를 이 화폐로 기증받았다. 앨범 수록곡 중 한 곡의 후렴구는 다음과 같다. "자기, 캐내이디언 타이어 머니 쓰지 마요, 너무 오래 모으긴 했지만."

캐내이디언 타이어를 비롯해 모아봐야 몇 푼 모이지도 않는 이런 식의 유사 할인 제도는 그럼에도 열렬한 고객들을 불러모은다. 왜일까?

SCVNGR이라는 회사를 운영하는 게임화 전문가 세스 프리배취(Seth Priebatsch)는 소비자는 쿠폰을 받기만 해도 상환가와 동등한 가치를 쿠폰에 부여한다고 주장한다. 그러나 쿠폰을 따내기 위해 뭔가를 풀거나 이겨야 하는 노력을 해야 한다면 부차적인 정서적 영향력이 발생하고 이는 다시 개개인이 쿠폰의 가치를 더 높게 인지하는 것으로 이어진다.

실제 가치는 쥐꼬리만 한 캐내이디언 타이어 머니를 모아서 상품을 산다? 도전 의식을 불태우면서도 거의 불가능해 보이는 이 목표는 이러한 카테고리에 잘 들어맞는다.

사용자가 쿠폰 액면가 이상의 내밀한 가치가 숨어있다고 인식할 때 업자들에게 투영되는 가치가 제일 커진다. 5달러짜리 할인권은 상점 입장객 모두가 받고, 1달러 상당의 할인 혜택은 아무나 받을 수 없다면 충성도 관점에서 후자가 불균형적으로 더 많은 가치를 부여받을 수도 있는 것이다.

할인 혜택을 받기 위해 넘어야 할 장벽의 높이가 아주 정확해 적절한 수의 소비자가 장벽을 돌파하려는, 즉 참여에 따른 위험을 감수하겠다는 마음을 먹을 때 가치 인식이 최고조에 달한다. 가장 열정적인 소비자가(가장 지갑을 잘 여는 소비자면 더 좋고) 말 잘 듣는 개처럼 앞에 놓인 어떤 고리라도 넘기 위해 덤벼드는 것이다.

---

24 (옮긴이) 종이 동전이라는 뜻이 숨어 있다.

추가적 보상 가치를 창조하는 법

- 소비자가 받는 보상이 작아도 그에 가치를 두게 만든다. 오랜 시간에 걸쳐 아이템을 모으거나 보상을 안겨주는 작업을 하게 함으로써 보상을 위해 일을 하게 한다.

- 보상을 얻기 어렵게 만들어 소비자가 느끼는 가치를 높인다. 하지만 동시에 충분히 획득할 만한 수준을 유지해 적절한 수의 소비자의 행동을 이끌어 낼 정도는 돼야 한다.

- "쿠폰"보다는 "경품", "상품"과 같은 단어를 사용하여, 소비자가 들인 수고가 소중한 것을 얻기 위한 것임을 명확히 해 준다.

통 큰 보상 말고 소소한 보상

소비자가 자신의 행동을 정당화하기 위한 압력을 받으면 보상의 가치를 더 크게 인식한다.

아마존의 메캐니컬 터크(Amazon Mechanical Turk)는 온라인 장터로, 컴퓨터가 잘 하지 못하는 자잘한 작업들을 사람이 대신 해 주고 돈을 받는 시스템이다. 선호도 선택, 설명 문구 작성, 이미지 안에 있는 사물 검색, 오디오에 자막 넣기, 관용구 의미 추출 등이 여기에 해당하며, 이러한 작업들은 인간 지능 작업(Human Intelligence Tasks, HIT)이라고 불린다.

아마존의 이 플랫폼을 사용해 누구나 HIT를 올려 작업을 광고하고 운영할 수 있으며, 누구든지 HIT에 참여할 수 있다. 단, 일부 작업들은 작업자에게 먼저 간단한 테스트를 치르거나 통계학적 기준을 충족하도록 요구한다. 아마존은 사이트 운영 수수료로 10퍼센트를 가져간다.

HIT들은 보통 더 작은 부분으로 세분화되며, 이 부분의 작업들을 해결하는 개인("공급자(provider)")은 그동안 돈을 받는다. 하지만 액수는 그리 높지 않은 편이다. 특정 인물의 이메일 주소를 검색하는 일은 한 사람당 3센트다. 특정 키워드에 가장 적합한 결과를 복사해서 붙여넣는 일은 키워드당 12센트를 받을 수 있다. 가장 벌이가 좋으면서도 정말 요령이 필요한 일은 2시간짜리 목소리 녹음을 옮겨 적는 것으로 대략 40달러를 벌 수 있다.

유명한 공급자 포럼 몇 군데에 자체적으로 올라온 소득 기록을 분석하면 열성적인 사람은 HIT 한 건당 10센트 내외를 버는 것으로 나타난다. 이 사람이 미국 출신이라 모든 HIT에 접근할 수 있다고 가정하면 전일제로 일할 때 시간당 대략 3.80달러를 버는 것으로 나타났다. 이는 미 연방이 정한 최소 임금의 절반을 살짝 넘는 수준이다.

이렇게 낮은 지불액에도 불구하고, 공급자(흔히 자신들을 터커(Turker)라고 칭하는)들은 계속 복귀한다. 터커네이션(Turkernation.com)에 올라온 글 하나를 보자. "터크 일에 너무 많은 시간을 쓰고 있다. 마치 내가 WoW(월드 오브 워크래프트)를 하던 때처럼 말야. 이거 중독성인가? 돈 주는 것도 점수 같잖아, 기준이 돼야 하는 것도 레벨업 하는 것 같고, 무슨 게임하는 것 같네."

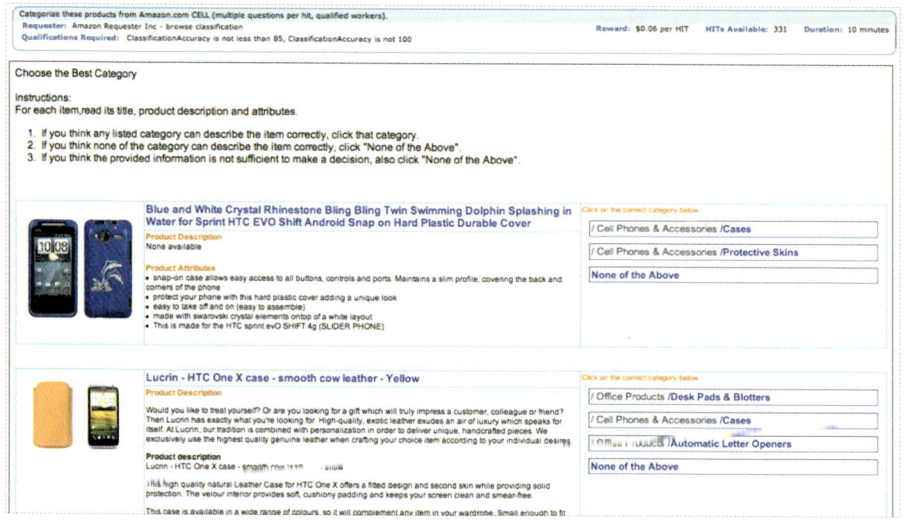

아마존의 메캐니컬 터크 – 지금 보이는 HIT는 6센트짜리로, 사이트에 보이는 제품들의 분류를 체크해 줘야 한다.

사람들은 얼마 주지도 않는(숙련된 터커라도 이는 마찬가지다) 일에 왜 그렇게 긴 시간을 들이는 것일까? 누군가에겐 그럴 만한 이유가 있다. 실직 상태이기 때문에, 아이 돌보기와 같은 다른 일 중간에 짬짬이 할 수 있는 재택업무라서, 또는 이 일에서 저 일로 옮겨갈 수 있는 사람들(따분한 강의 중인 학생이나 인터넷을 이용해 업무를 보는 직장인들)이라서 말이다.

다른 사람들의 이유는 좀 덜 구체적이다. 빚을 줄여보는 게 목표라서, 장난감을 사려고 돈을 모으는 것과 같은 얼토당토 않은 지출 때문이라든가, 아니면 그냥 즐겁기 때문이라는 것이 주된 이유다. "어차피 컴퓨터 앞에 앉아 있을 건데, 거기서 돈도 벌고, 그럼 왜 마다하겠어요?"

이러한 이유들 다수는 금전적인 맥락에서 실제로는 그다지 "가치가 없는" 일을 하는 것에서 비롯되는 인지 부조화를 제거하려고 하는 정당화의 일환으로 보인다. 이는 1959년 레온 페스팅거(Leon Festinger)와 제임스 칼스미스(James Carlsmith)가 노력과 보답 사이에 인지 부조화가 발생하는 상황에 대해 발견한 바에 깔끔하게 들어맞는다. 사람들은 그렇게 일하고도 보상이 작은 상황을 정당화해야 하는 상황에 놓이므로 보상을 더 크게 인지하게 된다. 받는 보상이 크면 자신들의 기대와 상황이 어긋나지 않으므로 해결해야 할 부조화도 발생하지 않는다.

페스팅거와 칼스미스가 진행한 실험에서 사람들은 지루하고 반복적인 작업을 일정 시간 동안 수행해야 했다. 그 후에는 참가자들에게 연구가 얼마나 재미있었는지 다음 참가자에게 거짓말을 하는 대가로 1달러 또는 20달러를 주었다(1959년 당시 통화 기준). 연구를 어떻게 경험했는지 물어 오자 두 그룹의 참가자들이 다음 참가자에게 한 거짓말은 차이가 없었지만 1달러만 받고 거짓말을 한 참가자들은 20달러를 받은 참가자들보다 더 재미있는 연구였다고 평했다.

20달러를 받고 연구가 얼마나 재미있었는지 말한 참가자들은 (그만큼 잘 받았으니) 1달러를 받은 이들보다 자신의 거짓말을 더 쉽게 정당화할 수 있었던 것으로 보인다. 1달러 그룹의 사람들은 마음 속에 남은 지루한 작업에 대한 인상을 힙리회하고, 거짓말에 따르는 인지 부조화를 극복하기 위해 사실 그게 재미있는 일이었다고 여겨야 하는 상황이 된 것이다.

페스팅거는 "어떤 사람을 자신의 개인적 의견과 대치되는 것을 행하거나 말해야 하는 상황으로 유도하면 그 행위나 말과 일치하도록 자기 의견을 변경하는 경향성이 나타날 것이다. 명시적인 행동을 끌어내는 압력이 클수록 … 이 경향성은 약해진다."라고 말했다.

그래서 작은 보상(또는 관대한 처벌 위협)은 참가자들을 자기 행동에 대한 합리화를 지어내도록 몰아세우는 반면, 큰 보상(또는 큰 위협)은 외부적 명분을 안겨 준다. 직관과는 반대로 터커들이 더 많은 돈을 벌 수 있게 되면 이제 이들은 자신이 할 수 있는 다른 일들과 이 일을 비교하기 시작하며, 놀이로 보는 시각을 점점 거두고 벌이가 야박한 잡일로 간주하기 시작할 것이다.

작은 보상으로 동기를 유발하는 방법

- 보상은 소소하게 준비해서 사람들이 참여 행위에 대한 명분을 스스로 마련할 수 있게 한다. 사람들은 인지 부조화 해결의 방안으로서 이들 명분과 이유를 신뢰하고 방어할 것이다.

- 사람들이 작은 보상을 수용하는 데 요긴한 적절한 구실을 은근슬쩍 제공하는 것도 유용할 수 있다.

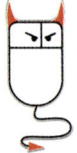

계산은 그만

사람들은 산수를 싫어한다. 그러니까 계산 과정 말고 해답을 바로 보여주면 이를 믿는 방향으로 기울어진다. 해답이 불완전한 것이라도 말이다.

이 경매 사이트에 입찰하면 당신도 아이패드를 단돈 30센트에 업어올 수 있다! (dealdash.com)

독자 여러분은 아이패드(아니면 다른 인기만점의 전자기기라면 무엇이든)를 말도 안 되는 염가로 파는 광고를 아마 본 경험이 있을 것이다. 색욕에 관한 이후 장에서 사람들이 이처럼 번쩍번쩍한 기기를 원하게 하는 동기유발 요인을 다루겠지만 지금이야말로 이러한 거래의 걸신들린 측면을 고찰하기에 좋은 시점이기도 하다. 왜 누군가는 실제로 500달러짜리 하드웨어를 5달러도 안 되는 값으로 살 수 있다는 생각을 하느냐 말이다.

어떤 사이트는 온라인 페니 옥션[25] 또는 오락경매 업계의 회사를 40개 가까이 나열해 놓고 있다. 플러터루, 비드스틱, 스우포 등의 회사는 모두 유사한 전략을 사용하는데, 여기서는 애로우아울렛(arrowoutlet.com)을 예로 들어보자.

우선, "입찰" 패키지를 하나당 50센트에 구입한다. 입찰이 있으면 경매에 참여할 수 있다. 경매에는 시간제한이 있지만 입찰 하나당 폐장 시간을 보통 15초 연장해준다. 시간이 다 됐을 때 마지막으로 입찰한 사람이 낙찰받게 된다. 여기엔 흥분(뭔가를 얻어냄), 급박함(시계가 째깍째깍), 경쟁(다른 입찰자들)의 요소가 뚜렷이 갖춰져 있다. 이 모두가 단순한 돈 계산 문제를 가리기 위해 작당하고 있다.

2011년 어느 1주일 동안에 걸쳐 한 상품(iPad 2 16Gb Wi-Fi)의 판매가를 조사해 보니 평균 판매가는 120달러였다. 정확하게는 경매의 승자가 이제 120달러에 이 제품을 살 수 있는 것이다. 여기에 낙찰받기까지의 입찰 횟수는 셈에 포함돼 있진 않다.

입찰 한 번에 상품의 가격이 1센트씩 올라가기 때문에 (120달러인) 아이패드 한 개당 평균 12,000회의 입찰이 있었다는 것을 알 수 있다. 12,000 x $0.50(입찰 기본 수수료[26]) = $6,000. $6000 + $120 = $6120. 즉, 이 사이트는 아이패드 1대를 6120달러에 판매한 것이다.

애플은 자사의 사이트에서 같은 모델을 499달러에 팔고 있으므로 아이패드 하나를 팔고 애로우아울렛이 얻는 이익은 5621달러다. 창고에 보관해 놓을 필요도

---

25 (옮긴이) Penny Auction. 우리말로는 "10원 경매" 정도로 옮길 수 있다.
26 (옮긴이) 낙찰을 받지 못해도 이 돈을 돌려주지 않는다. 페니 옥션 사이트들의 주 수익원.

없는 것이 애플에서 바로 배송시키면 그만이다. 이 사이트는 많은 경매에서 자사가 돈을 잃는다고 주장하지만 우리가 미안해 할 필요는 전혀 없다. 아이패드 같은 고가의 고수요 상품을 상대로 1100퍼센트의 이득을 냄으로써 발생 손실을 벌충하고도 남음이 있다는 것을 누가 봐도 알 수 있다.

UC 버클리의 네드 아우겐블리크(Ned Augenblick)는 16만 6천개의 경매에 대한 통계적 특징을 포착하기 위해 경매 자료를 알고리즘을 이용해 분석했다. 그 결과 진행 중인 경매에 입찰자가 충분히 많이 몰려 가격을 올리는 소모전이 계속되는 한, 일반적으로 경매 수익은 경매 대상 물품 가격의 150퍼센트를 상회한다는 것을 알아냈다. 현금을 직접 지불하는 경매는 104퍼센트의 평균 이익률로 화답했다. 이 사이트는 경매로 파는 액수와 동일한 액수를 또 이득으로 챙기는 것이다!

낙찰자가 염가구매에 성공했다고 말하기는 쉽다. 이때 아이패드 가격은 낙찰자가 입찰에 투자한 금액에 120달러를 더한 액수다. 하지만 대부분 경매의 경우, 막판에는 서로 경쟁적으로 얼마간 입찰을 계속하는 두 사람만 남는 식이라(어떤 사이트들은 이 과정을 자동으로 해주는 자동경매 장치(bid-o-matic robot)까지 갖추고 있다) 흔히 낙찰자의 입찰 횟수는 터무니없는 수치를 띠게 된다. 또한 입찰자가 낙찰을 받지 못하는 경매도 있다. 그렇게 입찰을 반복하며 돈을 쏟아 붓고도 결국 다른 사람이 낙찰받는 일이 있을 수 있다. 물품의 낙찰 여부와는 무관하게 매번 입찰에서 돈을 내야 하기 때문에 사이트로 흘러가는 총 지출은 누군가 결국 "낙찰"받는 상품의 소매가격을 손쉽게 상회할 수 있다.

이러한 현상에 작용하는 심리학 및 경제학 원칙이 있다. 바로 손실 혐오의 한 형태인 "비이성적 집착심화(irrational escalation of commitment)"와 "매몰비용의 오류(sunk cost fallacy)"다.

진행 중인 경매에 입찰을 수차례 한다고 생각해 보자. 이제 낙찰을 위해 겨루게 된다. 곧이어 50센트짜리 입찰이 매회 가격을 1센트씩만 올리는 것을 알게 된다. 돈을 꽤 썼는데도 입찰은 여전히 활발해서 경매 시간이 늘어나고 있다. 하지만 일단 시작한 마당에 이제 와서 빠지는 건 들어간 비용을 생각할 때 아까운 일이니 계속해야 한다는 마음을 먹게 된다. 아니면 다른 입찰자와의 경쟁에서 단순히 이기고 싶은 것일 수도 있다. 이제 남들이나 자신이나 다 같이 발을 빼기엔 너무 늦었음을 깨닫게 된다. 이처럼 과거의 실수를 인정하기 싫어하면서 앞선 행동을 정당화할 필요성을 느끼는 마음이 비이성적 집착심화다.

일정 시점에 이르면 매몰 비용(50센트짜리 입찰에 쓴 비용)을 상품의 구입 가격에 더했을 때 해당 상품의 원래 가격 이상이 되는 상황에 놓인다. 이제 차후에 발생하는 이익이 어찌됐든 들어간 비용이 이를 넘어가게 된다. 하지만 계속 승산이 있고 손실을 일정 부분 만회할 수 있다는 생각으로 인해, 즉 비이성적 집착심화로 인해 멈추지를 못한다. 이미 쏟아 부은 입찰 금액 때문에 무작정 계속하는 것이다. 이것이 매몰비용의 오류다.

아우겐블리크는 여섯 개의 다른 페니 옥션 사이트에서 데이터를 수집해 입찰 건수가 늘어날 때는 경매가 종료되거나 입찰자가 경매에서 빠지는 일이 잘 없음을 보여줬다. 이 두 상황 모두 매몰비용의 오류를 시사하며, 경매 대상인 상품의 비용을 끌어올린다.

이들 페니 옥션 사이트들의 경우 대부분의 입찰자는 다행히도 잠깐 동안 비이성적 집착심화를 겪을 뿐이다. 아우겐블리크는 75퍼센트의 입찰자가 입찰 횟수가 50회에 이르기 전에 사이트를 떠나고, 횟수가 100회가 되기 전에 86퍼센트의 입찰자가 중지하는 것을 밝혀냈다. 하지만 이들이 떠나고 난 자리에는 입찰에 목을 맨 열성 분자들이 남았고, 이들 대다수는 본전이라도 치기 위해 바둥대고 있었으니 이익은 말해 무엇 하겠는가? 스우포(Swoopo)라는 사이트에서는 사이트가 벌어들인 이익의 절반이 넘는 규모가 터줏대감 축에 드는 상위 11퍼센트 입찰자들로부터 온 것이었다.

당연한 말이지만 어떤 페니 옥션 사이트도 상황의 내막을 이렇게 풀어 설명해 주진 않는다. 경매 사이트들로서는 경매당 입찰자의 숫자를 최대화하는 것이 중요하고, 이를 위한 가장 좋은 방법은 각 상품의 낮은 구입가를 내세워 고객의 마음에 불을 지르고, 구입 기회를 어떻게 거머쥐는지 이야기해주고, 그에 필요한 입찰을 한 무더기 팔아 치우는 것이다. 이들이 제공하는 튜토리얼조차 기저에서 벌어지는 일을 설명하기보다는 입찰 시 단계별로 따라야 할 사항을 읊어주는 식으로 디자인돼 있다. 고의로 이러는 것이다. 실제 계산을 함부로 언급했다간 입찰자가 충분히 집착을 심화하기도 전에 이들의 열의를 꺾어놓는 격이 된다.

계산을 감추는 방법

- 상품에 관련된 산수와 셈을 까다롭게 만들어라.
- 가능한 경우 임박, 흥분, 경쟁과 같은 혼란 변수를 추가해서 숫자 계산보다 이들 변수에 사용자가 집중하게 한다.
- 익숙한 용어를 사용하되, 이 용어가 기존과는 약간 다른 의미를 띄게 한다. 예를 들면, 기존 맥락에서는 낙찰자가 아닌 이상 입찰에 들어가는 돈이 없지만 페니 옥션에서는 입찰이 이뤄지는 순간 돈이 들어가는 것이다.
- 가능한 모든 곳에 과금 과정을 자동화시켜 모르는 사이에 사람들의 주머니에서 돈이 빠져나갈 수 있게 한다.
- 작업이 얼마나 쉬운지 설명하는 튜토리얼을 마련하되 장차 초래될 결과는 언급하지 않는다.
- 자체적인 통화 단위를 사용해 실제로 돈을 쓴다는 느낌을 없앤다(이에 관해서는 탐욕에 관한 장에서 더 다룬다).
- 경매 대상/판매 중인 상품의 가치를 명확히 짚어주되 관련 경비에 대한 언급은 무시한다.
- 상품에 매몰 비용을 충분히 투자하게 함으로써 사람들의 흥미를 지속시켜 비이성적 집착심화로 이끈다. 이 시점부터는 사람들의 심리가 나머지를 알아서 해 줄 것이다.

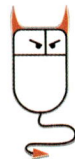

문제를 보여준다

고객이 찾아 버리기 전에 약점을 먼저 드러내라. 그러면 더 큰 신뢰를 얻을 것이다.

원래 폭스바겐 비틀 광고는 오랫동안 자조적인 분위기를 내세워 판매를 이끌어냈다. 각 광고 속에 담긴 정직함과 유머 뒤에 따라오는 제품의 강점을 사람들은 더 잘 받아들일 수 있었다.

카르만 기어(Karmann Ghia)의 외양은 스포츠카와 닮았지만 내용물은 그냥 폭스바겐 비틀이었다. 이 광고는 스포티한 외관을 부각시키는 동시에 이를 농담으로 활용하며 웃음을 자아내고 있다. 이목을 끄는 광고의 이면은 차량의 실용성과 연료 설감 측면이다. (Ad agency: Doyle, Dane and Bernbach, 1964)

결점을 숨기고자 하는 유혹이 크긴 하지만 제품이나 서비스의 약점 또는 쟁점을 고객이 찾아내기 전에 먼저 언급하는 것이 이득이 되는 경우도 흔히 볼 수 있다. 이렇게 숨기는 것 없이 고객을 정직하게 대한다는 진실한 태도를 보여줌으로써 장차 소비자의 더 큰 신뢰로 이어진다.

보답의 정서는 우리 안에 내재돼 있다. 그래서 누군가가 먼저 자신이 믿을 만한 사람임을 입증해 보이면 우리 역시 그를 신뢰함으로써 화답한다.

약점 뒤에는 강점에 대한 언급을 반드시 덧붙여 소비자가 거래를 지속하는 것을 합리화하는 데 활용할 수 있게 한다. 긍정적 근거는 약점과 관련이 있어야 한다. 다시 말하면, 약점이 비용일 때 이 내용 뒤에는 절약에 대한 이야기를 덧댄다. ("이 LED 전구는 처음 살 땐 비싸지만 10배 더 오래 갑니다. 전구의 수명 기간 동안 돈을 더 절약할 수 있는 것이죠.") 전구의 광질과 같은 비용과 별 관련 없는 주제는 이야기하지 않는다.

상호 신뢰가 기본적으로 마련돼 있지 않으면 상거래란 있을 수 없다. 파는 사람에겐 자신이 돈을 받을 것이라는 믿음이 있어야 하고, 사는 사람에겐 상품을 받을 것이라는 믿음이 있어야 한다. 신뢰가 마련됐음을 보임으로써 초기 신뢰 수준을 넘어서는 것은 관계가 굳건히 강화되는 결과로 이어진다.

여기서 윤리적 이의를 제기하는 질문이 부상한다. "굳이 신뢰 위기 사태를 일으킬 가치가 있는가?"

신뢰에 관한 쟁점을 일부러 만들어서 거기서 잘 벗어나는 일이 결국엔 더 큰 신뢰를 구축하는 길이라는 주장이 있다. 마키아벨리(1469~1527)는 이를 적법한 전략이라고 봤다.

자신에게 닥친 시련과 공격을 극복할 때 군주가 위대해진다는 것은 의문의 여지가 없습니다. 이러한 이유로 운명의 여신(Fortuna)은 특히 신생 군주의 권력을 증대시키고자 할 때(신생 군주는 세습 군주보다 명성을 얻어야 할 필요가 더 큽니다), 적의 성장을 지원하고 신생 군주로 하여금 그 적과 싸우도록 만드는데, 그 결과 그는 적을 격파하고, 마치 그의 적이 그에게 사다리를 제공한 것처럼 더욱 높은 곳으로 올라가게 됩니다. **따라서 현명한 군주는 적대적인 세력들을 부추길 수 있는 기회라면 무엇이든 교묘하게 활용함으로써 정작 그가**

그들을 격파했을 때 그의 명성과 권력은 더욱 증대한다고 많은 사람들이 생각합니다.[27]

니콜로 마키아벨리(Niccolò Machiavelli), 군주론(Il Principe)
제20장 〈요새 구축 등 군주들이 일상적으로 하는 많은 일들은 과연 유용한가 아니면 유해한가〉 중에서

오늘날에는 신뢰 위기 사태를 조장하는 것보다 더 저렴한 전략들을 활용할 수 있을 것이다. 미국의 비영리 기관인 온라인 트러스트 얼라이언스(Online Trust Alliance)는 데이터 누출 사건으로 인해 미 기업들이 2010년 한 해에 고객 한 명당 310달러의 비용을 지출했다고 밝혔다. 차라리 이 돈으로 신뢰를 샀으면 적지 않은 신뢰를 얻을 수 있었을 것이다.

하지만 최근 많은 단체들은 이러한 사고를 의도적으로까지는 조성할 필요를 느끼지 못했던 것으로 보이는데, 사실상 그들의 의사와는 무관하게 알아서 발생해 주었기 때문이다. "운명의 여신(Fortuna)은 … 적의 성장을 지원하고 …"라는 말 말이다.

일반적으로 생각하면 우선 문제를 숨기고, 부인한 다음, 별 거 아니라고 치부하다가, 마지막엔 인정은 하되 고객 안심은 나 몰라라 하는 태도를 취할 법 하다. 나쁜 마음으로는 응당 사안을 감추는 것이 맞게 들리니까. 하지만 사실 이것은 멍청한 짓이다.

그래이엄 디츠(Graham Dietz)와 니콜 길레스피(Nicole Gillespie)는 영국 기업윤리 연구소(Institute of Business Ethics, IBE)에 기고한 글에서 "조직은 영업, 제품, 서비스 측면에서의 기술적 능력(수완)은 물론, 긍정적 동기와 투자자, 이해당사자에 대한 고려(배려), 상대와의 교섭 시에 보이는 정직함과 공정함(진실성)을 통해 자신의 신용을 입증할 수 있다"라고 말하고 있다.

명민한 조직은 문제를 인정하고 이를 긍정적인 신뢰 경험(수완)으로 변화시키는 방식을 통해 신뢰 위기 사태로 초래된 상황을 잘 활용할 수 있을 것이다. 그리하여 고객은 장래에 회사에 대해 더 우호적인 태도(진실성)를 보이면서, 더불어 해당 회사가 고객을 꼼꼼히 챙겨 줄 준비가 됐다(배려)는 증거를 마주하게 된다.

---

27 니콜로 마키아벨리, 강정인, 김경희 옮김, 『군주론』, 제3판 개역본, 까치, 2008.

우선, 큰 일이 났는데 일이 점점 커지게 내버려 둔 대표적 사례를 알아보자. 주인공은 소니 주식회사다.

2011년 4월 17일과 19일 사이, 누군가가 소니 플레이스테이션 네트워크(PSN) 호스팅 서버에 침입해 7천 7백만 건에 달하는 개인정보 내역을 유출해 갔다. 이 정보에는 이름, 주소, 생년월일, 이메일 주소, 로그인 암호가 포함되며, 요금 청구 주소가 포함된 신용카드 정보와 보안 질문 답변도 유출됐을 가능성이 있음이 드러났다.

최초 조치로 소니는 PSN을 폐쇄하고 "개선 작업 중"이라는 화면을 띄웠다. 이후 소니는 정확히 어떤 일이 일어났고 어떠한 데이터가 이 사태에 관계됐는지 알아내기 위해 비밀리에 부단히 노력 중이라는 인상을 주긴 했지만 일주일도 더 지난 4월 26일에 세부 개인정보가 위협에 노출됐을 수 있다는 것을 시인하기에 이른다. 당시 소니는 사용자들의 분노를 누그러뜨리기 위한 별다른 조치를 취하지 않았는데, 대신 사람들에게 미국의 세 신용조사기관과 미연방이 제공하는 신원 절도 정보 조회 서비스를 알려줬다. 의회의 압력을 받고 나서야 소니는 신원 절도 보상 보험을 모든 사용자에게 12개월동안 무상으로 제공하기로 결정했다. 이는 분명히 배려 부족이다.

원활하지 못한 소통으로 지지부진했던 23일이 지나고, 소니는 다시 온라인 서비스를 재개하면서 사용자에게 온라인 계정을 재활성화하기 위한 암호 재설정 페이지를 안내했다. 허지만 실상사상으로 이 페이지마저 곧 내려져야 했는데, 악용의 소지가 있었기 때문이다. 누군가의 이메일 주소와 생년월일만 알면 해당 사용자의 암호를 재설정할 수 있었던 것이다. 소니의 기술력이나 고객 관리에 대한 고객의 인식이 좋아지길 기대하기는 무리였다.

당시 소니 플레이스테이션 사업부장 히라이 카즈오(平井 一夫)[28]가 "소니가 사용자의 신뢰를 다시 확실히 얻을 수 있게 하는 것이 나의 소임"이라고 말했고, 소니는 재오픈 기념으로 무료 게임 다운로드 혜택과 30일 무료 서비스와 같은 사은 행사를 내걸었음에도 사용자의 반응은 신통치 않았다. 소통 부재를 방치하

---

[28] (옮긴이) 2012년 4월 1일 부로 소니 CEO로 취임했다.

고 "해야 될 일"을 꺼린 결과, 게임 업계에서 소니가 쌓은 명성에는 심각하게 금이 갔다. 향후 동일한 일이 재발했을 때 사용자의 법적 권리에 제한을 두기 위한 PSN의 약관 변경과 같은 행위는 여전히 소니가 사용자의 신뢰에 대해 선제적이 아닌 방어적인 접근법을 취하고 있음을 시사한다. 이는 어떤 방식으로든 소니의 진실성에 해를 미칠 것이다.

이와는 대조적으로, 미시건대 보건 시스템의 사례를 살펴보자. 이 시스템에서는 그룹에 소속된 병원들이 의료 과실이 발생했을 때 환자 당사자와 가족에게 우선적으로 연락해서 사안과 그 영향을 공개하고 이를 솔직하게 전달한다. 이는 불리한 사태에 직면했을 때 "부인과 방어"로 일관하는 대부분의 보건 서비스와 확연히 대비되는 모습이다.

이러한 접근법이 결국 과오를 인정하고 더 많은 소송을 초래할 것이라는 대부분의 생각과는 달리 미시건대 보건 시스템의 우선적 연락으로 인해 보상청구 건수는 반으로 줄었다. 또한 보상청구가 합의에 도달하기까지의 평균 기간은 20개월에서 8개월로 단축됐으며, 보상금의 규모도 절반으로 줄어들었다.

의료과실 손해배상 소송을 제기하는 환자 다수의 주된 소송 목적은 '어떤 일이 왜 일어났는지' 알기 위한 것으로 보인다. 한편 이들이 통감하는 재발 방지의 필요성, 즉 디츠와 길레스피의 표현 방식을 따르면 진실성이 행위의 원동력이 되고 있다. 보건 서비스 공급자 측은 과실을 인정하고 사과함으로써 법적 대응의 일차적 동기를 무력화시켰다. 미시건대 보건 시스템을 대상으로 제기된 소송들의 경우 고소인 측 변호사의 71퍼센트가 예상치보다 적은 규모의 합의를 받아들였으며, 57퍼센트는 애초 계획과 달리 재판 심리 착수 선에 소를 취하기로 했다고 밝혔다.

켄터기 주 렉싱턴 소재 재향군인의료원(Veterans Affairs(VA) Medical Center)도 유사한 프로그램을 운영하는데, 이로써 과실 소송당 배상액이 평균 1만 4500달러 선에 머물렀다. 과실 판결에서 평균 41만 3천달러, 공판 진 합의 9만 8천달러, 공판 중 합의에서 24만 8천달러를 기록한 다른 재향군인 시설의 배상 규모와 비교했을 때 현격한 차이가 있다. 전체적인 소송 건수는 늘어났음에도 환자에게 더 많은 것을 알려주고자 하는 노력의 결과로 렉싱턴 재향군인의료원은 재향군인의료원 중에서 지금도 여덟 번째로 낮은 총 소송 건수를 유지하고 있다. 이 같은 자세의 금전적, 도덕적 가치는 이러한 완전공개 정책을 미국 전역의 35개 재향군인의료원 모두가 채택하고 있고 미국, 캐나다, 호주의 다른 민간 보건의료원에서도 도입하고 있다는 사실로부터 확인할 수 있다.

자, 그러니까 문제를 보여주라. 쟁점 사안을 신뢰 위기 사태로 탈바꿈시켜 긍정적인 분위기를 이끌어낸다. 상식적으로 말이 안 되는 것 같지만 이러한 방식을 통해 금전적인 측면에서 비용 절감이 가능하며 고객에게 더 긍정적인 도덕적 이미지를 구축할 수 있다.

문제 한가운데서 신뢰를 쌓아 올리는 방법

- 노출된 약점을 은폐 대상이 아닌 신뢰 구축의 기회로 받아들인다. 업체 바깥의 사람들은 당면 사안을 자기 좋을 대로 해석해 버리기 마련이다. 약점에 대해 말이 나오면 이를 그들 몫으로 남겨두지 말고 직접 처리하는 것이 더 좋다.
- 숨기지 말고 정직하게 군다. 특히 위기의 순간을 말로 때우는 것은 쉬운 일이 아니다.
- 신뢰 위기 사태가 발생하면 기술적 능력(수완), 관심(배려), 공정함(진실성)을 어떻게 증명할지 생각한다.
  - **수완**: 신뢰 위기 사태를 어떻게 다룰지에 대한 계획과 방침을 사전에 정한다. 신뢰 위기 사태는 비용 소모를 초래한다는 것을 인정하라. 하지만 어떻게든 손실을 최소화하고 여러분의 자질을 검증할 수 있는 기회 또한 마련할 수 있다.
  - **진실성**: 추측이 아니라 사실에 충실하다. 사신이 "아직 답을 모릅니다"와 같더라도 나중에 되돌리기보다는 지금 책임지는 자세를 유지하는 것이 중요하다.
  - **배려**: 관계된 사람들에게 사과와 배상 측면에서 기대할 수 있는 것 이상을 주었다는 것을 입증하라.

관여도의 단계적 상승: 문간에 발 들이기, 면전에서 문 닫기

호혜(Reciprocity)는 사람들이 뭔가를 주고받을 때 보이는 행동을 말한다. 선물을 준 사람에 대해서는 더 후하고 너그러워지는 것은 우리의 본성이고, 따라서 그에 대한 답례로 상대를 위해 다시 뭔가를 할 가능성도 커진다. 즉, 특별한 것으로 화답(reciprocate)하는 것이다.

독자 여러분은 자선단체가 나눠주는 무료 주소 스티커[29]나 회사가 배포하는 "일단 한 번 써보세요" 식의 샘플을 받아본 경험이 있을 것이다. 이것은 다 계산된 투자다. 자선단체나 회사는 이런 식의 선물을 받은 사람이 답례를 하거나 돈을 꺼낼 확률이 대개 더 높다는 것을 알고 있다. 사실, 기부에 앞서 이들 자선단체에 대해 조사를 할 필요가 있다. 최근 한 자선단체가 기부받은 액수의 80퍼센트 이상을 마케팅 비용에(이것은 거의 새로운 기부자에게 선물을 보내는 일이었다) 사용한 일로 뉴스를 장식했다.

호혜를 낳는 두 가지 요령은 실제 현실 세계에서 비롯됐고, 물리적인 상황 위주로 전개되는 인상이 있긴 하지만 이제 온라인 세계에도 입성하기에 이르렀다. 두 방법 모두 원래 방문판매에서 사용하던 것이라는 점으로 인해 문간에 발 들이기(foot-in-the-door), 면전에서 문 닫기(door-in-the-face)라는 이름을 지닌다.

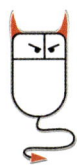

문간에 발 들이기
작은 일로 시작해 큰 일에 대한 동의를 얻어낸다.

작은 청을 들어주면서 좋은 인상을 받으면(아니면 최소한 해롭지는 않다는 것을 알면) 더 큰 요구도 들어줄 가능성이 높아진다.

이 기술은 그 역사가 몇 백 년에 달한다. 방문판매원은 집주인에게 상품을 시연할 수 있게 적어도 집 안에 들어가기만이라도 해 줄 수 있는지 물어본다. 이런 식이면 주인집의 바닥이나 창문을 더럽히지 않으면서 제품을 시연할 수 있을 것이다. 집집을 돌며 모금을 부탁하는 방문 기금 모금자는 우선 청원서에 서명하도록 부탁한다. 거주자가 이 사그미한 청을 들어주면 모금자는 나중에 다시 와서 기부를 부탁한다. 여러 연구에 의하면 바로 돈을 내기를 요구받았을 때보다 최초의

---

[29] (옮긴이) Free Address Labels. 기부 문화가 활성화된 미국의 문화로, 기부금을 받는 곳의 주소 목록이 (스티커 형태로) 찍혀 나와 이를 봉투에 붙이고 소정의 기부금을 동봉해 발송하게끔 자선단체에서 무상으로 배포하는 라벨지다.

청원서에 응하고 나서 기부금을 내는 사람들이 더 많았다. 온라인에서의 이러한 현상을 다룬 한 연구에서는 이메일로 전송된 설문에 대해 이전에 더 간단한 질문에 답변했던 사람들의 응답률이 더 높았다.

웹 상에서 일단 초기에 요청하는 간단한 부탁은 누군가와의 관계를 확립하는 데 필요한 최소한의 정보만 요구하는 형태일 수 있다. 개인화 허용에 필요한 우편번호나 차후 정보 저장에 필요한 이메일 주소 등이 바로 여기에 해당한다.

이러한 상황에서 정보를 더 요구하는 일은 자칫 사이트 상에서 사용자의 반감을 초래할 수 있다. 사이트와 아직 깊은 관계를 확립하지 않았고 어떤 가치가 있는지도 이해하지 못하는 상태라면 사용자는 세부 정보 제공을 거부하고 떠나갈 것이다.

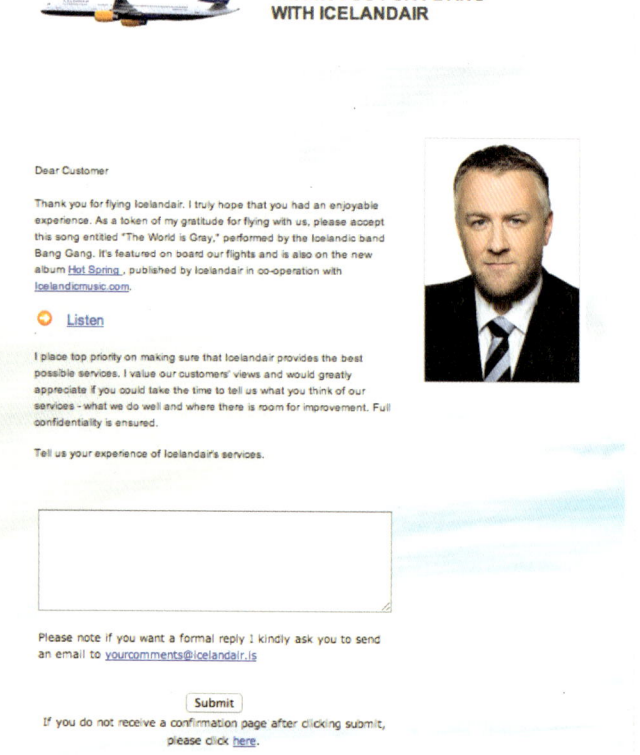

아이슬란드에어는 문간에 발 들이기 전략을 살짝 변형했다. 승객이 피드백 제공에 시간을 내면서 화답하길 바라는 마음에서 그 전에 잠깐 들을 수 있는 노래를 하나 "그냥 준다"(icelandair.com의 비행 만족도 이메일).

대신 사이트 방문자에게 약간의 정보를 제공해서 얻는 큰 이익을 보여줌으로써 사이트는 문간에 발을 들여놓아 문이 다시 닫히지 않게 한다. 이후 사이트가 방문자들의 더 심화된 참여를 요구하는 시점에 이르면 방문자들은 이익을 확인하고 화답할 준비가 된 상태일 것이다. 사전에 약간의 정보를 먼저 건네줬다는 점이 방문자가 거부감 없이 사이트에 완전히 참여하도록 유도한다.

생판 남인 사이에서 간단한 관계를 확립하는 초기의 단계는 다른 나중 단계들보다 훨씬 큰 노력이 필요한 작업이다. 최초의 동의가 이뤄지고 나면 동의의 경계선을 변경하는 일은 한층 쉽다. 고객 자신이 먼저 동의한 것을 스스로 거스르는 행위는 인지 부조화를 초래하기 때문이다. 고객의 순응은 고객 자신이 가치 있는 명분을 따른다고 생각하거나, 자신이 초대받은 집단의 일부로서 긍정적으로 인식할 때 극대화된다.

문간에 발 들이기 전략을 구사하는 법

- 방문자가 약간의 정보를 쉽게 공개할 수 있게 하라. 일기 예보 개인화나 지역 판매세 계산에 필요한 우편번호 기입이 그 예다. 이는 나중에 더 많은 정보를 제공받기 위한 장벽을 낮춰준다.
- 고객의 관여도를 단계적으로 높여, 각 절차가 합리적이라고 받아들이게 한다. 결국, 초기에는 불가능하다고 생각했을 깊은 관여도를 확인하게 될 것이다.
- 최초 정보 요구와 뒤이은 더 큰 요구 사이에 얼마간 시간이 흘렀다면 여러분이 사용자로부터 이미 소정의 도움을 받았다는 점을 짚어준다. 이는 사용자들을 다시 베푸는 분위기로 되돌려놓아 여러분의 요구를 거절하게 어렵게 할 것이다.

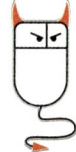

면전에서 문 닫기

거절이 뻔한 큰 요구를 제시한다. 그다음 즉시 앞에 비해 별 거 아닌 요구를 한다. 거절을 했다는 가책으로 인해 사람들은 작은 일을 더 잘 들어주게 된다.

호혜는 양심의 가책이나 일말의 죄책감을 자극해 상대가 특정 행위를 하게 만들 수도 있다. 화답에 대한 욕구는 마음 속에 강하게 자리잡고 있다. 대놓고 턱도 없는 부탁을 받은 개인은 일단 처음엔 거절을 하더라도 자신이 아주 인정머리 없는 사람은 아니라는 것을 보여주기 위해 대신 그보다 작은 요구에는 기분 좋게 응하는 일이 벌어진다. 이는 큰 요구를 무시한 데에 대한 사과의 한 형태다.

꿈도 야무지다라는 소리를 들어가며 문전박대 당할 예상을 했더라도 다시 노크를 해서 이번에는 훨씬 더 합리적인, 아니면 적어도 첫 번째 요청과 비교해서 합리적인 요구를 한다. 일단 발은 디뎠으니, 좀 더 작은 요구는 전과 비교해서 상당히 나긋나긋하게 들리면서 달성 가능성 또한 높아진다.

로버트 치알디니(Robert Cialdini) 연구팀은 "면전에서 문 닫기" 전략을 성공적으로 구사하는 데 필요한 조건을 1975년 최초로 규명했다. 이들이 진행한 실험에서 연구팀은 복도에서 마주친 학생들에게 2년 동안 주당 2시간씩 비행청소년 상담 봉사를 해줄 수 있는지 물었다. 당연히 이런 엄청난 일에 모든 사람은 거부 의사를 밝혔다. 그 직후 요청자는 다시 1일짜리 동물원 견학에 같은 비행청소년의 인솔자 역할을 할 수 있는지 물었고, 50퍼센트의 비율로 가능하다는 답변이 나왔다. 이에 비해 연구팀이 유사한 요청을 처음부터 제시하고 앞의 큰 요청을 건너뛰었을 때는 수락한 비율이 16.7퍼센트에 그쳤다.

치알디니는 사람들에게 상호 양보의 인상을 심어주는 것이 중요하다고 강조한다. 첫 번째의 어마어마한 조건과 두 번째로 제시되는 더 합당한 조건 사이에는 큰 차이가 있어야 하며, 각 조건은 네/아니오 둘 중 하나의 답만 가능한 것이어야 한다. 이 점이 중요한 이유는 처음에 제시된 큰 요구를 거절한 사람이, 두 번째 요구가 그에 비해 얼마나 작은 것인지 깨달으면서 보답에 대한 의무감을 느껴야 하기 때문이다. 이때 보답을 하려면 "네"라고 말하는 수밖에는 없다.

과도한 요구와 얌전한 요구를 모두 같은 사람이 하는 것 또한 중요한데, 그렇지 않으면 상대는 구태여 양보를 해가며 보답할 기분을 느끼지 않을 것이다. 효과를 극대화하려면 두 번째 요청이 아주 새로운 요청이 아니라 반드시 처음 제시했던 요청이 축소된 형태여야 한다.

이러한 사례를 온라인에서 찾기는 조금 수월치 않은데, 최초의 요구가 완전히 정신 나간 것으로 판단될 때 사용자는 클릭 한 번으로 '뒤로' 가버릴 수 있기 때문이다. 이를 막기 위해 여러분은 그 같은 큰 요구를 하는 일이 이상하고 흔치 않은 일임을 알고 있지만 어쨌든 요구를 거두지는 않을 것이라는 점을 보여줘야 한다.

여러분도 이러한 껄끄러움을 분명히 느끼고 있음을 밝히면 고객은 이를 구실로 활용할 일이 줄어든다.

면전에서 문 닫기 기법을 온라인 상에서 쓰자면 아바타가 등장하는 가상 세계가 대안이 될 수 있을 것이다. 아바타가 터무니없는 요청을 한 다음 더 합리적인 요청을 들고 나오는 역할을 하는 것이다. 하지만 요청을 하는 인물이 더 이상 보이지 않는 웹사이트 상에서는 어떻게 해야 할까?

면전에서 문 닫기 기법이 사용되는 모습을 똑똑히 확인할 수 있는 경우는 구매자가 사이트에 개인 정보를 등록하는 상황이다. 구매자에게 절차 초반에 가입 양식을 제시하면서도 이 등록 과정을 일단 건너뛸 수 있게 함으로써 주문 결제 과정 마지막에 동일한 구매자가 사이트의 배송 정보(표면적으로는 등록 정보와 같은 정보) "저장"에 동의할 가능성을 높인다.

기법을 더 교묘하게 쓰자면 좀 더 긴 작업이 필요한데, 사업주가 사업 착수에 필요한 양식을 작성하는 것을 도와주는 리갈줌(LegalZoom)이라는 곳을 살펴보자. 이 업체는 유한책임 회사(limited liability company, LLC) 서류 작업의 가격을 99달러부터라고 광고하고 있긴 하지만 구매 도중 더 큰 지출을 유도하는 여지가 곳곳에 자리하고 있다. 그 예로, 사업체 대리인으로 리갈줌을 등록하는 서비스를 일년에 160달러의 가격(비용에 놀랄 일이 없게 금액은 요긴하게도 차후에 청구됨)으로 제시하는 상황이 나온다. 이 서비스를 거절하면 바로 다음에 나오는 페이지에는 주(州) 납부마감일을 알려주는 고지 서비스를 일년에 단 69달러의 가격으로 제시하는 내용이 나온다.

면전에서 문 닫기 기법이 먹히게 하려면 여러분이 내린 닻(터무니없는 최초의 요구)을 조종하는 과정이 필요하다. 최초의 요구와 뒤에 따라오는 합당한 요구의 간극을 조절해야 한다는 말이다. 사람들은 절대적인 결정에는 약하지만 비교를 통한 상대적인 결정에는 강한 면모를 보인다. 터무니없는 앞의 요구와 비교했을 때 뒤에 이어지는 합리적인 요구는 상대적으로 작은 일로 보일 수 있다. 요구자의 타협으로 상대를 위한 절충을 했다는 느낌을 주면서 이러한 생각을 불러일으킬 수도 있다. 이런 식으로 상대는 당신이 제시한 타협안을 만족하는 화답(작은 요구에 응함)을 해야 한다고 생각하게 된다.

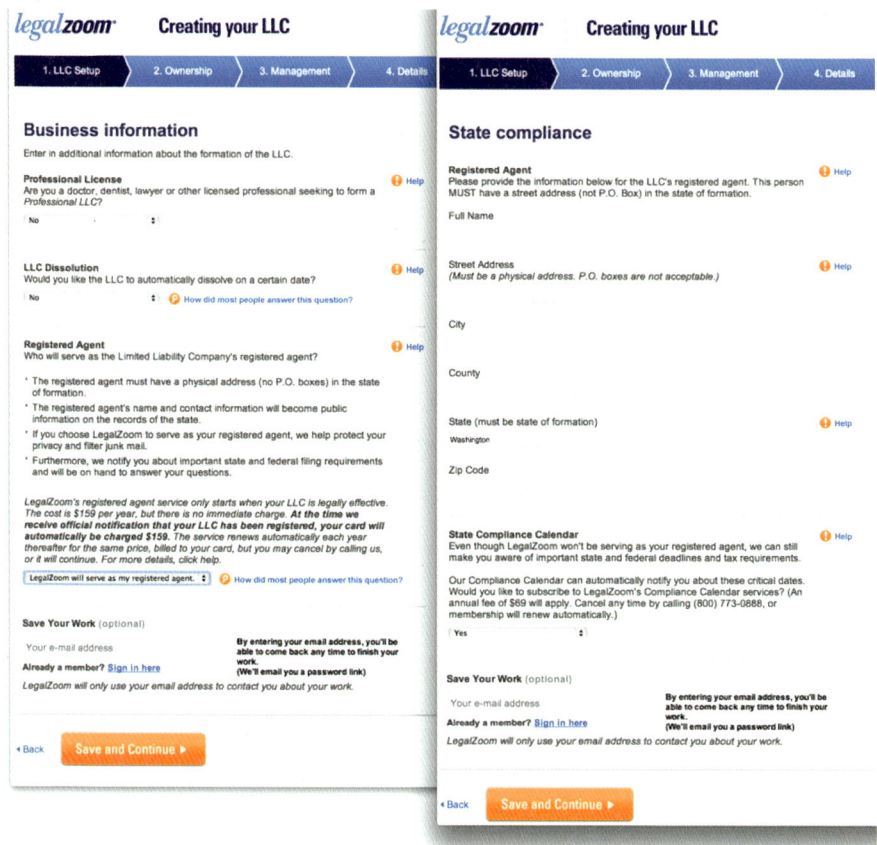

온라인 양식을 제공하는 식으로 사업체 설립을 지원하는 리갈줌(LegalZoom.com). 고비용의 옵션을 먼저 제시하고(왼쪽 창), 이것이 거절당하면 다음 페이지에서는 요구 작업이 거의 없는 안을 훨씬 더 "합당한" 연간 비용으로 제시한다(오른쪽).

> ### 면전에서 문 닫기 전략을 구사하는 법
>
> - 큰 부탁을 시도한다. 거절당하면 작은 것을 요구한다.
> - 이러한 큰 요구가 비상식적이고 곤혹스런 일인 것을 알고 있다고 확실히 밝힌다. 이러한 인정을 통해 사람들이 불편을 구실로 작은 제안을 거부하는 것을 더 어렵게 만들 수 있다.
> - 작은 부탁을 하는 것으로 타협했음을 드러내어 호혜의 정서를 자극한다.
> - 사람들을 이동시키는 경로가 마련됐는지 확인한다. 터무니없는 요구를 제시할 때 "아니요 괜찮습니다." 류의 버튼을 배치해, 버튼을 누르면 합당한 제안으로 연결되게 하는 것이다.

- 처음 제시되는 비합리적인 제안에 응하는 사람들이 나올 때도 있다. 이것은 여러분이 허를 찔린 것이 아니다. 사람들이 큰 제안에 실제로 참여하는 방도를 확실히 마련해 놓았으니까 말이다.

- 우린 모두 다 같은 선량한 사람들이라는 점을 강조해 감정을 자극한다.

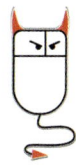

사용자가 쉽게 결정할 수 없는 것은 충분한 시간과 노력이 투입된 후에야 제시한다

사용자에게 소중한 정보나 어려운 작업을 부탁하기 전에 먼저 그들이 푹 빠져 있게 하라. 나중에 올 가치를 놓치기보다는 일단 뭔가를 무상으로 제공하는 것이 좋다.

예전에는 사이트가 자사의 서비스를 사용자가 눈으로 확인하거나 시험적으로 써 보기도 전에 일단 등록부터 요구하는 일이 흔했다. 이제 이러한 모델은 거의 찾아볼 수 없다. 사이트들은 이제 우선적으로 필요한 정보를 요구하는 것과 이를 이용해 상품을 홍보하는 것 사이의 균형을 더 잘 맞추려고 한다.

분위기가 조성되기 전까진 요구를 잠시 미뤄두는 일은 이론적으로 호혜에 근거를 두고 있다. 뭔가를 받은 사용자들은 보답할 필요를 느낀다. 받은 선물이 작은 것이라도(사이트 무료 입장과 같이), 이들은 (광고주 입장에서) 소중한 개인 정보로 화답할 것이다.

사용자들이 가치 판단에서 합리적이지 않은 태도만을 보이는 것은 아니다. 예를 들면, 이들이 주거지 정보, 우편번호, 연령, 성별 정보를 제공하고 특정 사이트를 이용하려 할 때는 의무적으로 봐야 하는 광고라도 최소한 어느 정도의 관련성이 있다는 추론을 한 상태다. 또한 서비스 제공에 별 영향을 미치지 않는 이 데이터를 정확하게 기재할 필요가 별로 없다는 사실 역시 딱히 놀랄 일도 아니다. 핫메일의 이메일 서비스에서는 비벌리 힐즈에 거주한다고 돼 있는 사용자의 수가 상당히 오랜 시간 동안 비정상적으로 높은 수치를 기록하고 있었다(문화적 연관성: 장기간 방영한 TV 드라마 덕택에 이 지역의 우편번호인 90210이 많은 사람들에 뇌리에 박혀 있었다).

좀 더 개별적이고 정확해야 하는 정보의 경우 보통 정보 제공의 대가로 더 높은 가치를 지닌 서비스가 따라온다. 예를 들면, 숫자 정보들(생년월일, 전화번호, 번지수, 주민등록번호, 신용카드 번호 등)은 숫자로 표현되지 않는 데이터보다 더 귀중한 것으로 생각되는 경향이 있는데, 이들이 신원 식별에 더 용이하며 금전 거래를 활성화하는 정보이기 때문일 것이다.

블로그 생성 사이트인 포스터러스(Posterous)는 이 개념을 극단적으로 밀어붙인 예다. 콘텐츠를 이메일로 전송하기만 하면 사용자의 이름을 지닌 블로그에 이를 나타내준다. 이 사이트에서 결국 요구하게 될 정보는 다른 소셜 미디어 사이트에서 요구하는 개인 정보와 다르지 않지만 맥락이 확보(사용자가 더 복잡한 사이트 기능을 이용하거나 일부 내용을 비공개로 전환하고자 할 때)되기 전까지는 요구 단계를 미뤄놓는다.

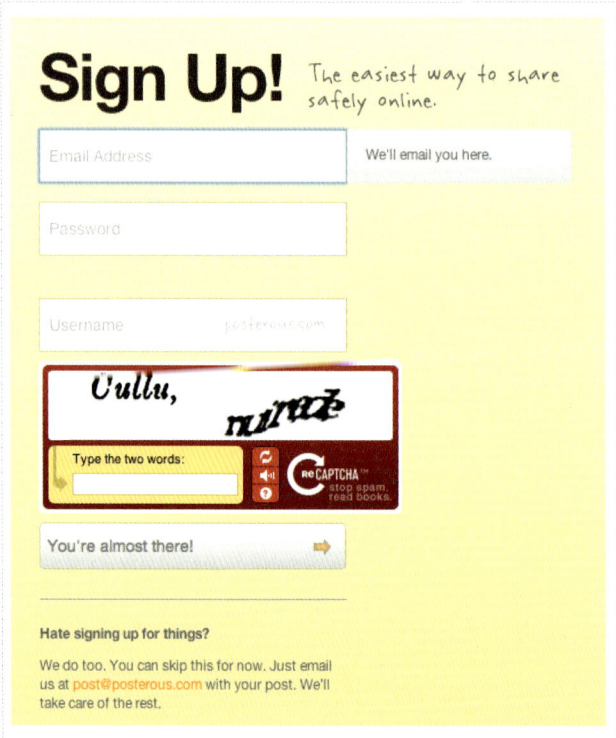

포스터러스는 사용자가 항상 아무 정보나 내놓지는 않는다는 점을 잘 알고 있다. 대신 가입 양식 맨 밑에서 이메일 주소만 제출하면 블로그가 생성될 것이라고 이야기한다. 플랫폼 사용이 시작되면 사이트는 차후에 사용자의 관여도를 점차 심화해 나간다.

이것은 특히 네트워크를 이룬 사용자들을 필요로 하는 서비스에 중요하다. 웹엑스(WebEx)의 온라인 대화 서비스가 좋은 예다. 새로운 사용자라도 기존 사용자가 초대한 상태라면 별도의 절차 없이 서비스를 바로 체험해 볼 수 있다. 그리고선 대화창을 새로 만들고 싶을 때 가입하면 되고, 더 복잡한 기능을 활용하기 전까지는 최소한의 정보만 제공하면 된다.

이에 대한 당연한 결과로, 온라인 쇼핑 사이트는 소비자가 결제를 끝내기 전까지 계정 생성을 따로 요구하지 않는다. 소비자한테 자신이 이미 판매자를 신뢰하고 있으며(판매자의 상품을 구입했으니) 이미 정보를 모두 판매자 측에 제공했다는 점을 알려주는 것은 쉬운 일이다. 이제 소비자가 할 일은 향후 더 간편한 결제를 위해 암호를 생성하는 것이다. 소비자는 따로 정보를 등록하는 일을 부담스럽게 느끼는 반면 이렇게 한 서비스 내에서 모든 정보를 저장하는 일은 순순히 허락하게 된다.

사용자가 충분한 시간과 노력을 쏟기 전까지는 요청 질문들을 미뤄놓자. 자신이 추가한 콘텐츠에 이미 시간을 보내고 공을 들인 상황이기 때문에 사용자들은 사이트를 신뢰할 가능성이 높아지고 정확한 정보를 더 선뜻 내주게 된다.

사용자가 푹 빠질 때까지 큰 결정을 아껴두는 방법

- 서비스 제공에 필요한 최소한의 정보를 수집한다.
- 사용자가 부가 서비스를 활용하기 시작하면 추가 정보 요구로 유도한다. 사용자가 서비스에서 얻게 될 추가적 가치를 언급하며 정보 요구를 정당화하라.
- 요청은 항상 상호 합의(내게 X를 주면 네게 Y를 주겠다)의 개념에 결부해 제시한다. 그래야 사용자로부터 제공받는 데이터가 가짜가 아니고 정확한 진짜가 될 수 있다.
- 주문 결제 과정 등의 일부로 정보를 모았다면 나중을 위해 이를 저장하는 옵션을 제공한다. 이는 부담스럽지도 않으면서 시간 절약을 가능하게 해 주는 것처럼 들린다.
- 호혜를 석질하게 유도해 낼 수 없는 상황이라면 면전에서 문 닫기 전략을 시도해본다. 일단 다량의 정보를 요구하고 훨씬 소량에 만족하는 자세를 취한다.

희소성과 손실 회피를 이용한 식탐 자극

여러분에게 1달러짜리 지폐가 주어진다. 얼마 후 다음과 같은 두 가지 선택의 기로에 놓인다. 계속 갖고 있든지, 아니면 이 돈을 걸고 동전 튕기기 게임을 해서 2.5달러를 딸 수 있든지 아니면 완전히 잃든지 하는 것이다. 당신의 선택은?

일반적인 사람이라면 이 게임을 20번 정도 반복하더라도 십 수회 정도는 여전히 1달러만 걸 것이다. 그리고 한 회에서 1달러를 잃게 되면 다음 회에서 돈을 걸 가능성은 떨어진다. 횟수가 늘어남에 따라 이 도박을 아예 중지하게 될 것이다.

하지만 실제로는 매회 돈을 거는 것이 더 이치에 맞는 소리인 것이다. 동전 튕기기 게임에서 이분의 일의 확률로 승리하므로 평균적으로 매회 돈을 걸 때마다 1.25달러를 딸 수 있다.

그럼 왜 이 같은 이성적 경로를 따르지 않을까? 논리적 결정에 감정이 끼어들기 때문일 것이다. 어떤 논리적 결정에서 이미 자신의 것인 것을 포기하는 과정이 필요할 때 특히 이런 일이 벌어진다. 실제로 두뇌에 손상을 입어 감정 처리에 문제가 생긴 사람들이 이 테스트에서 더 "분별력"을 보인다.

돈을 더 얻을 수 있는 가능성도 있지만 이미 손 안에 있는 것을 내줘야 할 가능성도 있다. 자신의 소유인 것을 잃을 수 있다는 공포(손실 회피)가 잠재적 소득을 취하려는 욕구보다 갑절로 강한 일이 왕왕 벌어진다

공포에 기반을 둔 다른 강력한 동인은 희소성이다. 희소한 것을 수여하거나(직함, 상, 회원자격) 파는(수요가 공급을 능가하는 경우) 방식을 통해 여러분은 기회를 놓칠지 모른다는 공포감에 기대어 사람들이 상품에 실제 가치보다 더 큰 가치를 확실하게 부여하게 만들 수 있다.

톰 소여 효과

희소성은 욕망을 낳는다. "… 어른이든 아이든 그가 어떤 것을 원하게 하려면 쉽게 손에 넣을 수 없게 만들기만 하면 된다는 것."

톰 소여가 다른 아이들이 자신의 일을 하게 만든 비결은 이것이 어쩌다 있는 일이고 ("울타리 칠하는 일이 날이면 날마다 있는 줄 알아?") 능력이 되는 소수에게만 기회가 주어지며("이걸 제대로 칠할 수 있는 애는 천 명에 하나, 아니다, 이천 명에 하나도 없을 거야"), 수요가 공급을 능가하는("페인트가 떨어지지 않았더라면 마을의 남자아이들은 모조리 빈털터리가 됐을 것이다") 일이라고 믿게 만든 점이다. 톰은 희소성을 욕망으로 바꾸는 데 필요한 단계를 정확하게 모두 밟은 것이다.[30]

이렇게 희소성을 구성하는 낮은 빈도, 배타성, 경쟁이라는 요소를 활용해 사람들에게 내재된 게걸스런 기질을 자극할 수 있다.

실제로는 공급에 제한을 두지 않으면서 희소성에 대한 느낌만 불러 일으키는 것으로도 충분할 때가 있다. 예를 들어, "모든 상담원이 통화 중이니, 다시 시도해 주시기 바랍니다."라는 문장에는 "상담원이 고객의 통화에 응답하기 위해 대기 중입니다"라는 문장보다 더 많은 사회적 검증이 자리한다. 앞의 문장은 판매 상품에 대한 높은 수요를 시사하기 때문이다.

어떤 것을 한정된 시간 동안에만 구할 수 있게 하는 방식으로 희소성을 창출할 수도 있다. 험블번들(Humble Bundle)에서는 인기 있는 컴퓨터 게임을 여러 개 묶어 원하는 값으로 구입할 수 있는 특전을 제공한다. 하지만 기간은 단 2주뿐이다.

이 묶음 상품이 출시되기 전에도 각 게임들을 살 수 없던 것은 아니지만 저렴한 가격(원하는 값)에 패키지로 제공되며, 부가 콘텐츠도 따라오고 수익의 일부는 자선 단체로 간다는 점이 구매의 매력을 상당히 끌어올린다.

이 게임들을 전부 사려는 계획이 없었거나 일부 게임을 정가를 주고 이미 구입했다고 하더라도 한정 기간 동안의 이 특전은 평소에는 훨씬 고가였을 게임을 저렴하게 번들로 구입하도록 마음 먹게 하는 훌륭한 기폭제가 된다. 사람들이 상품을 직접 손에 쥐기도 전에 벌써 손실 회피가 모습을 드러낸 것이다. 구성 게임

---

30 (옮긴이) 이 문단 내에서 괄호 안에 인용한 『톰 소여의 모험』 본문의 문장은 모두 다음 책을 참조했다. 마크 트웨인, 이화연 옮김, 『톰 소여의 모험』, 펭귄클래식코리아, 2009

하나를 정가로 사는 것은 번들로 구입하는 것과 비교할 때 "손실"로 이어지기 때문이다.

게임 사운드트랙이나 제작 과정 다큐멘터리 같은 부가 콘텐츠는 배타성을 낳는다. 이 같은 콘텐츠는 번들로 사지 않으면 구할 수 없는 경우가 흔하다.

험블번들의 특전은 한정 기간 동안의 혜택이라는 점에서 희소성을, 특별 부가 콘텐츠 입수에 필요한 돈의 액수를 점점 올린다는 점에서는 경쟁적인 특성을 불러일으킨다. (humblebundle.com)

험블번들은 여기에 경쟁의 요소도 첨가했다. 즉, 번들에 따라오는 부가 콘텐츠를 입수하려면 소비자는 현재 평균가보다 더 돈을 내야 하는데, 이 말은 번들을 구매하는 사람이 많아질수록 평균가가 오른다는 소리다. 따라서 조금이라도 싸게 사려면 서둘러야 한다.

톰 소여 효과를 활용하는 법

- 희소성을 구성하는 다음의 세 요소를 유념해 사람들이 상품에 빠져들게 한다.
- 낮은 빈도: 특전 등의 혜택 기간을 한정시킨다.
- 배타성: 기준을 충족하는 특정한 사람들에게만 허락된다(기준이 "숨이 붙어 있는 사람" 따위로 후하기 그지 없는 것이라고 해도 어쨌든 기준은 기준이다).
- 경쟁: 희소 자원에 관심이 있는 사람이 또 있다는 사실을 보여준다.

의구심을 퍼뜨려 취소를 막는다

소비자가 제품/서비스 이용을 취소할 기미가 보인다면 손실 회피를 끌어들여 의구심을 퍼뜨린다.

1990년 영국 농림부 장관인 존 검머(John Gummer)는 쇠고기 소비 유지의 필요성을 느끼고 있었다. 소 부위 일부에 대해 영국 내 유통 금지 조치가 취해지면서 광우병에 대한 대중의 공포는 날로 증가하고 있었다. 쇠고기 제품의 소비가 감소하고 있었다.

검머 장관의 해결책은 소고기가 나쁘다고 생각하는 사람들의 마음속에 의구심을 퍼뜨리는 것이었다. 이를 위해 그는 자신의 선거구에서 열리는 보트 전시회에서 자신의 네 살 난 딸 코델리아와 함께 쇠고기 햄버거를 먹으면서 이 장면을 대중 미디어에 노출시키는 이벤트를 벌였다. 유통 음식에 대해 직접적으로 책임을 지고 있는 그 같은 공인이 네 살짜리 여자 아이에게 먹이는 소고기인데, 그 누가 소고기가 안전하지 않다고 나올 수 있겠는가?

햄버거는 거의 모든 사람이 쉽게 알아볼 수 있고 물리치기 어려워하는데(미국에서만 연간 대략 500억 개의 햄버거가 소비된다. 이는 한 명이 매주 햄버거 세 개를 먹는다는 소리다) 이 음식에 소고기를 넣었다는 점이 이 이벤트의 압권이었다. 코델리아가 햄버거를 맛있게 먹는 그 장면으로 손실 회피의 고삐가 풀리면서 동시에 소고기가 안전하다는 믿음이 강화됐다.

당시에는 소해면상뇌병증(海綿狀腦病症, Bovine Spongiform Encephalopathy, BSE), 즉 광우병(Mad Cow Disease, MCD)에 대한 공포가 고개를 들 무렵이었다. 이후 이 병으로 인해 영국에서만 4천 4백만 마리의 소가 도살당하고, 광우병을 앓는 소에서 나온 고기의 섭취로 인해 200명이 넘는 사람이 변형 크로이펠트-야콥병(variant Creutzfeldt-Jakob disease, vCJD)으로 인해 목숨을 잃게 된다.

사신의 딸인 코델리아와 함께 맛있게 햄버거를 먹고 있는 존 검머 장관. 누가 그의 의도를 의심하기나 했을까? © Press Association

나중에 드러났듯이 검머 장관은 문제가 되는 위험성을 알고 있었으나 뉴스가 가져올 경제적 파급 효과를 우려하고 있었다. 그렇다면 그는 정치적 소득을 위해서라면 친딸의 건강을 이용하는 일도 불사하겠다는 심산이었다. 이 행동이 그의 정치적 경력에 손상을 주진 않은 것 같다. 그는 이제 영국 상원 비세습 귀족의 일원이다. 하지만 그가 남긴 뚜렷한 족적으로 인해 다른 정치인들이 비슷한 홍보 전략을 시도하면 영국에서는 "검머 짓 한다(do a Gummer)"라는 표현을 사용하게 됐다.

여러분도 의구심을 퍼뜨려 구독 취소나 회원 탈퇴를 방지할 수 있다. 사람들의 수중에 무엇이 있고 행위의 결과로 무엇을 잃게 되는지 일깨우는 손실 회피를 이용하는 것이다.

한 가지 방법은 회원 가입으로 서비스 이용을 시작할 때 일정 수준의 무상 서비스를 이용 가능하게 해 주는 것이다. 이 무상 서비스를 포기해야 한다는 두려움이 나중에 고개를 들면서 상태 유지를 위해 내는 돈은 처음부터 동일한 서비스를 이용하는 데 냈어도 됐을 액수를 뛰어넘게 된다.

사람들이 서비스를 사용하기 시작하면 데이터 및 서비스 관련 부산물(사진, 문서, 연락처 등등)이 다량 생산되는 것은 불 보듯 뻔한 일이다. 회원 탈퇴를 시도하려는 고객이 발생할 때는 항상 탈퇴로 무엇을 잃게 되는지 강조한다. 구글과 같은 회사는 데이터 이전을 지원함으로써 소실되는 데이터의 양을 줄여주지만, 사회적 자본(데이터를 공유하는 친구나 동료)에 구속돼 있는 데이터는 여전히 상당하며 이것들은 정확히 복제할 수 있는 것이 아니다.

이런 상황에서 의구심 확산에 필요한 일이란 계정 해지나 데이터 이전으로 인해 소실되는 것이 무엇인지 가리켜 주는 것에 지나지 않는다. 페이스북 계정을 비활성화하려고 시도하면 친구들 계정에서 올린 사용자 및 친구들이 함께 나온 사진이 주르르 뜬다. 그러면서 사진 하나하나 밑에는 "누군가 당신을 그리워할 거에요"라는 자막이 나오고 친구들에게 메시지를 보내 보라고 청한다. 이때 메시지를 보내면 당연히 비활성화 페이지에서 벗어나게 되고 다시금 여러분은 사랑하는 사이트의 품에 안기는 것이다.

회사들이 계정 해지와 같이 심각한 상황에만 이러한 전략을 아껴둬야 하는 것은 아니다. 업체가 선호하는 옵션을 사용자가 선택하게 하고 싶은 경우에도 의구심 확산을 이용할 수 있다. 구글은 이 분야의 달인이다. 구글 보이스에서는 특정 설정을 선택하면 고객의 마음 속에 의구심을 퍼뜨리도록 고안된 말풍선이 뜬다. 이 옵션은 계속 선택 가능하지만 구글은 (당연히) 이 옵션을 추천하지 않고 사용자의 재고를 유도해 "더 안전한" 대안을 내버려두고 해당 옵션을 선택하는 것이 나쁘다는 느낌을 들게 하는 것이다.

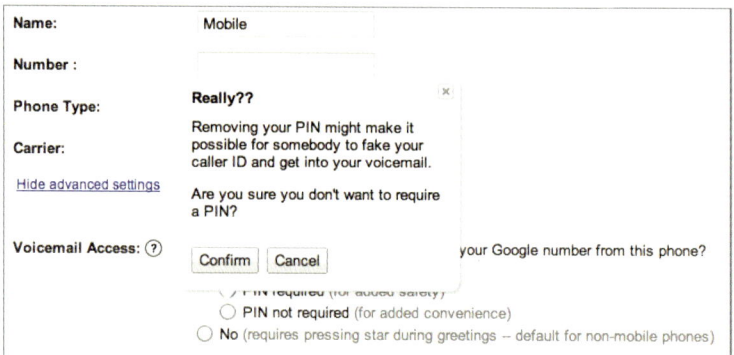

"구글 보이스는 설정에 따라 예상 밖의 부작용을 초래할 수 있습니다." 이 대화창은 의구심을 확산시키기 위해 무서운 시나리오를 제시하여 사용자가 "위험한" 옵션을 고르기 전에 한 번 더 생각하게 한다.

이 같은 상황이 모두 통하는 이유는 의구심이 표현되는 방식이, 판매자에게 "반갑지 않은" 옵션을 선택한다면 사람들에게 이러한 "손실"이 닥친다는 어조를 띠기 때문이다. 이것은 이중 부정이긴 하지만 "반가운" 옵션을 골라서 얻는 "이득"을 짚어주는 것보다 강력한 위력을 지닌다. 사람이란 이득보다 손실을 훨씬 강하게 지각하고, 따라서 부정적인 결과에 대한 회의감을 이용해 사람을 다루는 것이 훨씬 쉬운 일이다. 나머지는 손실 회피의 마법이 다 알아서 해 줄 것이다.

의구심을 퍼뜨리는 방법

- 손실 회피가 극대화되는 때는 사용자가 제품이나 서비스가 주는 이득을 최근에 경험했을 때다. 고객이 얼마간 활동을 보이지 않나가 해지하게 되면 제품을 다시 사용하도록 설득하는 방법을 모색해(예: 한달 간의 무료 서비스, 프리미엄 기능 권한) 손실을 더 깊게 느낄 수 있게 한다.

- 미리 세심하게 계획한 특정 시점에 사용자가 선호 옵션을 거부함으로써 입는 손실을 일깨워준다. 이를 대놓고 말하지는 않으면서 손실이라는 맥락 안에 잘 포장해서 전달해야 한다는 점을 기억하라.

- 두려움을 이용하는 전략은 위험 부담이 큰 판을 위해 아껴둬라. 지속적으로 공포를 마주하고 싶은 사람은 없기 마련이고, 반복적으로 사용하면 뭐든지 효과가 떨어진다.

- 취소/탈퇴/해지 양식에 "이 기능들 중 무엇이 제일 아쉬울 것 같습니까?"와 같은 질문을 함으로써 손실 회피의 감정을 깨운다. 이 물음은 막판까지 간 고객을 다시 끌어오는 데 충분한 위력을 발휘할 수도 있지만 결국 고객의 행보가 어떻게 되든 여전히 알아서 나쁠 것 없는 정보이기 때문이다.

조급하면, 따르게 된다

작업에 시간 제한을 둔 다음(병 주고), 해결책을 제공한다(약 주기).

손해에 대한 두려움은 사람들의 가치 판단에 지나칠 정도로 큰 영향력을 행사한다. 사람들을 재촉하는 것 역시 결정 과정에 변화를 가져오게 된다. 사람들은 변화를 겁내는 보수적인 경향성을 보이는 한편, 위험이 따르는 선택안은 멀리하고 부정적인 정보에 더 주의를 기울이게 된다.

이 두 요소를 한데 묶어 얻어지는 강력한 위력을 십분 활용하는 사례로는 티켓마스터(Ticketmaster)가 대표적이다.

티켓마스터에서 구매자는 한정된 시간 동안에만 구매할 수 있다. 표면적으로 이는 실제 지불은 하지 않으면서 일단 공연 티켓을 "쟁여놓는" 일을 방지하기 위한 목적을 지니고 있다. 이렇게 소비자가 원하는 티켓을 서둘러 결정해야 하는 환경이 조성됐는데, 특히 많은 공연에서 티켓마스터가 티켓 판매에 대해 사실상 독점권을 쥐면서 다른 효과도 얻게 됐다.

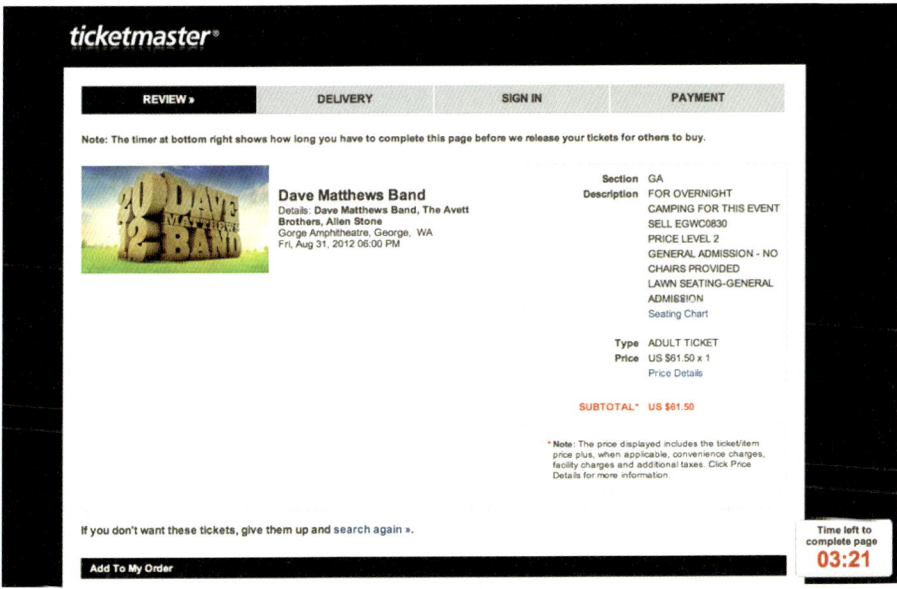

티켓마스터의 인터페이스는 시간 제한을 통해 공황 상태를 획책한다. 여기에 손실 회피를 더하면 소비자는 평소라면 동의하지 않았을 일들을 순순히 하게 된다. (ticketmaster.com)

시간 제한은 일종의 공황 상태를 내포한다. 티켓을 놓칠지 모른다는 두려움으로 인해 사람들은 가능한 한 빠르게 필요한 과정을 마치려고 든다. 따라서 세부 정보에는 주의를 게을리 하게 될 가능성이 그만큼 높아지고, 제약 없이 작업을 진행하는 데 혈안이 된다.

주문 결제 과정의 각 페이지에는 눈에 확 띄는 카운트다운 타이머가 위치해 있다. 이는 신속하게 행동에 돌입하지 않으면 티켓이 "사라질" 수 있음을 지속적으로 상기시켜준다. 신속한 행동이란 다시 말하면, 첫눈에 봐서 하찮은 세부 정보는 건너뛰고 최대한 리스크를 줄이는 방식으로 행동한다는 것이다. 이런 급박함은 결과적으로 소비자가 기본 선택값을 유지하고(가장 고가의 티켓 선택), 신속하고 안전한 배송 옵션을 고르고, "편의 요금"과 같은 추가 비용 징수를 문제삼지 않는 현상을 더 많이 초래한다.

시간 제한을 둘 때 주의해야 할 재미있는 점은 이 제한으로 인해 사람들이 작업에 더 몰두하긴 하지만 어디까지나 작업의 복잡성이 낮을 때의 이야기라는 것이다. 사용자에게 작업 도우미를 제공해 규칙들을 기계적으로 따라가기만 하게 만들면 시간 제한이 있는 작업의 능률을 올릴 수 있다.

그렇다면 티켓마스터가 아예 자동화 옵션을 제공하기 시작할 때 무슨 일이 벌어질지 궁금해지지 않는가? "가장 좋은 자리"나 "가장 저렴한 자리"를 고르기만 하면 사이트가 알아서 다 해주는 것이다(추가적으로 요금을 받으면서). 이전에 시간 제한 문제로 곤란한 경험이 있던 사람이라면 이 기능이 특히 매력적으로 다가올지 모른다.

조급함을 이용해 사람들이 따라오게 만드는 방법

- 작업에 시간 제약을 할당해 사람들을 위험 부담이 덜한 옵션으로 밀어붙여 기본값을 그냥 받아들이게 한다.
- 도우미를 마련해 많은 것을 분석하고 생각해야 할 여지를 제거한다. 작업 완수를 위해 사용자가 따를 규칙은 단순해야 한다.
- 기본값을 이용하는 자동화된 과정을 제공해 시간 제한의 급박함을 우회할 수 있는 길을 제시한다. 여기서 "편의 비용" 명목으로 추가 요금을 요구할 수도 있다.

자제력: 식탐에 내리는 천벌

식탐은 자제력이 파탄 나는 것이다. 뭐든지 처음이 어렵지 나중에는 무서운 줄 모르고 덤빈다. 다이어트 중에 초콜릿 한 입을 먹더라도 처음엔 식탐이 충족되진 못한다. 하지만 앞으로는 그렇게 먹고 마실 가능성이 커진다. 이와 비슷하게, 회사들은 사용자의 특정 행동을 유도하기 위해 처음에는 일단 일보 후퇴하는 모습을 보인다. 결국은 나중에 더 큰 몫을 챙길 수 있기 때문이다. 이제 우리가 이성적 사고보다 감정적 충동에 더 초점을 맞추기 시작하면 자제력이 무너지기 시작한다. 초콜릿을 물면서 이성적으로는 이러면 안 된다고 생각하지만 감정적으로는 기분이 너무 좋은 것과 같다.

이러한 자기조절 실패에 관한 심리학 연구를 보면 사람들이 자제력을 제대로 발휘하지 못하는 경우는 크게 몇 가지로 나뉜다.

첫째, 사람들이 자신의 성공 가능성을 잘못 가늠하고 과도한 낙관주의를 보이다 발을 뺄 시점을 놓치는 것이다. 사람들에게 보상을 쥐어주는 것은 회사들이 이 현상을 활용하는 예다. 사람들이 보상에 개인적 가치를 두기 시작하면서 비이성적인 열의를 보이기에 이른다. 회사들이 주는 보상이 결국엔 보잘것없는 것인 경우에도 같은 현상이 일어난다. 사람들 마음속에서 가치 정당화가 싹트고, 결국 자기 수중에 놓일 몫의 최종적인 가치를 판단하면서 착오가 발생하는 것이다. 판단 착오가 부르는 자기조절 실패를 페니 옥션에서 가장 극명하게 확인할 수 있다. 눈앞의 가격에 홀려 단순 덧셈도 하지 못하거나 아예 할 시도조차 않는 사람들의 모습 말이다. 그렇게 좋은 제안은 결국 사실일 리가 없다는 것을 알지만 그래도 끝에는 좋은 결과가 있을 것이라는 과도한 낙관주의의 희망에 빠져 떠나질 못한다.

자기조절 실패의 두 번째 이유는 우리가 실제로 통제할 수 없는 것들을 통제할 수 있다고 생각하기 때문이다. 이 점은 업체나 소비자 모두에게 해당한다. 해킹을 당한 회사는 해킹을 당했다는 바로 그 점에서 이미 상황 통제 불능에 놓인 것이지만 실제로는 마치 현실은 정반대인 양 행동한다. 행동에 정직함이 결여되고 문제가 은폐될 때 신뢰가 도마 위에 오를 수 있다. 희소성이라는 꾐에 빠져 판에 뛰어든 소비자들은, 특히나 마감에 쫓기기까지 한다면 당연히 자기 통제와는 거리가 멀어진다. 또한 입수 가능성, 배타성, 경쟁을 잘 다루는 회사들은 소비자를 공황 상태로 몰고 갈 수 있다. 이 같은 정서적 반응은 이성적 사고를 억누르고 자기 조절의 여지를 없애버린다.

자기조절 실패의 세 번째 유형은 문제의 원인이 아닌 감정적 결과에 집중하는 데서 비롯된다. 이는 충동적 행동으로 이어지고 사람들은 이를 후회하면서 뒤이어 더 좋지 않은 감정에 맞닥뜨리게 된다. 우리가 논리적으로는 하지 말아야 하는 화답을 하는 경우가 이 경우의 대표적 사례다. 문간에 발 들이기 기법과 면전에서 문 닫기 기법은 사람들이 정서적으로 느끼는 빚에 기초한다. 사람들은 방금 문지방에서 생긴 일만 아니었으면 응하지 않았을 행동이라는 것을 알면서도 화답을 위해 발걸음을 옮기게 된다.

하지만 아직 희망이 있다. 자제가 어떤 보답을 주는지 생각하게 된 사람은 나중에 자제력을 잃을 일도 적다. 이것이 실생활에서 뚜렷이 드러난 예는 소셜 미디어가 봄방학 시기의 방종을 진정시키는 효과를 발휘한 일이다. 보통 봄방학 시기란 대학생들에게 긴장을 풀고 노는 시기다. 지금까지는 여기에 다량의 술과 술로 인한 갖가지 행태가 빠지지 않았다. 그러나 이제 주위의 많은 일화가 말해주듯이, 우리 삶의 매 순간을 기록하는 페이스북과 같은 사이트가 등장하자 봄방학을 맞은 학생들의 처신이 좀 더 점잖아졌다는 것이다. 자신의 행동이 온라인에 올라가면 친구도 보고 가족도 보거니와 심지어는 상래 자신이 지원하는 회사 고용주의 눈에 들어갈 수도 있다는 것을 이제 알게 된 것이다.

분노는 배를 채우면 숨이 끊어지고
배가 주려야 살을 불리우니.

- 에밀리 디킨슨 -

분노는 공포가 한 곳을 겨냥하는 것이다. 분노는 공포의 원인에 대한 인식, 그리고 대개 원인을 제거해 공포를 해소하려는 능력까지 아우른다.

분노는 동적인 감정이며, 분노한 사람들은 그 원인을 찾아 나서게 되는데, 이것은 분노와 다른 감정을 구별 짓는 특징이다. 분노는 인지적 층위뿐만이 아닌 신체적 층위에도 관여해서 분노를 느끼게 되면 생물학적 변화가 초래된다. 하지만 능력만 있다고 모두가 적절히 분노를 다루는 것은 아니다. 분노 뒤엔 흔히 뒤끝과 음모가 따라온다. 단테는 이를 두고 "정의에 대한 사랑이 삐뚤어져 복수와 앙심을 향한 것"이라고 했다. 그리하여 선은 악으로 화한다.

무엇이 분노를 부르는가? 보통 분노는 자신이 아닌 남의 탓으로 일어난 부정적인 일로 인해 발생한다. 어떤 일이 자신의 탓으로 일어났다면 분노가 아닌 수치나 죄책감을 느끼게 될 것이다. 또 원인이 불분명하다면 공포나 불안감을 겪게 될 것이다. 하지만 부정적인 사건에 대한 원인을 집어낼 수 있는 상황이면 분노가 출현한다.

분노가 판단과 결정 과정에 미치는 영향은 다른 부정적인 감정과는 좀 다르다. 분노는 지각, 추론, 선택 방식에 영향에 준다. 한번 솟구친 분노의 여파는 다른 작업에도 미치게 되어 처음 분노를 일으킨 일과는 관련이 없는 상황에 대응하는 방식에까지 영향을 주게 된다.

분노라는 정서를 활용하기란 쉽지 않을 수 있다. 화가 났던 순간을 되새김할 때면 불쾌하고 보람도 없이 시간낭비만 한 경험으로 생각하는 일이 흔하다. 하지만 우리가 화난 상태에 있어도 그것이 해결된 상태에 이르기 전에 즐거우면서 보람찬 기분을 느낄 수도 있다. 주위 환경이 맞아 떨어진다면 분노도 강한 추진력을 제공할 수 있는 것이다.

분노를 피하기

회사의 조처가 소비자의 분노를 유발할 가능성이 있을 때 두 가지 대응법이 가능하다. 회사가 분노를 수용하고 이를 자사에 도움이 되는 방향으로 다듬든지, 아니면 분노를 최소화하기 위해 이를 산란시키거나 치워버리는 수가 있다.

앞에서도 말했듯이 원인이 불분명한 분노는 불안이 된다. 그리고 스스로가 원인이 되는 분노는 죄책감을 낳는다. 그래서 분노를 제거하는 한 가지 방법은 비판의 화살을 다른 사람한테 돌리거나 역으로 소비자에게 겨누는 것이다. 여기서 뚜렷한 해결책이 나오는 것은 아니지만 화살은 어쨌든 이제 외부가 아닌 내부를 겨냥하게 된다. 그런데 이런 접근법에는 문제가 하나 있는데, 고객을 탓하는 것은 특히나 고객이 이미 화가 나 있는 상황이라면 고객의 재구매를 위해서는 썩 좋은 방법이 아니다.

그래서 아예 처음부터 분노를 피하는 것이 더 좋은 방법이다. 이번 장에서는 고객층의 분노를 유발하지 않으면서 동시에 기업은 자신이 바라는 것을 얻을 수 있는 세 가지 접근법을 다룬다.

유머로 분노를 막는다

작은 사고를 쳤다면 사과를 유머와 함께 전해서 상황을 부드럽게 만들어라. 하지만 더 큰 사고를 쳤거나 상대의 분노가 예상된다면 차분하고 공손한 어투를 구사한다.

얼굴에 있는 근육의 긴장을 전부 풀자. 이제 눈 위쪽의 근육을 조여 눈썹이 위쪽 눈꺼풀을 향해 가게 하면서 동시에 광대뼈에 붙은 근육도 입술 양 끝을 향해 조여준다. (평소에는 이 동작이 "미소"라고 불린다.) 더 기분이 좋아졌는가? 폴 에크먼(Paul Ekman)은 특정한 표현에 맞게 얼굴 근육을 의식적으로 움직이는 것으로도 표정에 해당하는 감정을 실제로 느끼게 될 수 있음을 밝혀 냈다.

온라인에서 유머를 구사하는 일은 오해의 소지가 너무 많아서 잘해봐야 본전이고 그마저도 어렵다. 하지만 여러분의 메시지가 명확하다는 확신이 있다면 입가의 미소로 진노를 막는 데 도움을 주는 이 기법을 활용해 볼 가치가 있을 것이다.

텀비스트(Tumbeast)들이 서버실을 휘젓고 있으니 문제가 끝이 없네요.
(텀블러 503 메시지, 매튜 인먼 그림, theoatmeal.com) © Matthew Inman, The Oatmeal. (theoatmeal.com) CC BY 3.0

온라인에서 가장 확실하게 사람들을 분노하게 하는 상황은 사용하려는 서비스가 사용 불능에 빠지는 일이다. 2011년 텀블러는 매튜 인먼의 블로그 독자들이 주축이 되어 벌인 캠페인이 있은 후 한동안 서버 에러 페이지에 매튜 인먼(Matthew Inman)이 제작한 팬아트를 걸어놓았다. 텀블러는 이미지 기반의 블로그 플랫폼이다. 그런데 이 서비스가 그렇게도 중차대한 것이라고 생각할 사람이 많지는 않기 때문에 유머러스한 에러 페이지를 이용해 분노를 처음부터 분산시키는 효과를 기대할 수 있다.

구사하는 유머의 어조 또한 중요하다는 것을 짚고 넘어가야겠다. 유머에 적의가 깃든(한 캐릭터가 다른 캐릭터를 깎아내리는 식의) 만화는 분노와 공격성을 줄이지는 못할 망정 오히려 이들에 일조하는 결과를 낳을 수 있다.

유머 구사가 부적절한 상황도 있다. 모지(Mozy)는 온라인 백업 서비스다. 데이터 백업을 덜 위압적으로 보이게 하려는 의미에서 모지는 사이트에 걸쳐 부담 없고 어느 정도 유머가 있는 어조를 구사하고 있다. 하지만 이 생각을 사이트 에러 페이지에 적용하는 것은 별로 좋은 생각이 아니다. 데이터 백업에서 발생한 에러의 결과는 사진을 올리는 블로그의 경우보다 더 중대하다. 유감스럽게도 모지의 에러 메시지 몇 개는 "어이쿠!(Whoops!)"라는 유머러스한 어투로 시작된다. 사람들이 이런 정보를 보게 되는 시점이면 이미 이들은 슬슬 열이 올라오거나 짜증이 치밀기 시작한 상태일 텐데 말이다. 이러한 접근법은 불 난 집에 물이 아니라 기름을 붓는 꼴이다.

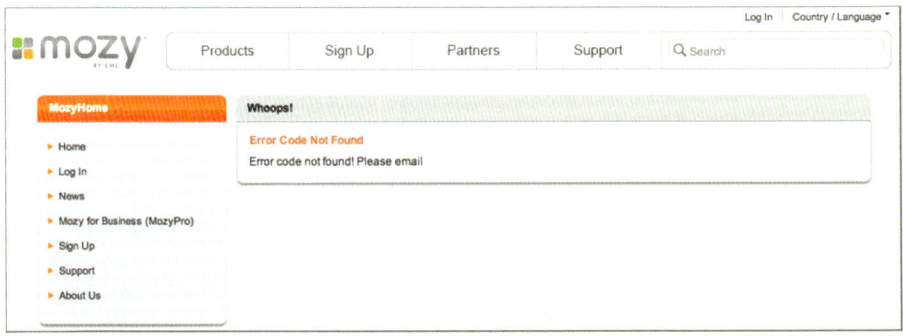

모지의 업종은 고객 데이터 백업이다. 여러분이 모지 서버실에 있는데 누군가가 "어이쿠!"라고 하면 기분이 어떨까?

모지와 소비자 사이에서 벌어지는 일에는 무슨 맥락이 자리하는가? 소비자가 시스템 상의 에러를 목격하는 경우 화날 일도 더 많아진다. 이 화를 해결책을 제시하는 방식으로 취급해야지 문제 회피에 연연하며 화를 덮어둬서는 된다. 문제 회피는 더 내용이 가볍고 오락 위주인 상품에나 적절한 방식이다.

유머는 고질적인 에러 또한 감당할 수 없다. 텀블러에 텀비스트가 있다면 트워터에는 고래 이미지가 있다. 불행히도 트워터 사이트는 초기에 이 좌초된 고래를 너무 자주 등장시켰고 이러한 시각적 익살에 담긴 유머는 소진되고 말았다. 새로움에서 더 진지한 커뮤니케이션 플랫폼 추구로 옮겨간 트위터의 기조 변화와 결부해서 생각해보면 이러한 유머는 적절치 못한 응답 방식이었던 것이다.

유머로 분노를 막는 방법

- 유머를 쓰는 이유는 분노의 가능성을 줄이기 위함이지, 이미 있는 분노를 상대하기 위함이 아니다.
- 구사하는 유머는 엉뚱하거나 기발해야 한다. 한 사람이 다른 사람을 깎아내리는 식의 악의나 공격성을 띤 주제의 전달은 지양한다. 화만 더 돋울 수 있다.
- 농담은 한 번 칠 때나 재미있다. 사람들이 유머러스한 내용을 너무 빈번하게 보는 일은 없어야 한다. 그렇지 않으면 효과는 사라지고 심지어 역효과가 이를 대신한다.
- 여러분의 대응을 사용자들이 눈으로 확인하는 시점에 이미 사용자들은 화가 나 있을 가능성이 높다는 것을 인지하고 있다면 유머가 아닌 유화적인 제스처를 고려한다. 사용자와 얼굴을 마주하고 있는데 여기서 유머를 구사하면 얻어 맞을지 아닐지 자문해 보라.

미끄러운 경사길[31]을 써서 분노를 노골적으로 자극하지 않는다

시작은 미약하게. 한 번에 크게 변경하기보다 작은 변화를 연속해서 줘서 반발을 방지한다. 각 변화가 충분히 거슬리지 않다면 사람들이 부아가 치밀어 반기를 들진 않을 것이다.

---

31 (옮긴이) A slippery slope(a slippery slide). 사건 A가 일어나면 이에 따라 사건 B, C, D가 뒤이어 연쇄적으로 일어나(의도와 무관하게) 바닥까지 이를 수 있다는 인과적 메커니즘, 혹은 그러한 사고 방식을 일컫는 논리 용어

넷플릭스는 모든 사용자를 온라인 스트리밍 고객으로 전환해서 오프라인 DVD 대여 사업에서 손을 떼려는 심산이다. 두 사업 분야 모두 이득이 나긴 하지만 넷플릭스 입장에서는 사용자가 인터넷을 통해 디지털화된 콘텐츠를 스트리밍으로 이용하게 하는 편이 우편 주문 DVD 서비스를 지원하는 것보다 비용이 더 적게 든다. 2011년 10월 당시 넷플릭스의 스트리밍은 북미 대륙 인터넷 다운로드 대역폭의 거의 3분의 1을 점유하고 있었다. 이는 모든 HTTP(웹사이트)의 트래픽을 합친 것보다도 많다.

2011년 7월 넷플릭스는 스트리밍과 오프라인 서비스 결합상품의 비용을 10달러에서 16달러로 인상하면서 이용비가 8달러에 불과한 스트리밍 전용 옵션의 매력을 더 크게 호소하고자 했다. 그러자 가격 변동 자체가 상당한 이슈로 부상했다. 넷플릭스의 2500만 구독자 중 대략 1백만 명에 달하는 사람이 가격 변동이 시행된 영업 분기가 끝나기도 전에 구독을 해지해 버린 것이다.

가격 인상이 있은 후 얼마 지나지 않은 2011년 9월에는 서비스를 개별적인 두 회사로 분리한다는 발표가 이뤄졌다. 넷플릭스는 온라인 스트리밍 대여를 전담하고, 퀵스터(Qwikster)는 오프라인 DVD 우편 대여를 전담하며, 각 서비스는 모두 매월 8달러라는 내용이었다. 소비자에게나 언론에게나 이는 너무 큰 변화로 다가왔다. 제이슨 길버트(Jason Gilbert)가 허핑턴 포스트에 기고한 글을 보자.

퀵스디가 등상하고 한 달이 지났지만 지금까지 한 일이라고는 넷플릭스에 대한 반감만 끌어모은 일 말고는 없어 보인다. 분리 방안의 목적을 보아 하니 넷플릭스는 자신의 자원과 에너지를 스트리밍 콘텐츠 확보에 집중하고 수익성이 적은, 즉 인기가 덜한 우편 DVD 배송 서비스는 단계적으로 쳐내려는 심산이지만 이것이 제대로 공표된 적은 한번도 없었다. 블로그 글과 이에 첨부된 동영상에서 드러나는 것처럼 퀵스터는 사용자의 편의성 향상에 중점을 뒀다고 말하지만, 다른 건 몰라도 바로 이 편의성이 퀵스터에는 결여돼 있다. 넷플릭스가 한 일은 그저 스트리밍 DVD 연동 계정을 보유한 1천 2백만 명의 소비자가 다시 이중으로 다른 두 도메인 상에서 신용카드 명세서도 두 가지로 날아오며, 평점과 선호도 체계까지 두 가지로 서로 다른 상황인 새로운 웹사이트에서 계정을 새로 만들기를 강요한 것뿐이다. 게다가 이 새로운 웹사이트를 운영하는 사람은 "퀵(quick)"이라는 단어의 철자법도 제대로 모르고 qwik이라고 적고 있으니.

그 후 주가도 곤두박질쳤거니와 넷플릭스는 큰일이 났다는 것을 깨달았다. CEO인 리드 헤이스팅스(Reed Hastings)는 다음과 같이 말했다. "앞서간다는 것도 다 같은 게 아니다. 넷플릭스는 지난 몇 년 간 성공적인 모습을 보였지만, 이번 경우에서 우리는 너무 많이 앞서갔다." 넷플릭스는 분리 계획을 철회했고, 고객들은 자신이 듣고 싶었던 말을 넷플릭스의 짤막한 공지에서 확인할 수 있었다.

넷플릭스의 계획이 실패한 이유에는 뚜렷한 몇 가지가 있지만 일단 고객이 감당하는 부담이 금전적, 체력적으로 늘어났고, 사측은 변화가 너무 성급하게 시도됐음을 자인했다.

사람들은 변화를 싫어한다. 사람들이 사랑하는 것은 일관성이다. 우아한 말로는 현상유지편향(status quo bias)이라 한다. 이는 상대적으로 계속 같은 상태를 유지하는 것을 선호하고, 현 상황에서 어떤 변화라도 발생하면 이를 손실로 인식하는 편향성이다. 손실 회피는 잠재적 손실을 과대평가하고 잠재적 소득은 과소평가하는 행위와 다르지 않다. 또한 사람들은 현재 상황에 실제보다 더 큰 가치를 부여하는 경향이 있다. 이를 소유효과(또는 부존(賦存)효과, endowment effect)라고 한다. 여기서 언급된 행동들이 결합되면 현재 주어진 상황만 고집하는 일이 벌어진다. 이러한 고집은 가능한 선택안에 대한 정보가 적을 때도 발생한다. 사람들에게 지식을 더 제공하거나 다른 선택은 어떠한지에 대해 조금만 노출시켜도 현상유지편향을 물리치는 데 충분하다.

물론 여기서 새로운 선택이 현재 택하고 있는 옵션과 대등하거나 그보다 좋다는 전제가 있어야 한다. 회원 각사기 두 계정을 별도로 관리해야 하는 상황에 내몰리는 넷플릭스의 시나리오에서 봤다시피 새로운 선택의 결과가 오히려 지금만 못하다면 현상 유지를 굳이 비이성적인 편향성이라 말할 수는 없다.

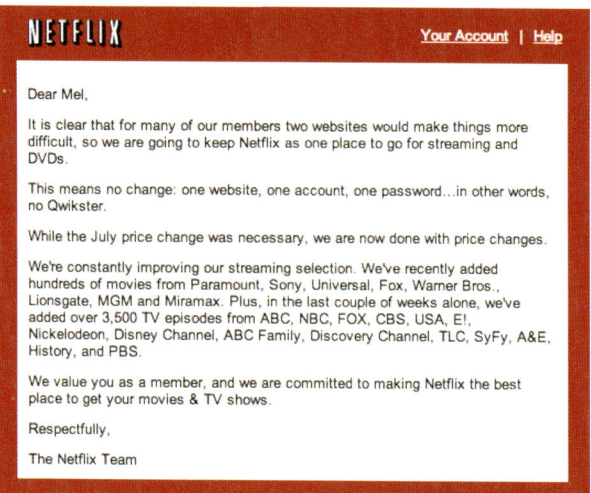

넷플릭스는 자사의 계획이 너무 나갔음을 시인했다. 정작 사과해야 할 일은 뺀 사과다. (넷플릭스 측에서 보낸 이메일)

다른 방식으로 변화를 도입할 수도 있다. 점증적인 방식을 택하는 것이다. 이런 이야기를 들어본 적이 있을 것이다. 뜨거운 물이 담긴 냄비에 개구리를 넣으면 개구리는 그 즉시 발버둥을 치며 빠져 나오려고 할 것이다. 하지만 일단 찬물이 담긴 냄비에 개구리를 넣고 물을 서서히 가열하면 개구리는 뛰쳐나오려는 시도를 하지 않는다. 물론 이 이야기는 명백히 참이 아니지만 우리의 특정 행동을 설명할 때 드는 비유로 손색이 없다. 변화를 천천히 도입하면 사용자는 눈치채지 못한다.

구글은 지메일(Gmail) 서비스를 변경할 때 이러한 저자세를 자주 실천해 왔다. 대부분의 변화는 사용자가 알아차리지 못했겠지만 현재의 인터페이스를 몇 년 전의 것과 비교해 보면 놀랄 정도로 많은 변화가 모습을 드러낸다. 반면 규모가 큰 변화(2011년의 인터페이스 통합처럼)나 눈에 드러나는 중요 요소의 변화(2012년에 도입된 메일 쓰기 방법 변경)가 필요할 때라면 구글은 새로운 레이아웃을 미리보기 형태로 서비스하고 이를 되돌릴 수도 있는 기회를 제공했다. 정식으로 적용하기 전에 살짝 미리 보여주는 형태의 홍보는 사람들에게 남은 보지 못하는 것을 본다는 느낌을 자아낸다. 얼마나 많은 사용자가 얼리 어댑터가 되며, 그 중 또 얼마가 옛날 방식으로 돌아가는지를 계측하면 구글은 변화가 얼마나 성공적일지에 대한 초반 지표를 확실하게 확보할 수 있고 메시지 전달 방식을 다양하게 테스트해보기까지 할 수 있다.

설령 소비자가 눈치를 챘다고 하더라도 자잘한 변화들이 처음 시행될 때는 아우성들이 들리겠지만 이내 사용자들은 새로운 방식을 수용하기 시작하는 것이 보통이다. 그리고 조금 더 있으면 사람들은 옛날에는 일을 다른 방식으로 했다는 사실 자체를 망각한다. 페이스북은 주요 인터페이스 추가를 몇 차례 실시하면서 이 현상을 잘 활용한 바 있다. 조금만 시간이 지나면 사람들은 자신이 뭐라고 빌고 난리를 쳤는지 잊어버리고 불평도 그친다는 사실에 확신이 있었던 것이다.

2010년 페이스북 인터페이스에 대대적인 변화가 적용되자 들고 일어난 회원들. 두 달 후, 그런 변화가 있었는지조차 완전히 잊혀졌다.
© 매튜 인먼, 제목 "오트밀." (theoatmeal.com)

미끄러운 경사길 활용법

- 변화를 적용하기 전에 변화가 줄 충격을 가늠해 본다. 미리보기, 그다음에는 되돌리기 옵션을 제공한다. 되돌리기를 택한 사람의 수를 측정하면 해당 변화가 일반 사용자층에서 얼마나 환영받을지 알 수 있다.

- 변화를 따르더라도 지금과 크게 달라지는 것은 없으며, 기존의 규칙이나 습관, 작업에는 많은 변화가 필요하지 않다는 생각을 고객에게 심어준다. 이처럼 현상유지편향을 우회해서 사람들이 새로운 계획에 동의하게끔 한다.

- 사람들이 변화에 익숙해질 수 있는 시간을 일정 기간 마련함으로써 실제로 변화가 이뤄질 때는 더는 "새로운" 것이 아닐 수 있게 한다.

- 유감스럽게도 해당 변화가 불가피하다는 메시지를 전달한다. 동시에 기술적인 차원에서 꼭 필요한 변경 사항만 적용되는 "현재 상태 유지" 옵션도 제공한다. 이 변경사항이 두드러지지 않을 때 이러한 메시지 기법으로 현상유지편향을 극복할 수 있다.

- 변화의 폭을 작게 한다. 현 상황과 변화가 적용된 상황 사이에 일종의 과도기적 상태를 조성해야 할 때도 있을 수 있다.

- 변화의 폭이 클 때는 고객의 피드백을 사전에 확보해 고객의 생각과 너무 동떨어진 결과가 생기지 않게 해야 한다. 새로운 사이트 환경이 더 효율적이고 기능도 풍부하다 하더라도 여전히 사용자들은 기존의 방식대로 작업할 수 있음을 확인시켜줄 필요가 있다.

- 이러한 변화는 다름아닌 고객의 요청에 응하기 위한 것임을 내세운다. 이에 대한 증거로 공개적으로 조회할 수 있는 기능 요구사항 목록을 올리는 방안도 생각할 수 있다.

- 항의의 양이 아닌 그 어조에 더 주의를 기울인다. 고객이 틸하는 사안에 진실이 숨어 있을 수 있다.

- 사실상 독점적 지위를 점하고 있는 경우, 미끄러운 경사로를 활용하지 않고 좌우간 그냥 바로 변화를 시행해 버릴 수 있다. 취하는 이득은 때에 따라 달라질 수 있다. 페이스북은 이미 과거 몇 차례 이 방법으로 밀어붙여 자신이 업계 최강자라는 사실을 천명했다. 하지만 넷플릭스는 자사가 생각만큼 업계 최강은 아니라는 것을 확인했을 뿐이다.

초경험적 형이상학으로 무장해서 적을 무찌른다
이성에 호소하는 것이 먹히지 않으면 논리 공격은 일단 피하면서 형이상학적 생각으로 주장을 채운다. 과학이 설명할 수 없는 뭔가가 있다는 식으로 나가라.

지적 창조론 대 자연 선택과 같은 주제로 진지한 논쟁을 하는 일은 쉽지 않다. 한쪽은 종교적 신념에, 다른 쪽은 과학적 관찰에 뿌리를 두고 있기 때문이다. 진화를 뒷받침하는 과학적 주장이 창조론적 접근법을 지지하는 사람을 상대하다 보면 결국 신앙에 바탕을 둔 반응을 마주해야 할 수도 있다. 이렇게 양립할 수 없는 두 가지 사고 방식이야말로 분노 유발의 보증수표다.

이때 과학적 주장이 통하지 않는 까닭은 상대가 논쟁을 형이상학적(metaphysical, 접두사 meta는 너머, 이상(beyond)을 뜻한다)인 영역으로 옮겨 버렸기 때문이다. 토론의 본위(本位)가 과학적 방법을 통한 실증이 아닌 개인의 믿음에 놓이는 상황이 전개되는 것이다.

자칭 자신은 대체적으로 과학적이라 평하는 이들이라도 사람들은 자신의 믿음과 갈등을 일으키는 과학적 데이터를 깎아내리는 모습을 보이는 일이 잦다. 그러면서 논쟁의 대상이 되는 영역을 과학으로는 잘 설명할 수 없다고 주장하며 이런 불화를 합리화한다. 타우슨 대학교의 제프리 먼로(Geoffrey Munro)는 이를 과학 무력화(scientific impotence)라고 칭한다. 이 상황에서 사람들은 어떤 결론에 동의하지 않더라도 정보의 출처나 연구의 방법론을 폄하하는 일은 쉽지 않을 수도 있다. 그래서 대신 주제가 과학적으로 이해하기엔 너무 복잡하다는 주장을 펼친다. 다른 말로 하면, 형이상학적 설명이 필요하다는 것이다. 평소 과학적으로 생각한다는 사람들도 이런 식으로 정당화하는 사고방식을 보이는데, 나머지는 말할 것도 없을 것이다.

또한 여기서는 공정한 대결의 장도 성사될 수 없다. 형이상학적 논거에 기대는 사람들에게는 과학에만 매달리는 사람보다 더 다양한 도구를 이용할 수 있다. 어떤 특정한 사이비 과학적인 생각을 미는 주장은 입증에 대한 책임을 역이용하고, 회의론자들은 저 생각이 거짓이라는 것을 반드시 입증해야 하는 상황에 놓인다. 즉, 거짓이라고 밝혀진 적이 없으니 참일 것이 틀림없다는 주장에 직면한다. 또한 사람들은 확인이 불가능하거나 두루뭉실해서 모호한 논거를 사용하거나 모종의 음모가 배후에 숨어 있다는 식으로 논리가 아닌 감정에 호소한다.

UC 산타 크루즈의 앤서니 프랫캐니스(Anthony Pratkanis) 교수는 설득과 프로파간다 전문가로서 과학자들이 전하는 진실 너머에서 암약하는 사이비 과학으로 사람들을 현혹시키기 위한 기법을 9가지로 정리하고 있다.

1. **환영(幻影)을 보게 한다**: 겉보기에는 현실성과 가능성이 다분하지만 실제 상황은 그와는 거리가 있어 달성 불능한 목표를 설정한다.

2. **합리화라는 덫을 놓는다**: 사람들을 꾀어 들인다. 그러고 나면 사람들은 가치 검증이나 평가에는 뒷전이고, 자신이 옳았음을 증명하는 데 혈안이 된다.

3. **출처의 신빙성과 진실성을 지어낸다**: 권위자로 내세울 만한 인물을 만들고 이 사람의 입을 빌어 주장을 내세운다.

4. **그랜펄룬을 구성한다**: 이 용어는 미국의 소설가 커트 보니것(Kurt Vonnegut, Jr., 1922~2007)이 자신의 소설[32]에서 만든 말로 "실상 아무 의미도 없으면서 보무당당하게 뭉친 사람들의 연합"을 뜻한다. 그랜펄룬의 사람들은 서로 의식(儀式)과 상징, 자신들만 아는 은어, 믿음, 전문정보, 공동의 적을 공유한다.

5. **자발적 설득을 이끌어낸다**: 일반 사람들이 홍보에 나서도록 부탁한다. 즉, 사람들이 장점에 내적으로 더 감화되게 한다.

6. **눈에 확 띄는 매력을 부여한다**: 훌륭한 그래픽 하나가 논리적 설명 말을 능가할 수 있다.

7. **이기는 설득를 한다**: 제품을 둘러싼 경쟁을 나쁜 것으로 보이게 하고(미국 식품의약국은 본사의 치료를 선택할 자유를 가로막으려 하고 있습니다), 구별을 지으며(우리는 동종업계의 엉터리 수법과는 차별화된 특별한 기술을 갖추고 있습니다), 기대를 자극하고(상표의 부여), 결정 기준을 명시하는(어디까지 증거로서 수긍할 수 있는지 가이드라인을 자체적으로 설정) 방향의 표현 방식을 사용한다.

8. **경험과 상식을 자주 활용한다**: 세상에는 널리 통하는 규칙, 기준, 믿음이 존재한다. 가령, "자연스러운 게 좋다", "비싸면 가치도 그만큼 더 할 것이다" 같은 관념을 이용해 프리미엄 건강 식품은 상품에 신뢰를 더한다. 어디서든 통용되는 이런 개념에 대부분의 사람은 이의를 제기하지 않는다.

---

32 (옮긴이) 보니것의 1963년작 「고양이 요람」(Cat's Cradle(제목의 원 뜻은 실뜨기 놀이다)).

9. **빈정거림과 인신공격으로 적수를 공격한다**: 편협하고 나쁜 과학자라고 상대를 몰아세운다. 아마 조만간 자신의 부정행위가 명명백백히 드러나 이로 인해 조사를 받을 것이라고 말이다.

이러한 형이상학적 주장을 적재적소에 구사하면 거의 종교와 유사한 감정상태를 일으킬 수 있다. 이는 놀랄 만한 일이 아닌데, 실제로 이 기법들은 종교 단체들이 구사하는 기술의 일부다. "슈퍼브랜드(Superbrands)"라는 이름으로 BBC가 2011년 방영한 다큐멘터리를 보면 광적인 애플 지지자의 MRI 스캔 결과 '애플'이 자극하는 뇌의 부위는 종교적 형상이 신앙인의 뇌를 자극할 때와 실제로도 같았다. 브리티시 컬럼비아 대학교의 인류학자인 커스틴 벨(Kirsten Bell)은 한국의 종교 현상 연구에서 생체의학 연구로 연구 분야를 옮긴 바 있다. 하지만 그녀는 분야를 바꾸기 전에 애플 제품 출시에 대한 현상을 테크뉴스데일리(TechNewsDaily)에 전하면서, 이 현상에서 종교적 상징(애플 로고), 존경받는 지도자의 기조발표, 자발적인 시종들(언론)과 같이 종교와 직접 비견될 수 있는 대상물에 주목했다. 이는 워싱턴 주립 대학의 푸이얀 램(Pui-Yan Lam)이 앞서 진행한 연구(맥 숭배자들과 숭배 기술 간에 거의 영적인 관계가 수립돼 있는 점을 발견한)의 결과를 훌륭히 보강해준다.

하지만 벨은 양자 간의 직접적인 비교가 가능하지 않다는 점을 인정하기는 했다. 종교는 삶의 의미를 설명하는 목표를 둔 반면, 기술은 대개 그러한 고상한 목표를 내보이지 않기 때문이다. 그럼에도 고객들 사이에 형성된 종교적 열의가 유익한 것은 분명하며, 고객이 응원하는 대상이 업계의 약자라는 인상까지 비춘다면 더욱더 그러하다. 애플이야말로 최근과 같이 치고 올라오기 전에는 수년 동안 약자로 인식되고 있었다. 그리고 분노한 고객들은 "딸리는" 제품이나 만드는 경쟁자들이 사랑하는 회사를 향해 제기하는 비판을 모조리 "질투"로 매도하게 된다.

자, 그럼 재미로 프랫캐니스의 기법을 애플의 관점에서 다시 살펴보자.

1. **환영(幻影)을 보게 한다**: 애플 제품 출시를 보면 차기 제품은 지금 가지고 있는 제품의 결점을 강조할 만큼만 새로운 기능이나 섹스 어필을 더하는 인상이다. 애플은 고객이 업그레이드를 멈추지 않게 하는 종교가 필요한지도 모른다. "이 차기 아이폰 외에는 그 무엇도 필요하지 않습니다." … 다음 버전이 나오기 전까지는.

2. **합리화라는 덫을 놓는다:** 새롭게 애플을 쓰는 사용자가 밀려들면 기존 맥 숭배자의 열기가 조금 희석될 수도 있다. 하지만 우리에겐 이론이 있다. 애플 컴퓨터와 일반 PC를 놓고 상대적인 가격대 성능비에 대한 토론을 시작한다.

3. **출처의 신빙성과 진실성을 지어낸다:** 이제는 고인이 된 애플의 아버지 스티브 잡스. 수석 디자이너인 조너선 아이브(Jonathan(Jony) Ive)가 그의 뒤를 이어 애플족의 새로운 영적 지도자가 됐다.

4. **그랜펄룬을 구성한다:** 애플 사용자의 내집단에게 배타적 소속감을 주는 제의, 상징, 분위기를 애플 스토어에 가서 확인한다. 입구에서 여러분은 다음과 같은 인사를 받을 수 있다. "잘 돌아오셨어요."

5. **자발적 설득을 이끌어낸다:** 애플팬은 애플의 가장 훌륭한 세일즈맨들이다. 사방을 가득 채운 광고와 한정된 초기 수량은 일반인들로 하여금 얼리어답터들이 빨리 이 새 놀잇감을 품평하길 재촉한다. 그리고 이 열렬한 얼리어답터들이 "이거 싫어!"하고 나올 일은 별로 없고.

6. **눈에 확 띄는 매력을 부여한다:** 신상품의 핵심 기능 요소를 드러내는 애플리케이션 몇 가지를 엄선해 무대 위에서 직접 시연하는 방법으로 새 상품이 공개되며, 이는 감정적으로 호소하는 분위기로 진행된다(휴가 사진 편집, 재미있는 이벤트 등등).

7. **이기는 설득을 한다:** 흔히 애플은 경쟁사와 기술적 측면에서 자사 제품을 직접 비교하는 움직임에 미온적인 태도를 보인다. CEO인 팀 쿡이 말했다시피 "기술 회사들이 훌륭한 경험은 제공할 수 없으니 기껏 제공한다는 것이 제품 스펙이다." 애플은 논리적인 비교를 우회해버린다. 애플이 마케팅에서 성능 비교를 실시할 때는 보통 자사의 이전 제품과 비교할 때 뿐이다. 그리고 경쟁 상품과 자사 제품을 미적이고 감성적인(형이상학적인) 측면에서 비교하면서 판을 재구성한다.

8. **경험과 상식을 자주 활용한다:** 애플이 자주 쓰는 널리 통하는 문구는 다음과 같다. "품질은 비싼 것입니다.", "좋은 디자인에 돈을 쓰는 겁니다.", "사용하기 쉽습니다.", "다르게 생각하세요."

9. **빈정거림과 인신공격으로 적수를 공격한다:** 이는 애플이 자주 쓰는 기법은 아니다. 안드로이드를 상대로 "핵전쟁도 불사하겠다"는 잡스의 공언에도 불구하고, 애플은 마케팅에서 경쟁사를 거의 언급조차 하지 않는다. 대신 다른 업체들이 어떻게 애플의 방식을 이해하지 못할 수 있는지 서글프게 말할 뿐이다.

애플 제품 사용자 가운데 이 같은 묘사를 읽고 기분이 나빴다면 사과하겠다. 하지만 이러한 정서적 반응은 분석할 가치가 충분히 있다. 정말로 모든 게 기술만의 문제라면 딱딱하게 논리와 이성에만 입각했지, 이렇게 그 이상의 비교 분석을 할 필요는 없었을 것이다. 그리고 항의 메일은 사양하겠다. 이 책도 아이맥으로 작성한 것이니까.

제목 '아이키노트(iKeynote[33])', The Doghouse Diaries의 양해를 얻음. © The Doghouse Diaries. (thedoghousediaries.com/?p=2628)

형이상학적 주장을 구사하는 방법

- 객관적 이성에서 벗어나 과학적으로 부인하기 곤란한 "증거"를 내밀어 상대적으로 공격이 통하지 않는 위치를 점유한다. 정서적, 혹은 종교적 측면에 호소하거나 "과학으로 설명할 수 없는" 요소가 있다는 주장을 과학적 사실만 가지고 맞서기에는 무리가 따르기 때문이다.

- "반박"을 부담스러운 일로 만들어라. 주장이 충분히 광범위하거나 포괄적인 주제를 다룬다면 강력한 반증을 마주하더라도 여러분은 쟁점 사안에 대한 주장을 재구성할 기회가 있다.

- 카리스마와 신뢰를 겸비한 대변인을 물색해 광범위하고 포괄적인 주장을 반복하게 한다. 주위의 신뢰를 받는 사람이라면 별로 관련이 없는 분야에 속한 이라도 괜찮다("저는 의사가 아니지만, TV에서 의사 연기를 하죠").

- 제품 홍보와 판촉을 고객에게 맡겨라. 고객은 이것이 상품이 될 만한 물건이리는 확신을 갖게 되고, 뿐만 아니라 자신이 특별한 제품을 사용한다고 생각하게 된다.

---

33 (옮긴이) Keynote Speech(기조연설)를 빗댄 표현

- 고객이 느끼는 소속감을 높이기 위해 브랜드 아이덴티티를 확립하고 구입한 제품에 대해 서로 어울리면서 각자의 신념을 강화할 수 있는 장소를 제공한다. "우리 대 나머지"의 분위기를 조성해서 고객 간의 심리적 유대를 강화하고 제품 옹호로 이끈다.
- 사실만 적어 내려간 종이 몇 장보다 감성적으로 호소하는 사례를 활용해 이목을 끄는 것이 낫다.
- 사실은 숨길 것이 아니다. 이로 인해 주위는 쉽게 양극화될 것이다. 적수는 더 비판의 날을 세우지만 숭배자들의 지지는 더욱 굳세어질 것이다.
- 최후의 수단으로 "기득권"에 대한 불만을 쏟아내고 "기존"의 제품 평가 방식이 여러분의 훌륭해 마지않는 아이디어에 어떻게 해를 주었는지 토로한다.

분노 끌어안기

2011년 1월 12일 영국 코벤트리의 한 거리를 걷던 여성이 고양이를 보고는 잠깐 멈췄다. 그녀는 고양이를 쓰다듬는 듯하더니, 이내 집어 올려 근처 쓰레기통에 넣어버리고는 뚜껑을 닫아 버렸다. 롤라라는 이름을 지닌 고양이는 쓰레기통에서 밤새 갇혀 있다 다음날 고양이의 주인에 의해 발견됐다.

메리 베일과 롤라(유튜브 비디오)

이 여성은 롤라를 키우는 가족이 자택 바깥에 CCTV를 설치해 놓았다는 것을 짐작조차 하지 못했을 것이다. 가족이 느낀 당황스러움은 당연한 것이었고, 이 가족은 사건에 대한 영상을 인터넷에 올렸다. 인터넷의 위력으로 불과 몇 시간 후, 고양이를 버린 신원미상의 여성이 매리 베일(Mary Bale)이고, 그녀는 근방의 럭비(Rugby)에서 일하고 있으며, 롤라의 주인과 별로 멀리 떨어지지도 않은 곳에 살고 있다는 사실이 밝혀졌다. 또한 네티즌 수사대는 그녀의 주거 정보뿐 아니라 페이스북 프로필, 직장 위치, 상사의 전화번호에 대한 링크까지 올렸다. 이렇게 점점 더 큰 위협을 받게 되자 베일은 신원보호를 위해 경찰의 경호를 받게 됐다.

이 같이 "확 부는", 즉 본인의 동의 없이 정보를 폭로하는 "아웃팅"(Outing)은 익명성 속에서 암약하는 그룹, 바로 인터넷 커뮤니티 포챈(4chan)의 /b/ 포럼 사용자들이 주도한 것이었다. 포챈은 과거 다수의 유명 사이버 공습의 배후로 지목되는 어나니머스와도 밀접하게 관련돼 있다. /b/의 콘텐츠 상당수를 보고 있으면 거커(Gawker.com)의 닉 더글라스(Nick Douglas)의 말마따나 "뇌가 삭는" 느낌이지만 /b/ 사용자들은 고양이만 보면 갑자기 개과천선이라도 하는 것 같다. 고양이 롤라를 이용한 밈[34]도 이들에게서 나왔고, 유튜브에서 학대 당하는 모습이 나왔던 고양이 더스티의 안락한 생활을 보장하기 위한 청원 운동을 전개한 것도 이들이다. 포챈과 어나니머스는 커뮤니티 내 개개인의 분노를 조직화된 행동으로서 일정한 방향으로 분출한 것이다.

메리 베일은 사건이 벌어지자 다음과 같이 말했다. "그냥 웃자고 장난으로 한 건데, 다들 조금 과민하게 반응하고 있는 것 같다." 그녀는 아마 자신의 신상이 드러날 것이라고는 생각하지 못했을 것이다. 그녀가 한 행동 역시 익명성의 힘을 빌었을 것이다. 그녀에게 불어 닥친 어느 정도는 필연적이었던 역풍과 포챈 회원들의 신상털이, 이에 뒤이은 인터넷에서의 광범위한 규탄(몇 차례의 살해 협박까지 포함하는)은 모두 참여자의 익명성이 부채질한 측면이 있다. 베일의 사건에서 볼 수 있듯이, 자신의 행동에 따르는 책임에 대한 부담을 느끼지 않아도 되는 상황이 되면 사람들은 평소와는 매우 다른 행동을 왕왕 실행에 옮긴다. 이런 일은 이름없는 기부자가 곤궁한 자선 단체에 기부를 하는 경우와 같이 유익할 때도 있지만 익명의 이들이 댓글을 달며 온라인에서 사람늘을 왕따시키는 경우처럼 해로울 수도 있다. 분노에 불이 붙으면 불길을 잘 내서 목적하는 방향으로 이끌어야 한다. 분노 끌어안기가 까다로운 것이 바로 이 점이다.

---

34 (옮긴이) Meme. 영미권 인터넷 용어로, 인터넷에서 유행하는 문화 요소와 그러한 유행을 총칭하는 말

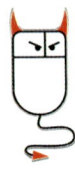

익명성을 사용해 억눌러 왔던 행동을 불러낸다
익명성이 보장되면 사람들은 그렇지 않을 때보다 더 행동하게 된다.

우리가 실제로 살고 있는 이 사회 조직은 증오와 분노의 표출을 지양하는 게 사실이다. 하지만 온건한 시위 행진이 한순간에 폭동으로 변모하는 것도 가능하다. 자신의 사고를 대변하는 큰 무리의 일부가 되어 이름없는 누군가로 큰 무리 속에 몸을 숨기게 되는 상황은, 개인들 각자로서는 평상시라면 가담하지 않았을 행동을 부추기기 때문이다. 이러한 행동의 결과는 유익할 수도 있고, 해악을 초래할 수도 있다.

익명성이 낳는 이러한 "탈(脫)개인화" 효과와 집단에 대한 소속감은 시위자 집단과 이를 규제하는 집단에 모두 잘 적용되는 개념이다. 미국의 심리학자인 필립 짐바르도(Philip Zimbardo)는 이 효과를 파헤친 핵심적인 연구를 수행했다. 바로 "스탠퍼드 감옥 실험"이다. 짐바르도는 24명의 실험자를 무작위로 죄수나 간수 중 하나로 배정한 다음, 스탠퍼드 대학교의 심리학과 건물에 마련된 독방에서 실험을 진행했다. 애당초 실험은 2주간 진행되기로 예정됐으나 겨우 6일만에 종료돼야 했는데, 참가자들이 자신의 역할을 너무 잘 수행한 것이 문제였다. 죄수 그룹은 수동적이고 침체된 자세, 간수 그룹은 몹시 지배적인 태도를 보이기 시작하는 동시에 심지어 죄수들을 대상으로 가학적인 행동까지 일삼는 지경에 이른 것이다.

온라인에서도 같은 일이 벌어지고 있다. 관심이 있는 분야는 서로 유사하지만 개별적으로는 의견을 달리하는 사람들을 익명으로 활동할 수 있는 온라인 그룹에 참여시킨다. 그리고 사태를 관망하다 곧이어 불꽃이 튀는 모습을 보라! 이러한 현상은 워낙 자주 일어나는 일이라서 미국의 법률가인 마이크 고드윈(Mike Godwin)은 1990년 이러한 현상을 일컫는 "고드윈 법칙"(Godwin's Law)을 고안했다. 이에 따르면 "온라인 상의 토론이 길어질수록 상대를 나치나 히틀러에 비교할 가능성은 1에 근접한다(100%에 가까워진다)".

라이더 대학의 심리학과 교수인 존 설러(John Suler) 역시 이런 현상에 주목하고 이를 "온라인 탈억제 효과"라고 칭하고, 여기에 기여하는 요인을 여섯 가지로 꼽았다.

- **넌 날 모르잖아**: 익명성은 보호의 느낌을 제공한다.
- **넌 내가 안 보이잖아**: 사람은 온라인 상에서 진정한 자신이 아닌 다른 면모를 지니게 된다.
- **나중에 봐**: 온라인 상의 대화란 동시에 주고받는 것이 아니다. 말을 해도 즉각 반박 당할 일이 없다.
- **내 생각이 그래**: 직접 대면하고 있지 않은 사람을 힐난하는 일이 더 쉽다.
- **그냥 게임인데**: 몇몇 사람은 온라인 상에 조성된 환경을 상식적인 규칙의 지배를 받지 않는 일종의 게임이라고 본다.
- **우린 다 평등하잖아**: 권위적으로 자신보다 높은 사람에게 의견을 밝힐 때 느낄 수 있는 주저함이 사라진다. 누가 권위가 있고 없고가 분명히 드러나지 않기 때문이다.

익명성은 양날의 칼이다. 익명으로 글을 올리거나 포럼에서 활동하는 사람들은 온라인 상에서 자신이 주는 모욕적 언사들이 실제 생활 속 관계에는 영향을 주지 않는다고 단정한다. 맘놓고 트롤링[35]을 하는 것이다. 하지만 소셜 네트워크에는 글쓴이와 독자 사이에 또 다른 덫이 익명성의 탈을 쓰고 놓여 있다. 그래서 글쓴이 자신도 미처 자신이 올린 글에 대해 깊게 생각하지 못하는 일이 벌어진다. 사람들은 자신을 자른 상사나 해고 사유가 된 결근에 대한 글을 올린다. 학생들은 정학 처분을 내린 선생들에 대한 글을 올린다. 그냥 미련한 짓이려니 할 수도 있다. 하지만 이 글을 읽을 사람들 또한 마찬가지로 글쓴이에게 노출되지 않는 익명성을 누릴 테니, 이들은 결국 자신의 행위가 불러올 결과를 생각하지 못하고 있는 것이다. 자신의 글을 읽을 수도 있는 사람들과 한 방에 서 있는 상황이었다면 이들이 그런 글을 작성하는 일은 없었을 것이다.

익명성을 '가장'하는 것이 절충안이 될 수 있다. 가명(닉네임, 사이트 내에서만 통용되는 회원명)은 다중적 관계(예를 들면, 여러 가지 다른 포럼들) 속에서 동일인을 식별하는 데 도움을 준다. 그러면서 가명은 이 이름의 주인공이 현실에서는 실제로 누구인지 밝혀주진 않는다.

구글은 구글 플러스 소셜 네트워크를 론칭하고 한 달 후, 갑자기 가입 과정에서 사람들이 실명을 사용하도록 요구하면서 논쟁을 촉발했다. 이후 가명을 사

---

[35] (옮긴이) Trolling. 트롤(Troll)을 하는 행위. 트롤이란 인터넷 상에서 고의적으로 논쟁적이거나 공격적이며 불쾌한 내용을 올려 사람들의 화를 부추기고 감정적인 반응을 유발, 모임의 생산성을 저하시키는 행위를 말한다. 1980년대부터 사용됐으며, 낚시 방법의 일종(제물낚시)에서 유래된 말이다.

용하는 계정을 삭제하는 조치로 인해 엄청난 논란이 야기됐고, 이 일은 이름전쟁(Nymwars)이라는 이름으로 통하게 됐다. 인터넷 상의 무분별한 행위를 막기 위해 실명을 사용하도록 요구한 업체가 구글만 있는 건 아니지만(게임 회사인 블리자드가 도입한 RealID가 대표적인 선례이며, 페이스북도 실명/브랜드명 확인을 강제한다.) 가명, 예명, 누구나 아는 별명을 사용하는 계정에 대한 구글의 강력한 규제에 대한 극렬한 반발로 국제 비영리 단체인 전자 프론티어 재단(Electronic Frontier Foundation, EFF)까지 개입하는 사태가 이어졌다.

EFF는 가명 사용으로 인해 네티즌 개인은 온라인 커뮤니티에서 차별이나 보복에 대한 걱정 없이 활동할 수 있다는 의견을 견지했다. 얼핏 들으면 이것은 익명성을 등에 업고 맘대로 트롤링을 해도 된다는 소리 같지만 EFF가 지적하듯이 "소수를 보복 행위로부터 보호한다"는 것이야말로 미국 수정 헌법 제1조에 보장돼 있는 사항이다. 이러한 보호 행위는 또한 선악에 무관하게 적용된다.

가명을 통한 포럼 활동은 완전히 익명으로 활동하는 것과는 몇 가지 측면에서 차이점이 있다. 디스커스(Disqus.com)는 백만 개 이상의 웹사이트에서 발생하는 온라인 토론을 취급하는 플랫폼으로서 익명, 가명, 실명을 사용하는 각 경우에서 작성되는 글의 양과 질을 분석했다. 여기서 질은 각 유형의 글이 불러모은 댓글 및 또는 "좋아요"의 수에서 동일한 글이 불러모은 플래그 지정, 스팸 신고, 삭제의 수를 대비한 값으로 정의됐다. 익명 사용자들이 가장 질이 낮은 글을 쓴 장본인이기는 했지만, 가장 질 좋은 글을 작성한 사람들은 바로 실명이 아니라 가명을 쓰는 사용자들이었다. 전반적으로 가명으로 작성된 글의 61퍼센트가 긍정적으로 인식된 반면 실명을 사용하는 경우에는 51퍼센트, 익명의 경우에는 34퍼센트만이 긍정적 질적 요소를 갖추는 데 그쳤다.

온라인 탈억제가 항상 벌어지는 일은 아니다. 동시에 주고받는 대화를 진행하는 경우(존 설러의 공식에서 세 번째 요소를 제거), 사람들은 온라인에서도 늘 오프라인 환경과 다름 없이 똑같은 방식으로 대화에 임한다. 취리히 연방 공과 대학(ETH Zurich)의 안토니오스 가라스(Antonios Garas)와 그의 연구팀은 온라인에서의 실시간 대화들이 정서적으로 균형이 잡혀 있고 대체적으로 밝은 분위기인 것을 확인했다. 연구진에 의하면 대화자가 대화방에 규칙적으로 돌아와서 자신이 이미 "아는" 사용자들(비록 이들 전부 가명을 쓰긴 하지만)을 만나기 때문인 것으로 보인다.

온라인에서의 명확한 교전 수칙을 제시(존 설러의 공식에서 다섯 번째 요소를 제거)하는 것도 도움을 줄 수 있다. 군중의 일부로 행동하는 효과를 다룬 탈개인화에 대한 메타연구에서 톰 포스트메스(Tom Postmes)와 러셀 스피어스(Russel Spears)는 탈개인화 상태에 놓인 개인은 평상시의 개인적 규범이 아닌 자신이 현재 소속된 곳의 상황적 규범에 더 예민하게 반응한다는 사실을 밝혀냈다. 즉, 어떠한 행동이 탈개인화 상태의 시점과 장소에 더 적절할지를 알려는 데 더 주의를 기울인다는 것이다. 따라서 어떤 그룹이 늘 키보드로 전투를 벌이는 게 일상이라면 그룹 내 개인들의 행동도 이를 따라갈 것이다. 또 어떤 그룹에는 새로운 회원이 잘 적응할 수 있도록 돕는 분위기가 잡혀 있다면 사람들의 행동도 이를 따라간다. 다시 말하면, 그룹 내에서 어떤 규범이 확립돼 있는지 명확하게 하는 것이 그룹 내 의사소통의 분위기를 다잡는 데 도움을 준다.

어떤 유용한 사이트는 사이트 내 회원들의 익명성으로 인해 온라인에서만 존재할 수밖에 없는 상황에 놓이기도 한다. 글래스도어(Glassdoor.com)와 텔유어보스애니씽(tellyourbossanything[36].com)은 이러한 익명의 회원으로 돌아가는 사이트다. 두 사이트 모두 사람들이 실명으로 글을 올렸다간 곤란해질 수 있어 진심을 말하길 꺼리게 되는 경우를 대상으로 한다. 평소라면 불가능할 대화의 장을 열어주는 것이다.

글래스도어는 재직 회사에 대한 직원의 리뷰, 임금 정보, 외부 지원자를 대상으로 자주 나오는 면접 질문 등을 종합해 보여준다. 글래스도어에 가입하려면 페이스북 계정이나 이메일 주소가 필요하긴 하지만 각 리뷰는 작성자를 보여주지 않고 "현(現)직원"이나 "전(煎)직원"으로만 표시한다. 따라서 사람들은 좀더 기탄없이 리뷰를 게시할 수 있다. 이렇게 해서 글래스도어는 상당히 진실한(어디에도 전혀 치우치지 않은 정도까진 아니더라도) 리뷰를 제공하게 됐고, 구직자들은 구직 지원 여부를 결정하는 데 많은 도움을 얻게 됐다.

---

36 (옮긴이) Tell your boss anything. 상사에게 무엇이든 말해 보세요.

직장 상사에게 하고 싶은 이야기를 얼굴을 보면서 다 하기는 불가능하다. 텔유어보스애니씽(Tellyourbossanything.com) 같은 익명 서비스를 통해 직원은 더 존중받는 기분을 느낄 수 있고 윗사람은 더 좋은(아니면 적어도 더 솔직한) 피드백을 받을 수 있다.

텔유어보스애니씽의 익명 설문을 통해 경영진은 직원들의 피드백을 얻을 수 있고, 직원들은 자신의 기분을 윗사람에게 전달하면서 내외의 불꽃을 틀 수 있다. 사실 이 사이트는 해필리(happily.com)의 하위 사이트(이자 마케팅 툴)로서, 일정 시간 동안 직원의 감정 추이를 추적하는 작업을 해준다. 무료 익명 서비스라는 점 덕분에 구성원들은 한결 수월하게 권위가 미치는 영향력에서 벗어날 수 있고, 이로써 설러의 여섯 번째 요인이 제거된다.

익명성이 부정적인 결과를 낳기도 하지만 너무 개인적이거나 감정적이라 누가 누군지 아는 상황에서는 입에 올리기 그런 주제를 익명성 덕분에 다룰 수 있게 된다. 공개를 꺼려하는 성적 문제나 신체적 장애, 지역에 따라 금기시되는 주제에 관한 의문점 모두 익명성의 덕을 볼 수 있다. 평소엔 보이지 않는 곳에 숨겨왔던 정보와 정서를 가명을 써서 나누면서도, 여전히 상식이 통하는 대화의 장이 가능한 것이다.

익명성을 활용하는 법

- 사이트 방문자들이 생각이 비슷한 그룹에 함께 속해 있다는 가(假)익명성(pseudo-anonymity)을 느낄 수 있게 한다. 즉, 각자는 닉네임과 같은 가명을 가지고 활동하지만, 진짜 자신이 누구인지는 공개하지 않는 것이다. 이는 탈개인화를 가능케 하고, 사람들은 자신이 활동하는 그룹을 가치 있게 여기게 한다. 이러한 가치를 부여하면서 사람들은 평소에 생각지 않았던 일들을 행동에 옮길 수 있다.
- 설러의 온라인 탈억제에 관한 여섯 요소를 알맞게 운용함으로써 사람들이 계속 활동할 수 있을 만한 환경을 조성한다.
  - 사람들을 완전히 익명으로 활동하게 하지 말고 이들에게 가명을 부여해서 누가 어떤 공헌을 하는지는 식별될 수 있게 한다(설러의 "넌 날 모르잖아"와 "넌 내가 안 보이잖아" 요소 감소).
  - 실생활의 여러 측면(성과, 위치, 기술 등등)을 모사해 실제 세계와의 연결고리를 제공한다(설러의 "내 생각이 그래"와 "우린 다 평등하잖아" 요소 감소).
  - 상식 밖의 행동을 제한하기 위해 커뮤니케이션이 동시에 이뤄지게 한다(설러의 "나중에 봐" 요소 감소).
  - 규칙을 명시하라. 무엇이 허용되는지, 무슨 일을 하면 내쫓기는지 밝혀라. 게시물 삭제와 활동 정지를 단호히 결행한다(설러의 "그냥 게임인데" 요소 감소).
- 전면적인 익명성이 부를 수 있는 온라인 탈억제가 과도한 수준으로 번지지 않게 가명 체계가 주는 보호막으로 균형을 맞춘다.

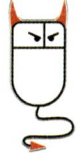 ## 허락해 버려라

자신보다 권위적으로 높은 사람이 그렇게 해도 좋다고 하면 개인들은 책임감을 벗어 던진다.

미국의 사회심리학자인 스탠리 밀그램(Stanley Milgram)은 지금은 그 악명이 자자한 한 심리학 실험을 수행한 바 있다. 이 실험에서 밀그램은 실험 참가자에게 기억과 학습에 관한 실험을 돕는 일을 한다고 설명했다. 참가자들의 역할은 "선생"이었고, 구체적으로는 "학습자"가 오답을 제시할 경우 전기 충격을 주는 것으로 충격은 15볼트에서 시작해 15볼트씩 올라가 최고 450볼트까지 오르게 돼 있었다. 실험 세션이 시작되기 전에 오답을 제시한 학습자가 받을 전기 충격의 최저값을 알아보는 의미에서 참가자들도 전기 충격을 체험해 봤다.

그런데 참가자에게 고지되지 않은 것이 있었다. 사실 "학습자"들은 배우들로서 주어진 대본을 따라 일부러 답을 틀리게 말해, 실험 참가자가 전기 충격을 줘야 하는 상황에 놓이게 하는 역할을 했다. "학습자"들은 실제로 어떠한 충격도 받지 않았지만 충격을 받은 것처럼 연기했다. 전기 충격기에는 전압이 표시되고 있었는데, 각 전압에 해당하는 전기가 나가면 그에 맞는 소음도 발생시킬 수 있었다. "학습자"는 다른 방에 위치해 있었지만 참가자들은 여전히 이들의 소리를 들을 수 있었으며 따라서 이들의 반응을 여과 없이 마주해야 하는 상황이었다. 밀그램이나 실험 동료 한 명은 참가자와 같은 방에 자리하고, 참가자가 우려를 나타낼 때 실험을 계속할 것을 지시했다.

실험이 진행되는 동안 "학습자"로부터 들리는 비명, 간청, 불길한 침묵에도 불구하고, 참가자의 60퍼센트는 결국 450볼트까지 전압을 올리고 말았다. 실험이 계속되면서 이 정도 전압에 이를 동안 참가자 대다수는 신체적, 정신적 불안 징후를 노출하면서 눈에 띄게 곤혹스러워 했지만 권위자의 요구에는 복종하는 모습을 보였다.

밀그램이 이 실험을 진행한 주된 이유는 2차 세계 대전 종전 후 전범 혐의로 기소된 독일군 장교들에 대한 비호를 반박하기 위해서였다. 기소된 장교들은 "명령을 따랐을 뿐"이라고 수장했던 것이다. 연구에 돌입하기 전 밀그램, 그리고 실험과 관련해 그가 상의한 사람들은 전기 충격을 가장 높은 단계까지 실시하는 사람의 비율이 전체의 1퍼센트에도 미치지 못할 것이라고 장담했다.

결과는 모두를 놀라게 했다. 훗날 밀그램은 실험을 회고하며 이렇게 적었다. "겉으로 표명된 의견 상으로는 피험자 상당수 역시 무방비 상태로 놓인 희생자를 상대로 한 조치를 거둬야 한다는 도덕적 요구를 우리만큼이나 강하게 의식하고 있었 … 하지만 외려, 사람들이 어떤 상황에서 압력을 받을 때 실제로는 이와 거의 무관한 행동을 보였다." 여기서 "상황에서 받는 압력"은 지시를 내리는 권위다. "피험자는 실험을 주관하는 권위자에게 목표를 설정하고 도덕성을 가늠하는 더 큰 역할을 떠넘기는 것이다."

이 실험은 일회성으로 그치지 않았다. 실험은 여러 가지로 변형되어 세계 각국에서 반복됐는데, 보통 참가자의 61~66퍼센트가 "학습자"에게 정말로 충격이 가해질 경우 치명적일 수 있는 수준까지 전압을 올렸다.

따라서 권위자의 지시만 있다면 개개인은 "도덕성을 탈피"해 버리는 것이 가능하다는 점이 드러난다. 이 도덕성 탈피는 여러 가지 형태로 나타난다. 예를 들면, 도덕적인지 확실하지 않은 행동을 도덕적으로 정당화하려고 시도하거나("그 사람들 좋으라고 하는 거야"), 행동의 결과가 미칠 파장을 심리적으로 줄여 버린다거나("해가 오래 가진 않았잖아") 피해자 탓을 해 버리기도 하고("그 사람들이 자초한 거야"), 아니면 단순히 윗사람에게 책임을 전가하는 주장을 편다("시켜서 한 거에요"). 또한 도덕성 탈피는 사람들이 집단으로 어떤 행위에 관여해 각자 사이의 도덕적 책임이 희석돼 버리는 경우에 더 쉽게 볼 수 있다.

이 같은 도덕성 탈피 현상은 한편으로는 지시를 내리는 사람이 지닌 권위에 기인하면서 다른 한편으로는 권위자가 개인에게 추가적으로 명분을 주거나 아니면 개인 스스로가 이를 지어내 버리는 데 기인한다. 그렇다면 우리에게 필요한 변명거리를 권위자가 내준다면 무슨 허락이 더 필요하단 말인가?

우리가 주위에서 보는 많은 광고는 이 같은 권위자의 허락이 주는 효과를 활용한다. 특히 처방전이 필요한 약을 광고하는 분야에서 이를 두드러지게 볼 수 있다. 웹MD(webMD.com)는 의학 정보를 제공하는 공신력 있는 온라인 사이트인데, 광고주들은 웹MD라는 권위 있는 사이트의 자문과 연관시켜 약이 더 잘 팔리게 한다. 웹MD는 사이트 전체를 후원 콘텐츠에 할애하는데, 이 내용을 어떻게 편집하는지는 전적으로 후원하는 스폰서들의 권한이다. 그래서 세세하게 내용을 다 읽지 않는 이상 어디서 사이트의 논설이 끝나고 어디서 기사형 광고(advertorial)가 시작하는지 알기 힘들게 구성돼 있다.

시택(Sea-Tac[37]) 공항에 가면 음수대에서 나오는 물 대신 스타벅스 프라푸치노를 사먹어도 된다는 허락을 받을 수 있다. 여러분은 소중하니까요.

허락하기는 여기서 그치지 않는다. 스폰서 편집 콘텐츠에 보이는 유익한 지침들은 사람들에게 특정 질환에 대한 완곡한 표현을 알려주고, 특정 약물 복용에 대한 명분을 제공하며, 다른 결과와의 비교를 통해 자사 약물의 우수성을 드러내기도 하고, 부작용은 작은 글씨로 써서 드러나지 않게 한다. 권위자들이 내주는 허락은 일반인들의 인식 고취에는 도움이 될 수 있다. 하지만 개별 의약품이 이를 재정적으로 후원하는 상황이라면 여러분은 이 같은 인식 고취와 허락하기의 배후에 자리한 진짜 동기가 무엇인지 알고 놀랄 것이다.

---

[37] (옮긴이) 미국 워싱턴주 킹카운티에 있는 도시

웹MD의 권위가 주는 아우라로 인해 스폰서 후원 콘텐츠가 '해도 좋다'고 하는 것들이 더 쉽게 사람들에게 전달된다.

하지만 이 효과를 역으로 이용해 허락하기 기법을 선하게 쓸 수 있다는 점은 다행이다. 권위를 지닌 공인이 나서서 사람들에게 긍정적인 행동을 촉구하고, 개개인 각자의 책임감을 다지게 한다. 이로써 책임 전가나 회피를 피할 수 있다.

행위의 배후에 지리한 동기가 무엇이든 안호이저부시(Anheuser-Busch)사(버드와이저로 대표되는 주류 회사)는 "음주는 분별 있게" 캠페인(Responsible Drinker Campaign)의 핵심 요소로 권위와 책임을 활용한다. 이 회사의 메인 웹사이트에 보이는 콘텐츠에는 버드와이저가 후원하는 나스카 드라이버인 케빈 하빅(Kevin Harvick)이 등장한다. 하빅은 여기서 술을 마시러 외출했을 때 일행 중 "대리 운전"을 할 사람을 미리 지명하는 일이 중요하다고 말한다. 그가 전문적인 카레이서라는 배경이 결부되면 하빅이 전하는 말에는 권위가 확보된다. 해당 페이지에는 안호이저부시의 부속 사이트(NationOfResponsibleDrinkers.com)로 연결되는 링크가 있으며, 이 사이트는 사람들이 앞으로 분별 있게 술을 마시겠다는 서약에 서명하고 이 서약을 자신의 페이스북 페이지에 올리는 방식으로 책임지도록 고취한다. 자신이 지는 책임이 이렇게 공적으로 노출되면 나중에라도 당사자가 도덕성을 탈피하기가 더 어려워진다.

권위를 이용해 사람들에게 허락을 주는 방법

- 권위적 위치를 확보한다. 이를 위해 그 같은 권위를 정말로 갖추고 있는 사람과 연계할 수도 있고, 권위자가 지닌 각종 측면이나 그가 전하는 표현을 대신 이용할 수도 있다.

- 이유와 명분을 제공함으로써 사람들이 평소에는 생각지 않던 일을 행동에 옮겨도 된다고 허락하라. 이때 제공하는 이유와 명분은 다음과 같이 분류할 수 있다.

  - **도덕적 정당화**: "우리는 무자비한 압제자를 상대로 싸우고 있다."
  - **완곡어법**: 전쟁 중 민간인의 인명피해는 부수적 피해(collateral damage)라고 부른다.
  - **유리한 비교**: "우리가 이 나라에서 수없는 이들을 죽이지 않으면 이들은 공산주의자가 될 것이다. 이것은 더 끔찍한 일이다."
  - **책임 회피**: "난 그냥 명령을 따른 것뿐이다."
  - **책임 분산**: "다른 사람도 다 했는데 왜 나만 갖고 그래." 또는 "내가 한 일은 그냥 극히 일부야."
  - **결과 왜곡**: "정말로 해롭지는 않았잖아."

- 사람들에게 작은 역할만 맡겨서 전적인 책임을 느끼지는 않게 한다. 예를 들면, 일 전체의 일부만 수행하게 해서(일 전체를 요청할 때 거부당할 가능성이 크다면) 사람들의 도덕적 탈피를 더 쉽게 유도할 수 있다.

- 허락을 오히려 보류해야 할 때는 권위적 공인을 내세워 개개인 각자가 행위에 대한 책임을 지게 한다. 예를 들면, 유명 카레이서가 본을 보이고 이에 따라 책임 있는 운전자가 될 것에 사람들이 서명하면서, 더 이상 자신의 음주운전을 허하지 않게 된다.

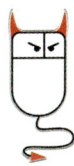 ## 사람들에게 겁을 준다(단, 그에 대한 해결책을 우선 확보하고)
사람들을 두려움에 떨게 하고, 여러분의 제품이 이 두려움을 어떻게 해결할 수 있는지 보여준다.

상업이 행복에서 비롯되는 일은 드물다. 외려, 흔히 불행에서 비롯된다.

현 상황에 대한 불만족이 소비를 촉발한다. 소비는 필요, 욕구, 가려운 데가 있기 때문에 일어난다. 우리는 우리가 처한 상태, 우리를 둘러싼 환경, 우리의 심리 상태를 바꾸고 싶어한다. 만족하지 못하기 때문에 무엇을 사는 것이다.

그리고 보통, 광고는 이러한 불만족이라는 병을 퍼뜨리고서 약을 쥐어준다.

로이 H. 윌리엄스

건조기에 넣은 옷가지들이 정전기로 서로 달라붙는 게 언제부터 문제가 됐을까? 건조기가 세탁물을 30분도 안 되는 시간 내에 말려주는 것만으로도 신통한데, 우리는 여전히 안에서 옷가지들이 서로 뭉치지 않을까 걱정한다.

정전기를 제거하는 섬유유연제나 건조기 시트는 구태여 '만들어진' 문제를 해결해준다. 헌데 불편함이란 미미한 수준이다. 별 "문제"가 없단 말이다. 사실 섬유유연제는 기름(우리가 그렇게 빨래에서 지우려고 하는)이 그 원료다. 단지 이 기름은 냄새가 좀 더 좋은 종류일 뿐이다.

이는 문제를 만들어 그에 대한 해결책을 '파는' 좋은 예다. 다른 예 중 하나는 리스테린 구강청결제로서, 사람들이 심한 입냄새를 두려운 것으로 느끼게 하기 위해 할리토시스(halitosis, 구취)라는 낯선 의학 용어를 대중화시킨 주인공이다. 라이프보이 비누(Lifebuoy soap) 역시 B.O.(Body Odor, 몸에서 나는 체취나 암내)라는 말을 널리 퍼뜨리고선 자사의 상품을 그 해결책으로 팔았다.

사회심리학자인 앤서니 프랫캐니스와 엘리엇 애론슨(Elliot Aronson)은 "다른 모든 조건이 같을 때 주위에서 개인에게 더 많은 두려움을 심어줄수록 해당 개인이 적극적인 예방 행동에 나설 확률도 올라간다"라고 말한다.

공포는 위력적인 동기요인이다. 하지만 해결 방안이 없는 공포는 감당하기 힘들기 때문에 사람들은 공포를 유발하는 자극 자체를 차단할 방도를 찾게 된다. 자신은 공포를 상대할 능력을 갖추고 있고 따라서 이를 능히 물리칠 수 있다는 느낌이 들어야 하는 것이다. 따라서 여러분의 제품이나 서비스의 매력을 성공적으로 돋보이게 하기 위해서는 제품과 서비스가 그 같은 공포를 어떻게 물리칠 수 있는지 보여주는 것이 필요하다.

우선 우편향 라디오 토크쇼의 사회자가 청취자를 어떻게 선동하는지를 생각해보자. 일단, 더없는 확신으로 쇼의 주제를 소개해서 청자들은 자신의 생각에 일말의 의구심도 갖지 않게 된다. 또한 '우리 대 그들'식의 이분법으로 문제를 과도하게 단순화해서 우리의 지당하신 청취자들이 저 나쁜 진보 세력과 나라 밖의 무리가 꾸미는 모의에 대항하게 한다.

그다음에는 두 가지 수법이 더 들어간다. 즉, 유언비어를 믿지 않는 청취자의 명석함을 높이 칭찬하고, 지금 진행되는 진실에 대한 대단한 비밀을 폭로한다. 이 폭로를 거센 어조로 요란하게 전달해서 사람들의 마음 속에 공포를 넘어 분노를 일으킨다. 이 시점에 이르면 청취자는 누군가가 행동에 나서길 바라게 되고, 사회자는 어떤 것이 결행돼야 하는지 자기 좋을 대로 말하기만 하면 된다.

이는 기존의 음모론 제조 공식에 선동질을 살짝 가미한 것이다. 충분한 공포나 증오를 불러일으키고 마땅히 이를 해결하는 것으로 느껴지는 해결책을 제시하면 적어도 누군가는 반드시 행동에 돌입하게 된다.

왜 사람들은 이와 같은 공포감 조성 수법에 넘어가 버리는 걸까? 고든 허드슨(Gordon Hodson)과 마이클 부세리(Michael Busseri)가 진행한 편견에 대한 연구에 의하면 세상이 지닌 복잡성을 파악하는 데 어려움을 겪는 사람들은 편견과 보수주의로 빠지는 경향이 있는데, 그 이유로는 이들이 자신과는 차이가 있는 사람들과 상호소통하는 것을 어렵게 생각하고, 사회적으로 보수적인 이데올로기가 주는 구조적 체계와 단순성을 더 선호하기 때문이다. 거기에 더해 허드슨과 부세리는 낮은 비평적 추론 능력, 편견, 우파 권위주의 수용 경향 간의 연관관계를 입증했다.

허드슨은 타인의 관점을 수용하는 일을 인지적으로 너무 어려워하는 사람들에게는 사고가 아닌 감정에 대한 호소가 더 효과적이라고 말한다. 물론 허드슨은 우리가 긍정적 감정을 자아내는 경우를 말하고 있다. 한편 앞서 나온 토크쇼 사회자는 이것이 부정적인 감정에도 효과적임을 이미 증명해 온 것으로 보인다.

몇 가지 유형의 제품은 대놓고 공포감을 활용한다. 비타민제(건강 악화에 대한 공포), 아동 안전("아이들을 생각하셔야죠."), 주택 보안(낯선 이가 주는 공포) 분야의 제품은 있음 직한 극적인 상황에 대해 열변을 토하고, 자기들이야말로 그 같은 공포를 물리칠 수 있다는 것을 보여준다.

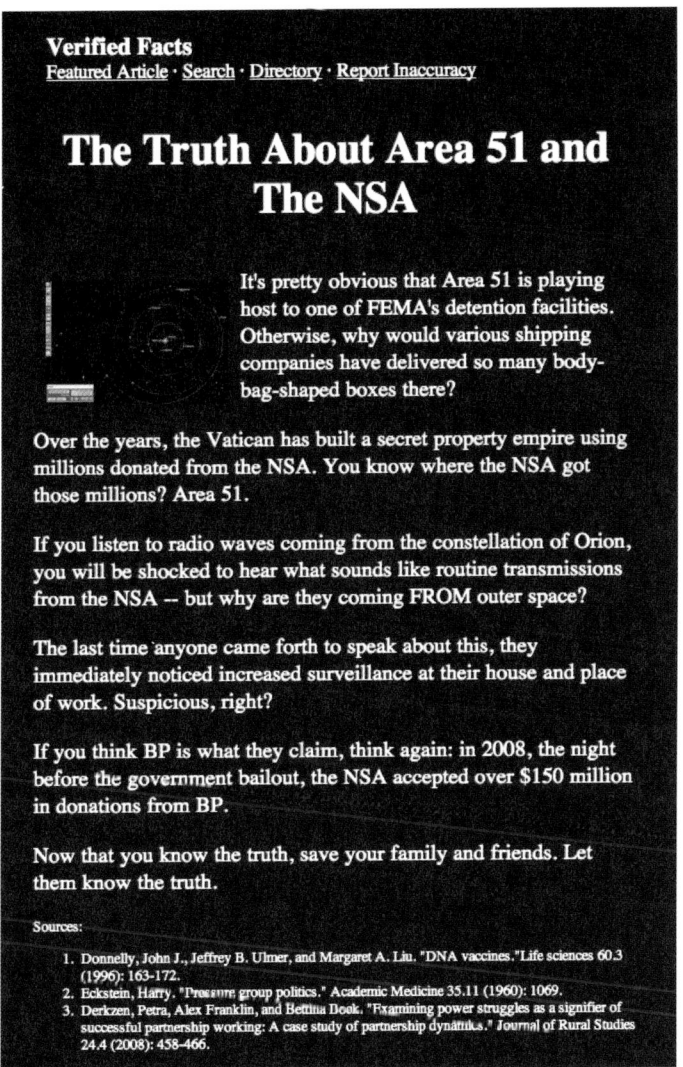

버리파이드팩츠(Verifiedfacts.org)라는 엄청난 사이트가 종류를 불문하고 원하는 대로 던져주는 음모론은 끝이 없을 지경이다. 각 글은 앞선 사례, 우리 대 그들 구도의 엘리트 의식, 진상을 밝힐 작정을 한 사람, 의혹을 뒷받침하는 전문가, 그리고 임박한 위험에 대한 내용으로 구성돼 있다.

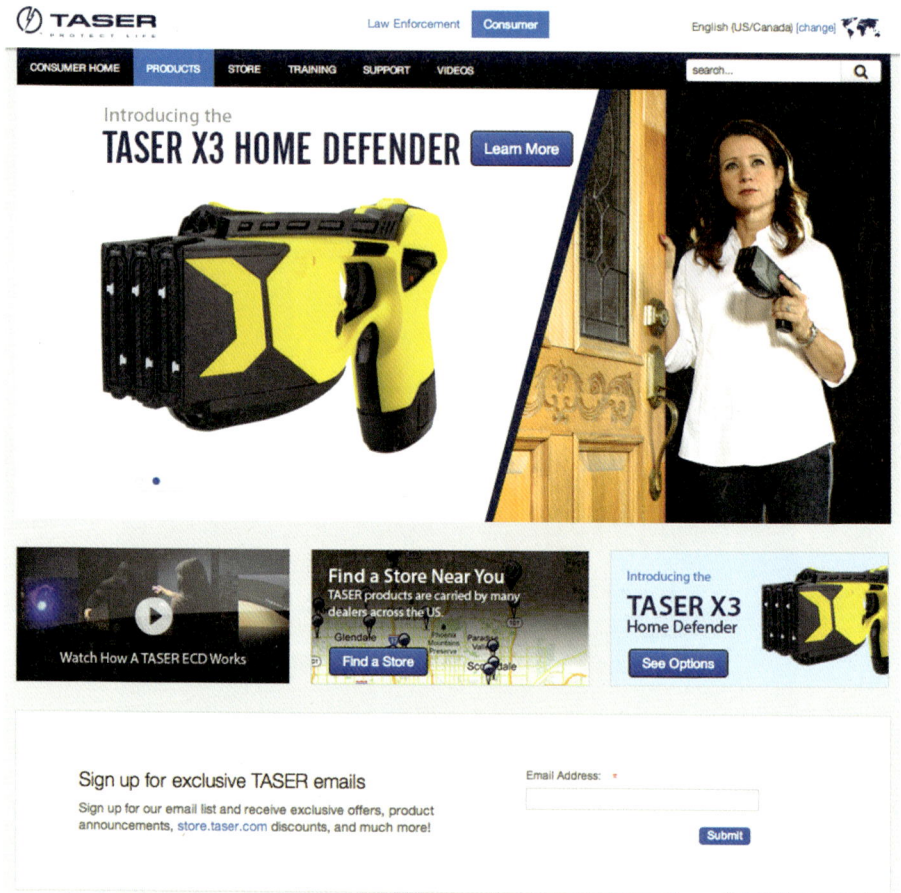

테이저 인터내셔널사(TASER International, Inc.)의 진노성 전기충격기/무기인 테이저건은 "업무를 집행하는 경관들이나 시민, 또는 사기 자신에게 위해를 가할 수 있는 위험 인물, 폭력적 인물 및 고위험 인물군들을 무력화하기 위한" 목적으로 생산된다. 테이저사는 자사가 "생명, 진실, 가족을 보호하는" 해결책을 제공한다고 주장한다(taser.com).

이에 해당하는 대표적인 예는 "비살상용" 전기충격 총기인 테이저건의 마케팅에서 볼 수 있다. 경찰력을 대상으로 한 마케팅에서는 테이저건이 없으면 용의자를 실탄으로 제압하는 수밖에 없다며, 테이저건으로 살리게 될 목숨의 수라는 측면에서 접근이 이뤄진다. 하지만 이러한 공포유발 전략은 일반 시민의 구매를 이끌어내기에는 적절하지 않을 수 있다. 그래서 테이저사는 복면을 한 침입자가 등장하는 동영상을 제작해 위험을 강조하고, 정문에서 테이서건을 들고 이에 대응하는 사람들의 이미지를 채택해 해결책을 부각시킨다.

이러한 기법은 확실한 효과를 가져왔다. 테이저사는 일반 개인을 대상으로 1994년 이후 25만 5천 건 이상의 판매를 이뤄냈고, 이는 대략적으로 연간 영업 이익의 5~6퍼센트에 해당, 매년 460만 달러를 상회하는 수준이다.

사람들을 겁주는 방법

- 다음의 3요소를 반드시 갖춘다. 분노를 유발하는 위협, 이 분노를 처리할 수 있는 설득력 있는 권고안. 사람들이 지금 바로 실천할 수 있는 행동.

  - 누가 적군인지, 적군이 얼마나 사람들과 다르게 행동하는지를 명확히 한다. 프랑스인들은 우리가 이라크를 상대로 전쟁을 벌여야 한다고 생각하지 않는군. 이래 놓고 무슨 놈의 미국의 동맹국인가?

  - 적군의 행태를 보여준다. 그리고 그 행태가 얼마나 나쁜 짓인지도 똑똑히 보여준다. 가능하면 좋지 않은 일들이 일어난 미래의 상태를 매우 부풀려서 비춰주고, 이 같은 상황이 사람들에게 얼마나 해가 될지를 지적한다. 우리가 이라크를 상대로 싸우지 않는 이상 어떻게 세계 평화를 달성할 수 있단 말입니까? 이라크가 대량살상무기를 보유한 것은 모두가 아는 사실입니다. 여러분, 미국(의 국익)이 위험에 처했습니다! 아이들을 생각하세요!

  - 사람들의 행동 돌입이 어떻게 적군의 승리를 막을 수 있는지 보여준다. 가능하다면 이 행동은 최소한의 수고로 즉각 달성 가능하면서 만족스러운 느낌을 주는 것이라야 한다. 프랑스놈들 안 되겠어. 이제부터 프렌치(French) 프라이를 프리덤(Freedom(자유)) 프라이라고 이름을 고친 곳에서만 식사를 해.

프랑스인들에게는 사과의 말을 전합니다. 제 미국 친구들 몇 놈이 바보짓을 저질러 버렸군요. 저도 '프렌치 프라이'(French Fries(英), Frites Français(佛))가 사실은 벨기에가 원조라는 걸 알고 있어요 (Pour les Français: Je m'excuse pour les folies d'un petit groupe de mes compatriotes. Je sais que les ≪Frites Français≫ sont vraiment belges).[38]

---

38 (옮긴이) 저자가 프랑스어까지 적어가며 작성한 이 문단은, 이라크전쟁 개시 문제로 미국과 프랑스가 외교적 마찰을 빚던 시기 미국에서 일어난 촌극에 바탕을 두고 있다. 2003년 프랑스 정부가 미국의 이라크전쟁 개시를 반대하자, 미국 하원은 프랑스에 대한 항의와 자국에 대한 애국심을 표현한다는 이유로 하원 구내식당 메뉴의 프렌치 프라이를 '정말로' 프리덤 프라이로 바꾸게 했다. 덤으로 프렌치 토스트까지 프리덤 토스트가 되어 버렸다. 심지어 미국 내 다른 일반 식당도 일부 이 움직임에 가세했다. 그러자 프랑스 대사관은 "감자를 영어로 뭐라고 부르든 우리가 상관할 바는 아니지만, 사실 프렌치 프라이는 벨기에가 원조다."라는 성명으로 응수하며 빈정댔다.
하지만 사실 프랑스 내에서조차 프렌치 프라이는 프랑스가 그 원조라는 인식이 있었고 이와 관련해 벨기에와 논쟁 중이었기 때문에 이 발언은 프랑스 내에서 비판의 도마 위에 올랐고 급기야 프랑스의 어느 신문사 편집자는 "저런 근본 없는 놈을 미 대사로 앉힌 정부는 책임을 지고 그를 해임하라"라고 일갈하는 등 한바탕 소동이 일었다.
몇 년 후, 이라크가 대량살상무기를 보유하고 있다는 미국의 주장은 사실과 다르다는 것이 드러났고, 미국 각지의 프리덤 프라이는 슬그머니 프렌치 프라이라는 이름으로 되돌아갔다. 그러나 애국심의 이름 아래 이미 수많은 목숨이 사라진 뒤였다.

분노를 사용한다면 안전하게

살면서 열 받는 일이 있을 때가 한두 번이 아니다. 스터전[39]의 법칙은 "모든 것의 90퍼센트는 쓰레기다"라고 말한다. 좋은 것을 찾자면 그 전에 헤쳐 나가야 할 쓰레기가 많은 것이다. 자칫하면 도중에 그 쓰레기 중 하나에 걸려서 주저앉아 버리기 십상이고, 그러면 기분은 기분대로 상하다 분노가 치밀게 된다.

제니퍼 러너(Jennifer Lerner)와 라리사 티덴스(Larissa Tiedens)는 "분노한 의사결정자의 초상"이라는 이름의 논문에서 사람들이 가장 빈번하게 경험하는 정서가 분노이며, 또한 분노는 다른 일들에 지나치게 많은 영향을 주는 요소라고 지적한다. 분노로 인해 사람들은 성공 가능성에 대해 무분별한 낙관론을 갖게 되고, 경솔하게 생각하게 되며, 일단 행동하는 데 급급하게 된다.

이야말로 물건을 팔아야 하는 회사들에게는 희소식이지만 그렇다고 물론 회사들 좋은 일만 있는 것은 아니다. 만일 이 분노가 회사로 향하기라도 하면, 정체가 드러난 개인 각자로서는 불가능했던 집단적 대항이 형성되고 사람들은 이성을 내던지고 밀어붙이는 수가 있다. 이름없는 사람들이 한데 모여 내는 위력은 간담이 서늘할 때도 있는 것이다.

분노란 반갑지 않은 소식에 대한 정서적 반응이다. 우린 아예 반발을 막든지, 분노를 사회적 설득의 도구로 이용하든지 결정해야 한다. 의도적으로 사람들의 분노를 불러일으킬 작정이라면 문제는 어떻게 고치면 되는지도 보여줌으로써 이 분노를 돌리는 길을 꼭 마련해 놓아야 한다.

유머와 분노는 서로 양립할 수 없는 반응이라고들 한다. 그래서 유머를 느끼게 함으로써 사람들이 잠시나마 화가 나는 생각을 치워놓을 수 있을 것이다. 그렇다 하더라도 분노가 치밀 수 있는 변화를 하나하나 따로 제시해서 아예 분노라면 일단 전부 피해 가는 것이 더 좋을 수 있다. 변화들 전체를 통으로 제시해 버리면 사람들이 들고 일어날 수도 있다. 하지만 따로따로 보여주면 사람들에게 어떤 감정이 인다 해도 그저 짜증이 나는 수준에 그친다.

---

39 미국의 SF 작가 시어도어 스터전(Theodore Sturgeon, 1918~1985)

화가 난 사람들에게서는 이성을 별로 기대할 수가 없다. 이들은 분석적 사고를 적용하기보다 이미 정해둔 결론에 기대는 경향을 보인다. 회사들은 형이상학적 주장을 통해 사람들의 감정 상태에 호소하는 식으로 이러한 경향을 활용한다. 이미 보았다시피 이로 인해 형이상학(metaphysics)이 물리학(physics)을 거꾸러뜨리게 되고 과학은 무력화된다. 다시 말해 회사들은 합리적으로 자신의 주장을 내세울 필요도 없는 것이다. 이들이 분노와 같은 강한 정서 반응을 다루는 능력이 있다면 전적으로 사람들의 감정에 호소하면서 계속 자기 방식대로 일을 진행하면 된다.

분노를 증폭하는 것이 회사에 실이 아니라 득이 될 때도 있다. 자신의 정체가 드러나지 않거나 자신의 행동에 대한 책임을 남이 진다고 느끼는 사람들은 평소에는 절대 자신에게 허용하지 않았던 행동을 하게 된다. 따라서 회사가 이러한 감정을 사측이 바라는 목적에 부합하는 방향으로 전용할 수 있는 한, 회사는 단지 표적만 제시하고 뒤로 물러나 이름없는 군중이 알아서 하도록 두기만 하면 될 뿐이다.

더 긍정적인 면을 보면, 가익명성, 즉 가명 사용을 통해 사람들은 주위의 분노를 더 쉽게 극복함으로써 공개적으로는 함께 할 수 없었던 커뮤니티에서 배우고 기여할 수 있게 된다. 사람들이 책임을 포기하지 않고 감당하도록 권위자가 전하는 말을 구상하는 것도 긍정적인 결과를 도출할 수 있다.

분노는 부정적인 감정 중에서도 특이한 것이다. 사람들을 대상으로 공포를 유도할 때보다 분노를 유도할 때 자신에 대해 더 비관적인 판단과 선택을 하게 된다. 차이라면 분노에는 표적이 정해져 있고 해결책의 가능성이 있지만 공포는 그렇지 않다는 것이다. 일반적으로 설득 기법은 사람들에게 겁을 줘서 공포를 유도한 다음, 공포가 향할 표적을 제공하고 분노를 통해 그 공포감을 해소하게 한다. 설득하는 쪽에서는 또다시 사고보다 감정에 호소함으로써 합리적 사고 방식을 우회하고 날 것 그대로의 감정을 직접적으로 겨냥한다. 사람들의 감정이 동요할 때 이들에게 쓸만한 해결책만 던져주면 이들은 해결책만 믿고 일단 도망가고 볼 것이다.

맹목적인 분노, 음울한 시무룩함, 통제가 되면서 배출이 가능한 분노는 분명 서로 다른 것이다. 분노를 끌어내더라도 적정한 수준을 찾아야 하며 확실한 분출 대상이 마련돼야 한다. 원인이 불분명한 문제는 공포를 일으키고, 개인이 어찌할 수 없는 전방위적 수준의 원인으로 인한 문제는 우리를 슬프게 할 뿐이다. 그리고 한 개인이 책임을 져야 하는 문제는 죄책감이나 수치감을 유발한다.

화난 사람들이 분노의 원인을 제거하려면 어떻게 상황에 영향을 주어야 하는지도 보여줘야 한다. 부정적 감정 중에서도 유독 분노에 휩싸인 사람들은 자신들이 처한 상황을 더욱 바꾸고 싶어한다. 다른 부정적 감정들은 자기 반성과 통찰이 깃든 분석으로 이어질 여지가 더 크다. 하지만 분노는 사람들을 기존의 행동 유형에 고착시키고 타인에 대해 유연하지 못한 정형화된 인식을 갖게 하며, 이러한 타인의 주장에 담긴 질적 가치를 외면하고 겉으로 드러나는 모습에만 매달리게 한다. 이런 식으로 분노한 사람들은 숙고를 거치지 않고, 그 결과 자신의 결정에 대해 확신은 깊어만 간다.

회사들이 유도하고자 하는 종류의 분노는 죄로 단정하지 말아야 할 수도 있다. 이 분노가 부르는 효과는 부정적이라기보다 긍정적인 쪽에 더 가까우니 말이다. 사람들은 저번에 열이 받았던 순간을 돌이켜 보고 얻은 것도 없이 불쾌했다고 느끼다가도, 다시금 불 같은 노기에 휩싸이면 그 순간을 기쁘고 보람차게 맞아들인다. 아마 이번엔 복수를 벼르면서 남의 고통을 즐길 준비를 하고 있을지 모른다.

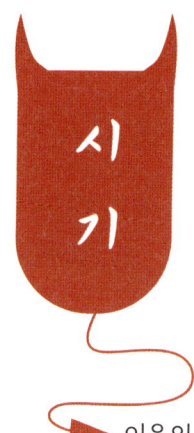

이웃의 아내를 탐내서는 안 된다.
이웃의 집이나 밭, 남종이나 여종, 소나 나귀 할 것 없이
이웃의 재산은 무엇이든지 욕심내서는 안 된다.
- 신명기 5장 21절 -

시기는 기독교 성서의 십계명 중에서 분명히 콕 집어서 금지돼 있다. 그럼에도 인간이라는 종은 일단 시기하고 보는 본능을 내장한 것만 같다.

시기가 꼭 나쁜 것은 아니다. 유명한 뮤지션이 그를 우러르는 청중 앞에서 연주하는 모습은 어린이가 음계를 연습하도록 의욕을 북돋는 자극제가 될 수 있다. 그러나 마크 앨릭(Mark Alicke)과 에단 젤(Ethan Zell)이 쓴 책 "시기: 이론과 연구(Envy: Theory and Research)"에서 언급했듯이, "더 매력적이거나, 더 유명하거나, 똑똑하거나, 부유하거나, 더 노련한 사람들은 다른 사람들이 자격지심을 느끼게 한다. 그렇기 때문에 사람들이 자신보다 더 나은 사람들을 존경하면서 그들의 은혜를 입는 것과, 그들을 시기하고 악감정을 갖는 것은 종이 한 장 차이다."

이때 시기가 추잡해진다. 진화론적으로, 가장 매력적인 짝이 되고자 할 때에 어떤 것을 "많이" 가지는 것만으로는 충분하지 않다. 주변의 다른 이들"보다 더 많이" 가져야 한다. 이로 인해 경제학 용어로 불평등 회피(Inequality Averse)[40]

---

[40] (옮긴이) 불공평하거나 부당한 상황에 대해 본능적으로 저항하거나 부정적 반응을 보이는 경향

라고 하는 현상이 나타난다. 다시 말해, 우리는 손해 보는 느낌을 매우 싫어하는 것이다. 박탈감, 열등감, 또는 창피함에서 시기가 가진 파괴력이 싹튼다.

시기가 그 파괴력을 드러내면서 우리는 다른 사람이 가진 것을 원하는 것에서 그치지 않는다. 남이 뭘 가졌다는 사실로 우리는 열등감을 느끼고, 우리는 그가 그것을 갖지 않기를 바라기까지 한다. 이런 상황에서 우리는 우리 자신의 이익뿐만 아니라, 주변 이들을 상대로 하면서까지 이익을 취하려는 결정을 하게 된다. 그래서 질투의 종이 되면 우리는 다른 이와 협력해서 더 많은 이익을 볼 수 있는 상황임을 머리로는 알아도, 일을 같이하면서 자신보다 남이 더 큰 이익을 보게 하느니 차라리 아예 협력하지 않는 길을 택하면서 자멸한다.

시기는 그 정도가 유하든 파괴적이든 강력한 원동력으로 작용한다. 잘 쓰면 이 역시 소비자의 갖가지 행위를 유도할 수 있다.

욕망과 동경으로 시기심 자아내기

시기를 원동력으로 사용하려면 일단 시기가 존재해야 한다. 시기심을 예비하는 것은 동경과 욕망이며, 많은 제품들에 대한 홍보는 이러한 감정을 느끼게끔 설계돼 있다.

홍보는 전과 비교해 확연히 변하여 그 결과 선망을 자아내는 사람들을 보여주는 방식으로 우리를 설득한다. 남들의 선망이 곧 눈부신 매력을 구성한다. 홍보란 언제나 미래의 구매자를 상대하는 일이다. 홍보는 판촉 제품, 판촉 기회로 인해 매력의 주인공이 된 자신을 그릴 수 있는 이미지를 소비자에게 제공한다. 소비자는 이 이미지로 인해 마음속에 그린 자신의 그러한 모습을 선망하게 된다.

존 버거(John Berger), 《보는 방식(Ways of Seeing)[41]》 중에서

---

41 (옮긴이) 영국의 비평가, 소설가이자 화가인 존 버거가 진행을 맡아 1972년 BBC에서 방영된 미술비평 텔레비전 시리즈로, 동명의 책 역시 출간된 바 있다.

동경은 우리가 보는 대상을 따라 하고자 하는 바람을 불러일으켜 온건한 시기(benign envy)를 낳는다. 욕망은 우리가 보는 대상을 소유하는 것에서 그치지 않고 다른 사람은 그것을 갖지 못하도록 막으려는 바람을 불러일으키면서 선하거나 파괴적인 시기를 모두 낳을 수 있다.

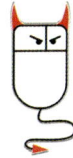

욕망을 일깨워 시기를 낳기

시기가 원동력으로 작용하려면 제품이 반드시 매력적이어야 한다.

아무도 원하지 않는 제품은 시기를 일으킬 수 없을 것이다. 시기는 매우 강력한 동기 부여 요소이기 때문에 설득을 위해서는 먼저 욕망을 일깨우고, 그다음에 시기를 결부시켜 욕망을 끌어올려야 한다. 욕망을 불러일으키는 방법은 다음과 같다.

- 비밀: 이 물건은 나와 몇 안 되는 사람들만 아는 물건이다.
- 품귀: 이 물건은 소량이거나, 구하기 힘든 물건이다.
- 정체성: 이 물건은 매력적인 라이프 스타일, 사람, 활동에서 찾아볼 수 있다.
- 미학: 이 물건을 보고, 만지고, 사용하고 있으면 기분이 좋다.
- 기능성: 이 물건은 다른 누구도 풀지 못한 문제들을 해결할 수 있다.

애플은 자사 하드웨어에서 이 방법들을 모두 적확하게 활용하고 있다. 애플 제품은 발표 전까지 베일 속에 감춰져 있으며, 이는 수많은 추측들을 낳게 한다. 사람들은 새 제품을 누구보다 먼저 갖기 위해 며칠 동안 줄을 서서 기다리기도 한다. 새롭게 출시된 제품은 대개 빠르게 팔려나가며 품귀 현상이 일어난다. 특히 사람들이 이전에는 있는지 몰랐던 문제를 해결하는 기능을 제공하게 되면 유명 인사들이 애플 제품에 대해 트윗하거나 제품을 사용하는 모습이 노출된다. 여기서 보이는 애플 제품은 보기에도 좋거니와 그 독특한 인터랙션 디자인을 이용해 문제들을 우아하게 해결하고 있다.

애플 제품의 미학은 본능적인 수준에서 작용한다. 사람들은 매력적인 얼굴, 대칭이면서 둥근 사물, 그리고 편안한 색과 소리에 긍정적인 반응을 보인다. 심지어 흰색 아이폰의 전면 카메라는 또 다른 미의 상징인 마릴린 먼로의 애교점까지 모방하고 있다.

그 결과 비대한 욕망이 모습을 드러냈다. 욕망은 시기를 낳고, 이는 애플의 예상을 뛰어넘는 정도로 나타나기도 한다. 2012년 초, 맨해튼의 컬럼비아 대학 주변에서 사람들의 휴대폰을 강탈하던 도둑들은 아이폰만을 노렸을 뿐 안드로이드 기기에는 관심도 없었다. 뉴욕 시장 마이클 블룸버그는 뉴욕 시의 연간 범죄 지수 상승이 2012년 한 해 동안 도난 당한 3,890개의 아이폰으로 인한 것이라는 발언을 하기도 했다. 아이폰의 재판매가가 높다는 사실이 이러한 절도와 관련됐을 수도 있지만 재판매가가 높은 것도 다 욕망 때문이다.

욕망을 일깨우는 방법

아래의 다섯 가지 욕망의 경로(비밀, 품귀, 정체성, 미학, 기능성) 중 하나 이상을 사용해 사람들의 마음을 혹하게 한다.

- 비밀: 제품의 실체나 출시 시기에 대한 정보를 거의 제공하지 않는다. 내부 소식에 정통한 소수의 개인들만 내막을 알게 하고, 이들이 세부 정보를 조금씩 흘릴 때까지 잠자코 있는다. 이 방법은 여러분의 사업이 이미 다른 방식으로 소비자의 호감을 확보했을 때 가장 효과적으로 작용한다.

- 품귀: 제품을 (가격 또는 수량 측면에서) 한정적으로 출시하거나 구하기 어렵게 만든다. 사재기가 시작될 수 있으니, 충분한 물량을 준비해 두자.
- 정체성: 출력 광고의 주된 방식이다. 여러분이 자외선 차단제를 산다고 비키니를 입은 모델을 공짜로 받는 건 아니다. 하지만 이러한 연관성을 제시하는 광고를 계속 접하다 보면 정말 그런 줄로 생각하게 된다.
- 미학: 제품의 디자인, 느낌, 그리고 사용성은 반드시 목표 소비자층의 반향을 불러일으킬 수 있어야 한다. 이것만은 속임수가 통하기 힘들다(정말 열심히 노력을 해야 미학적으로 만족스러운 제품을 만들 수 있다).
- 기능성: 아무도 풀지 못한 문제를 찾아내고 해결한다. 쉬운 일은 아니지만 효과는 대단하다. 해결한 문제가 작은 것이라도 큰 효과를 볼 수 있다.

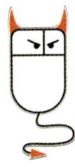

동경을 심어주기

사용자들이 동경하고 선망할 대상을 제공하라. 온건한 시기는 강력한 동기 부여 요소다.

라이프스타일 잡지들의 실제 독자층은 잡지사들이 이야기하는 대상 독자층과는 다르다. 일례로, "코스모(Cosmo)"는 17세가 대상이다. "저스트 17(Just 17)"은 17세가 되기를 갈망하는 13세를 대상으로 하고 있다.

"베터 홈스 앤드 가든즈(더 좋은 주택과 정원, Better Homes and Gardens)"라는 유명 잡지는 더 좋은 것에 대한 사람들의 바람을 자극하며 커다란 시장을 형성하지만 "주간 더블 와이드(Double Wide⁴² Weekly)"나 "월간 모바일 홈(Mobile Home Monthly)"과 같은 이름의 잡지는 있을 법하지 않다. 이동식 주택(모바일 홈, Mobile Home)은 '자산 사다리'⁴³의 단계 중에서도 가장 낮은 단계이기 때문이다. 사실 그런 이름을 지닌 잡지들이 있긴 하다. 업워들리 모바일 홈 매거진(Upwardly Mobile Home Magazine), 더 매거진 오브 모바일(the Magazine of mobile), 매뉴팩처드(Manufactured), 모듈러 홈 리빙

---

42 (옮긴이) 이동식 주택 두 개를 연결한 형태의 가옥
43 (옮긴이) Property Ladder. 저렴한 주택에서 더 비싼 주택으로 옮기면서 재산을 불리는 개인이나 그런 행위를 일컫는 영미권 용어. 또한 동명의 TV 쇼가 영국과 미국에서 2004년에서 2005년까지 방영됐다.

(Modular home living) 등이 그것이며, 지면에는 이동식 주택을 더욱 부티나게 만드는 방법들이 가득하다. 이들 또한 사람들의 동경과 선망을 자극하는 것이다.

온건한 시기의 한 형태인 동경으로 인해 사람들은 자신의 우상을 따라하며 이들의 야망에는 불이 붙는다. 유명한 사람을 연관시켜 욕망을 불러 일으키는 것(신분(정체성)을 통한 욕구)은 유명인을 내세우는 광고의 기반이 되고, 왜 유명 영화배우들이 아카데미 시상식의 레드 카펫에서 입을 드레스를 직접 사 입지 않는지를 설명해주기도 한다.

파리의 패션쇼나 아카데미 시상식의 레드 카펫에서의 패션은 번화가에 자리한 매장이나 대형 할인점에 빠르게 퍼진다. 오트 쿠튀르(Haute Couture)와 비슷해 보이는 옷을 입는 것이 상류층에 대해 품는 사람들의 동경과 통하기 때문이다.

사람들이 자신의 우상을 닮으려는 행태를 고려해 볼 때, 우상으로서는 단순히 광고에 등장하는 것보다 더 창의적인 방법으로 제품을 홍보할 수 있는 역할이 분명히 있다. 온라인에서 동경과 선망을 견인하는 작업은 트위터까지 그 무대를 확장했다. 이제 기업들은 유명인들에게 기꺼이 돈을 지불하고 자사의 브랜드나 최신 캠페인에 대한 140자 트윗을 맡긴다. 제이미 올리버(Jamie Oliver, 유명 요리사)에겐 트윗 한 건당 3,250달러를 줘야 하고, 클로이 카다시안(Khloe Kardashian, 리얼리티 TV 스타)에게는 9,100달러나 줘야 한다. 밥 빌라(Bob Vila, House Repair TV 호스트)는 좀 저렴해서 910달러를 받는다. 여러분이 패리스 힐튼(Paris Hilton)에겐 얼마나 줘야 하는지 묻는다면 어쨌든 감당 못할 가격이라고 답할 수 있다.

시기를 다른 측면에서 접근해 보면 어떨까? 프린스턴의 심리학 교수인 수잔 피스크(Susan Fiske)의 주장에 따르면 우리는 특히 경제적인 이슈에 있어 "가진 자들"을 질시 어린 눈빛으로 우러러 보는 데 반해 "가지지 못한 자들"을 볼 때는 경멸을 담아 하찮게 본다고 한다. 부유한 사람들은 능력은 있지만 차가운 이들로 간주되고, 가난한 사람들은 능력은 없지만 마음은 따뜻한 이들로 간주된다. 우리는 항상 우리 자신을 다른 이와 비교한다. 그러다 우리의 눈빛이 경멸로 차오를 때 우리는 "너한테는 관심 주기도 아깝다"라고 말한다.

영리한 마케팅은 동경과 경멸을 고루 아우른다. 배우자에게 커다란 빨강 리본을 두른 고급 자동차를 크리스마스 선물로 주는 광고 캠페인은 자사의 자동차를 운전할 때 갖게 될 품격을 강조한다. 시청자들은 자신들과 광고 속의 커플을 비교하게 된다. 이는 해당 브랜드에 대한 잠재 구매자들의 선망을 강화한다. 이미 이 차를 살만한 여유가 되는 사람들에게도 광고의 메시지는 여전히 반향을 일으키며, 이들은 그런 여유가 되지 못하는 사람들을 깔보게 된다.

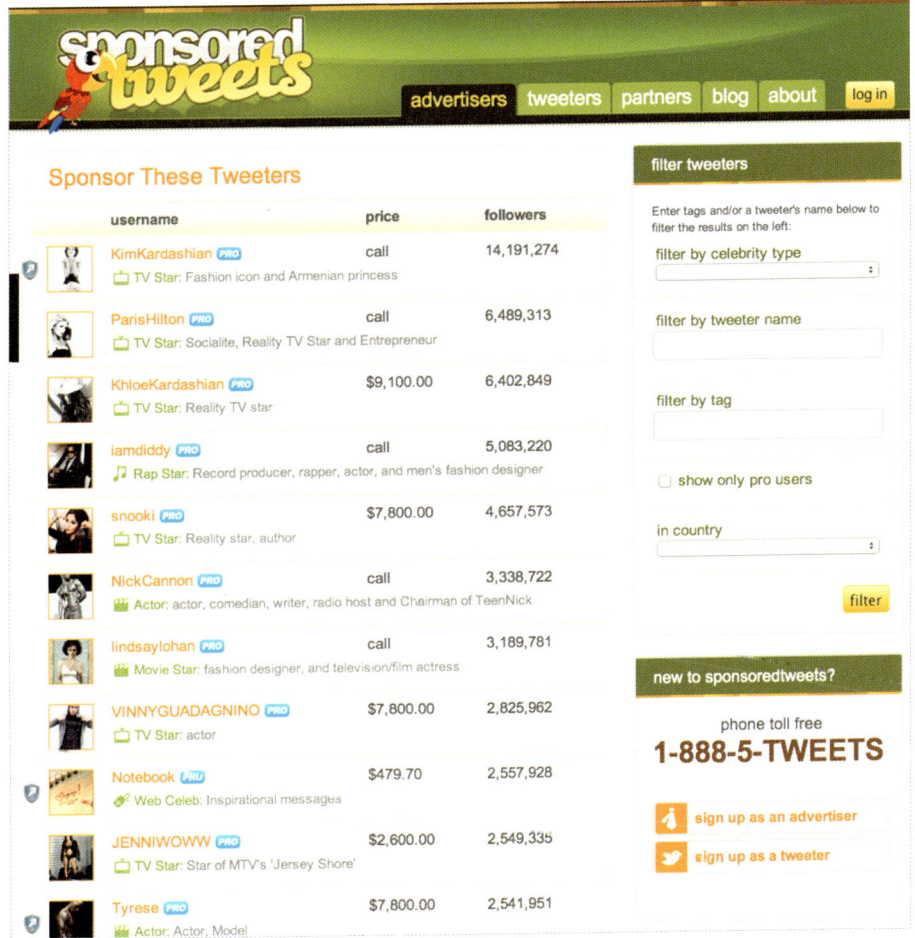

스폰서드트위츠(Sponsoredtweets)의 가격표 (2012년 3월, sponsoredtweets.com)

시기와 경멸 어느 하나도 놓치지 않으면서 균형을 잡기 위한 비법은 적정선을 넘지 않아야 한다는 것이다. 노키아의 고급 핸드폰인 버투(Vertu)의 버튼들은 따로 일일이 사파이어를 깎고 갈아 만들어지며, 고가 시계의 내부처럼 루비 베어링에서 미끄러지듯 움직인다. 케이스는 18캐럿 금, 악어 가죽, 그리고 귀금속으로 덮여 있다. 휴대폰의 벨소리는 런던 심포니 오케스트라가 연주한 것이다. 공정이 이러하니 분명 확실한 대가가 요구될 것이다. 이 전화기의 가격대는 3,500~35,000달러이다(그렇다, 휴대폰 한 대가 말이다).

음악가 씰(Seal)은 버투의 컨스텔레이션 퀘스트(Constellation Quest(별자리 여행))를 사용하는 것으로 보인다. 이 모델은 8,400달러에 판매된다. USB 데이터 케이블은 190달러밖에 하지 않는다. 이것이 우러러 볼 만한 것인가, 아니면 그저 경멸할 수밖에 없는 비현실적인 것인가? 두 전략 모두 마케팅 기법으로써 활용될 수 있다. (vertu.com)

물론, 어떻게 해 볼 수도 없는 꿈을 꾸는 사람들을 상대로는 항상 값싼 모조품으로 돈을 벌 수 있는 기회가 있는 법이다. 담보 대출을 또 받지 않아도 고가 브랜드에 대한 "꿈을 현실로" 만들 수 있는 것이다. 정품의 10분의 1도 되지 않는 가격에 살 수 있는 "짝퉁"에는 우리가 그렇게 바라마지 않았지만 구할 도리가 없었던 원래 브랜드의 이름(품질도 원래와 같다고는 못하지만)이 박혀 있다.

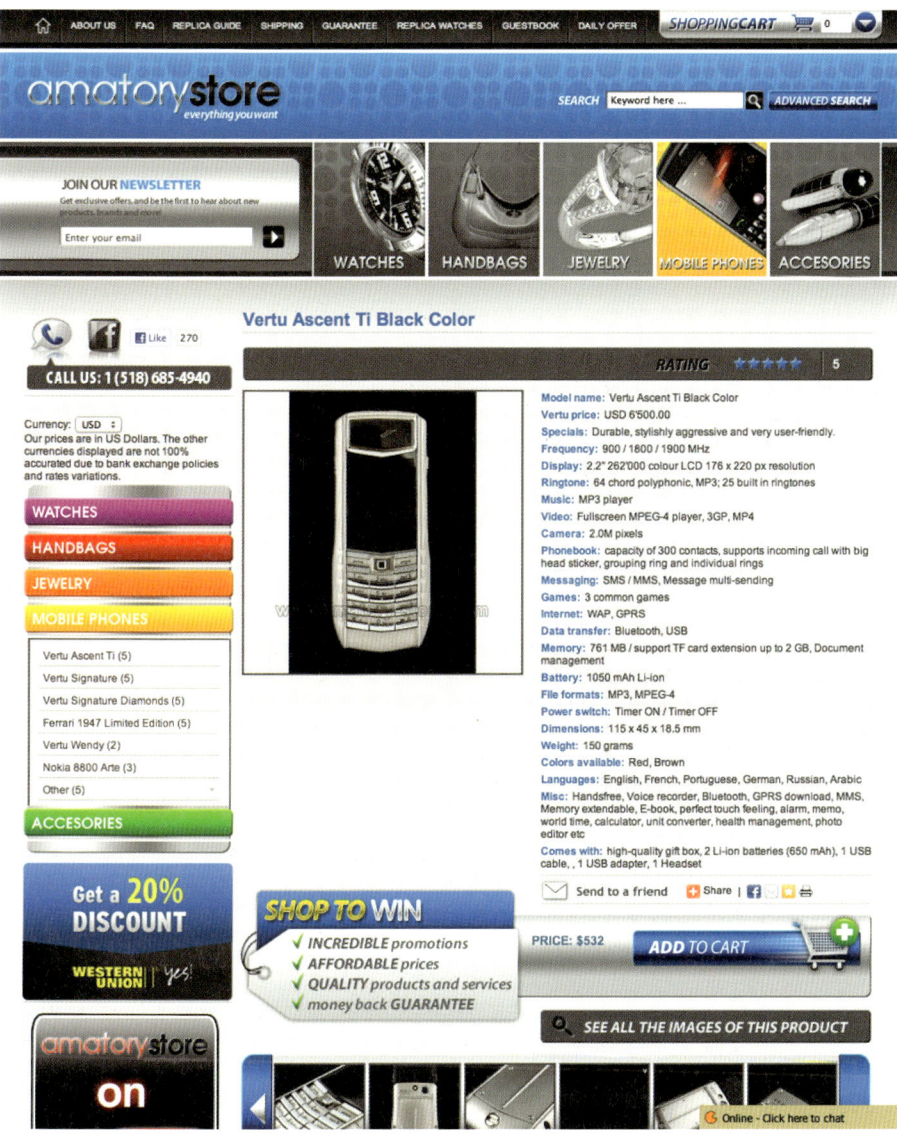

부티가 좀 덜 나긴 하는 버투 모조품을 이 사이트에서 구입할 수 있다. 버투를 열망하는 사람들은 모든 기능이 구비된 유명 브랜드 스마트폰을 사고도 남을 돈을 이 모조품을 구입하는 데 쓴다. (amatory.biz)

동경을 심는 방법

- 제품을 여러분의 목표 고객층의 동경과 선망을 불러일으키는 환경에서 선보인다. 사람들의 동경이 향하는 이가 제품을 사용하고 있는 모습을 노출시킬 수도 있고 고객들이 열망하는 결과를 성취하는 모습을 보여줄 수도 있다.

- 비교 포인트를 제시한다: 여러분의 제품이 소비자들을 위해 무엇을 "더" 제공할 수 있는가? 사용자들이 더 돈이 많아지는가? 더 인기가 있어지는가? 더 똑똑해지는가? 또는 셋 다?

- 경멸은 주의해서 써야 한다. 시기심을 품는 사람들은 죄책감이 들고 말지만, 경멸은 자주 그 경멸 대상의 인간성을 파괴하고 이로 인해 곤란한 상황에 빠질 수 있다.

- 여러분의 현재 목표로 삼은 고객층보다 (나이, 수입, 여가 시간 등의) 일정 측면에서 몇 단계 낮은 수준에 있는 계층을 2차적 고객층으로 간주하라. 이 계층이 선망하는 목표를 이룰 수 있도록 돕는 제품을 개발하라. 여러분이 하지 않는다면, 선수를 뺏길 수도 있다.

사기 전에 벌써 가진 듯한 느낌이 들게 한다
소비자들은 제품을 더 높게 평가하고, 구매욕은 커진다.

도날드 노먼은 그의 책 『감성 디자인(Emotional Design)』에서 사람들은 다른 제품보다도 자기 자신과 어떤 관련이 있다고 느껴지는 제품에 대해 훨씬 더 감성적으로 이끌린다는 점을 언급한다. 그런데 이는 우리가 제품을 갖기 이전에도 적용되는 말이다. 영리한 사이트들은 우리에게 따뜻한 환대를 건네면서 가족이 된 듯한 기분을 느끼게 한다. 아직 우리가 주머니에서 돈을 꺼내기 전인데도 말이다.

바이오라이트(BioLite)는 기화(氣化, gasification)를 통해 나무를 비롯한 유기물을 깨끗하고 효율적으로 연소하는 혁신적인 캠핑 스토브다. 이 아이디어가 아주 새로운 것은 아니었지만(석유가 부족했던 전후 독일에서 자동차들은 비슷한 기화식 버너를 사용했다), 이 기술이 작고 휴대가 가능하며 안정적인 스토브를 만드는 데도 적합한지는 아직 검증되지 않은 상태였다.

바이오라이트(BioLite)

이 회사는 애초 2010년 초 출시를 약속했지만, 출시는 2011년 말, 그리고 2012년 봄으로 계속 연기됐다. 그러다 2012년 5월에 이르러서야 마침내 제품이 시장에 모습을 드러냈다.

이렇게 연기가 계속될 동안 어떻게 사람들의 관심을 붙잡을 수 있었을까? 회사는 계속 베일 속에서 제품 개발을 진행할 수도 있었을 것이다. 결국엔 다른 회사가 이 아이디어를 "빌려와서" 시장을 선점할 가능성은 항상 존재했다. 그래서 대신 이 회사는 제품 완성에 이르는 여정의 각 단계에서 웹 사이트를 지속적으로 업데이트하기로 결정했다. 숲 속에서 초기 프로토타입을 사용하는 동영상을 선보였고, 이 제품이 수상한 디자인 상을 나열했으며, 개발도상국을 위한 저탄소, 고효율 요리 스토브를 개발하기 위한 자선 사업과 상용 캠핑 스토브 제품을 지속적으로 연계했다. 스토브를 더 가볍게 만들고, 스토브의 팬에 전력을 공급하는 영리한 열전기 발전기의 남는 에너지를 이용해 전자 제품을 충전할 수 있는 USB 포트가 추가된 디자인 업데이트를 공개하기도 했다.

이러한 고객과의 소통이 아웃도어(Outdoor)나 와이어드(Wired) 같은 잡지 및 그리고 테크크런치(TechCrunch)와 기즈모도(Gizmodo)처럼 영향력 있는 사이트의 좋은 위치에 배치된 홍보 문구와 한데 등장한다는 것은 캠핑 스토브 구매에 관심 있는 사람들이 주기적으로 최신 정보를 볼 수 있음을 의미한다. 자선 사업은 개념 증명으로서의 역할을 했고, 캠핑 스토브의 판매가 개발도상국을 위한 더 큰 가정용 스토브의 개발을 보조할 것이라는 사실은 잠재 고객들에게 그들이 뜻깊은 일을 지원한다는 느낌이 들게 했다. 또한 올라온 동영상들을 보고 사람들은 제품 출시 전에 해당 제품이 어떻게 자신들에게 적용될 수 있는지를 확인할 수 있었다.

정리하면, 이 회사의 사이트는 구매 제품이 실제로는 존재하지 않는 상황에도 잠재 고객들이 이미 바이오라이트의 "가족"이 되었다는 느낌을 받게 한 것이다.

이것은 특이한 경우가 아니다. 디지털 세계를 보면, 2008년 9월 게임 "스포어(Spore)"를 출시하기 3개월 앞서 이 게임의 제작사인 일렉트로닉 아츠(Electronic Arts)는 스포어 크리처 크리에이터(Sport Creature Creator, 게임 캐릭터를 만들 수 있는 도구)를 무료 다운로드 형태로 공개했다. 크리처 크리에이터는 그 자체로 하나의 게임이었다. 사용자는 우선 크리처의 몸통, 관절, 이목구비, 치장을 선택하고, 이들 특징을 함께 규합한 크리처가 춤 추고 노래하며 상황에 반응하게 할 수 있었다. 이는 플레이어들이 아예 처음부터 손쉽게 자신이 플레이할 캐릭터를 완전히 렌더링할 수 있게 된 최초의 사례 중 하나였다. 잠재 소비사들 사이에서는 게임 세계에서 자신이 만든 캐릭터가 어떤 모습을 보일지 확인하고 싶은 욕구가 있었고, 직접 만든 괴물이 부드럽게 움직이는 것을 경험하는 것은 이를 부채질했다. 결과적으로 첫 3주간 2백만 장 이상의 판매고가 달성됐고, 이 게임은 2009년 내내 PC 게임들 중 상위 10위 안에 머물렀다. 스포어의 제작자인 윌 라이트(Will Wright)는 스포어 팬들이 만든 크리처 종의 숫자가 불과 18일 만에 지구상에 존재하는 생물종의 수를 따라잡는 것을 관찰할 수 있었다. 이는 6일 만에 이 세상을 만든 조물주가 보여준 권능의 38퍼센트에 육박하는 것이다.

스포어 크리처 크리에이터로 인해 게임이 완전하게 출시되기 전부터 사용자들은 자신이 개발한 캐릭터가 "내 것"이 된 느낌을 가질 수 있었다. (spore.com/trial)

킥스타터(Kickstarter)의 전체 비즈니스 모델은 제품 구입 전, 심지어 실제 제품 제작 이전에도 제품이 내 것이라는 느낌을 불러일으킨다고 할 수 있다. 여러분이 돈을 내기로 약속하고, 제안된 창의적 프로젝트의 후원자가 되는 구조를 띠기 때문이다. 물론, 프로젝트가 조달 자금 목표액을 달성하지 못할 경우 약속한 액수가 청구되진 않는다. 즉, 어떤 제품이 나오고 안 나오고는, 가능한 한 많은 사람들에게 프로젝트 참여를 독려해야 하는 여러분의 관심에 달려 있음을 의미한다.

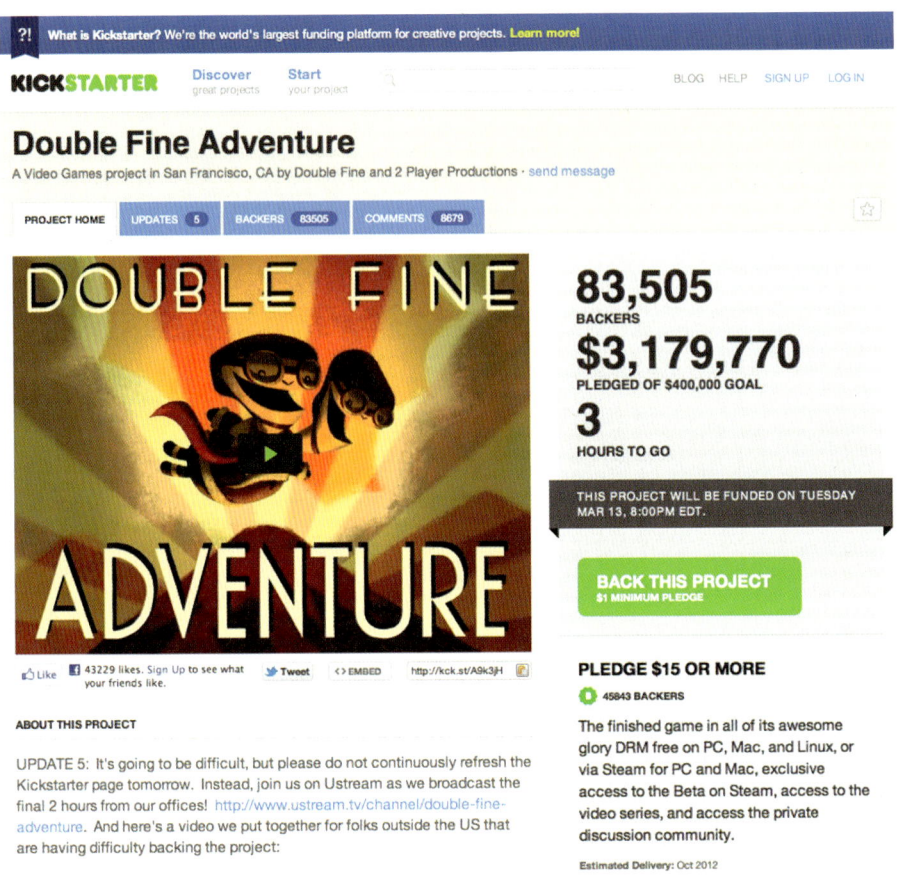

마감까지 3시간을 남겨둔 상황에서, 더블 파인(Double Fine)이 사이트 역사상 가장 많은 자금을 조달한 킥스타터 프로젝트가 됐다는 것은 이미 의심의 여지가 없게 됐다. 더블 파인 프로젝트는 사전-주인의식(Pre-ownership)에 필요한 모든 것들을 정확히 담아냈다.

성공적인 킥스타터 프로젝트의 한 가지 사례로 마우스를 이용하는 컴퓨터 게임인 더블 파인 어드벤처(Double Fine Adventure)를 들 수 있다. 펀딩 모금이 진행될 무렵, 후원자들이 아는 정보는 프로젝트의 리더인 팀 셰퍼(Tim Schafer)가 재미있는 어드벤처 게임을 여럿 제작한 이력이 있다는 정도였다. 대본, 캐릭터 개발 등의 다른 게임 구성 요소는 아직 전혀 진행되지 않은 상태였다. 게임 개발이 진행됨에 따라 후원자들에게 주기적으로 최신 정보를 제공한다는 약속과 제작자의 명성에만 기댄 상태에서 팀은 단 8시간 만에 모금 목표액인 40만 달러를 달성했다. 그 자신도 조달 금액이 24시간이 채 되지 않아 100만 달러를 넘어섰을 때는 놀랄 수밖에 없었다. 이 킥스타터 프로젝트가 마감됐을 때는 87,142명의 후원자로부터 330만 달러가 넘는 금액이 모였다. 팀 셰퍼에겐 목표 금액의 834퍼센트나 되는 자금이 모여들었고, 덕분에 그는 더 많은 캐릭터들과 더 나은 기술적 효과를 추가하고, 그가 여태껏 의도했던 것보다 더욱 다양한 플랫폼 상에서 더 다양한 종류의 언어로 게임을 출시할 수 있었다.

성공 확률을 높이기 위해 대부분의 킥스타터 프로젝트는 모금 참여 수준에 따라 차등화된 보상을 설정해 사람들을 끌어 모은다. 더블 파인 어드벤처는 15달러 수준의 금액을 투자하는 사람에게는 게임 타이틀 한 장을 제공하며, 500달러를 내면 사인된 책자와 포스터를 제공, 1만 달러를 내면 점심 식사와 오피스 투어를 제공하는 내용으로 다양한 보상을 책정했다. 이처럼 모금 참여 수준을 다변화해서 사람들이 제각기 서로 다른 수준에서 프로젝트를 "사들일" 수 있게 했다. 특히 높은 수준에 해당하는 참여자들이 내는 돈은 분명 특정 제품의 가치를 월등하게 뛰어넘게 되는데, 더블 파인 어드벤처의 경우를 보면 총 백 개가 준비된 1,000달러 모금 상품과, 총 네 개가 준비된 1만 달러 모금 상품이 모두 판매됐다.

사람들이 사전-주인의식을 느끼게 하는 방법

- 여러분의 제품이 사람들의 삶에 어떻게 적용될 수 있는지를 보임으로써 사전 구매 단계 동안에도 들뜬 기분을 유지할 수 있게 한다.

- 아직 출시되기 전인 제품의 경우, 현 상황에 대한 최신 정보, 티저(teaser, 사람들의 궁금증을 유발시키기 위한 정보), 그리고 새로운 정보를 공개(유출)한다. 하지만 너무 과도한 약속은 하지 말라.

- 실제로 만질 수 있는 제품의 경우, 제품의 옵션을 가지고 놀아보고 각 부분을 꼈다 뺐다 하면서 교체해 볼 수 있는 컨피규레이터(Configurator)를 제공한다. 이는 사람들이 제품을 개인화할 수 있게 하며, 제품에 대해 더욱 큰 애착을 갖게 할 수 있다. 사람들이 자신의 창작품과 더욱 쉽게 사랑에 빠질 수 있도록, 컨피규레이터는 최대한 시각적으로 호소하게 만든다.

- 사람들이 제품을 시범적으로 사용해 볼 수 있도록 제품의 데모 버전을 제공한다. 비록 데모 버전의 일부 기능을 제거하거나 사용 기간을 제한하고 싶은 충동을 느낄 수도 있겠지만 사용자들이 정식 제품을 소유하려는 욕구를 품도록 데모 버전으로도 결과물을 만들고 이를 공유할 수 있어야만 한다.

- 제품이 덜 섹시해도 구매 전 욕구를 불러일으킬 수 있다. 추천서, 리뷰, 백서 등이 실제 사용 사례와 정량화할 수 있는 결과물들을 서술한다면 이러한 목적에 이바지할 수 있다.

- 잠재적인 소비자들이 이미 제품을 사용하고 있는 사람들과 질의응답을 나눌 수 있는 포럼에 참여하도록 장려한다. 자신들이 커뮤니티의 일부가 되었다고 느끼게 되면 그들의 마음은 더욱 쉽게 구매 과정에 기울 것이다.
- 참여 수준에 따라 제공 보상에 차등을 둔다. 더 많이 참여한 사람은, 더 "가족"에 가까워진다.

지위에 대한 시기: 업적과 중요도 보여주기

만인 평등의 우주에서 시기가 설 자리는 없다. 지위 간 차이가 있어야 시기가 작동한다. 만약 여러분이 사람들을 어떤 목표로 몰기 위해 (온건한) 시기를 활용하고자 한다면 사람들의 현재 지위와 해당 목표에 도달했을 때 성취하게 될 지위가 서로 어떻게 다른지를 보여줘야 한다.

우리는 사방에서 지위(그리고 지위 간 차이)의 존재를 확인한다. 심지어 미국과 같이 "계급차별이 없어" 보이는 사회에서도 실제로는 광범위한 사회 계층들이 존재하며, 최근의 점령하라(Occupy) 운동은 이를 세상에 공론화시켰다. 그리고 소위 "1퍼센트"에 대한 설왕설래에서 드러난 것처럼 시기를 부릴 기회는 수두룩하다.

그러므로 시기를 동기 부여 요소로 이용한다는 것은 지위의 차이를 부각시킨다는 말이다. 다른 사용자의 성공 사례와 그 중요성을 대중 앞에 드러냄으로써 이러한 작업을 효과적으로 수행할 수 있다.

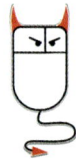

지위의 차이를 야기해 행동을 유도한다

차이가 없으면, 시기도 없다.

시기와 경멸이 통하는 이유는 두 개의 집단, 즉 '가진' 집단과 '가지지 못한' 집단이 존재하기 때문이다. 가지지 못한 집단의 구성원들은 가진 집단을 시기하고, 반대로 가진 집단은 가지지 못한 집단을 경멸한다.

지위의 차이를 세일즈 포인트로 사용하지 않을 것 같은 집단을 하나 꼽으라면 여러분은 바로 종교 단체를 떠올릴 것이다. 하지만 그렇다고 유독 종교적인 집단을 대상으로 지위의 차이를 이용해 이익을 보는 사람들을 막을 수 있는 것은 아니다.

유브빈레프트비하인드(youvebeenleftbehind.com, "여러분은 뒤에 남겨졌습니다"라는 뜻 – 옮긴이)이라는 사이트는 임박한 휴거(참된 신자는 천국으로 부름 당하고, 그 외 모두는 고난과 시련 속에 남겨지고 만다는 믿음)를 믿는 교인들이 "남겨질" 사람들에게 연락할 수 있게 한다.

천국과 고난. 지위의 차이치고는 상당히 큰 차이다. 이는 시기와 경멸을 역(逆)으로 활용하는 경우로 볼 수밖에 없다. 실제로도 이 사이트는 이를 잘 활용하고 있다.

수백만의 기독교인이 사라졌다는 사실과 휴거가 닥쳤을 때의 처참함으로 인해 (여러분의 가족과 친구들이) 얼마나 충격을 받을지 상상해 보십시오. 그들은 휴거가 사실이었으며 자신들이 큰 실수를 저질렀음을 깨닫게 될 것입니다. 그들이 주님의 왕국에 가 닿도록 허락된 시간은 길지 않을 것입니다. 저희는 여기, 여러분이 그들에게 마지막으로 그리스도를 받아들이길 기원하는 기도와 사랑의 편지를 보낼 수 있는 기회를 마련했습니다.

유브빈레프트비하인드(youvebeenleftbehind.com/why.html)

그렇다면 이러한 관점에서 휴거는 특별한 혜택처럼 보인다. 여러분이 어떤 규범들을 따르며 살아간다면, 다른 많은 이들은 받지 못하는 특별한 대우가 여러분의 것이 되는 것이다. 특별한 대우에 대한 약속은 어떤 사람들이 이러한 규범을 최우선적으로 따르는 삶을 선택하는 좋은 이유일 것이다. 하지만 필자가 지금까지 배운 바로는, 보통 그러한 규범에는 독실함이 들어가지 자신이 잘났다는 우쭐함이 포함되지는 않는다. 자동차 범퍼에 "경고: 휴거가 닥쳤을 때, 이 차에는 아무도 타고 있지 않을 겁니다"라는 주제넘은 스티커나 붙이게 하는 우쭐함은 더욱 아니다.

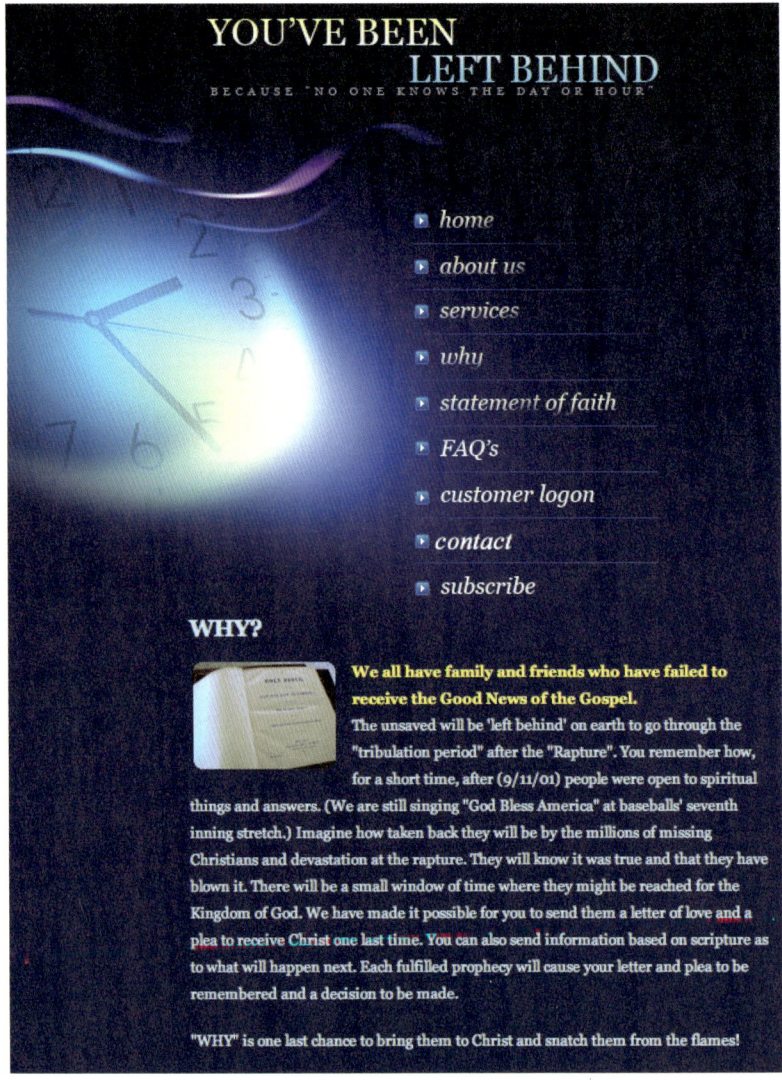

유브빈레프트비하인드("여러분은 뒤에 남겨졌습니다"(youvebeenleftbehind.com))는 가진 자와 가지지 못한 자의 차이를 극명히 구분한다. 그리고 나서 이 사이트는 가지지 못한 사람들에게 마지막 클럽 가입 초대장을 보냄으로써 가진 사람들이 그들을 "불쌍히 여길" 것을 촉구한다.

보안 연구자인 브루스 슈나이어(Bruce Schneier)는 유브빈레프트비하인드의 비즈니스 모델이 어떤 점에서 특히 영악한지를 짚어냈다. 이 사이트가 사이트의 소유자들에 대한 배경 정보는 거의 제공하고 있지 않지만 이 소유자들은 자신들의 서버가 여러분의 모든 금전적 일거수일투족에 관한 세부 정보를 저장하기에 이상적인 장소라고 이야기한다. 과연, 슈나이어가 이를 지적할 때까지 이 사이트는 이러한 목적으로 고안된 것이 분명한 판촉 방식을 사용하곤 했다.

여러분은 여러분 계정의 암호화된 부분에서 그들이 여러분의 은행 업무, 중개, 비밀 자산, 그리고 소송대리권에 접근하게 할 수 있습니다(여러분은 이들이 더 이상 필요하지 않을 것이며, 사랑의 메시지가 담긴 선물이 여러분의 집으로 배달될 것입니다). 육신은 존재하지 않을 것이기 때문에 유언 검인 법원이 친족에게 여러분의 재산을 정리하기까지 7년이 소요될 것입니다. 물론 남은 시간도 7년 밖에 안 되겠지만요. 따라서 대책을 마련하지 않으면 기본적으로 적그리스도 정부가 여러분의 재산을 가져가게 된다는 소리입니다.

유브빈레프트비하인드 사이트
(이 문구는 2008년도에 삭제됐으나 이 같은 정서는 사이트 내에 여전히 남아있다.)

이 서비스에 대한 잠재 고객들의 높은 충성도를 생각할 때 이 서비스가 선의가 엇나간 것인지, 아니면 애초부터 순전히 악질이었는지 구분하기란 상당히 어렵다.

좋은 대조 사례로 무신론자 집단이 이 소동에 개입하기로 했다. 이터널 어스-바운드 펫츠(Eternal Earth-Bound Pets, '영원히 지상에 묶인 애완동물'이라는 뜻 - 옮긴이)의 말이다. "우리는 헌신적인 동물 애호가이자 무신론자로 이뤄진 단체입니다. 각 이터널 어스-바운드 펫 대표자는 확고부동한 무신론자이니, 그러한 바 여러분이 휴거를 믿은 대가로 지구를 떠난 뒤에도 여전히 지상에 남아있을 것입니다. 여러분이 예수님을 향해 달음질쳐 갈 때 우리 동물 운동가 네트워크 역시 헌신으로 발맞춰 나아가겠습니다."

이 서비스의 운영자인 바트 센터(Bart Centre)는 돌려 말하지 않는다. "전 어떻게 하면 이러한 집단의 히스테리를 이용해 제 수입을 늘릴 수 있을지 고민합니다." 애완동물 한 마리당 $135를 받으며, 잃을 것은 전혀 없다는 점을 감안했을 때 그는 자신의 목표를 달성할 가능성이 높아 보인다. "우리가 만약 휴거가 진짜 일어날 것이라고 생각했다면 요금 체계는 당연히 훨씬 비쌌을 겁니다."

지위의 차이를 만드는 방법

- 여러분의 집단은 다른 집단과 다르다(그리고 더 낫다)는 점을 보인다.
- 사용자들에게 다른 집단을 동정하거나 경멸할 수 있는 기회를 제공한다.
- 특정 집단에만 해당되는 서비스를 제공한다.
- 차이를 만드는 또 다른 하나 방법 중 하나는 사람들이 여러분을 대상으로 경멸을 쏟아내는 데 돈을 쏟아내게 하는 것이다. (예: 무신론자들이 신앙인들에게 제공하는 서비스)

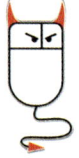

성취를 지위의 표시로서 강조하기

사용자들이 특정 목표를 달성하면 더 높은 지위를 제공하라. 이로써 사용자들은 더 많은 것을 바라면서 계속 돌아오게 된다.

여러분은 공항의 출발 게이트에서 비행기에 좀더 일찍 타보자고 20달러를 더 내지는 않을 것이다. 하지만 20달러 더 비싼 티켓을 사더라도 마일리지 보상 플랜의 일환으로 좌석 업그레이드 혜택을 제공하는 항공사를 선택할 수는 있다. 왜일까? 이는 여러분 역시 "엘리트"가 되어 다리를 뻗을 수 있는 공간을 5인치는 더 확보할 수 있기 때문이다. 지난 15번의 비행에서 이코노미 클래스의 좁은 좌석을 버텨냈으니 말이다.

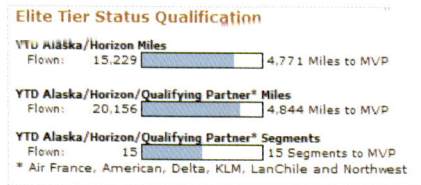

항공사 엘리트 등급 자격 상태

일반 승객들은 먼저 탑승한 승객들이 객석 위 짐칸에 짐을 넣는 모습을 보거나, 퍼스트 클래스로 좌석이 업그레이드된 단골 승객의 곁을 느릿느릿 지나치면서 자신은 비행기 뒤쪽의 이코노미 클래스 좌석으로 가야 하는데, 이 과정에서 시기를 느끼게 된다. 그리고 항공사는 이 시기에 의존한다.

승객들이 선망하는 행동을 반복적으로 보여주고 격려함으로써 승객들은 이 항공사에 습관처럼 점점 더 익숙해지게 된다. 시간이 지나 이 습관이 마음 속에 자리를 잡는 한편 이제 곧 자신도 그 보상을 충분히 성취할 수 있는 상황이 되면 승객들은 굳이 수고롭게 가격을 비교하는 것을 멈추고 곧바로 익숙한 항공사를 선택하게 된다.

사람들이 느끼는 보상의 힘은 이를 어떻게 보여주는가에 전적으로 달려 있다. 회원에게만 제공되는 특혜는 그 가치가 충분히 드러나야만 한다. 일반 슈퍼마켓의 할인 카드와 같은 경우, 회원 판매가는 충분한 보상으로 작용한다. 이 경우 회원에 대한 보상이라기보다는 비회원에 대한 차별이라는 느낌이 들긴 하지만 말이다. 카약(Kayak) 또는 오비츠(Orbitz) 같은 가격 비교 사이트를 이용하기보다는 한 항공사에 충실한 고객이 됨으로써 일단 몸이 편할 수 있고, 나아가 무료로 비행기를 이용할 수 있다는 점이 항공사 혜택이 주는 매력이라고 할 수 있다.

포인트 적립 프로그램은 시작부터 매력적이어야 한다. 따라서 사용자의 계정에 밑칠(점화효과, 프라이밍, priming - 2장 참조)을 하는 것이 중요해진다. 조셉 누네즈(Joseph Nunes)와 자비에 드레제(Xavier Dreze)의 실험을 보면 소비자에게 8번 구매해야 쓸 수 있는 세차 포인트 적립 카드를 줄 때보다 10번 구매해야 쓸 수 있는 카드에 2번을 미리 찍어서 줄 때 필요한 구매 횟수를 모두 채워 카드를 사용하는 비율이 더 높은 것으로 나타났다.

마일리지 플랜과 실적에 따라 포인트 등을 지급하는 신용 카드는 계약 시 보너스를 선지급한다는 점에서 같은 방식으로 작용한다. 예를 들면, 신용 카드 계좌 개설과 동시에 많은 포인트를 제공하는 식이다. 백지(Bagchi)와 리(Li)는 목표까지의 거리가 동등한 경우, 사람들에게 더 큰 숫자 단위의 포인트를 제공하는 것이 낫다는 사실을 발견했다. 1,000포인트가 필요한 혜택에 1달러당 10포인트를 제공하는 것이 100포인트가 필요한 혜택에 1달러당 1포인트를 제공하는 것보다 더 효과적이라는 것이다. 사람들이 목표에 가까이 다가가면서 더 큰 숫자로 인해 더 많이 진전한다는 느낌을 받기 때문이다.

보상이 반드시 금전적일 필요는 없다. Xbox의 업적 점수는 모든 사용자에게 인기 있는 것은 아니지만 업적 달성에 집착하는 게이머들이 게임을 더 구매하고 플레이하고 싶게 만들 수 있다. 플레이스테이션3 역시 이와 유사하게 트로피를 사용하는 업적 기반 시스템을 활용하고 있다. 심지어 비주얼 스튜디오(Visual Studio)[44]까지도 업적 시스템을 도입하고 있다.

업적은 누군가가 어떤 기술을 가졌는지를 분명하게 보여준다. 게임 내에서 특정한 업적을 달성함으로써 일련의 임무를 완수했다는 사실이나 일정 수준의 스킬을 구사할 수 있음을 입증할 수 있다. 이제는 단순히 게임을 "잘" 한다기보다 플레이어 자신이 정확히 무엇을 어떻게 잘 하는지 정량화할 수 있게 된 것이다. 그렇다고 해서 앞으로 프로그래머들이 자신의 이력서에 비주얼 스튜디오 업적 점수를 쓸 것이라는 소리는 아니지만 이런 것들을 신경 쓰는 사람들에게는 누군가의 지위에 대한 척도를 확실히 제공할 수 있다.

업적 달성. © Derek Lieu, Kick in the Head Jan. 18, 2011. (kickinthehead.org)

---

[44] (옮긴이) 코드를 작성하기 위한 소프트웨어 개발 플랫폼

업적은 게임 회사에게도 다양한 방면에서 이득이 된다. 먼저, 업적 달성에 열심인 게이머들은 모을 수 있는 업적 점수가 몇 점이냐에 따라 새로운 게임을 구매할 것이다. 업적 점수는 게임마다 누적되기 때문에 더 많은 게임을 플레이할수록 더 많은 업적 점수를 모을 수 있다. 더 많은 게임을 플레이한다는 것은 더 많은 게임을 산다는 것을 의미한다.

하지만 일반적인 게이머도 게임을 하면서 몇몇 업적들을 달성하게 된다. 어떤 업적이 빈번하게 달성됐는지, 어떤 업적이 잘 달성되지 않았는지에 대한 정보는 향후 게임 개발자들이 게이머들의 기대에 더 부합하는 게임을 개발하는 데 도움을 준다. 때로 업적은 게임 내에서 통하는 재미있는 농담에 착안한 이름을 지니는데, 이는 게이머들에게 수집의 가치뿐 아니라 즐거움의 가치도 제공한다.

업적을 강조하는 방법

- 보상을 받기 위해 얼마나 많은 포인트가 필요한지가 아니라 얼마나 많은 포인트가 쌓였는지에 사람들의 주의를 돌린다.

- '점화 효과'를 계정 생성 단계에 적용해 사용자들의 목표 달성을 돕는다.

- 사람들이 보상 시스템을 장기적인 최종 목표와 결부시킬 수 있게 한다. 보상에 따라 누적되는 이익을 지속적으로 상기시킨다.

- 사람들이 더 저렴한 대안이 있음에도 여러분의 프로그램을 계속 사용하는 것이 충분히 가치 있다고 생각하도록 보상 지급률을 조절한다.

- 서로 다른 유형의 업적을 여럿 제공할 때는 그 중 인기 있는 업적을 추적해서 사람들이 어떤 지위를 중요시하는지 알 수 있다. 이로써 더욱 매력적인 다음 제품을 제공할 수 있다.

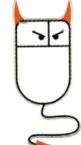

업적의 대안으로 금전 지불 권장하기

참을성 없는 사람들에겐 자신의 지갑을 통해 더 높은 지위로 올라설 수 있는 지름길을 보여준다.

월드 오브 워크래프트(WoW)의 재미 중 하나는 천만 명이나 되는 친밀한 친구들과 온라인에서 함께한다는 사회적인 측면이다. 이를 게임으로 탈바꿈시키는 것은 성공적인 퀘스트(임무) 수행을 통해 주어지는 업적과 지위다.

그러나 게임을 진짜 재미있게 즐기기 위해 충분히 높은 레벨까지 도달하려면 시간과 인내가 필요하다. 여러분이 즉각적인 지위 향상을 원한다면, 다행히도 이 지루한 업적 달성 과정을 우회하는 매우 쉬운 길이 있다. 돈을 내고 다른 사람이 여러분 대신 어려운 작업을 대신 하게 하는 것이다. 세계은행은 2009년 골드 파밍(게임 내의 보상을 "벌기" 위해 컴퓨터 앞에 앉아 같은 작업을 반복적으로 하는 것)과 파워 레벨링(게임 캐릭터의 지위를 충분이 높인 다음 그 캐릭터를 판매할 목적으로 게임을 하는 것) 시장의 규모가 30억 달러에 이른다고 언급했는데, 이 가운데 놀랄 만큼 높은 비율의 금액이 이 같은 클릭질이 일어나는 개발도상국으로 흘러 들어가고 있다고 한다.

Characters.net은 사전에 완성된 캐릭터를 시간보다는 돈이 많은 플레이어에게 판매하는 수많은 사이트 중 하나다.

현재 골드(게임 내 화폐)의 가치는 확연히 높다. 이는 게임 개발자들이 게임을 만들 때 골드로 살 수 있는 도구를 직접 만들려면 끝도 없이 몇 시간씩 같은 작업을 반복하도록 해 놓았기 때문이다. 캐릭터는 충분히 높은 레벨까지 육성하기 위해 시간과 경험이 필요하기 때문에 그 가치가 높다. 많은 사람들이 이러한 서드파티 게임 서비스를 제공하기 시작하는 이러한 시점에서(2011년 세계은행에 따르면 2009년도에 이러한 방법으로 주된 수입을 올리는 사람이 10만명에 이른다고 한다) 게임 회사들에게는 플레이어들이 자신의 경쟁자가 돈으로 성공을 사는 것을 보며 실망하는 일을 막아야 할 필요성이 시급해진다.

WoW의 개발사인 블리자드(Blizzard)의 공식적인 방침으로는 거래되는 골드의 대부분이 해킹 당한 플레이어로부터 훔친 것이기 때문에 이러한 가상 경제는 잘못됐으며, 업적과 지위를 성취하지 않고 사는 것은 부정 행위라고 한다. 블리자드는 이 게임을 프리미엄(freemium, 게임은 무료로 플레이 하되 부가적인 것들은 구매해야 하는 방식)이 아닌 유료 가입 기반 플랫폼으로 개발했으며, 플레이어들은 이러한 방식이 유지되는 것을 계속 원한다는 것이 사측의 입장이다.

아쉽게도 새로운 플레이어들은 레벨이 높은 숙련된 플레이어에 비해 "레벨 업"에 어려움을 겪는데, 레벨이 높은 플레이어들은 이미 강력한 마법 도구, 무기, 방어구를 원하는 대로 쓸 수 있고 더 높은 보상을 제공하는 복잡한 퀘스트를 수행할 수 있기 때문이다. 코리 닥터로우(Cory Doctorow, 그의 소설 《승리를 위하여(For the Win)》를 위해 골드 파밍에 대한 연구를 진행함)는 다음과 같이 말한다. "대규모 다중 사용자 온라인(MMO) 게임이 레벨 업을 위해서는 경로를 따라야 하는 현재의 방식을 지속하며, 또한 MMO 게임들이 오랜만에 게임을 플레이하는 플레이어에 대한 인센티브로 새로운 레벨을 다양하게 만들어내고, 게이머가 새로운 레벨로 올라감으로써 다른 어떤 방식보다도 기하급수적으로 더 많은 힘과 부, 다양한 재미에 접근할 수 있는 한, 이러한 시장은 영속할 것이다."

다른 예로, 팜빌(Farmville) 같은 게임은 프리미엄 방식을 이용하고 있는데, 다만 게임 내에서 살 수 있는 아이템은 곧바로 레벨 업이 가능한 능력을 주기보다는 일반적으로 여러분의 성공을 돕는 도구이거나 선물과 같이 허영심을 충족시켜주기 위한 것들이다. 이러한 유형의 구매는 지속적으로 발생하며 플레이어가 게임 내에서 더 높은 레벨에 도달하면 심지어 더 늘어날 확률이 높은데, 플레이어의 게임 내 캐릭터가 더 강해지면서 게임 밖에서 골드와 지위를 구입할 필요는 반대로 줄어들 것이다.

직접 성취하는 것보다 돈으로 해결하는 것을 권장하는 것은 현실 세계에서도 효과적이다. 짐팩트(GymPact, "교만" 장 참조)는 "사용자가 체육관에 가지 않은 것에 대해 벌금을 정하게 하고, 자신과의 약속(Pact)을 지키면 금전적 보상과 진짜 포상을 받는" 시스템이다. 이 회사는 사람들에게 운동을 권유하고 있음에도 기본적으로는 게으름에 사업을 걸고 있다. 댄 애리얼리(Dan Ariely)는 그의 책 『상식 밖의 경제학(Predictably Irrational)』에서 지불 서비스의 존재로 인해 (심지어 벌금을 내는 상황이라 하더라도) 평소 같았으면 처벌 대상인 행위를 사람들이 상식에 반하면서 어떻게 정당화하는지 보이고 있다. 사람들은 이미 돈을 냈기 때문에 자신의 행위를 당연하게 생각하는 것이다. 애리얼리는 자녀를 탁아소에 너무 오래 맡긴 부모들이 지체 요금을 내는 것을 당연하게 생각하는 것을 예로 든다. 같은 행동 방식을 보이는 사용자들이 짐팩트에도 있는지 지켜보는 것도 재미있을 것이다. 금전 지출을 목표 달성의 대안으로 생각하는지, 또는 목표를 달성하지 못한 것을 정당화하기 위한 방법으로 생각하는지 말이다.

목표 달성 대신 금전 지불을 권유하는 방법

- 여러분의 게임 또는 제품이 목표 달성을 위한 단계별 레벨 업 중심으로 돌아간다면 시간보다 돈이 남아도는 사람들은 돈으로 더 빠른 길을 택할 것이다. 돈보다 시간이 남아도는 사람들이 소외감을 느끼지 않게 하면서도 이러한 게임 외 구매를 활성화하기 위한 방안을 마련한다.

- 거래를 독점한다: 사람들이 특정 지위를 얻기 위해 돈을 지불할 수 있어도, 다른 이가 아닌 서비스를 만든 여러분에게 지불하게 하라(또는 최소한 여러분의 시스템을 거쳐 거래하게 하라). 이를 통해 여러분이 시세를 설정하고 이로써 특정 지위의 값어치가 유지된다. 목표를 직접 달성하기 좋아하는 사람들은 절대 낙심하지 말아야 하고, 돈을 내고 싶어하는 사람들은 결제글 맘추시 발아야 한다.

- 게임/제품 내 시장이 과포화되지 않으면서도 수요를 만족할 수 있는 충분한 아이템이 유통되게 한다. 이를 위해 시간이 지남에 따라 새로운 아이템을 지속적으로 공급해야 할 수도 있다.

- 목표를 직접 달성하는 것 대신 돈을 지불해서 해결하는 것에 대해 사람들이 느끼는 죄책감을 최소화한다. 예를 들어, 결제액의 일정 비율을 자선 기금으로 기부하는 방법이나, 외상이 가능한 신용 판매 제도와 유사하게 사용자가 향후 특정 목표를 달성했을 때 자신이 일전에 지불했던 금액을 "되살(buy back)" 수 있는 기회를 제공하는 방법을 활용할 수 있다(소비자들이 실제로 그럴지 의문스럽지만 말이다).

- 금전 지불(현질!)이 목표를 달성하지 못한 것에 대한 핑계가 되게 한다.

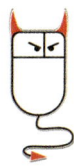# 사용자들이 자신의 지위를 널리 알리게 하라

사용자들이 커뮤니티 내에서 자신의 지위를 구축하고 이를 널리 알리는 일을 장려한다.

현실 세계에서 사람들은 옷, 자동차, 심지어 모임 장소 등을 통해 자신의 지위와 위치를 주변에 알린다. 이러한 단서들을 온라인에서는 활용할 수는 없기 때문에 이 경우 명성 등 다른 지위 척도(잠재적으로는 더 민주적인)로 대체된다.

명성은 온라인 맥락에 따라 다른 방식으로 요약될 수 있다. 예를 들면, 온라인 게임에서는 캐릭터의 레벨과 경험치가 이에 해당할 수 있다. 소셜 미디어 집단에서는 "좋아요", 추천, 멘션, 백링크[45], 배지의 수가 될 수 있다. 포럼에서는 작성한 글 또는 "감사" 표시의 수가 명성의 척도가 될 수 있다.

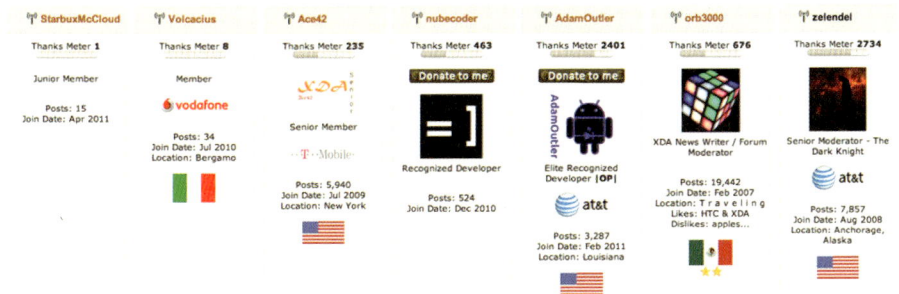

xda-developers.com은 일반적인 사이트들과는 다른 지위 서열 체계를 가지고 있다. 글을 게시하는 사람들은 신입 회원으로 시작해 수석 회원까지 올라간다. 개발자들은 특수한 서열을 가지며 (포럼은 개발자들로 인해 존재하므로) 중재자(moderator)는 커뮤니티 내 참여도를 기반으로 선출된다. "감사" 표시의 수, 게시글 수, 가입일, 그리고 자신의 계정에 서명과 이미지를 추가할 수 있는 능력은 지위를 나타내는 또 다른 지표들이다.

온라인 커뮤니티는 사람들의 참여가 있어야 시간을 보내기에 재미있고 유익한 공간이 된다. 참여가 늘어나면 논의되고 있는 내용을 감독해야 할 필요성도 증대된다. 사이트의 부정 이용을 막기 위해 커뮤니티 서비스 제공자가 고용한 사람이 이러한 감독을 일정 부분 도맡긴 해야 하나, 다른 커뮤니티 구성원들도 비공식적 감독자의 역할을 맡고 싶어할 때가 있다. 이런 현상을 되도록 장려하는 것은 당연하다. 이 과정에서 받는 시위는 대개 사람들에게 충분한 보상이 되는 것으로

---

45 (옮긴이) 현재 사용하고 있는 페이지로 오기 직전의 페이지로 돌아가는 링크. 즉, 백링크가 많을수록 이 페이지가 많은 곳에서 링크 됐으며, 그만큼 유명하다는 것을 의미한다.

보인다. 일반적으로는 급여를 받고 해야 하는 일을 사람들은 단지 "중재자"라는 직함을 받는다는 이유만으로 나서서 하는 것이다.

다른 사람들은 이렇게 더 높은 여러 가지 지위들을 보면서 이러한 지위에 따른 이득을 기대한다. 이 때문에 자신들도 그러한 지위들을 획득하고 싶어한다. 따라서 지위의 수준을 세분화해서 보여줄 때 사람들은 자신의 선망에 따라 목표를 세우게 된다.

또한 지위 수여는 사람들이 서비스에 계속 잔류하게 하는 중대한 방편이 되는데, 그런 지위는 얻기도 어렵지만 다른 곳에 옮겨다 쓰기도 힘들기 때문이다. 손실 회피는 사람들의 일반적 속성이고, 그래서 이들은 힘들여 쌓아 올린 지위를 "잃기"보다는 쓰던 시스템을 계속 사용하는 길을 택할 것이다. 그 지위에는 물질적 가치가 전혀 없더라도 말이다.

지위를 알리게 하는 방법

- 사람들은 특정 환경에서 자신과 타인의 지위에 신경을 쓴다. 그들이 자신의 지위를 쉽게 내보이고, 그들과 상호작용하는 다른 사람들의 지위를 쉽게 볼 수 있게 하라.
- 만약 새로운 포럼 시스템으로 옮기고 싶거나 다른 플랫폼의 포럼 중재자를 여러분의 새로운 시스템으로 유도하고 싶다면 그들은 새로운 시스템에서 이전과 동등하거나 더 나은 지위를 제공받아야 한다.
- 지위를 성취할 만한 보람이 있는 것으로 만든다. 예를 들어, 포럼에서 지위는 사용자가 다른 사용자를 차단하거나 특정 게시물을 홍보 편집, 이동할 수 있는 권한과 같은 더 나양한 수난을 동반할 수 있다.
- 더 높은 지위는 그만큼 더 노력을 해야 달성할 수 있는 것이어야 한다. 최상의 지위는 상대적으로 소수만 그 주인공이 될 수 있어야 그 매력이 더 돋보인다.

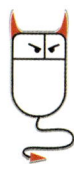
사람들로 하여금 자신이 중요하다고 느끼게 한다

사람들을 조금만 인정해 주면 그들은 더 많은 사랑과 수고로 여러분에게 화답할 것이다.

인간관계론(How to Win Friends and Influence People)의 저자 데일 카네기와 메리 케이 코스메틱스(Mary Kay Cosmetics)의 창업자 메리 케이 애쉬(Mary Kay Ash)의 공통점은 무엇일까? 두 사람 모두 방문 판매원으로 직장 생활을 시작했다는 점을 제외하면 두 사람 모두 소비자들이 자신을 특별하다고 느끼도록 만드는 일의 숨은 잠재력을 깨달았다는 점이다.

메리 케이 애쉬는 "여러분이 만나는 모든 사람이 자신의 목에 '내가 중요하다고 느끼게 해 주세요'라고 쓰인 표지를 걸고 다닌다고 상상하세요. 여러분은 판매뿐만이 아니라 인생에서도 성공을 거둘 것입니다"라고 이야기했다. 이 조언은 180만 명의 사람들로 구성된 강력한 전 세계적 다단계 판매 조직이 탄생하는 데 일조했다.

여러분이 누군가에게 본인의 중요성을 느끼게 만들면 그는 여러분을 위해 더 많은 것을 해 주게 되는데, 왜냐하면 그는 여러분이야말로 자신의 중요성을 확신하는 사람이라고 보기 때문이다. 그렇다. 이는 순환 논법이다. 이는 여러분이 원하는 것을 얻는 강력한 간계(奸計)다.

데일 카네기는 사람들이 자신이 중요성을 느끼게 하는 몇 가지 키포인트를 언급한다. 그의 책에서 그는 사람들을 이름으로 부르고, 그들을 인정하며, 감사를 표하고, 용기를 북돋아주며, "주위 기대를 충족시키는 좋은 명성을 제공"해야 한다고 이야기한다. 다시 말해, 여러분이 누군가의 긍정적인 측면을 칭찬하면 나중에 이러한 측면(예를 들면, 너그러움과 같은)을 여러분이 원하는 방향으로 쓰도록 요구할 수 있다는 말이다.

오늘날 온라인에서 펼쳐지는('소셜'이라는 키워드로 대표되는) 사회적 상호작용의 커다란 가능성은 사람들에게 자신이 중요하다는 환상을 손쉽게 심어줄 수 있다는 것이다. 앤디 워홀(Andy Warhol)이 1968년에 남긴 "미래에는 15분이면 누구나도 전 세계적으로 유명해질 수 있을 것"이라는 말의 실현 가능성은 오늘날 더욱 커져, 이제 모든 사람들은 15메가바이트 크기의 (잠재적) 명성을 온라인에

붙여넣기하고 있다. 아마도 더 현실적인 말은 닉 커리(Nick Currie)가 1991년에 남긴 "미래에는 모든 사람들이 15명의 사람들 가운데서 유명해질 수 있을 것이다"라는 언급일지 모른다.

자포스(Zappos)는 소비자들이 자신의 중요성을 느끼게 만드는 일의 명수다. 무료 배송 업그레이드, 실시간 상담원 운영을 포함하는 훌륭한 고객 서비스, 빠르고 편리한 반품은 환상적이긴 하지만 이는 단지 기존의 전자상거래 원칙을 잘 적용하기만 해도 되는 것이다. 자포스가 소비자들이 자신의 중요성을 느끼게 만드는 데 진정으로 뛰어난 점은 바로 소셜 인터랙션을 수용하는 방식이다. 이 회사의 페이스북 사이트에 있는 "이 주의 팬" 기능은 페이스북 페이지에 한 주 동안 표시될 이미지를 방문자들이 투표할 수 있는 기능이다. "이 주의 팬"은 자신의 페이스북 타임라인에 자포스의 박스와 함께 찍은 사진을 올린 사람들 중에서 선택된다. 최소한 자신이 중요한 사람이라는 인정을 받고 싶은 만큼 소비자들은 자포스의 홍보 필요성에 부응하는 사진을 제출하는 것이다. 자포스는 자사의 사이트에서 쓸 애완동물이나 아기의 사진을 구하기도 하는데, 여기에는 조건이 한 가지 있다. 바로 애완동물이나 아기가 반드시 자포스 브랜드가 표기된 박스 안에 앉아 있어야 한다는 것이다.

스레드리스(Threadless.com)는 티셔츠 판매 사이트다. 하지만 이 사이트는 판매 티셔츠의 디자인을 도출하는 과정에서 다른 온라인 상점과 크게 차별화된다. 누구든지 티셔츠 디자인을 업로드할 수 있고, 스레드리스 직원들은 제출된 디자인에 점수를 매긴다. 스레드리스 팀은 일주일 단위로 높은 점수를 받은 디자인을 선별하고 그 가운데 무엇을 티셔츠로 제작할지 결정한다.

선택된 디자인의 제작자는 2000달러의 상금과 500달러 상당의 적립금도 받는다. 하지만 이 사이트 및 여타 다른 곳에 달린 댓글 등으로부터 판단하면, 제작자에게 있어 진정한 가치는 현금이 아니라 사람들로부터 받는 인정으로 보인다. 디자인의 제출에서 시작해 투표를 거치고 마침내 선택되어 제작에 이르는 전체 과정은 공동체 의식에 초점이 맞춰져 있다. 이로써 소비자들은 자신이 중요한 사람이며 해당 과정의 중심에 자리하는 한편 상당한 영향력도 행사한다는 느낌을 받는다. 디자인부터 제품 완성까지의 전체 작업을 본인의 의도대로 이끌었다는 것보다 더 훌륭한 보상이 소비자에게 있을 수 있겠는가?

신발 회사가 왜 자사 사이트에 굳이 아기와 애완동물 사진을 보여줘야 하는가? 애완동물과 아이들은 사람들에게 가장 중요한 것들로 꼽히기 때문에 이를 온라인에서 보여주는 것은 소비자들에게 자신이 중요한 사람이라는 느낌이 들게 한다. 이 사진들에서 해당 브랜드는 돈 한푼 쓰지 않고 홍보가 되고 있는 점을 주지하라. (zappos.com)

커뮤니티 참여는 이것으로 그치지 않는다. 스레드리스의 홍보는 상당 부분 입소문을 통해 이뤄지며(티셔츠 자체가 걸어다니는 광고판인 것이 명백하지만) 스레드리스 회원의 피드백은 제품 특징에 반영되고 창업자의 블로그를 통해 이를 확인할 수 있다. 스레드리스의 공동 창업자인 잭 니클(Jack Nickell)은 이렇게 설명한다. "스레드리스는 커뮤니티가 주도적으로 이끌어 가기 때문에 우리는 별다른 결정을 내리지 않는다. 커뮤니티가 원하는 것이 무엇인지 살피며 이에 대응하긴 하지만 그렇다고 5개년 계획을 미리 세우거나 하지는 않는다. 소비자들이 바라는 바기 있다면 그곳이 우리 회사가 성장할 방향이다."

이 커뮤니티의 유명 아티스트 중 한 명인 브렌트 쇠프(Brent Schoepf)은 "누구나 예술 작품을 만들 수 있고 세상에 내놓아 사람들이 이를 보고 탐구하는 이러한 경향이 앞으로도 계속되길 바란다"라고 이야기했다.

이 사이트에 제출되어 선보인 디자인은 20만 개가 넘으며, 이들 디자인에 대해 150만 명 이상의 등록 사용자들이 1억 번 이상 투표했다. 이들은 15달러에서 17달러 사이의 티셔츠를 매월 1만 장 이상 판매한다. 사용자에게 자신의 중요성을 일깨울 때는 분명한 이익이 따라오는 것이다.

스레드리스닷컴의 커뮤니티는 티셔츠를 디자인한 사람들에게 사람들이 그 디자인에 돈을 낼 것 같은지에 관해 직접적인 피드백을 제공한다. 이를 통해 티셔츠 디자이너들은 실력을 향상시키는 데 도움을 받고, 회사로서는 어떤 이미지를 온라인에서 판매할 제품으로 탈바꿈시킬지에 대한 확실한 지표를 얻을 수 있다.

사람들로 하여금 자신이 중요하다고 느끼게 하는 방법

- 소비자에게 뭔가를 무료로 제공하면서 "당신은 저희에게 너무나 중요한 사람이니까요"라고 이야기한다. 여기에는 한 달 간의 무료 멤버십, 무료 배송, 또는 이외의 저가(판매를 하는 여러분의 입장에서) 제품이 해당될 수 있으며, 이들은 소비자들에게 기분 좋은 깜짝 선물과 같은 역할을 한다.

- 특정 사람에게만 주어지는 독점적인 것을 마련한다. 각 "특정 사람"은 얼마나 많은 다른 "특정 사람들"이 있는지 알 필요는 없다. 이런 장치는 특가 행사를 전체 고객에게 공개하기 전에 단골 고객들에게만 미리 알려주는 이메일 리스트 같이 상호간에 모두 이익을 가져다 줄 수 있다.

- 고객의 힘을 활용한다. 고객들이 자신의 의견이 존중받는다고 느끼는 한, 그들은 여러분을 위해 대가를 바라지 않고 일해줄 것이다. 예를 들면, 여러 상품 중에서 최고의 상품을 선택하거나 포럼을 감독하는 일이 여기에 해당한다.

- 사이트에 소비자를 위한 공간을 만들어 소비자들이 자신이 중요한 사람이라고 확실히 느낄 수 있게 하라. 이는 블로그 게시물에 댓글을 다는 것처럼 단순한 것이 될 수도 있지만 좀 더 창의력을 발휘한다면 "추천 고객"을 선정하거나 고객이 직접 의견을 개진하는 일을 요청할 수도 있을 것이다.

제품에 시기를 빚어내고 이를 유지하기

필자는 iOS 디바이스의 기본 이메일 서명인 "내 아이폰에서 보냄"을 만든 사람이 후한 보상을 받았기를 희망한다. 이는 별다른 노력 없이도 전파되면서 동경을 불러일으키는 콘텐츠의 완벽한 구현이라고 할 수 있다. 겉모습만 보자면 이는 고객보다는 회사에 더 큰 이익을 가져다 줄 하나의 광고에 지나지 않는다. 그럼에도 사용자들은 이상하게도 이를 변경하고 싶어하지 않는 것처럼 보인다. 부분적으로 이러한 관성은 이 짧은 문구가 한 개인으로서의 사용자에 대해 이야기하고 있는 데서 기인한다. iOS 기기가 출시된 지 5년 이상 지났지만, 이 문구는 여전히 사람들의 이메일 아래쪽에 자리하고 있는 일이 흔하다. 이 실징을 이디서 바꾸는지 아는 사람이 아무도 없기 때문은 아닐 것이다. 이 문구를 통해 각자는 사회적으로 용인이 되는 수준으로 '잘난 체'를 할 수 있고, 이 때문에 문구가 그 자리에 계속 남아있는 것이다.

모든 것을 파괴하는 시기는 주위의 누구보다도 더 많이 가지려고 하는 욕구에 해당한다. 이러한 시기가 상당히 반사회적인 행동 몇 가지로 이어질 수 있는 한편, 우리는 시기의 좀 더 유한 형태(동경)가 실은 상당히 강력한 동기 부여와 설득의 요소가 될 수 있음을 확인했다.

이번 장에서는 제품에 대한 욕망을 불러일으키는 방법과, 사람들로 하여금 제품이 그들에게 어떤 것을 "더" 제공할 것인지를 그려볼 수 있게 "제품을 동경할 만한 상황" 또는 "동경과 선망의 대상인 사람이 제품을 사용하고 있는 모습"을 보여줌으로써 제품을 갖고 싶어하게 만드는 방법을 알아봤다. 뉴스레터 수신, 설정 옵션 조작으로 시간 보내기, 데모 버전 사용 등과 같은 간단한 방법으로 사람들을 불러들여 가족의 일원으로 만듦으로써 사람들이 구매를 하기 전에라도 이미 이들의 마음을 혹하게 할 수 있다.

온건한 시기에 머무르는 것이 파괴적인 시기로 옮겨가는 것보다 좋을 것이다. 약간의 불평등 회피는 그다지 해가 될 것이 없지만 다른 이의 이익을 제한하는 것을 전제로 사람들이 의사결정을 내리기 시작하면 여러분이 만드는 제품의 공동체적 측면은 무너지기 시작할 것이다. 남들의 우러름을 불러일으킨 데 대한 보답을 안겨주는 제품은 시기를 적절한 수준으로 통제하는 데 도움을 준다. 메리 케이 코스메틱스 조직에서 판매원들 간에 존재하는 다양한 단계들(상위 계층의 사람들이 그들 밑의 사람들이 거두는 성공에 의지하는)과 같이 말이다. 이 지점에서 흥미롭게도 메리 케이와 온라인 게임인 월드 오브 워그래프트는 한 가지 공통점을 지니고 있는데, 둘 모두 사람들이 노려볼 만한 중간 레벨(단계)를 여럿 둔다는 것이다. 성취 가능해 보이는 목표가 있고, 이를 달성하면 도전할 다음 목표가 바로 주어진다. 두 사례 모두에서, 모든 참여자는 현실적이며 성취 가능한 동경을 품을 수 있다는 것이다.

성취 가능한 동경을 갖는다는 말이 철저히 공평하기만 한 경쟁의 장을 뜻하는 것은 아니다. 우리는 지위와 업적 간에 뚜렷하게 눈에 띄는 차이를 둠으로써 온건한 시기를 유지할 수 있다. 소비자가 자신의 자격이나 지위를 홍보하는 것을 도와 그들 자신의 중요성을 느끼게 해 준다. 이러한 홍보는 단순히 제품을 대놓고 쓰는 식으로 일어날 수도 있고("내 아이폰에서 보냄"), 리뷰나 자포스의 강아지 사진 갤러리처럼 다소 둔감한 방식으로 제품 사용 경험 공유를 권장하는 식으로 나타날 수도 있다. 답례로 여러분은 공짜 유명세와 호의적 리뷰를 얻게 될 것이다. 이 과정에서 빚어진 시기의 양을 잘 조절하고 사람들의 동경을 계속 붙들기 위해서는 다른 사람들은 어떻게 스스로 해당 목표를 달성하는지(노력으로 직접 성취하든지(진행 상황에 대한 지속적인 알림과 함께), 결과인 지위를 돈을 주고 사든지)를 반드시 보여줘야 한다.

생긴 것이 꽝이든지, 혹은 차별점이 없거나 그냥 엉터리인 제품에 사람들의 욕망과 동경이 향하게 하는 것은 어불성설이다. 그러나 여러분에게 흥미로운 문제를 해결하는 만족스러운 제품이 있다고 하면 다양한 방법으로 입소문을 일으켜 일정 수준의 온건한 시기를 빚어낼 수 있다. 고객은 더 많은 판매와 선택으로 화답할 것이다.

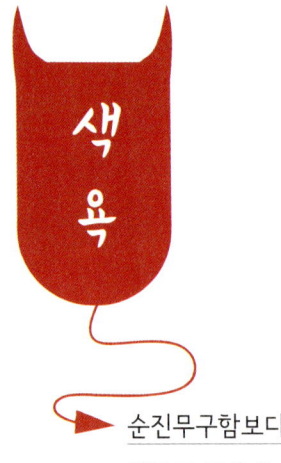

순진무구함보다
색욕과 탐욕을 속이기가 더 쉽다.
- 메이슨 쿨리(Mason Cooley) -

색욕은 흔히 성적인 것으로 생각하기 쉬운데, 사실 그 대상이 무엇이든 극렬한 욕구를 품는다면 모두 색욕에 해당한다. 뭔가를 강렬하게 소망하기 시작하면 우리는 이성적 사고를 멈춘다. 눈에는 불을 켜고 구실을 그러모아, 소유를 정당화하고 자제력을 내던진다. 사람들이 이 정도로 강하게 뭔가를 갈망하면 욕구를 행동으로 바꿔놓기 위해 이들에게 별로 눈치를 줄 것도 없다. 그들의 주린 욕정을 맘껏 채울 수 있다고 꾀어내면 된다.

색욕은 강력한 감정이다. 우리는 색욕에 가까이 다가감으로써 삶의 다양한 모습을 다스릴 수 있다. 색욕이 있지 않고서야 다른 이가 무엇을 가졌다고 해서 자신도 가지려는 비합리적 필요를 느낄 일이 없으며, 실제로 필요한 것 이상을 그러쥐려는 생각을 하긴 어렵다. 색욕은 출발점인 것이다. 시기와 탐욕은 그 결과다.

색욕을 활용하기 위해 기업들은 일단 고객의 호감을 얻어야 하며, 이를 통해 고객의 마음은 기업이 원하는 행동을 하는 쪽으로 기운다. 그러면 기업은 보답의 개념을 이용해 고객의 의무감을 불러일으킬 수 있다. 즉, 기업은 고객에게 작은 선물을 해 주고 나중에 그 답례로 고객의 더 큰 참여를 이끌어내는 것이다. 이 선물이 꼭 손으로 만질 수 있는 것일 필요는 없다. 색욕의 불길에 기름을 붓고 이성적 사고의 빗장을 풀 수 있기만 하면 형태는 중요치 않다.

색욕의 탄생: 감정으로 행동의 모양을 잡는다

색욕을 이야기하자면 모두들 저 많은 온라인 데이트 사이트야말로 아주 좋은 사례라고 으레 생각하기 쉽다. 애석하게도 이 사이트들의 배후에 자리한 "과학"은 그렇게 과학적이지 않다. 우선 첫째로, 좋은 상대란 무엇으로 결정되는지 실은 아무도 알지 못한다. 취향과 특성이 다른 개인들이라도 훌륭한 연인이 될 수 있고 실제로도 그렇다. 둘째로, 서로 얼마나 잘 맞는지를 과도하게 분석하다가 사람들은 미래 상대에 대해 실현 불가능할 지경으로 드높은 기대를 품게 된다. 사전에 그렇게 오랜 시간을 이것저것 재고 나면 결국 막상 실망할 확률이 높다.

정말 효과가 있는 것은 호감을 주는 것이다. 누군가가 높은 기대를 품기 전에 호감을 주려고 노력하면 효과는 더욱 커질 것이다. 이것은 데이트에 관한 조언이 아니다. 설득에 관한 조언이다.

호감, 또는 더 강력한 형태로는 색욕이라는 감정 역시 다른 감정과 같은 방식으로 다룰 수 있다. 입에 발린 말은 듣는 이가 자신은 그런 아첨에 면역이 돼 있다고 해도 결국 통한다. 또한 사람들 마음에 아이디어를 밀어 넣어 어떤 개인이나 아이디어에 호감 또는 비호감을 느낄 수 있게 하는 것도 가능하다. 우리 인간이란 자신과 비슷하다고 생각하는 사람들을 편들기 마련이라서 정말 엉성한 기준 위에서도 그들만의 리그가 믿을 수 없을 정도로 쉽게 만들어진다. 물론 너무나 완벽한 사람들은 우리의 자존심을 위협하는 존재가 되어 결국 우리의 반감을 사는 경우도 있다. 따라서 회사들은 너무 좋기보다는 그런대로 좋게 보이기 위해 몇 가지 단계를 밟게 된다.

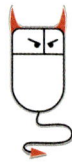

"사랑해"라고 말해라

아첨하는 말로 설득하면 더 큰 호응을 얻게 된다.

당신은 사랑받기 위해 태어난 사람… 2000년 5월 4일, 전 세계의 사람들은 한 통의 이메일을 받기 시작했는데 이메일의 내용인즉슨, 그렇다! 여러분의 친구 중 한 명이 여러분을 사랑한다고 고백해 온 것이다. 이로 인해 많은 사람들이 이메일 첨부파일을 열게 됐고, 인터넷에 연결된 모든 컴퓨터 중 10퍼센트가 메시지 안에 숨어 있던 바이러스에 감염됐다. 이 사건으로 550억 달러 규모의 피해가 발생했다고 추산된다.

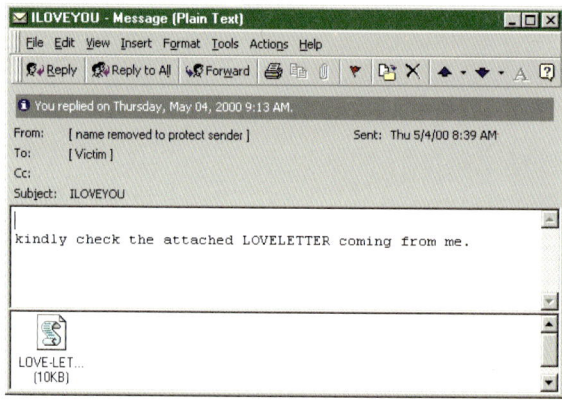

연애 편지? 나한테? 친구가 보냈다고? 당연히 열어 봐야지!

감염된 이메일 첨부파일이나 링크를 열게 하는 사회 공학(social engineering)[46] 기법은 방금 본 초기 사례 이후 진화를 거듭해 왔다. 하지만 여전히 대다수의 기법은 동일한 기본 방법에 의지하고 있는데, 이 방법이란 바로 아첨(flattery)을 말한다.

아첨(간단히 말하면 진실되지 못한 칭찬)은 어쨌든 그 대상의 기분을 좋게 해준다. 아첨이 특별히 정확하지 않거나, 아첨을 받는 사람이 그 같은 칭찬의 이유가 참되지 않은 것이라는 점을 알고 있다고 해도 말이다. 또한 아첨을 받는 사람은 이전보다 아첨꾼을 좀 더 좋게 생각하게 된다.

---

46 (옮긴이) 직접적인 침입이나 기술적 해킹이 아니라 사람의 심리를 이용해 건물, 시스템, 혹은 데이터에 접근하는 기술

아첨을 받는 사람이 아첨꾼을 더 긍정적으로 바라볼 때 아첨꾼이 시도하는 설득에도 더 개방적인 자세를 취하게 된다. 사람들은 마케팅 인쇄물 등에서 보는 그 같은 거짓된 감언이설을 간단히 무시한다고 말은 할지 몰라도 감언의 영향력은 계속 유효하다. 일레인 챈(Elaine Chan)과 자이딥 센굽타(Jaideep Sengupta)는 소비자가 의식적으로 노력해서 아첨의 영향을 바로잡으려고 할 때도 무의식적으로는 여전히 아첨에 영향을 받는 것을 발견했다. 이는 사람들이 자존감을 높여주는 칭찬에서 포근한 느낌을 받고, 말로는 이 칭찬이 실제로는 아무 효과도 없다고 하면서도 업자를 향해 무의식적으로 긍정적인 반응을 품기 때문이다. 흥미롭게도 이 과정에서 느끼는 즐거움과 무의식적인 반응은 방금 들은 듣기 좋은 말은 단지 영업 계책일 뿐이라는 의식적 기억보다도 오래 가게 되고, 이로써 소비자는 차후에 소비를 하게 될 가능성이 올라간다.

독자는 컴퓨터 시스템을 통해 전달되는 메시지에는 아첨을 할 여지가 더 적지 않나 생각할지 모른다. 하지만 B.J. 포그(B.J. Fogg)와 클리포드 나스(Clifford Nass)가 발견한 바에 따르면, 실제 실험 성적과 무관하게 컴퓨터가 참가자를 칭찬하는 연구에서 참가자는 대조군에 비해 아첨하는 컴퓨터에 더 큰 호감을 갖고 실험 과정을 더 즐겁게 생각했으며, 해당 컴퓨터와 계속 작업을 하려고 나섰으며 대조군보다 자신이 더 나은 성적을 보였다고 평하는 모습을 보였다. 참가자들의 행위에 논리적으로 기반을 둔 참된 칭찬만큼이나 아첨 역시 효과가 있었던 것이다.

이는 마치 우리가 칭찬에 굶주린 나머지 칭찬을 비판과는 다르게 걸러 듣지 않는 모습이다. 맞닥뜨린 칭찬이 지어낸 것임을 알고 있음에도 여전히 우리는 무의식적 수준에서 이를 받아들이는 것이다.

물론, 어떤 사람들은 누가 자신을 사랑하는지 마우스로 클릭해서 보는 일 이상을 할 각오가 돼 있다. 이들은 자신의 프로필이나 메시지를 누가 봤는지 알기 위해 실제로 돈을 지불할 태세가 돼 있다. 태그드(Tagged.com, "새로운 사람들을 만나기 위한 소셜 네트워크")의 VIP 계정은 누가 자신의 프로필을 보고 있는지 아는 기능과 같이 일반 계정에 없는 추가 혜택을 월 20달러에 제공한다. 이러한 개인 인맥과 대비해 전문직업인 인맥을 취급하는 대형마 링크드인(LinkedIn)

역시 같은 특혜에 대해 요금을 요구한다. 링크드인의 프리미엄 계정은 누가 회원 자신의 프로필을 살펴봤는지 알 수 있게 해주며, 회원의 메시지가 사람들에게 확실히 전달될 수 있게 하는 기능에 회원은 추가로 20달러를 내야 한다.

네스트(Nest.com)는 사용자에게 꼬리표를 달아 별 특징도 없는 아첨으로 알랑거린다. 이러한 꼬리표(똑똑한, 재미있는, 조예가 깊은)는 모두 상대적으로 어디에 써도 무방한 것들임을 주지하라. 이것들은 전부 일반적인 말들이고 대상이 누가 됐든 그 특징을 묘사하는 데 용이하다.

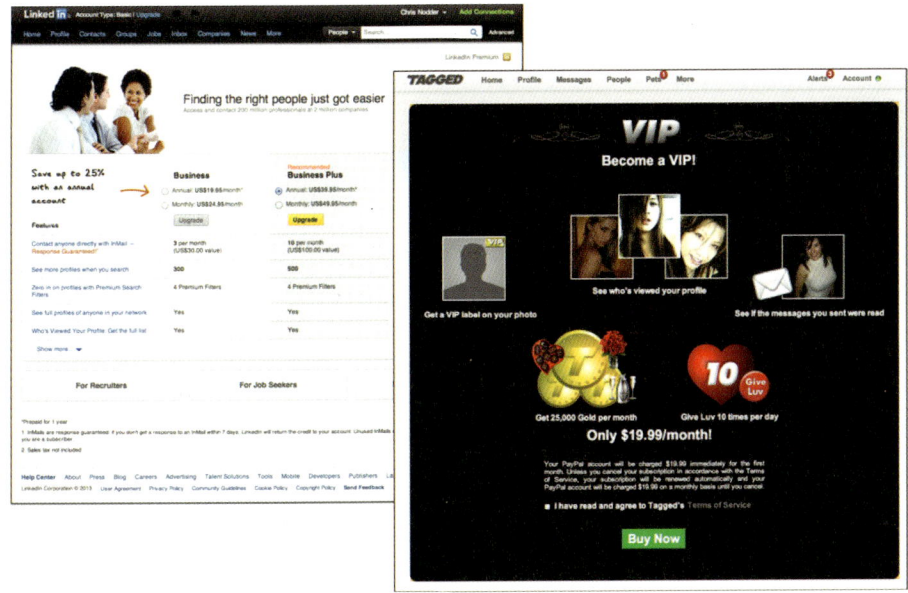

소셜 네트워크 상에서 링크드인과 태그드가 취급하는 인맥의 범위는 정반대(직업/개인)이지만 이들은 모두 같은 기법을 이용한다. 월 20달러에 누가 당신을 사랑하는지 알아낼 수 있는 것이다. (linkedIn.com, tagged.com)

> ### 아첨을 활용하는 법
>
> - 여러분의 아첨을 받는 사람들은 여러분을 더 우호적으로 보게 된다(따라서 여러분의 제품과 서비스를 구입할 가능성이 올라간다). 자신들이 받은 아첨이 진실되지 못하거나 과분한 것임을 알고 있음에도 말이다.
>   - 자부심 구축은 반드시 여러분이 떠는 아첨으로 시작되게 해야 한다. 챈과 센굽타의 연구에 따르면 고객의 자부심이 아첨이 시작되기 전에 이미 높여져 있는 경우, 접하게 되는 아첨이 참되지 못하다는 의식적 자각이 우세해지고 장기간 무의식에 영향을 줄 긍정적 효과를 압도하게 된다.
> - 사람들에게 꼬리표를 달아주고 그 꼬리표의 특징을 요청한다. 예를 들면, 상대에게 당신은 안목이 굉장히 뚜렷하고, 환경적 의식이 있으며, 괴짜지만 호감이 간다고 말해준다. 그런 다음, 여러분의 친환경 제품을 구입해달라고 부탁한다. 꼬리표들은 사이트 방문자들에게서 전반적으로 관찰되는 긍정적 특징에 기초해 비교적 다수에게 적용할 수 있는 말일 수 있다.
> - 번민과 불안에서 금전적 수입을 짜내라. 다른 회원과의 관계에 대해 더 세부적으로 알고 싶은 사람들이 돈으로 그 불안을 해결할 수 있게 하는 것이다.

2등이 되어라
게임 이론과 자존심은 경쟁적 공간에서 집단의 최고와는 맞서지 말 것을 명한다.

1960년대 초반 렌터카 회사인 에이비스(Avis)가 시작한 광고 캠페인에는 다음과 같은 문구가 자리했다. "우린 2등(No. 2)입니다. 우린 더 열심히 노력합니다."

Avis is only No.2 in rent a cars. So why go with us?

We try damned hard.
(When you're not the biggest, you have to.)
We just can't afford dirty ashtrays. Or half-empty gas tanks. Or worn wipers. Or unwashed cars. Or low tires. Or anything less than seat-adjusters that adjust. Heaters that heat. Defrosters that defrost.
Obviously, the thing we try hardest for is just to be nice. To start you out right with a new car, like a lively, super-torque Ford, and a pleasant smile. To know, say, where you get a good pastrami sandwich in Duluth.
Why?
Because we can't afford to take you for granted.
Go with us next time.
The line at our counter is shorter.

에이비스의 "우린 2등입니다" 광고 캠페인의 한 인쇄본 (에이전시: 도일, 데인, 번벅)

광고 캠페인을 이끈 에이전시들은 도일(Doyle), 데인(Dane), 번벅(Barnbach)으로서 번벅은 식탐 장의 "문제를 보여준다" 부분에서 언급한 폭스바겐 광고를 낳은 바로 그 광고 에이전시였다. 에이전시는 각 광고의 초점을 에

이비스의 경영 철학을 솔직하고 진실하게 밝히는 데 됐다. 이러한 접근은 당시로서는 충격적으로 신선한 방식이었고, 해당 브랜드에 경이로운 결과를 가져다 주었다. 캠페인을 시작한 후 일년이 흐르자 에이비스는 사상 처음 흑자를 달성했다. 4년이 지나자 시장 점유율은 11퍼센트에서 35퍼센트로 성장했다. "우리는 더 열심히 노력합니다"라는 핵심 구절은 50년 동안 자리를 지키다 2012년에야 대체됐다. 오늘날 에이비스는 더 이상 하룻강아지로 보이지 않는다.

2등이라는 위치에서 에이비스가 거둔 성공의 이면에는 다른 이유가 있을 수도 있다. 이 이유는 우리가 어떠한 식으로 타인과의 비교를 행하는지에 주로 관련돼 있다.

1966년 엘리엇 애론슨(Elliot Aronson)은 사람들 사이의 상대적 호감도를 연구하기 위해 다음과 같은 실험을 진행했다. 실험 참가자들은 대학 퀴즈쇼를 위한 오디션에 참여한 사람들을 녹음한 테이프를 듣게 됐다. 참가자들이 듣는 테이프는 거의 완벽한 지원자(우등생이자 육상경기팀의 일원으로서 제시된 문제의 92퍼센트를 맞춤) 아니면 중간 정도의 지원자(제시된 문제의 30퍼센트를 맞췄는데, 지원자의 학력을 고려했을 때 전혀 특출할 게 없는 성적이었다)를 녹음한 것이었다. 각 조건에서 실험 참가자들 중 절반은 인터뷰 막바지 즈음에 오디션 지원 학생으로 보이는 인물이 자기 옷에 커피를 실수로 쏟는 상황까지 추가로 듣게 됐다.

바로 이 실수가 차이를 불러왔다. 네 실험 조건 중(거의 완벽한 학생, 실수를 한 거의 완벽한 학생, 중간 정도 학생, 실수를 한 중간 정도 학생)에서 월등한 실력의 사람은 실수를 했을 때 최고로 매력적인 것으로 평가받았고, 그다음은 실수를 하지 않은 월등한 실력의 사람, 그 다음엔 실수를 하지 않은 중간 정도의 사람, 그리고 마지막으로 실수를 한 중간 정도의 사람순이었다. 따라서 커피를 쏟은 행위 자체가 매력의 정도를 올린 것은 아니었다. 커피를 쏟은 중간 정도의 사람은 덜 매력적인 것으로 평가받았으니 말이다. 그보다는 애론슨이 제시한 설명처럼 높은 수준의 능력이 한 사람의 매력을 더해주긴 하지만 그가 살짝 빈틈을 보일 때 우리는 그를 더욱 매력적으로 인식하는 것이다. 우월한 사람의 작은 실수는 그에게 인간미를 더하고 그를 다가가기 더 쉬운 사람으로 보이게 하며, 우리의 자존심에 상처는 덜 내면서도 더 큰 호감을 품을 수 있게 한다.

이렇게 세상에 드러나게 된 실수 효과(엉덩방아 효과, pratfall effect)는 여성보다 남성에 더 해당된다. 또한 실수 효과는 관찰자가 실수를 저지른 사람과 어느 정도 사회적으로 비교되는 느낌을 받을 때 더욱 강해진다. 만일 평가 대상인 사람이 관찰자와 비교 불가능할 정도로 우세한 인물일 때는 관찰자는 실수를 하지 않는 월등한 사람을 더 선호하게 된다.

더욱 최근의 연구에서는 사람은 실제 자신의 모습을 지니기보다는 자신이 되고 싶은 인물을 모방하는 사람에게 제일 매력을 느낀다는 점이 드러난다. 하지만 사람을 어떻게 "레이트(평가(rate))"하는지와 누구와 실제로 "데이트"를 하는지는 별개의 문제다. 분석에 따르면 사람들은 자신의 육체적인 매력 수준과 어울리는 상대와 데이트를 한다.

이를 다시 말하면 사람들의 갈망은 자신이 이상적으로 상상하는 자아에 부합하는 대상으로 향하지만 현실에서는 자신의 실제 모습에 더 가까운 대상에 만족한다는 것이다.

이 효과는 온라인에서 두드러진다. 평상시 우리는 데이트 사이트나 만남 주선 회사들이 어떻게 돌아가는 것인지 특별히 알지 못한다. 온라인 만남 주선 사이트인 오케이큐피드(OKCupid.com)의 공동설립자 크리스챤 러더(Christian Rudder)는 회사의 데이터베이스에서 찾아낸 재미있는 행동에 대한 글을 블로그에 게시했다.

이 사이트의 회원은 상대방의 매력도를 5점 만점으로 평가하게 돼 있다. 러더가 찾아낸 한 가지 사실은 매력도 평점의 평균을 놓고 봐도 몇몇 여성 회원은 다른 회원보다 훨씬 더 많은 메시지(호감의 척도)를 받는 것이었다.

남성들로부터 현격하게 더 많은 수의 메시지를 받는 여성 회원은 평점 항목 중에 더 극단으로 치우친 점수(1점이나 5점 쪽인 평점)를 받은 이들이었다. 이들과 평균 평점은 동일하지만 각 평점 결과가 평균적으로 한 점수 대에 몰려 있는 여성 회원들은(4점 대의 높은 점수를 받은 사람이라도) 메시지를 더 적게 받은 것이다. 러더는 이에 대해 다음과 같이 말한다. "어떤 남자들이 한 여자를 못생겼다고 생각하면 다른 남자들이 그 여자에게 메시지를 보낼 가능성은 더 올라간다. 남자들이 한 여자를 귀엽다고 생각하면 다른 남자들의 관심은 덜하게 된다."

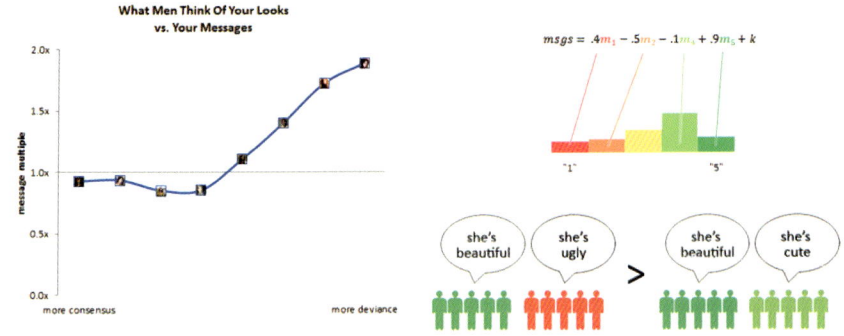

여성의 외모에 남자들의 의견이 더 일치될수록 그 여성이 받는 메시지의 숫자는 줄어든다. 여성의 매력에 남자들의 의견이 일치하지 않을 때 그 여성은 전반적으로 더 많은 메시지를 받게 된다. 다중회귀 분석 결과에 따르면 여성 외모에 대한 남자들의 평점이 1점("내 스타일은 아냐")이나 5점("완전 내 스타일")으로 치우칠수록 해당 여성이 받는 메시지의 숫자가 증가하는 경향이 있다. (그래픽 제공: 오케이큐피드)

러더는 게임 이론(game theory)을 이용해 이러한 현상을 설명한다. 만남 주선 사이트의 남성 회원은 한 여성이 받은 1점이나 2점을 보고 그녀에 대한 다른 남성 회원들의 흥미가 덜하다는 낌새를 채면 이를 경쟁이 덜한 것으로 해석하는 것이다. 이와 반대로 이 남성이 한 여성의 평점이 주로 4점에 몰려있는 것을 볼 때는 많은 남자들이 그녀의 관심을 끌기 위해 경쟁하고 있을 확률이 높다는 인상을 받게 된다.

따라서 러더가 전하는 충고는 남자들이 좋아하지 않을 성 싶은 것을 오히려 크게 드러내라는 것이다. "이제 결점을 최소화하는 것이 하지 말아야 하는 일이라는 점을 뒷받침하는 수학적인 증거가 나왔다. 만약 여러분이 조금 통통하다면 숨기지 말고 이를 강조해라. 코가 커도, 강조해라. 이상한 덧니가 나 있으면, 역시 강조해라. 통계학적으로 보면 이런 점들이 싫은 남자들이야말로 결국 여러분에게 유익한 존재이고, 또한 이런 점들이 좋은 남자들의 설렘은 더욱더 부풀 것이다."

이상적인 바람이야 어찌됐든, 결국 사람들은 객관적으로 가장 나은 상대가 아니라 자신에게 가장 호감이 가는 상대를 택하게 된다는 점이 게임 이론과 자존감 모델 모두에서 나타나고 있다.

2등이라는 자리에서 이득을 보는 방법

- 공략해야 하는 고객의 대부분이 남성이며, 이들이 여러분을 너무 완벽한 존재라고 인식하는 경우 고객의 자존감을 비교적 증진시킬 수 있는 행위를 함으로써(실수 효과) 고객이 여러분에 대해 더 큰 매력을 느끼게 할 수 있다.
- 극단으로 치우친 의견을 부추기는 제품/서비스의 경우, 사람들이 맘껏 징징대게 놔둔다. 누군가에겐 싫은 것이 다른 누군가에겐 너무 좋은 것일 수 있다.
- 최고로 좋은 1등 옵션을 택할 때보다 여러분이 제시하는 옵션 중 하나를 고를 때 고객의 경쟁이 어떻게 덜해질 수 있는지 보여준다. 더 적은 대기 시간, 더 짧은 배달 시간, 더 낮은 비용 등을 제시할 수 있다. 하지만 동시에 고객의 만족도 보장돼야 한다.

메시지를 질문으로 표현해서 전달하라

"고객님께서는 왜 그 많은 사람들이 경쟁사에서 저희 브랜드로 바꾸는지 생각해 보셨는지요?"

미국에서는 여론 조사 업체들이 수신거부 등록시스템의 등록 대상에서 제외돼 있다. 무슨 말이냐 하면 무작위로 여러분에게 오는 전화를 받기 싫다고 분명히 밝혔다고 해도 여론 조사 업체들은 계속 전화를 걸 수 있다는 것이다.

겉과 속이 다른 선거 운동 책임자는 전화 설문 조사가 투표 인구와 직접적으로 이야기할 수 있는(투표권이 있는 개개인이 이를 원하는 지와는 별개로) 통로임을 어느 순간 깨달았다. 선거 운동은 사실 설문 결과와 아무런 상관이 없다. 선거 운동이 전하려는 메시지를 질문으로 잘 포장하는 것이 설문의 초점이었다. 또한 제시되는 질문들이 자주 이론 상의 경우까지 포함하는 까닭에 포장된 메시지들은 후환에 대한 걱정 없이 완전히 근거 없는 소문을 담고 있을 수도 있었다.

이러한 설문 형태는 늘 응답자의 관점을 한곳으로 편향시키려고 하기 때문에 편향 여론 조사(push poll)라고 불린다. 개중에는 단순히 특정 쟁점에 대한 투표권자들의 관심을 촉구하기도 하고("특정 현안에 대한 지원과 관련해서 다음의 세 후보자의 순위를 매겨주십시오"), 아니면 더 음험하게도 질문의 형태를 빌려 인신 공격을 행하기도 한다.

이제 볼 질문들은 텍사스 주에서 진행된 편향 여론 조사에서 발췌한 것으로, 당시 주 검찰총장 댄 모랄레스(Dan Morales)가 1996년의 선거에서 재선을 위해 입후보하기 직전의 상황이었다. 모랄레스는 흡연과 연관된 질병에 소모된 저소득층 의료 보장 제도(Medicaid) 비용을 상환하기 위해 담배 업체들을 상대로 40억 달러 규모의 소송을 제기한 상황이었다.

아시다시피 높은 공공 생활 수준은 선거로 선출된 공직자들이 지켜야 할 약속입니다. 여러분께서는 지금, 댄 모랄레스를 주법무장관으로 뽑지 않는 이유를 몇 가지 듣게 될 것입니다. 내용을 듣고서 각 이유로 인해 댄 모랄레스를 더욱 더 뽑지 말아야 한다고 생각하게 됐는지, 다소간 뽑지 말아야 한다고 생각하게 됐는지, 아니면 생각에 아무런 변화가 느껴지지 않는지 답해주십시오.

- 댄 모랄레스는 차별 철폐 조처를 지지한다.
- 댄 모랄레스는 총기 규제를 지지한다.
- 댄 모랄레스의 선거 운동에서 루이스 파라칸(Louis Farrakhan)이 이끄는 네이션 오브 이슬람(NOI) 단체를 위한 모금 행사 티켓 두 장을 구입한 전력이 있다.
- 댄 모랄레스의 취임 이후 텍사스 주의 청소년 범죄율이 33% 증가했다.
- 보수 정치 단체는 댄 모랄레스를 진보성향 민주당원으로 평가한다.
- 댄 모랄레스는 주 법무장관 재직 시절 소비자 문제를 강력 범죄 대처보다 높은 우선순위에 두었다.
- 댄 모랄레스는 어린 범죄 조직원들에게 필요한 것은 가혹한 처벌과 감옥행이 아니라 개선된 복리후생 시설과 약물 상담, 하절기 아르바이트라는 발언을 한 적이 있다.
- 범죄 피해자 인권 보호 운동가들은 댄 모랄레스가 재소자의 소송을 재판까지 가져가지 않고 합의하는 과정에서 범죄 피해자들을 저버렸다고 말한다.

지금까지 여러분은 댄 모랄레스의 이력을 더 자세히 알게 됐습니다. 여러분께서는 댄 모랄레스가 재선돼도 될 만큼 주 법무장관 직무를 훌륭히 수행했다고 생각하십니까? 아니면 이제는 일을 더 잘 할 수 있는 새로운 사람에게 기회를 줄 때라고 생각하십니까?

또 다른 응답자 집단은 모랄레스와 장기 기증자와의 관계를 다루면서 담배 소송은 소수의 부유한 개인 변호사의 주머니만 채울 것이라고 주장하는 질문을 평가해 달라는 요청을 받기도 했다.

편향 여론 조사로 작용한 이 설문은 흥미롭게도 의식 고취 효과(고취되는 의식의 진실됨이 의심스러운 수준일지라도)를 입증하는 통계 수치를 드러냈다. 다양한 사건에 대한 모랄레스의 태도에 대한 "질문을 받기" 전에는 800명의 응답자 중 42퍼센트가 모랄레스가 재선돼야 한다고 말했으며, 27퍼센트의 사람들은 새로운 인물이 직무를 수행해야 한다고 말했고, 30퍼센트는 모르겠다고 응답했다. 위에서 열거된 바 있는 모랄레스의 재선을 막아야 하는 이유를 응답자들에게 들려주자 재선을 지지하는 비율은 21퍼센트로 변했으며, 58퍼센트가 낙선을 지지했고 20퍼센트는 여전히 중립이었다. 이를 다시 말하면 언두(言頭)에 제기된 문제들이 모랄레스를 지지하는 집단과 모랄레스의 재선에 대한 의견을 밝히지 않았던 집단 양쪽 모두의 의견을 "편향"시킨 것이다.

해당 여론 조사를 진행한 퍼블릭 오피니언 스트래터지스(Public Opinion Strategies)는 시장 조사 회사로, 사이트의 설명을 보면 "저희는 단순히 숫자만 산출하는 수동적인 참여자가 아닙니다. … 저희가 진행하는 연구의 약 절반은 사회 문제의 영역에서 수행됩니다. … 나머지 절반은 계속 선거 승리에 초점을 맞춰 할애될 것입니다"라고 나와 있다. 이번 여론 조사는 모랄레스를 제외한 그 누구라도 선거에서 승리하도록 할애된 모양이다.

이 여론 조사를 의뢰한 주인공은 담배 회사를 대변하는 로비스트들이었다. 이들은 모랄레스에게 조사 결과를 바로 송부함으로써 표면적으로는 대중의 의견이 얼마나 소송에 적대적인지 보여주면서 선거권자의 현안 인식, 그리고 모랄레스 본인에 대한 인식까지 수무르는 자신들의 능력에 대한 경고까지 에둘러대지 않고 전달했다. 정치인이 사안을 포기하게 만드는 데는 낙선을 들먹이며 위협하는 일만한 것이 없지만, 모랄레스는 어쨌든 계속 나아갔고 결국 텍사스에서 170억 달러 규모의 합의를 도출해냈다.

이 무서운 이야기가 여기서 해피 엔딩으로 마무리됐으면 좋았건만 유감스럽게도 해당 여론 조사가 아주 선견지명이 없는 것은 아니었다. 편향 여론 조사에서 나왔던 "소수의 부유한 개인 변호사의 주머니만 채울 것"이라는 주장은 역설적으로 모랄레스가 뒷날 합의금 중 2억 6천만 달러를 변호사 마크 머(Marc Murr)의 주머니에 꽂아주기 위해 공문서를 조작한 혐의로 기소되어 수년간 징역을 살게 되면서 실현되고 만 것이다.

편향 여론 조사가 통하는 이유는 사람들이 이전에는 생각해 보지 않았던 사안에 대한 의식이 고취된다는 데 있다. 사안이 참인지 거짓인지는 별 상관이 없다. 감정은 우리 이성의 울타리를 넘어 구렁이 담 넘듯 슬며시 제 발을 들인다. 인지 부조화가 일어나고, 사람들은 이를 제거하기 위해 자신이 듣는 바를 무시하거나 관점을 바꿔 버린다. 잘못된 정보는 사람들의 마음 속에 단단히 뿌리를 박고 실제 기억과 뒤섞이게 되는데, 목격자들에게 암시를 주어 특정 방향으로 유도하는 질문을 제기해 이들의 기억을 바꿔 버리는 일도 이와 같은 원리다.

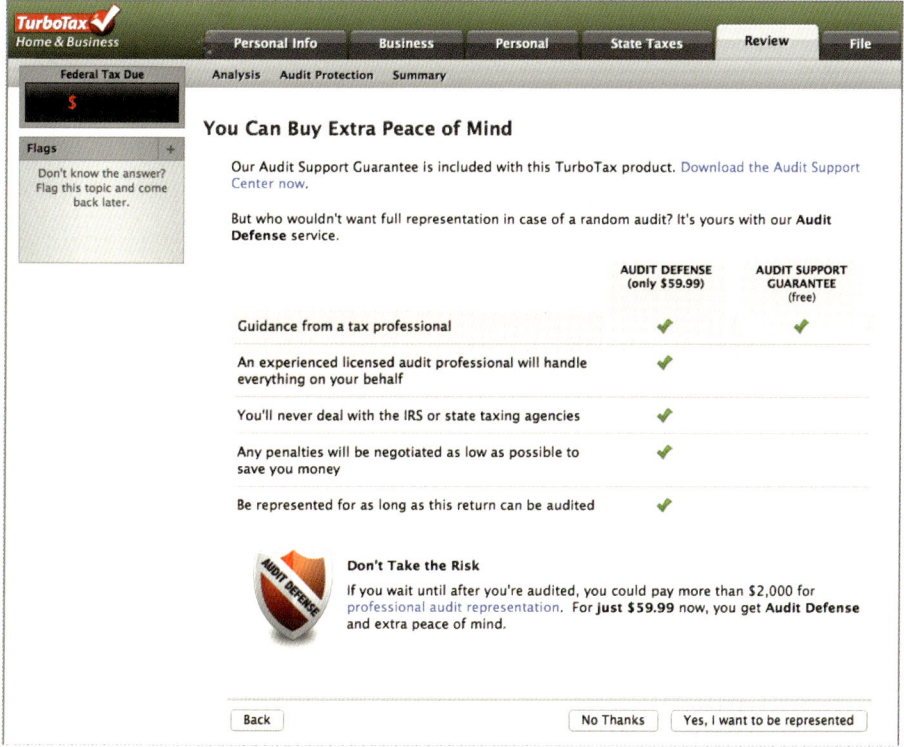

누가 회계 감사 보호 서비스를 마다하겠는가? 터보택스(TurboTax)의 진짜 메시지는 "당신이 안하고는 못 배길 것"이지만 이를 질문으로 표현해 전달함으로써 고객은 터보택스의 제안을 고려하면서 동의할 수밖에 없게 된다. (인튜이트사(Intuit)의 터보택스)

사람들의 의견을 편향시키는 방법

- 고객의 마음속에 경쟁사에 대한 의구심을 심어주는 질문을 던지며 시작한다. 왜 더 많은 사람들이 경쟁사에서 저희 브랜드로 옮기는지 생각해 보셨는지요?

- 사람들의 의견을 몰아가는 질문의 일환으로 여러분의 제품을 구매해야 하는 이유를 들라. 공연히 사람들의 위기감을 조성하고 이를 여러분의 제품으로 해결할 수 있다고 말한다.

- 꼭 질문을 사실에 기초해 제기할 필요는 없다. 여러분이 사용하는 바이러스 백신 소프트웨어가 바이러스를 완전히 막지 못한다면 어쩌시겠습니까? 바이러스, 멀웨어, 스파이웨어를 모두 막는 저희 회사의 통합 솔루션으로 시스템을 완전히 보호하십시오. 이의 제기 대상인 제품에 정말로 그러한 결점이 있는지는 상관이 없다. 질문을 제기하는 것으로 족하다.

- 가능한 경우, 경쟁사를 직접 구체적으로 언급하는 일은 피한다. 경쟁사가 별 도움이 안 된다는 식으로 폄하하기만 해도 여러분과 브랜드의 인상이 향상된다.

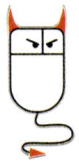

내집단(in-group)을 마련한다

우선적으로 특별히 마련된 집단에 고객이 속하게 된 것을 보여준다. 고객은 이제 맡은 바 성실히 자신이 속한 집단을 비호할 것이다.

어떤 종류가 됐든 스포츠를 챙겨보는 독자라면 응원하는 "여러분의" 팀이 승리를 거둘 때의 굉장한 느낌을 잘 알고 있을 것이다. 왜 이런 일이 벌어지는가? 여러분이 경쟁에 직접 나가 뛰지도 않았는데 여러분은 앞서 몇 달긴 훈련을 받지도 않았다. 심지어 경기가 벌어진 도시와 같은 곳에 살지도 않았을 수 있다. 아마 실제로는 십중팔구 한 손엔 맥주를, 다른 한 손에는 리모컨을 들고 집에서 TV 앞에 앉아있었을 것이다.

사실 이것은 성적이 좋은 팀과 우리 자신을 결부시키면서 우리가 자존감을 느끼기 때문이다. 사람들은 후광 입기를 좋아한다. 팀의 성공은 우리의 정체성에 일조한다. 여러분이 직접 현장에 있는 상황이라면 같은 팀을 응원하는 다른 팬들과 함께 크나큰 동지애를 느끼고, 파울의 고통과 승리의 기쁨을 선수들만큼이나 생생히 느끼게 된다. 상대편의 응원단을 보고 있으면 자제력을 잃는다. 오심을 한 주심에게는 평소엔 절대 쓰지 않을 욕설을 서슴없이 날린다. 반대편에겐 조롱을 퍼붓는다.

하지만 사람 마음이란 갈대와 같다. 로버트 치알디니는 미국 대학생들이 모교의 미식축구 팀을 응원하는 티셔츠를 입을 확률은 팀이 진 날보다 이긴 날에 세 배가 높은 것을 밝혔다. 응원하던 팀이 자존감 신장에 별 도움이 안 되는 결과를 가져왔을 경우 여러분은 패배에 대한 원인을 외부적인 요인에서 찾으려 들거나 자존감 유지의 방편으로 상대 팀을 씹어댈 것이다. 또한 이 시점에서 여러분은 응원하는 팀과 여러분을 분리시키기 시작한다. 아마 이때는 "팀"이 졌다고 말할 테고, 승리의 날에는 "우리가" 이겼다고 말할 것이다.

무슨 일이 벌어진 것인가? 여러분은 내집단(in-group, 응원 팀과 다른 서포터들)에 가담한 것이다. 동시에 여러분은 외집단(out-group, 상대 팀과 상대 서포터들)을 만들어 부정적 감정을 이에 집중시킨다.

내집단과 외집단을 구분하는 데 대단한 작업이 필요한 것은 아니다. 사회심리학 초창기에 헨리 타이펠(Henri Tajfel)과 동료들이 수행한 연구가 있다. 연구자들은 실험 참가자들을 동전 던지기로 두 그룹으로 나눴는데, 참가자들에게는 그룹 배정이 선호도 테스트의 결과(예를 들면, 특정 미술 작풍에 대한 선호도)에 따른 것이라고 전해줬다. 이후 참가자들은 자신이 속한 그룹이나 나머지 그룹의 다른 구성원들과는 여태껏 일절 소통한 적이 없음에도, 두 그룹 간에 돈을 분배하라는 요청을 받자 자신이 속한 그룹의 구성원들에게 더 득이 되는 판단을 내렸다. 자신이 속한 그룹과 상대 그룹, 즉 외집단이 각각 받는 액수의 차이를 극대화할 수 있다면 참가자들은 심지어 자신이 받는 보상의 수준을 줄이려고까지 했다.

이처럼 타인이 같은 집단 내에 속하는 구성원이라고 판단될 때 그를 특별히 대우하려는 사람들의 경향성을 내집단 편향(in-group bias)이라고 하며, 이로 인해 외집단의 구성원들을 일반화, 정형화하는 현상이 벌어진다("쟤들은 다들 저렇게 행동해").

자신이 속한 내집단의 일부로서 사람들이 내리는 결정은 집단을 이루는 구성원 각자가 내리는 결정보다 더 극단적인 경향이 있으며, 집단 구성원의 믿음 역시 내집단의 규범에 부합하는 방향으로 바뀔 수 있다. 이것이 집단 속에 모습을 감추는 데서 오는 탈억제, 즉 억제력 상실과 맞물리면 사람들은 흥분해서 평상시에는 견지하지 않았을 관점을 비호하게 된다.

미식축구팀 시애틀 시호크(Seattle Seahawks)는 팀의 팬들을 "12번째 선수"(11명으로 이뤄진 한 팀에 더해)로 정식으로 인정하는 방식으로 팬들의 내집단 소속감을 진작(振作)한다. 구단의 홈페이지(seahawks.net)에 마련된 내집단 커뮤니티 포럼의 페이지를 보면 탈억제 현상과 집단 관점의 수용(내집단 회원들의 느낌을 따라가는 집단적 관점의 채택)이 풍부하게 드러난다. 이로써 팬들은 자신들 역시 팀의 일부라는 느낌을 받게 되고 팀의 행동 양식을 받아들일 가능성도 올라간다. 그리하여 팬들은 선수들과 비슷하게 옷을 입고(팀이 운영하는 매점에서 쉽게 구할 수 있는 상품을 이용해), 상대팀에게 혼란과 두려움을 안겨주기로 악명이 자자한 시애틀 구장의 엄청난 관중 소음을 만들어내는 데 참여하게 되는 것이다.

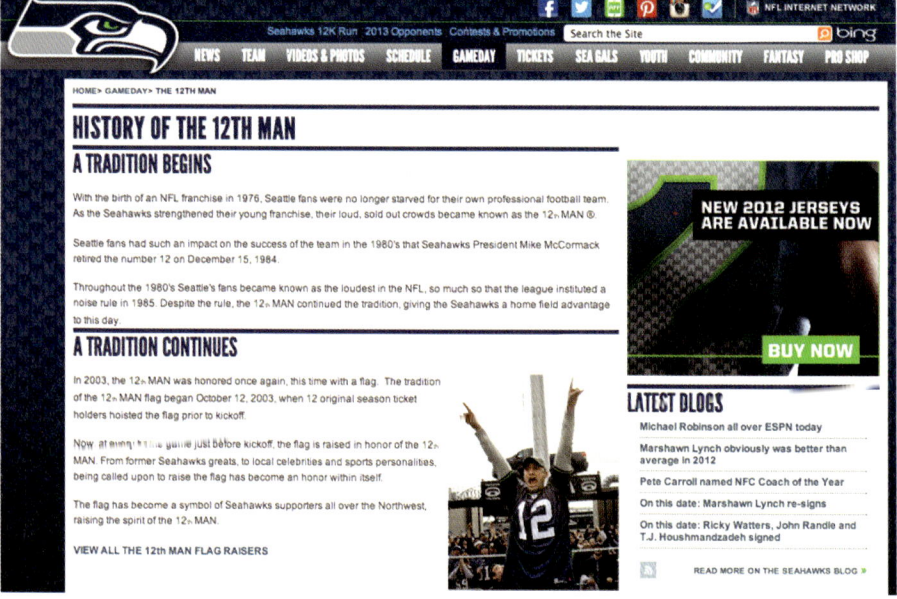

시애틀 시호크가 팬들을 "열두 번째 선수(12th Man)"로 임명하는 것에서 구단이 서포터들을 내집단의 일원으로 얼마나 크게 품어 안는지 드러난다. 내집단과 자신의 연관성을 나타내기 위해 팬들이 경기용 셔츠 및 기타 시호크 로고 상품을 구입할 수 있는 구매 링크가 두드러지게 노출돼 있는 것을 주지하라. (seahawks.com)

내집단 편향을 활용하는 법

- 내집단과 외집단 구성원 사이를 분명히 구분하는 차별점을 제공한다. 구분은 내집단을 마련하고 유지하는 일에서 가장 중요한 단계다.

- 외집단이 뚜렷하게 식별될 수 있게 한다. 외집단은 내집단 구성원의 협력과 정체성 확립에 구심점으로 작용하기 때문이다. 내/외집단의 특징을 과장해서 더 크게 인식되게 하는 방법으로 양 집단을 더 대조적으로 만든다.

- 집단의 철학을 구성원이 쉽게 알아볼 수 있게 한다. 이를 통해 구성원은 자신의 집단을 더 긍정적으로 보고, 외집단의 꼬리표를 단 이들에게 더 편견을 갖게 된다.

- 좋은 행동은 내집단 구성원의 덕으로 돌리고, 나쁜 행동은 외집단 구성원의 탓으로 돌려라. 그러고 나서, 내집단 내에서 여러분이 바라는 행동으로 이어지는 좋은 행동을 강조한다.

- 내집단 구성원이 자신을 약체가 아닌 강자, 악당이 아닌 영웅으로 인식하는 것이 좋다. 내집단 구성원을 긍정적으로 만들어주는 특징을 강조한다. 비록 이것이 같은 특징을 다른 단어로 쓴 것("가족에 충실한" 또는 "혈연주의")이거나 동전의 양면("같은 구성원을 잘 대우해 주는" 또는 "외부인에게 적대적인")에 불과한 것이더라도 말이다.

색욕 조절하기:
욕구를 이용해 깊이 관여시키기

색욕은 욕구에 그 뿌리를 두고 있고, 따라서 합리적 행동을 예사로 건너뛴다. 이는 사람들이 논리적으로 차분하게 걸러 생각하는 일을 피하면서 그들의 욕구를 행동으로 전환시키고 싶어하는 기업들에게는 빈기운 소리다.

사회 규범은 지키고 시장 규범은 어기면서 욕구를 행동으로 유도하는 자극이 이뤄질 수 있다. 3장에서 언급한 바 있는 호혜(互惠, reciprocity), 즉 선물을 받은 사람은 이를 준 사람에게 보답을 해야 할 것 같은 느낌을 받는 것에 대한 사회 규범은 이성적 사고보다 한 층위 아래에서 작동한다. "공짜" 판매가 시장 규범과 너무나도 배치되는 나머지, 사람들은 이성적 비교 작업을 멈춰 버린다. 돈 한 푼 들지 않는 이 제안이 주는 이익 외에는 눈에 들어오지 않기 때문이다.

또한 회사들은 사람들이 가진 감정적 욕구에 호소해 무형의 가치를 팔기도 한다. 두 종류의 서비스가 겉보기에는 동일할 때, 그 중 무형의 가치를 가장 잘 보여주는 서비스가 더 큰 호소력을 지니게 된다.

아예 반대로 접근하는 다른 방법도 있다. 구관이 명관이라, 오래된 인지 부조화 기법의 효과를 이용해 회사들은 자사의 고객에게 호의를 요청한다. 고객은 부탁을 들어주고는 나중에 이를 자신이 그 회사를 좋아하는 것이 틀림없다는 증거로 삼게 된다. 이렇게 사람들을 회사의 편으로 만들 수 있다.

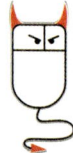

가는 것이 있어야 오는 것이 있다
신세를 진 사람들은 보답하는 것이 도리라고 느낀다.

식탐에 관한 장에서 우리는 "문간에 발 들이기"와 "면전에서 문 닫기" 기법이 어떻게 부분적으로나마 호혜의 개념에 힘입어 효과를 발휘하는지 살펴봤다. 문간에 발 들이기 기법에서는 고객이 먼저 작은 부탁을 들어준 후에 더 큰 부탁을 제시받고 이를 거절하려고 할 때 인지 부조화가 일어난다. 면전에서 문 닫기 기법에서는 고객이 첫 번째의 큰 부탁을 거절하고 나서 두 번째의 작은 부탁을 수락하는 과정에서 호혜적 양보가 이뤄진다.

각 경우에 소비자는 보답을 해야 할 것 같은 의무감을 느낀다. 사실 호혜란 사회적 규범이다. 사람들은 자신을 돕는 사람을 좋아하고, 자신에게 도움을 구하지만 보답은 하지 않는 사람을 싫어한다. 누군가 우리에게 도움을 줬으면, 우리가 부탁을 해서 도움을 받은 것이든 그 쪽에서 자발적으로 나섰든 간에 답례를 할 의무감이 은연중에 생긴다.

1971년 심리학자인 데니스 리건(Dennis Regan)은 한 가지 실험을 진행했다. 실험 참가자는 실험 진행자와 미리 말을 맞춘 한 사람과 같이 미술품 감상에 대한 연구에 투입됐다. 하지만 연구의 진짜 목적은 호혜의 효과를 더 잘 알아보려는 데 있었다. 이 연구에서 재미있는 점이 여러 가지 도출됐으므로 실험 절차를 설명할 필요가 있다.

실험을 시작하기 전에 참가자는 전화상으로 동료(실험을 진행하는 측과 미리 말을 맞춘)가 성격이 좋은지 아니면 한 성질 하는지를 우연히 듣게 돼 있었다. 이것은 나중에 동료에 대한 참가자의 호감을 통제하기 위해 이뤄진 것이다. 그다음 두 "참가자"(진짜 참가자와 진행자 측 인물)는 모두 실험 참가에 따른 일정 금액을 지불받았다. 차후 진행될 진짜 실험에서 쓰일 돈을 참가자가 확실히 갖고 있게 하려는 목적이었다.

미술품 감상을 위해 작품을 비평하는 거짓 실험의 첫 단계가 끝나면 문제의 "공범"은 잠시 방을 나가있겠다고 부탁하고, 공범과 실험 진행자는 참가자를 방 안에 혼자 남겨둔다. 이들이 돌아오고, 이제 다음의 세 경우 중 하나의 일이 발생한다. 공범이 음료수를 두 잔 들고 와서 그 중 하나를 진짜 참가자에게 주는 경우(호의), 진행자가 음료수를 두 잔 들고 와서 나머지 두 "참가자"에게 하나씩 주거나(무관한 호의) 한 잔도 주지 않는 경우.

이 단계가 끝나면 진행자는 다시 방을 나간다. 이번에는 공범이 참가자에게 "뭐든 도움이 될 거에요. 많을수록 좋으니깐요."라는 그럴듯한 이유를 대면서 기금 마련 복권을 몇 장 사달라고 부탁한다. 그 후 진행자가 다시 나타나서 각 "참가자"에게 간단한 설문지를 작성해 달라고 하면서 이것은 참가자의 기분 상태가 작품 평가에 영향을 미치는지 알아보기 위한 것이라는 설명을 덧붙인다. 한편 설문 문항의 일부는 다른 참가자의 호감도, 아량, 예의에 대한 평점을 매기는 것이었다.

이렇게 해서 진짜 실험이 끝났다. 참가자들은 실험에 대한 보고를 받고 복권 구입에 지출한 금액을 돌려받았다. 바로 이 금액의 양이, 공범이 좀 전에 선뜻 건넨 음료수에 대해 참가자의 보답의 정도를 가늠하는 척도로 사용됐다. 1971년 당시 그 음료의 가격은 10센트였고 복권은 한 장에 25센트였다. 참가자가 실험 중에 받은 돈은 1달러 75센트였다. 따라서 참가자가 복권을 하나라도 사면 자신이 받은 금액(10센트) 이상을(25센트 이상) 돌려주게 되는 일이 벌어진다.

결과에서 어떠한 점들이 드러났을까?

- 호의를 베풀면 보답이 커진다. 공모자가 음료를 가져다 주자 더 많은 복권이 판매됐다.
- 실험 진행자가 음료수를 가져오는 경우와 가져오지 않는 경우 간에 실질적인 차이는 없었다. 이는 행복감이나 갈증 해소가 아니라 답례하려는 마음에 구매 효과가 기인한다는 점을 보여준다.
- 공모자가 참가자에게 음료를 건네지 않는 이상, 참가자가 공모자를 맘에 든다고 밝혔을 때 그렇지 않을 때보다 더 많은 복권이 판매됐다. 일단 건네면 공모자가 좋든 싫든 그에 상관없이 참가자들은 더 많은 복권을 구입했다.
- 복권을 한 장만 사도 음료의 가치를 갚을 수 있는 상황이었다. 하지만 참가자에게 호의가 베풀어졌을 때 참가자가 복권을 한 장 이상 구입한 경우가 두 배 이상 증가했다(25퍼센트에서 58퍼센트로 증가).
- 참가자가 사전에 듣게 되는 공모자의 통화 내용(성격이 친절하거나 못됐거나)과는 상관없이 호의를 베푼 공모자를 참가자들은 더 맘에 들어 했다.

> 확실하게 이해할 수 있게 다시 한 번 말하겠다. 호의를 베푼 사람을 여러분이 좋아하는지 아닌지는 문제가 아니다. 여러분은 어쨌거나 보답하는 것이 도리라고 느끼며, 처음에 받은 호의의 수준을 넘는 보답을 하는 경우도 흔하다. 또한 우리는 호의를 베푼 이를 더 맘에 들어 한다. 하지만 이 역시 처음에 그가 여러분에게 얼마나 친절한 인상을 주었는지와는 상관이 없다.

이 이메일을 보면 카페 프레스(Café Press)라는 업체는 필자에게 자사가 해준 호의를 상기시키고는("저희가 보낸 새 물건은 맘에 드셨는지요?") 이에 대해 답례를 해주기를("추천평을 하나 써 주세요") 요청하고 있다. 잠깐만, 사이트에서 물건을 사서 카페 프레스에 호의를 베푼 건 나 아닌가? 아닌가 보다. (카페프레스(cafepress. com)에서 보낸 이메일)

여러 차례의 후속 연구는 이 같은 결론을 거듭 입증했다. 호혜는 감사함이 아니다. 호혜적 행위에서 감사함을 찾을 수는 있겠지만 없어도 이상할 것은 없다. 보복전은 부정적 호혜의 대표 사례다. 호의를 받은 자는 보답을 할 때까지 마음의 짐을 느끼는 것으로 보인다. 이 의무감이란 굉장히 위력적이다. 심지어 베푼 자는 받은 자가 행동할 때까지 기다리지 않고 내가 이렇게 해 주었으니 너는 이렇게 해 달라고 요청하는 일까지 가능하다.

호혜의 힘은 강력하다. 무상 배포 백서나 보고서처럼 시답잖은 것이라도 일단 뭔가를 줬다는 인식만 사람들에게 심어주면 사람들은 보답하는 것이 마땅하다고 생각하게 된다. 따라서 소비자에게 보내는 이메일에 요청을 담으려거든 뭔가를 공짜로 주기 전이 아니라 준 후에 하는 것이 이치에 맞다.

셰어러블(Shareable.net)은 사이트 방문자가 보고서 한 부를 다운로드할 때 이에 대한 사례로 트윗을 날려 무상으로 자사를 홍보해달라고 요청한다. "세부 정보를 제출하시면 보고서를 얻으실 수 있습니다"와 같이 그냥은 못 준다는 통상적인 방식과 대조적으로 여기서는 진정한 호혜가 이뤄지고 있다.

호혜를 활용하는 법

- 일단 선물을 먼저 주고, 그다음에야 답례를 부탁한다. 보통 사이트들은 회원 등록 후 무료 보고서를 제공하지만 이는 호혜의 원칙과 배치된다.

- 사람들의 보답은 앞서 받은 호의의 체감 가치에 비례할 때가 많다. 따라서 사람들에게 건네는 호의에 값을 매기는 것이 효과적이다("원래 가격은 150달러지만 오늘만 특별히 무료로 다운로드할 수 있습니다"). 그러면 사람들의 마음씀씀이가 상대적으로 커진다.

- 선물을 주고 나서 다소 시간이 지나 답례를 요청하는 경우라면 심적으로 느끼는 선물의 가치가 줄어 있을 수 있다. 그렇다면 선물의 가치를 다시 상기시키면서 더불어 따라오는 이익 한두 가지를 생각해 보도록 유도한 다음에 고객의 답례를 요청한다.

- 호혜가 대칭적으로 이뤄질 필요는 없다. 즉, 선수를 칠 수도 있다는 것이다. 이 같은 이유로 기업이 고객을 대신해 자선 단체에 먼저 기부를 하고 이 사실을 고객에게 전할 때 고객은 어김없이 호혜의 영향력에 놓이게 된다.

공짜로 팔기도 하라

공짜 앞에서 이성은 무너진다. 돈은 다른 데서 다시 벌면 된다.

아마존은 2002년 99달러 이상의 구매에 대해 연중 무료 배송 혜택을 제공하기 시작했다. 그 해가 거의 끝나갈 때쯤 문턱은 49달러로 낮춰졌다. 이듬해 2003년, 이는 다시 25달러로 내려갔다. 이 무렵 아마존은 지면/TV 광고를 중단하고 광고에 쓰던 돈을 무료 배송에 투입했는데, TV 광고의 효용에 대한 16개월 간의 검토 작업에서 드러난 이익보다 더 많은 이익을 '착한' 무료 배송으로 거둬들였기 때문이다.

2년의 시간이 지나는 동안 무료 배송은 한정 기간 동안의 판촉 행사에서 아마존의 주요한 차별화 요소로 자리매김했다. 미국 증권거래위원회(SEC, Securities and Exchange Commission)의 최근 기록물에서 아마존은 다음과 같이 전한다. "아마존 프라임 회원제[47]와 다른 종류의 배송 혜택에 따른 비용이 마케팅 비용에 포함되지 않는 반면, 우리는 이러한 혜택에 대해서는(무료 배송) 전 세계

---

[47] (옮긴이) 1년 기준으로 79달러를 내면 미국 내 전 지역을 이틀 만에 무료로 배송해주는 시스템이다.

를 대상으로 한 효과적인 마케팅 도구로 간주하며 혜택을 무기한으로 제공할 의향이다."

현재, 무료 배송을 실시하고 있는 인터넷 쇼핑 사이트의 비율은 40퍼센트에 육박한다. 더욱더 큰 차별화를 위해 노드스트롬(Nordstrom)과 자포스(Zappos) 같은 회사들은 무료 반품(반송) 서비스까지 제공하고 있다. 무료 배송이 사람들에게 대단히 큰 호소력을 가지는 것이 자명해 보인다.

무료 배송 혜택 제공은 사업적으로도 이치에 맞는다. 2010년 3분기 동안 무료 배송이 이뤄진 주문의 평균 액수는 무료 배송이 해당되지 않는 주문보다 41퍼센트 높았다. 많이 팔면 낮은 마진을 금방 만회할 수 있다.

또한 심리학적으로도 이치에 맞는데, "공짜"를 마주할 때의 반응은 단순히 할인된 가격을 만날 경우와 다르기 때문이다.

경제학자인 댄 애리얼리(Dan Ariely)가 그의 책 『상식 밖의 경제학(Predictably Irrational)』에서 지적하다시피 값쌈과 공짜 사이의 간극은 값비쌈과 값쌈 사이의 간극보다 훨씬 크기 때문에 거래 과정의 뭔가를 공짜로 만들어버리면(위의 예에서는 배송) 구매자의 마음에서 이성적 사고가 말끔히 사라진다. 사람들은 얻은 이익에서 들어간 비용을 제하지 못하는 모양이다. 그 대신 공짜 물건을 갖고 더 득을 본다고 생각한다.

애리얼리의 설명을 들어보자. 물건을 살 때 사람들은 좋은 점과 나쁜 점을 비교하며 따져본다. 이때 공짜 물건이 등장하면 나쁜 점이 없어지는 상황이 된다. 그 물건이 지금 상황에서 덜 안성맞춤일 수는 있어도 고른다고 해서 손해 볼 것은 아무것도 없다.

"공짜" 주제는 몇 가지로 변주가 가능하다.

- 구매 촉진, 소비 장려를 위한 공짜(무료 배송, 경품 지급, 두 개를 하나 가격에 팔기)
- 비용을 다른 데로 돌려서 공짜처럼 보이게 함(연정액 지불에 따른 무료 배송)
- 비용을 변장시켜 공짜처럼 보이게 함(서비스 무료 이용 대신 회원 데이터 제공)

이들 수법을 차례로 살펴보자. 첫 번째 방법이 소비자를 유도하는 방식은 하나를 사면 추가로 뭔가를 더 얹어주는 것이다.

무료 배송과 경품은 좀 전에 "가는 것이 있어야 오는 것이 있다"에서 설명한 행동 양식과는 다르다. 이 경우 업체들은 호혜라는 사회적 규범에 의지한다. 하지만 지금 우리가 다뤄야 할 것은 시장의 규범이다.

선물 주기는 일반적으로 사회적 규범의 영역 안에서 통한다. 누군가 필자에게 생일 선물을 준다고 할 때, 필자가 받은 선물의 가격과 정확히 일치하는 액수의 현금을 봉투에 넣어서 그의 생일에 선물로 주는 식의 보답을 할 수는 없는 노릇이다. 이런 행동은 사회적 규범에서 벗어나 모든 거래에 정확한 가치를 명시하는, 바로 시장 질서의 영역으로 이동하는 것이다.

하지만 이 첫 번째 방법에서 선물은 호혜를 이끌어내기 위한 수단이 아닌, 하나의 장려책으로 활용되고 있다. 따라서 업체들은 "무료" 경품의 가치를 명확히 전달할 수 있다.

이 같은 판촉 방식을 위해 업체들은 기본 상품에 가격을 충분히 매겨 "무료" 부가 상품 제공에 소모되는 비용을 대면 된다. 기본 상품의 마진, 즉 판매 이익 안에서 그 비용이 해결되는 부가 상품, 부대용품, 보증 기간 제공, 기타 서비스 등은 사실 공짜가 아니라 다른 방식으로 제공되는 할인 혜택일 뿐이다. 하지만 "공짜", "무료", "무상"이라는 단어 앞에서 소비자는 비이성적 반응을 보이기 때문에 단순히 일정 퍼센트만큼 할인된 가격보다 무료로 제공되는 부가 상품이나 서비스 제공을 더 나은 구매로 여기는 결과로 이어진다.

공짜 혜택을 제공하는 두 번째 방법은 비용을 다른 데로 돌리는 것이다. 아마존의 프라임 서비스는 1년에 79달러를 내면 이틀 만에 배송해 주는 서비스를 무료로 제공한다. 그러니까 사실은 전혀 무료가 아닌 것이다. 엄밀히 말한다면야 엄청나게 사들이는 고객들은 이 서비스를 신청해서 실제로 돈을 아끼게 되겠지만 이 말은 무료 배송으로 인해 발생하는 고객의 추가 구매에서 아마존이 모아들이는 금전을 무시하고 있다. 또한 연간 누적 쇼핑 비용이 80달러에도 미치지 못함에도 "공짜"라는 달콤한 낱말의 꼬임에 넘어가 많은 사람들이 서비스에 가입하게 된다.

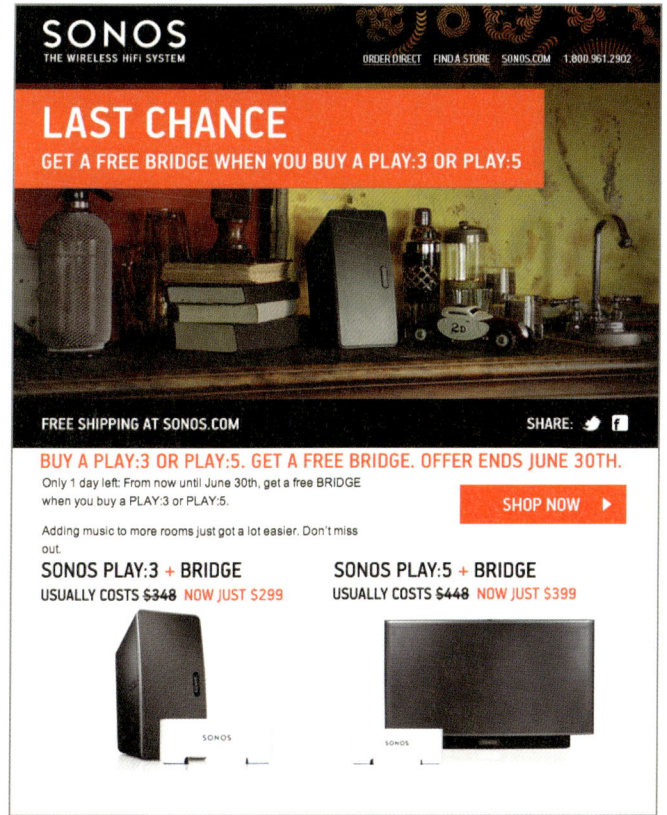

소노스(Sonos)는 연중 특정 기간에 소형 부품 하나를 무료로 제공한다고 하며 더 비싼 제품을 사도록 설득한다. 이 업체는 단순히 "12퍼센트 할인"이라고 쓸 수도 있었지만, 혜택의 매력을 높이기 위해 "무료"라는 단어를 이용했다. (소노스 발송 이메일)

세 번째 접근법은 서비스 이용은 무료로 만들고 대신 사용자를 타겟 광고에 노출시키는 방식으로 비용을 변장시키는 것이다. 서비스는 무료로 이용할 수 있는데 그 대가로 특별히 다른 것을 요구하지 않는 경우의 상당수가 이 같은 "공짜" 방식을 채택하고 있다.

여러분이 서비스를 사용하면서 돈을 내지 않는다면 여러분은 고객이 아니라 상품으로 취급되고 있을 가능성이 높다. 페이스북, 인스타그램, 트위터, 그 밖의 동종 업체들의 암묵적 계약에 따르면 사용자는 자신의 주목과 행동에 대한 데이터를 시스템을 사용하는 대가로 제공하게 된다. 그다음 벌어지는 일은 이 정보를 업체들의 진정한 고객인 광고주에게 파는 것이다.

소셜 미디어 서비스는 친구들과의 정보 공유 측면을 지나치게 홍보하는데, 사실 이들 서비스의 진짜 목표는 사용자가 자신의 친구가 아닌 사람들을 대상으로 정보를 무심코 공유하게 하는 것이다. 타켓 광고를 위해 여러분의 프로필을 필요로 하는 마케팅 담당자들을 대상으로 말이다. 사용자는 일반적으로 이러한 전략에 수반되는 서비스를 충분히 유용하다고 인식한다. 광고 노출이 거슬릴 정도로 심해진다면 이야기가 달라지겠지만 말이다.

이러한 "공짜" 방식이 제일 효과적일 때는 공짜의 실체가 잘 드러나지 않은 채로 남아있을 때다. 페이스북이 인수한 사진 공유 애플리케이션인 인스타그램이 시도한 서비스 이용 약관 변경의 경우, 이로 인해 업체가 사용자의 사진을 광고주들에게 팔아 돈을 버는 것이 가능해진다는 지적을 받았다. 문제는 약관에 쓴 말을 변경하자 당시까지 그늘 속에 머물러 있던 사용자 계약의 실체가 전면에 부상해 버렸다는 것이다.

인스타그램이 사용자의 사진으로 돈벌이를 하려는 의도가 있었음을 전면 부인했음에도 많은 사용자는 자신에게 허락된 유일한 수단, 즉 계정 삭제로 이에 응했다. 인스타그램은 이용 약관에서 논쟁의 여지가 되는 부분을 재빨리 원래대로 되돌렸다. 하지만 개정된 약관 역시 교묘한 말들을 써서 자사의 진짜 의도가 무엇인지 알기 어렵게 한다. 모호한 제스처로 양지가 아니라 음지에 비기(祕器)를 계속 잘 모셔 놓을 수만 있다면 그 비기를 써서 사용자에게 돈을 뿜아낸다고 해도 별 문제 될 것은 없는 것이 분명히다.

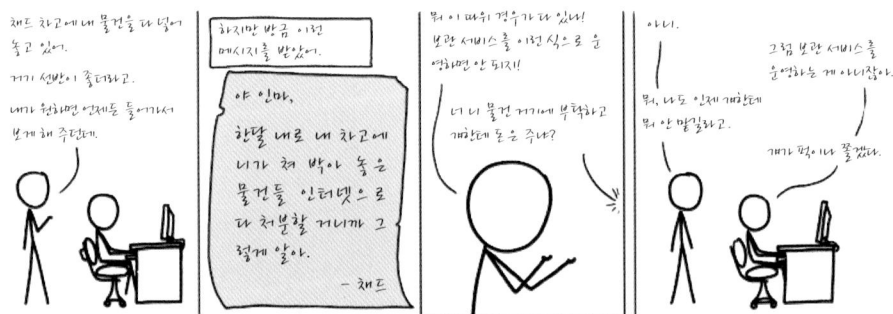

소셜 미디어 서비스에서 자신의 위치에 대한 사용자의 인식 부족에 대한 촌평. 제목 "인스타그램" © 랜달 먼로 (Randall Munroe), xkcd. (xkcd.com/1150)

"공짜"로 파는 방법

- 공짜의 매력은 자석과 같다. 무료 배송 혜택을 제공하되 일정 액수 이상의 주문에만 적용해 소비자들이 더 많이 장바구니에 담게 한다. 이때 무료 배송과 유료 배송의 서비스 품질을 같게 할 필요도 없다. 서비스 차이가 분명히 드러나면 고객은 '지를' 일도 많아진다(무료 배송과 이틀, 또는 익일 배송).
- "공짜"로 제공하는 아이템의 가치가 반드시 명확하게 드러나야 한다. 가치 있는 선물이 소비자를 장려할 수 있다.
- 제품이나 서비스의 가격 자체를 깎지 말고 부대용품/부가 서비스를 무료로 얹어준다. "무료"로 인해 정서적 반응이 더해질 때 단순히 할인을 하는 경우보다 더 큰 이득을 볼 수 있다.
- 이차적 고객(secondary audience)을 무료 서비스로 유혹해서 일차적 고객(primary audience)의 서비스 이용을 유치한다. 예를 들면, 페이스북의 경우 일차적 고객(광고주)이 광고 노출을 위해 눈독을 들이는 이차적 고객은 일반 사용자군이다.

무형의 가치를 팔아라
현실보단 인식을 바꾸는 것이 비용이 덜 든다.

베를린의 신박물관(Neues Museum)에는 슈바벤 지방이나 스위스에서 유래한 것으로 추정되는 청동기 후기(기원전 1000년~800년)의 황금 모자가 전시돼 있다. 이 골트후트(Goldhut(獨))는 분명 재료로 들어간 금의 무게를 한참 뛰어넘는 보험에 가입돼 있을 것이다. 지금까지 비슷한 유물은 단 네 점만 발견됐으며, 또한 유물에서는 절기 행사(하지나 동지 같은)를 계산할 수 있는 기호를 관찰할 수 있다. 제작 방법에서 유물이 탄생한 문화에 대해 풍부하게 읽어낼 수도 있다. 이러한 무형의 요소들이 시사하는 정서적 측면이 이 유물의 가치를 가늠할 수 없을 정도로 높여준다.

독일 베를린 신박물관에 전시돼 있는 75cm 높이의 골트후트(황금 모자)에는 유물에 쓰인 재료를 뛰어넘는 무형의 가치가 깃들어 있다.

또한 이 박물관에는 과거 어느 시점에서 보관을 위해 묻혔다 지금에 와서 발굴된 귀금속 보관함을 찾아볼 수 있다. 함에 쌓인 금속 덩어리들을 핵실버(Hacksilver)라고 칭할 때도 있는데, 원래 이 금속 조각들은 그릇이나 성상, 혹은 앞서 언급한 황금 모자와 같은 더 큰 물건에서 도려내어진(hacked) 것이기 때문이다. 전리품을 나누던 약탈자들이나 대금으로 이를 받던 상인들은 이 금속 쪼가리들에 구체적인 값어치만을 매겼지, 정신적 가치까지 투사하진 않았다. 이것으로 무엇이든 교환 가능하면 그게 금속의 값어치였다.

웬 역사 강의냐고? 같은 물건이라도 어떤 경우에는 쓰임새와 관련해서 그만큼의 유형적 가치만 지니게 되고, 어떤 경우에는 그보다 훨씬 높은 무형의 가치까지 지니기도 하는 경우를 이 사례가 증명하기 때문이다. 한때는 패물이나 장식용 식기였음에도 핵실버는 다른 용품과 맞바꾸는 용도로 전용됐다. 이에 비해 황금 모자는 실제 모자로서의 쓰임새는 거의 갖추지 못했지만 종교적 제의 등에서 훨씬 높은 정신적 가치를 부여받았을 것이다. 이 무형의 값어치는 물건을 만든 재료에 원래 내재된 것이 아니며, 제작이 이뤄진 당시나 제작 과정에 기울인 주의에서 비롯되는 것도 아니다. 오히려 사물을 향한 우리의 인식 및 사물과 우리와의 관계가 이 무형의 가치를 부여한다. 이 수치 방정식의 무형적 부분에서 드러나는 정신적 측면이 바로 색욕을 낳는다.

오길비앤매더(Ogilvy & Mather) 영국 지부의 광고 총감독이자 부사장인 로리 서덜랜드(Rory Sutherland)는 가치와 가장 관련 있는 문제는 기능이 아니라 인식의 문제라고 말하며, 따라서 현실이 아니라 우리의 인식을 손보는 것이 더 큰 결실을 가져올 때가 많다고 역설한다.

일례로 디즈니 놀이공원의 경우, 모든 관람객을 동시에 놀이기구에 수용할 수는 없는 실정이다. 이 문제를 직접적으로 해결하려면 엄두도 못 낼 비용이 필요하다. 그래서 놀이공원 측은 놀이기구 사이사이를 돌아다니고 탑승을 기다리는 행위를 무형의 가치가 깃든 경험으로 탈바꿈시켰다. 기구 사이를 돌아다니는 일은 따분한 일이 아니라 구경거리를 즐길 수 있는 재미있는 일인 것이다. 캐릭터 의상을 입은 사람들은 방문객을 즐겁게 해주고, 기구 탑승 대기 줄에서 방문객들은 이제 곧 맛 볼 경험을 잠깐 눈요기할 수 있다. 중간에 위치한 부스에서 관련 정보를 얻거나 미니게임을 할 수 있을 때도 있고, 거리 표를 보고 진행 상황을 알 수 있게 돼 있는 경우도 있다.

전화위복이다. 시련을 기회로 삼아 좋은 결과를 만드는 자세가 디즈니 놀이 공원에서 보내는 하루에 무형의 가치를 더해 준다. 사람들이 놀이 공원에 그냥 놀이기구를 타러 가는 것이 아니라 공원 전체를 채운 정서적 분위기를 마시러 가는 것이다. 영리하게도 디즈니는 공원을 망하게 할 수도 있는 요소를 역으로 사람들이 아끼는 것으로 바꾸는 방법을 찾아냈다.

이를 온라인 세계에서도 동일하게 적용할 수 있다. 무형의 가치가 풍부하게 자리하고 있는 사이트는 방문자들이 단순히 서비스를 이용하는 데 그치지 않고 계속 머무르게 한다. 앤지스 리스트(Angie's List)가 좋은 예다. 앤지스 리스트는 온라인 리뷰 사이트로서 사용자는 일년에 40달러 이상의 가입비를 내는데, 옐프(Yelp), 쿠드주(Kudzu), 레이트마이컨트랙터(Ratemycontractor.com) 같은 무료 리뷰 서비스 업체와는 경쟁 관계에 있다.

지금 언급한 무료 사이트들과 비교해서 앤지스 리스트는 제공하는 콘텐츠의 질과 공정함에 초점을 둠으로써 충분한 무형의 가치를 확보하고 있다. 앤지스 리스트는 실명회원제이기 때문에 익명으로 선동 글이나 거짓 리뷰를 올릴 일이 없다. 평가를 받은 업체들은 이에 대응하는 글을 올릴 기회가 주어지기 때문에 리뷰를 읽는 사람들은 양쪽의 의견을 고루 들을 수 있다. 또한 사이트는 평가를 받은 계약 업자가 기대에 부응하지 못한 경우에 대한 보증의 역할을 하는 불만 해결 서비스를 제공한다.

앤지스 리스트는 겉보기엔 다른 평가 사이트와 마찬가지인 기본적인 수준의 서비스를 제공하는 듯하지만 자사가 더 높은 수준의 전문성을 갖추고 편향된 의견을 피하며, 전반적으로 더 신뢰가 가는 리뷰를 제공한다는 인식을 심어주는 데 성공하고 있다. 사람들 마음의 정곡을 찌르는 방식으로 무형적 요소를 강조함으로써 이 사이트는 자사의 가치를 인식시키고 다른 곳에서는 무료인 서비스를 유료로 제공할 수 있는 것이다.

앤지스 리스트 홈페이지에서 업체의 무형(無形) 가치 일부는 유형(有形)이 된다. 서비스의 무형적 가치를 강조하는 어조는 사람들이 타사보다 앤지스 리스트를 선호하게 만든다. 메시지를 전달하기 위해 편향여론조사와 같은 물음을 사용하는 데 주목하자. "필요 이상으로 돈을 내고 계신가요?(Paying more than you should?)"

무형의 가치를 파는 방법

- 바꿀 것은 일이 아니라 포지셔닝이다. 서비스나 제품의 정신적, 무형적 요소에 초점을 맞춰 경쟁자들로부터 차별화될 수 있다.
- 사람들의 감정뿐만 아니라 이성적 사고 과정에까지 호소할 수 있는 차별점을 나열해 본다. 감정적 반응은 형태가 없지만 그 힘은 강력할 수 있다.
- 제품의 기능 자체에 연연하지 말고 사람들이 브랜드와 맺는 관계에 집중하라. 예를 들면, 앤지스 리스트의 구호는 "믿을 수 있는 리뷰"다. 리뷰를 제공하는 사이트는 많지만 앤지스 리스트만이 믿음 가는 리뷰를 갖추고 있다는 것이다.
- 시련을 기회로 바꾸는 방법을 찾아라. 대기 시간을 브랜드가 사람들과 소통하고 그들을 즐겁게 해줄 수 있는 기회로 활용할 수 있다. 또한 이용료는 제공 내용이 더 고품질임을 시사하는 방법이 될 수 있다.

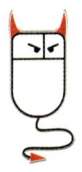

좋은 인상을 주려면 먼저 부탁을 하라

벤자민 프랭클린 효과는 여러분에게 호의를 베푼 사람이 여러분을 더 좋게 본다는 것을 보여준다.

벤자민 프랭클린(Benjamin Franklin)은 자서전에서 펜실베이니아 주 의회에서 자신에 대해 사사건건 맞서던 한 인물의 감정을 어떻게 돌릴 수 있었는지 적고 있다.

그의 서재에 대단히 희귀하고 진기한 책이 있다는 깃을 듣고서 나는 그에게 기별을 전해서 그 책을 좀 살펴보고 싶어서 이렇게 청하니 내게 며칠간 빌려주는 호의를 베풀어 줄 수 있는지 물었다. 그는 즉각 책을 보내왔고 나는 일주일 후 다시금 몇 자 적어 호의에 대한 감사함을 전하며 책을 돌려줬다. 다음 번에 내가 그를 의사당에서 만났을 때 그는 내게 말을 걸어왔는데(지금까지 한 번도 없던 일이었다) 태도 또한 매우 정중했고, 이제 경우를 막론하고 기꺼이 나를 돕겠다는 말까지 분명히 전했다. 그렇게 해서 우리는 각별한 친구 사이가 됐고 이 우정은 그가 죽는 날까지 계속됐다

프랭클린은 이전까지는 서로 싸움이라도 했을 의원에게 공손히 부탁했고, 책을 빌려준 상대는 인지 부조화에 직면해 다음과 같이 생각해 이를 해결해야 했다. "내가 책을 빌려줬으니 그에 대한 악감정이 그렇게 심한 것만은 아니었음에 틀림

없다. 또한 그와 나의 흥미가 어느 정도 일치하는 것이 자명하니, 그가 그렇게 끔찍한 인물은 아닐 것이다."

듣기엔 근사한 이야기지만 벤자민 프랭클린의 카리스마가 없는 우리 같은 사람도 이를 따라할 수 있을까? 분명히 그렇다. 행동과학자 존 제커(Jon Jecker)와 데이비드 랜디(David Landy)는 한 실험에서 학생들에게 참여의 대가로 수당을 줬다. 하지만 참가자들이 실험을 마치고 나가려 할 때 실험자는 참가자들의 3분의 1을 대상으로 자신의 주머니에서 나온 돈으로 실험 수당을 지급했기에 자기 수중에 돈이 다 떨어져간다고 설명했다. 이제 그가 부탁한다. "특별히 부탁드리는데, 받으신 돈을 제게 돌려주실 수 있으신지요?" 다른 3분의 1 역시 같은 요청을 받지만 다른 학과 직원이 부탁을 하게 돼 있었다. 나머지 3분의 1은 돈을 돌려달라는 요청을 받지 않았다. 모든 참가자들은 실험자 평가를 비롯한 소정의 설문을 작성했다. 결과를 보면 돈을 돌려달라는 부탁을 받은 참가자들이 실험자를 더 호의적으로 평가했다.

이는 식탐 장에서 설명한 "문간에 발 들이기"와 "면전에서 문 닫기" 기법과는 좀 다른 이야기다. 작은 부탁을 요청하고 난 다음 더 큰 부탁을 받을 때, 혹은 그 반대의 경우, 주연을 담당하는 것은 죄책감이다. 여기서의 목표는 부탁을 단 한 번만 하고, 호의를 베푼 사람에게 감사한 후(죄책감의 여지를 말소), 그를 인지 부조화 상태에 처하게 내버려두는 것이다. 호의를 베푼 사람은 부탁을 한 그 상대를 자신이 좋아하는지 생각하지는 않지만 어쨌든 부탁을 들어줬다. 호의를 베푼 이의 심리에 변화가 있어야만 이런 생각들이 불러일으킨 인지 부조화가 해결될 수 있다. 이 상황에서 개인이 자신의 행동을 정당화하는 가장 적절한 방법은 자신이 호의를 베푼 상대를 좋은 사람이라고 여기는 것이다. 물론 이러한 메커니즘은 무의식적 층위에서 일어난다.

벤자민 프랭클린 효과가 훌륭하게 들어맞는 예를 버그 신고에서 찾을 수 있다. 구글이 운영하는 블로그 툴인 블로거(Blogger)의 예를 들어보겠다. 각 블로그의 관리자 페이지에는 우측 하단에 간단한 "피드백 보내기" 버튼이 자리하고 있다. 이 버튼을 클릭하면 대화상자가 뜨는데, 동시에 주변보다 강조된 이미지로 바뀐다. 사용자는 기술적 용어를 알지 못해도 재빨리 어느 영역이 문제가 되고 있는지 제시하고 개인 정보는 손쉽게 지울 수 있다. 이제 문제에 대한 설명을 짤막하게 기입하고 전송할 정보를 검토하고 나면 버그를 제출할 수 있다. 그다음 구글은 사용자가 제출한 내용에 대해 감사를 표한다.

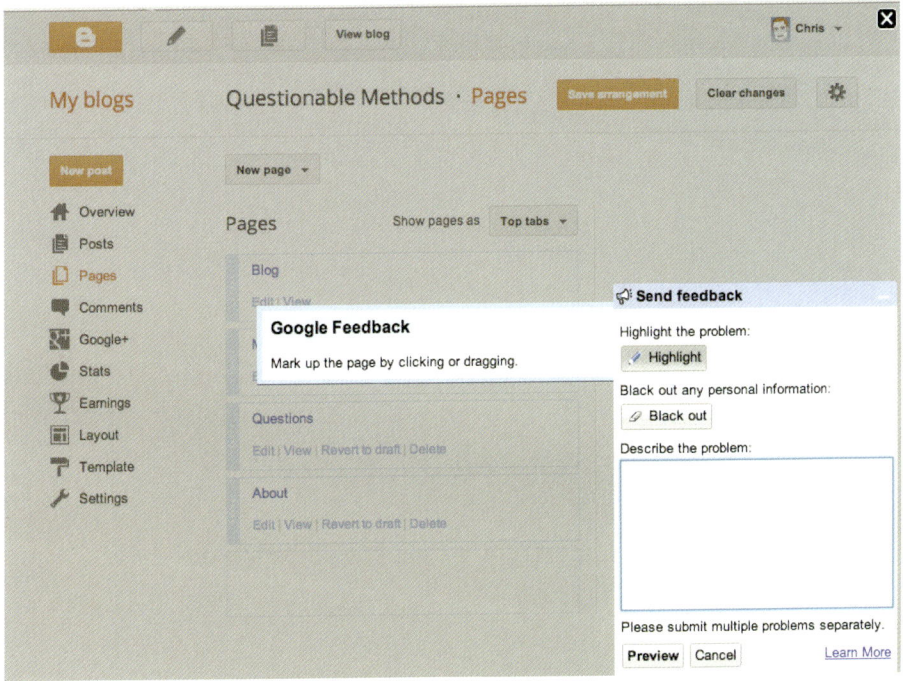

블로거의 쌍방향 버그 신고 시스템은 그렇게 번거로운 일도 아니다. 벤자민 프랭클린 효과로 인해 버그를 성공적으로 보고한 데에 대한 감사를 받은 고객은 회사를 더 맘에 들어 하게 된다. (blogger.com)

여기까지 신행하게 되면 피드백을 제출한 사용자는 자신이 구글에게 호의를 베풀었다는 사실을 깨닫게 된다. 인지 부조화를 바로잡고 방금까지 불평의 대상이었던 서비스를 계속 이용하는 자신의 행동을 정당화하기 위해 사용자는 구글을 더 맘에 들어 하게 될 것이다. 조금 전에 발생한 문제의 원인이었던 버그를 보고하는 고객의 행동이 고객 자신을 이전보다 더 회사 편으로 향하게 한다는 이 역설의 풍미가 제법 달다.

벤자민 프랭클린 효과를 활용하는 법

- 고객에게 작은 호의를 청한다. 고객이 호의를 들어주면 감사를 표하되, 즉시 보답을 하지는 않는다. 일방적인 호의를 베푼 고객은 자신이 정말로 상대 회사를 좋아한다고 생각하면서 자신의 행동을 불가피하게 정당화하게 된다.
- 호의는 반드시 성공적으로 마무리될 수 있는 일이어야 한다. 그렇지 않으면 호감도 증가와 같은 일은 없다. 즉, 하기 쉬운 호의를 부탁해야 하는 것이다.

색욕에 젖은 행실

여배우 메이 웨스트(Mae West)[48]의 "아첨에는 장사 없지"라는 말은 참으로 맞는 말이다. 이번 장에서 살펴봤다시피 독자 여러분이 똑똑하다면(하지만 너무 똑똑하지만 않다면) 상대의 무의식 속의 자존감을 끌어 올릴 테고, 그로 인해 그의 호감을 사기 좋은 위치에 있다는 것이 드러났다. 또한 "믿는 자들"로 내집단을 꾸려서 그 믿음의 근거를 안겨줄 때 이들은 여러분의 위대함을 변호하는 충실한 우군이 될 것이다.

물론, 이런 일이 거저 일어나진 않는다. 주어야만 받는 것이다. 게다가 벤자민 프랭클린이 증명했듯이 극단적인 경우에는 받아야만 받는 일까지 벌어진다.

다행히 여러분의 아첨 떨기를 도우려고 나선 사람들이 있다. 플래터미(flatterme.ca)는 단돈 5달러에 미국 내 지역을, 10달러에는 전 세계를 대상으로 신청자 대신 전화를 걸어 상대방에게 아첨 떠는 메시지를 전해준다.

독자는 이 대목에서 얼굴에 조소를 띠우며, 다른 사람들이 이런 싸구려 구워삶기에 넘어가도 난 그렇지 않다라고 생각할 것이다. 그렇다면 틀렸다. 제3자 효과(Third-person effect)에 따르면 사람들은 이런 류의 기법이 다른 사람들에게 미치는 영향은 부풀려 생각하고, 자신에게 미치는 영향력은 과소평가하는

---

48 (옮긴이) 1893~1980. 미국의 여배우이자 극작가, 각본가, 섹스 심벌

행동을 보인다. 하지만 실상은 우리 역시나 아첨에 놀아난다. 이는 일레인 챈과 B.J. 포그의 연구에서 이미 드러난 점이고, 또한 심리학 분야에서는 수면자 효과(sleeper effect)를 다룬 문헌에서 논증된 바 있다. 즉, 아첨으로 알랑거리는 메시지에 휘둘리지 말아야겠다는 생각이 '잠들고', 그 후로도 아첨의 영향력은 오래오래 살아남는 것이다.

아첨을 돈으로 살 수가 있대도. (flatterme.ca)

색욕은 기대를 통해 제 모습을 드러낸다. 기대는 물질주의에 사로잡힌 소비자들을 향해 대단한 기세로 쇄도하고, 이들은 물건을 새로 사는 것보다 갖지 못한 새 물건을 욕망하는 것에서 더 큰 쾌락을 얻는지도 모른다. 장래의 소비로 인해 변모할 자신의 삶을 생각하면 장밋빛 미래가 이들의 감정을 휩싸 안고 자존감은 벅차 오른다. 그리고 물질주의적 사고방식으로 인해 이들은 반복해서 물건을 사는 것에 대해 생각하고 마음마저 에사로 벅차 오른다.

돈과 결탁한 색욕에 젖어 드는 이들은 제품이 지닌 무형의 가치에 대한 기대로 대미를 장식하게 된다. 명품 브랜드는 색욕을 일깨워 이를 자사 상품으로 향하게 만드는 일에 공을 들인다. 명품을 갖기만 해도 당신은 한층 더 잘 나가고 이에 자존감까지 올라갈 것이라 말하는 광고들이 그 소산이다.

> 욕심은 끝이 없단 말야.
> - 도널드 트럼프(Donald Trump) -

탐욕은 필요 이상으로 갖거나 지니려는 욕구를 말한다. 탐욕으로 인해 사람들은 돈이나 물품을 일단 쟁여 두거나("누구든지 장난감을 가장 많이 가진 사람이 승자[49]"), 단지 남보다 나은 기분을 느끼려고 들기도 한다.

탐욕에 사로잡힌 자들은 자신이 아닌 타인에게 더 필요할지 모르는 재화에 타인이 접근하는 것을 막아버리기 때문에 탐욕은 이기주의나 악의적 감정으로 치부된다. 탐욕이 7대 죄악 중 하나로 간주되는 이유가 여기서 드러난다. 탐욕스러운 자는 "나의 하느님께서 여러분에게 필요한 모든 것을 채워 주실 것입니다.[50]"라는 가르침을 불신하고 있음이 자명한 것이다.

죄 이야기를 접어두면, 필요 이상의 소유와 이기주의 사이의 연관성이 보인다. 가진 자와 가지지 못한 자에 대해 이야기할 때 우리는 네 가지 행동 양식을 거론할 수 있다. 이기주의, 이타주의, 악의, 협조가 바로 여기에 해당한다.

---

49 (옮긴이) Whoever has the most toys (when he dies) wins. 죽을 때 장난감을 가장 많이 가진 사람이 승자. 영미권의 이 말은 유명한 경제잡지 〈포브스(Forbes)〉의 빌헬인이자 대부호인 말콤 포브스(Malcolm Forbes, 1919~1990)가 구축한 거대한 규모의 장난감 컬렉션과도 연관이 있다. 2010년 그의 장난감 컬렉션은 미국 소더비 경매에서 총 26억원 규모로 낙찰됐다.

50 (옮긴이) 필리피서 제 4장 19절

탐욕은 사람들이 다른 이의 희생을 발판 삼아 자신의 의도를 밀고 나갈 때 발생해 이기적이고 악의 어린 행동으로 연결된다. UC 버클리의 사회심리학 교수인 폴 피프(Paul Piff)는 "더 가진" 사람(더 높은 사회적 계층에 속한)이 더 낮은 윤리의식을 보이면서 거짓말, 속임수, 절도를 저지를 확률이 더 높다는 점을 밝혔다. 재미있게도 욕심이 더한 사람들이 더 높은 사회적 계층에 진입하는 것이 아니라 더 높은 사회적 계층에 진입하는 것이 이러한 비윤리적 행동을 강화해 사람들의 탐욕을 부채질하는 것이었다. 피프의 표현에 따르면 "사회적으로 높은 계층에 속하는 사람들의 비윤리적 경향성은 부분적으로 이들이 탐욕에 대해 더 호의적인 태도를 보인다는 점에 기인한다."

이 반대도 역시 참이다. 피프가 진행한 다른 연구에서는 더 낮은 사회적 계층에 속한 사람들이 더 너그럽고 더 많이 기부하며, 주위 사람들을 잘 믿으면서 자신이 손해를 보더라도 남을 도와준다는 것이 드러났다. 가지지 못한 자가 남을 돕는 행동은 이타주의의 교범이다. 피프의 다른 연구팀원들이 진행한 연구에서는 사회적으로 낮은 계층의 사람들이 더 인정 많고 덜 이기적이라는 것이 밝혀지기도 했다.

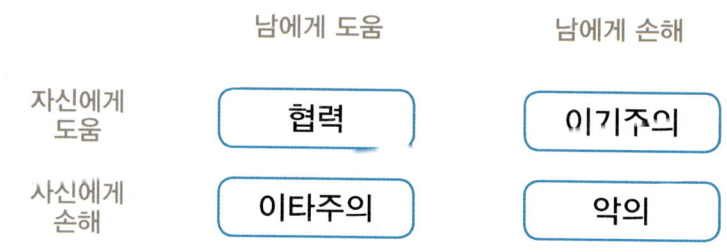

같은 자원에 접근하고자 하는 두 사람 간에 가능한 네 가지 행동

가진 것이 더 많을수록 타인에게 기댈 필요는 줄어든다. 타인에게 기댈 필요가 줄어들수록 타인에게 신경 쓸 일이 적어진다. 가진 것이 더 많을수록, 역시 가진 것이 더 많은 이들을 주위에 둘 가능성이 올라가므로 도움이 필요한 일은 더 줄어든다. 이렇게 탐욕은 저 혼자서도 무럭무럭 자라면서 점점 늘어만 가는 이기주의와 악의적 행동을 수월하게 합리화한다.

그렇다면 탐욕은 어떻게 고개를 드는가? 그리고 어떻게 강화되는가? 어떠한 계기로 사람들은 탐욕에 빠져드는가? 그리고 기업들은 이러한 행동에서 어떻게 이익을 취하는가?

카지노에서 배우기:
운, 확률, 부분 강화 계획

여러분이 게임 쇼에 나가 이제 대상을 노리고 있는 순간이라고 가정해 보자. 세 개의 문이 제시되었다. 사회자는 세 문 중 하나의 뒤에는 새 자동차가, 나머지 두 문 뒤에는 염소가 여러분을 기다리고 있다고 한다. 사회자는 문을 결정하라고 요청한다. 여러분은 결정했고, 사회자는 여러분이 고르지 않은 두 문 중 하나를 열어 보인다. 염소가 나왔다. 장내의 흥분을 높이기 위해 이제 사회자는 아직 열지 않은 또 하나의 문으로 선택을 바꿀 수 있는 안을 제시한다. 여러분의 관심은 염소가 아니라 자동차를 얻는 것일 텐데. 자, 어쩌겠는가?

쇼 사회자가 첫 번째로 문을 연 후, 대다수는 자신이 이미 정확한 문을 골랐을 확률이 50대 50(50퍼센트)이라고 생각한다. 이미 선택을 한 상황이기 때문에 사람들은 현재 선택한 문에(소유 효과, 4장 참조) 애착을 느끼고 기존의 선택을 고수하게 된다.

하지만 정답은 무조건 바꿔야 한다는 것이다. 다른 문 뒤에 자동차가 있을 확률은 사실 2/3(66.7퍼센트)에 달하기 때문이다.

이렇게 생각해 보자. 선택을 하기 전, 어떤 문이든지 그 뒤에 자가 있을 확률은 동등하게 1/3이다. 이는 선택에서 제외된 문 두 개 중 하나 뒤에 차가 있을 확률은 항상 2/3이라는 소리다. 이 사실은 선택이 이뤄진 뒤에도 변하지 않으며, 사회자가 선택에서 제외된 문 두 개 중 하나를 연다고 하더라도 유지된다. 여러분이 어떤 문 뒤에 차가 없는지 안다고 해도 선택하지 잃은 다른 하나의 문은 계속 2/3의 확률을 유지하는데, 이미 열린 문이라도 이론적으로는 선택이 가능하기 때문이다.

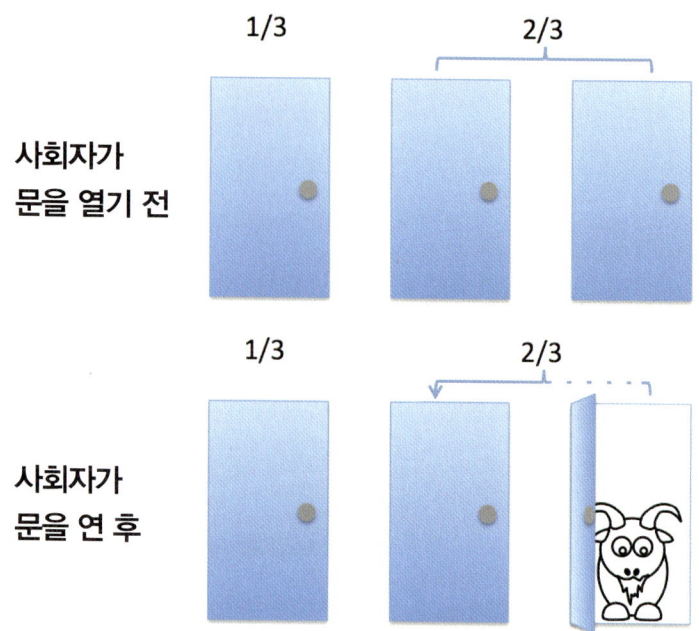

먼저 왼쪽 문을 골랐다고 하자. 나머지 두 개의 문에 자동차가 숨어 있을 확률은 합쳐서 2/3이다. 사회자가 오른쪽 문을 열고 나서도 이 확률은 계속 2/3이다. 선택을 바꾸면 경우의 수 중 하나를 제외한 덕택에 2/3의 확률을 그대로 가져올 수 있다.

지금 이 설명으로 머리가 지끈지끈 아파오는가? 이렇게 여러분도 수많은 이들과 같은 처지가 됐다. 본 예는 미국의 TV 게임 쇼 《렛츠 메이크 어 딜(Let's Make a Deal)》의 사회자인 몬티 홀(Monty Hall)로 인해 유명해졌다고 해서 몬티 홀 문제라고도 불리는데, 염소도 정말로 TV에 등장했다. 이 문제는 수학적 확률과 일반 상식 간의 간극을 극명하게 드러낸다. 대부분의 사람들이 확률에 관한 문제를 다루면 이렇게 혼란에 빠져드는데도 불구하고, 카지노에 입장하거나 복권을 구입할 때마다 자신이 제법 숫자 놀음 좀 한다는 이들의 자신감은 어찌된 영문인가.

북미에서는 2010년 한 해에 660억 달러 규모의 복권이 팔려 200억 달러의 이익이 났다. 미국 내 43개의 주, 워싱턴 DC, 푸에르토리코가 복권 제도를 운영하며, 캐나다의 경우 모든 주에서 시행되고 있다. 미국 성인의 60퍼센트는 매년 최소한 한 차례 복권을 구입한다고 응답한다.

미국 내 도박 행위의 72퍼센트를 카지노와 복권이 차지하고 있다. 슬롯머신이 합법인 미국 내 38개의 주에서 미국인들은 하루에 10억 달러의 돈을 슬롯머신에 지출한다.

머신을 당기러 카지노에 입장하는 사람들은 한편으로 자신이 불리하고 도박장이 항상 이긴다는 점을 알고 있다. 하지만 다른 한편으로 이들은 "대박"을 칠지 모른다는 어렴풋한 희망으로 자신의 돈을 체계적으로 없애는 데 선선히 동참하는 행동을 보인다. 복권의 불리함은 도박 중에서도 최악이지만, 투자 대비 잠재적 수익은 가장 높다. 문득 켄터키 주 발행 복권의 슬로건이 눈에 들어온다. "누군가는 당첨입니다. 그 주인공이 당신이 아니란 법도 없죠".

카지노 도박장과 복권 발행 기관이 할 일은 그저 이 믿음을 강화하는 것이다. 그럼 이 일을 어떻게 수행하는가? 방금 지적했듯이 문제의 8할은 위험을 적절히 가늠하지 못하는 사람들의 무능력이다.

무작위성(randomness) 역시 사람들이 잘 이해하지 못하기는 마찬가지다. 2007년 7월 11일 노스 캐롤라이나 주의 캐시-5 복권의 5개 당첨 번호가 불과 이틀 전인 7월 9일의 당첨 번호와 같자 격렬한 항의가 터져 나왔다. 조작 의혹이 제기되고 조사를 촉구하는 요구가 들끓었다. 주(州) 복권 이사가 직접 나와서 두 경우 각각에서 사용된 기계와 숫자가 적힌 공이 다르다는 것을 설명하며 숫자가 반복된 것이 절대 조작이 아니라고 해명하는 일까지 벌어졌다. 이상해 보이는 일이긴 해도 사실 숫자가 반복되지 말라는 법은 전혀 없다. 무작위란 원래 그런 것이다. 같은 숫자 역시 다른 숫자만큼이나 충분히 다시 나올 수 있다. 주어진 시간이 사흘일 때 이와 같은 일이 발생할 확률은 1/191,919에 불과하지만.

그리고 비슷한 일이 그 후에도 두어 번 더 일어났다. 2009년 9월 불가리아의 복권 추첨에서는 여섯 개의 당첨 번호가 일주일에 두 차례 동일하게 나왔다. 2010년 이스라엘 정부 복권에서는 똑같은 6개의 숫자 조합이 두 번 나오는 일이 벌어졌는데, 이번에는 숫자의 순서가 정확히 반대였다. 일곱 번째 숫자는 예외였다.[51]

---

51 (옮긴이) 2010년 9월 당첨 번호: 36, 33, 32, 26, 14, 13. 2010년 10월 당첨 번호: 13, 14, 26, 32, 33, 36. 일곱 번째 숫자는 일명 센 숫자(strong number)로 불리며 이 숫자까지 맞히면 1등, 그렇지 않으면 2등이다. 9월엔 1, 10월엔 2가 나왔다.

위험을 가늠하기 어렵고 아무 규칙도 없는 상황에서 규칙을 찾다가 우리는 도박꾼의 오류(gambler's fallacy)에 쉽게 빠져든다. 몇 번 잃고 나면 이제 딸 확률이 올라간다고 믿게 되는 것이다. 또한 사람들은 한 번 따고 나면 이제 흐름을 타고(인지 부조화가 발생하지 않나 싶지만) 계속 딸 것처럼 생각하게 된다.

사람들은 이렇게 카지노에 점점 빠져든다. 대부분의 경우엔 돈을 잃어도 가끔은 또 따기도 한다면, 혹은 적어도 따는 것처럼 보이는 사람들이 주위에 위치하고 있기만 하면 괜찮은 것이다.

카지노가 많은 이들에게 별천지로 보이는 까닭은 거기에 가면 거의 이길 것처럼 '보이기' 때문이다. (mandalaybay.com, excalibur.com, bellagio.com, luxor.com)

이렇게 잃는 경우가 지배적인 가운데 간헐적으로 보상을 안겨 주는 것을 '부분 강화 계획(partial reinforcement schedule)'이라고 한다. 강화 계획을 이해하기 위해 생리학자 이반 파블로프(Ivan Pavlov)의 개 이야기를 하겠다. 파블로프는 위(胃)의 기능을 연구하기 위해 개의 타액을 모으는 작업을 하고 있었다. 파블로프는 개들이 음식 준비하는 소리를 들으면 더 많은 타액을 흘리는 것을 눈여겨봤다. 그는 실험을 더 진행해, 음식을 줄 때 종소리를 들려주어 둘을 연관시켰다. 나중에 그가 음식은 주지 않고 종소리만 들려줘도 개들은 침을 흘렸다.

이것은 '계속 강화 계획(continuous reinforcement schedule)'으로서 자극이 전부 보상과 연관된다. 개들은 종이 울리고 나서 음식이 나오지 않으면 반응(타액 분비)을 재빨리 멈춘다.

이후 스키너(Burrhus Frederic Skinner)는 쥐와 비둘기를 이용해 학습 실험을 진행하는 식으로 정확한 행동에 대한 보상을 이따금씩 미루면 실험 동물은 해당 행동을 더 오래 지속하는 것을 발견했다.

이는 부분 강화 계획으로 알려지게 됐다. 음식이 나오지 않으면 재빨리 벨소리에 대한 반응을 멈췄던 파블로프의 개와는 달리, 스키너의 쥐와 비둘기는 보상(강화)이 매회가 아니라 띄엄띄엄 주어졌는데도 과제를 계속 수행하는 모습을 보였다. 여기서 볼 수 있듯이 부분 강화 계획은 계속 강화 계획보다 벗어나기가 훨씬 어렵다.

그럼 카지노와 복권 판매자는 이 중 어떤 계획을 활용할까? 부분 강화 계획이다. 반복적 행동에 대한 보상이 간헐적으로 주어질 때 사람들은 쥐나 비둘기와 다를 바 없는 행동을 보인다.

기업들이 사람들의 염원을 이용해 행동을 조건화하고 승리의 '운'을 강조하면서 탐욕에서 어떻게 이득을 취하는지 우리는 카지노를 통해 선명히 확인할 수 있다. 이제 이를 이용하는 몇 가지 다른 방법들을 살펴보겠다.

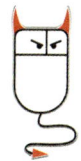

부분 강화 계획을 사용하라
사람들은 너 오래 빠져 있을 것이다.

동물 훈련의 원칙은 성공적인 컴퓨터 게임 제작에도 유사하게 적용될 수 있다. 학습을 시작하는 단계에서는 참여자(동물이든 게이머이든)에게 충분한 보상이 주어져야 참여자의 정확한 행동을 지속시킬 수 있다. 하지만 시간이 지나면 보상은 더 요원해지기도 하고 특정한 행동 조합하에서만 주어지기도 한다.

미뤄진 보상을 위해 요구되는 반복 행동의 수는 일정할 수도 있고(고정비율(fixed ratio) 계획) 평균을 중심으로 일정 횟수 내에서 가변적일 수도 있다(변동비율(variable ratio) 계획). 시간적 간격을 두고 보상을 주는 것 역시

(방금과 같이 고정간격(fixed interval)이 될 수도 있고 변동간격(variable interval)이 될 수도 있다) 같은 효과를 불러온다. 하지만 이 경우에는 강화 효과가 그렇게 강하지 않다.

개를 훈련시킬 때 처음에는 개가 보이는 행동이 주인이 바라는 행동과 비슷하기만 하면 선물로 보상을 해준다. 그 후에는 정확한 행동을 보이는 경우에만 보상을 해준다. 행동이 일단 잡히면 부분 강화 계획으로 옮겨 개에게 간헐적으로만 선물을 준다. 매번 보상을 받지 못하더라도 개는 정확한 행동을 지속적으로 수행하게 된다.

컴퓨터 게임은 게임 플레이를 지속하도록 설계돼 있다. 강화는 점수나 레벨업, 더 좋은 장비/스킬의 형태를 띨 수 있다. 존 홉슨(John Hopson)이 가마스투라(Gamastura)에 기고한 글의 표현처럼, 이 강화는 무작위로 아무렇게나 이뤄지는 것이 아니고 게임 플레이어의 행위에 대응해서 일어난다. 게임 초반에는 보상이 빈번하게 이뤄지는데, 이는 일정 행동을 습득한 플레이어를 보상해주거나 플레이 방식을 배우는 것을 계속 재미있어 하게 만들기 위해서다. 이 시기가 지나면 보상 주기가 꺾이기 시작한다. 플레이어가 게임에 더 공을 들일수록 필요한 강화는 줄어든다. 사실 특정 단계를 힘겹게 통과한 후 다음 퍼즐 조각을 얻는 것 자체가 충분한 보상이 될 수 있다. 플레이를 지속하는 동기가 외부적 요인(게임이 주는 보상을 토대로 한)에서 내재적 요인(게임을 마스터하려는 개인적 도전의식에 토대를 둔)으로 옮겨간 것이다.

고정비율/고정간격 계획을 이용하면 보상이 까마득히 멀게 느껴지는 시점에 이르게 된다. 레벨업 직후 다음 차례까지 훨씬 더 많은 점수가 필요할 때와 같이 말이다. 이때는 사람들의 계속적인 플레이를 위해 적을 죽이는 것과 같은 게임 내 특정 행위에 대해서는 변화비율 계획을 적용하는 것이 이치에 맞다. 게이머들이 아득히 멀어 보이는 목표에 좌절하지 않고, 더 작은 목표를 추구해도 어떻게든 항상 보상은 주어진다고 느끼게 하는 것이다.

게임 디자이너들의 다른 방법은 부정적 강화를 수행하는 이벤트를 제공하는 것이다. 다시 말하면 게이머들은 이 이벤트들이 발생하는 것을 막아야 한다. 그 예로서 팜빌(Farmville)에 너무 오랫동안 접속하지 않으면 병든 작물과 통제를 벗어나 날뛰는 가축이 플레이어를 맞이하는 경우를 들 수 있다. 이 사태를 방지하기 위해 플레이어는 잊지 말고 농장을 자주 돌봐야 한다. 부정적 강화는 나쁜 결과의 해소라는 보상을 안겨준다. 사람들이 행동을 나쁜 일이 일어나지 않는 것과 결부함으로써 행동 강화가 이뤄지는 것이다. 이는 처벌과 매우 다르다. 처벌의 경우 사람들은 행동을 나쁜 일이 일어나는 것과 결부해 그 행동을 그만두려고 하게 된다.

게임과 마찬가지의 일이 인터넷에서도 벌어지고 있다. 변화비율 부분 강화 계획에 따라 페이스북 사용자는 '좋아요'가 얼마나 많이 달렸는지 체크하고 트위터 사용자는 팔로워 수를 센다. 아마존의 골드 박스[52]에서 진행되는 할인 상품을 노리는 사람들은 고정간격 부분 강화 계획을 따른다.

이를 알면 사람들은 온라인 상의 자신의 습관을 간단하게 고칠 수 있다. 우리가 상자에 담긴 비둘기가 되어 온라인 사이트가 주는 보상에 장단을 맞춰 부리를 쪼고 있다고 상상하기만 해도, 우리가 받는 보상이라는 것은 결국 우리보다 회사에게 더 많은 이득을 안겨주는 행동으로 인한 것임을 깨닫기엔 충분할 것이다.

---

52 (옮긴이) 골드 박스는 아마존이 진행하는 반짝 할인 시스템으로 정해진 시간에 진행되는데, 온종일 지속되는 것과 반짝하고 아주 짧은 시간 동안 진행되는 것이 있다.

부분 강화 계획을 설계하는 방법

- 동시에 추구할 수 있는 여러 개의 목표를 설정해 사람들의 참여를 지속시킨다.
  - 일부 이벤트는 장기적인 고정간격/비율 계획에 따른다. 이는 일정한 시간이 경과되거나 아이템을 여럿 모았을 때 발생한다.
  - 다른 이벤트는 단기적인 변화간격/비율 계획에 따른다. 이는 일정 시간 범위 내에서 또는 적을 여럿 해치웠을 때 발생하는데, 동시에 불확실성을 동반해 보상이 언제 주어질지 사용자가 정확하게 알 수는 없어야 한다.
- 부정적 강화를 활용해 사람들의 무관심을 방지한다. 사용자가 정기적으로 방문하지 않으면 나쁜 일들이 일어나도록 설계한다. 좋지 않은 일에 앞서 변화간격을 적용하면 사람들은 언제 돌아와야 하는지 정확히 알 수 없게 되고 불안감과 접속 가능성은 함께 올라간다.

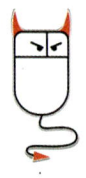

게임으로 만들어라

참여에 따른 (최소한의) 보상을 안겨줘서 힘겨운 작업을 게임으로 탈바꿈시킨다.

에스컬레이터 대신 계단을 이용하게 하려면 사람들을 어떻게 설득해야 할까? 빈 병 재활용 참여는? 제한 속도 준수는? 2009년 폭스바겐은 공모를 통해 사람들의 행동을 개선하는 최고의 아이디어를 수소문했다. 출품작 하나는 스톡홀름의 지하철 역인 오덴플란(Odenplan)역의 나가는 계단에 접촉을 감지하는 선반을 피아노 건반처럼 설치한 후, 걸으면서 피아노를 연주할 수 있는 '재미'에 계단 이용률이 66% 올라갔음을 보여주었다. 빈 병 수거함을 '맞는 구멍에 병 넣기 게임'으로 바꾸자(고득점 표시판도 설치)하자 하루 저녁에 2명이던 이용자 수가 100명을 넘겼다. 우승작은 과속 단속 카메라 복권이었는데, 제한 속도 규정 위반으로 거둬들인 벌금을 규정을 준수한 사람들에게 재분배하는 시스템이었다. 시범 도입 결과, 대상 도로의 차량 속도가 평균 시속 32km에서 25km로 22퍼센트 감소했다.

따라서 제대로 된 이유나 보상이 있으면 사람들을 평소에 실천하지 않던 행동에 나서도록 설득할 수 있는 것이다.

사람들의 행동을 포착하고 계산, 보상하는 작업이 컴퓨터로는 참 쉽다는 점을 고려하면 온라인 공간에서 유사한 게임들을 찾아볼 수 있다는 것은 놀라운 일이 아니다.

폴드잇(Fold.it)이나 디지털코오트(digitalkoot) 같은 프로젝트는 실제 존재하는 게임이다. 폴드잇은 게임과 유사한 보상 체계를 사용하는데, 이로 인해 단백질을 정확하게 접는(fold) 일의 경우 컴퓨터보다 사람들이 훨씬 능률적이라는 것이 쉽게 드러난다. 단백질 분자를 접는 일은 에이즈나 암과 싸우는 연구 분야에서 중요한데, 폴드잇 개발팀은 사용자가 내놓는 단백질 구조 예측 전략의 진전이 컴퓨터의 알고리즘으로 다시 보내져 알고리즘이 본연의 임무를 더 잘 수행할 수 있게 되는 것을 바라고 있다.

핀란드 국립 도서관이 운영하는 디지털코오트는 국립도서관의 신문 소장 자료를 온라인으로 디지털화하는 과정에서 잘못 인식된 글자를 바로잡는 노력의 일환이다. 이 게임의 플레이어는 스크린에 게임의 두더지 캐릭터가 보여주는 단어를 입력한다. 그러면 물 위로 다리가 지어지고 두더지는 건너편으로 건널 수 있게 된다. 게임적 요소(과제와 점수)로 인해 어떤 사용자들은 100시간 이상을 자진해서 투자하는 일이 벌어졌고 최상위 플레이어는 395시간 동안 35만 개의 과제를 수행하기도 했다. 이는 알아보기 힘든 핀란드어 문자를 10주 동안 풀타임으로 근무하며 확인했을 때와 맞먹는다. 통틀어서 게임 참여자들은 2년도 안 되어 8백만 개의 단어를 수정하기에 이르렀다.

게임과 유사한 다른 온라인 애플리케이션은 크라우드소싱(Crowdsourcing)을 통해 자살한 작업을 해결한다. 구글이 최근까지 운영한 이미지 라벨러(Image Labler) 애플리케이션에서는 이미지를 설명하는 단어를 결정하는 일을 두고 두 플레이어가 서로 경쟁하게 한다. 두 사람이 같은 단어를 고르면, 해당 단어의 특수성과 이에 따른 라벨의 적절함을 토대로 점수를 받게 된다. 이는 구글이 이미지 검색 결과에서 더 알맞은 이미지를 제공하는 데 확실한 도움이 됐다. 그뿐만 아니라 작업 완수 시간을 설정하고 답변의 질에 따라 가변적인 점수를 제공하며 고득점 차트까지 보여주는 게임화 전략은 사용자들도 일을 재미있어 하게 만든다.

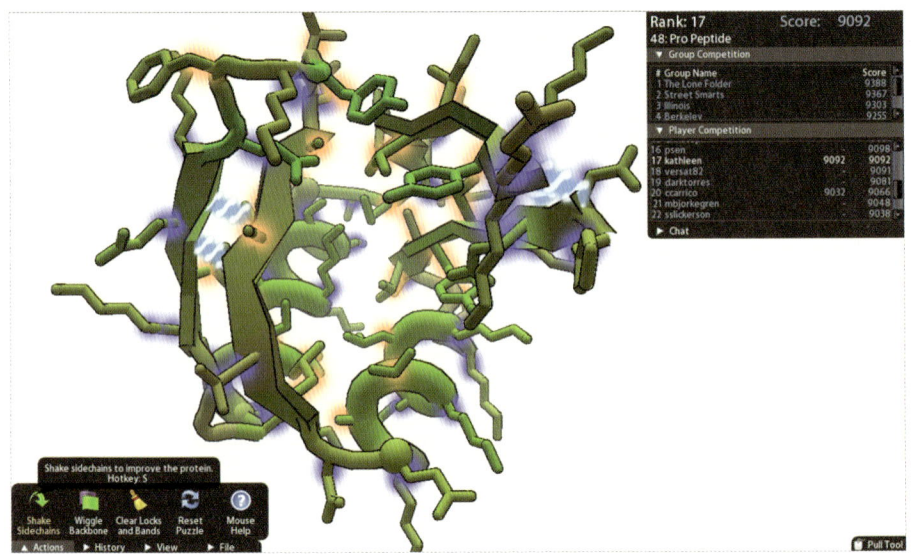

폴드잇은 그 목적이 확실한 온라인 게임이다. 게임 참여자들은 질병 예방이나 치료에 기여한 공로로(이전에 정식 과학 교육을 받지 않았음에도 불구하고) 과학 논문 저자로 표시된다. (이미지 출처: 폴드잇 사이트(http://fold.it/portal/)).

웨이즈(Waze)는 모바일용 GPS 내비게이션 앱으로 경로 검색 과정에 사회적 요소를 결합시켰다. 웨이저(Wazer)라고 하는 웨이즈 앱 사용자들은 지도 인터페이스에서 서로를 볼 수 있다. 사용자는 누구나 교통 체증, 과속 단속 지역, 정체 지역 등을 보고할 수 있고 관심 지역, 주소, 도로 변경과 같은 지도 정보를 업데이트할 수 있다. 이렇게 변경을 보고하면 웨이저는 포인트를 받는데, 이를 통해 사용자는 추가적인 아바타를 얻고 웨이즈 커뮤니티에 회원 등급이 표시된다. 운전 중 앱을 구동하기만 해도 웨이즈 서버에 실시간 속도 정보를 전송할 수 있으며, 이 정보는 다른 사용자가 가장 좋은 경로를 택하는 데 도움을 준다.

웨이즈 역시 앞서 살펴본 사례처럼 게임과 유사한 디자인을 채택하고 있지만 사용자가 서비스를 위한 기본도(base map)를 만들 수 있다는 점에서 진일보하고 있다. 제작사는 새로운 지역에 대해서는 일단 오픈소스 지도나 상용 지도 정보를 기반으로 삼는데, 이들은 최신 정보를 반영하지 못하거나 정확한 내용을 담고 있지 못할 수 있다. 웨이즈 사용자가 경로를 운전하고 나면 웨이즈는 그 길이 지도에서 보이는 길과 일치하는지 더 확실히 알 수 있게 되는데, 제작사는 웨이저가 평상시 사람들의 발길이 닿지 않는 경로에 진입하는 것을 더 재미있게 장려하는 방법을 찾은 것이다. 웨이즈가 정보를 더 필요로 하는 길 위에는 점이 표시되는데, 이런 방식은 그 유명한 팩맨 게임과 상당히 닮아 있다. 사용자를 이 경로로 이끌어 내기 위해 컵케이크와 같은 아이템이 위치에 표시된다. 운전을 해서 이 경로를 통과하면 점과 컵케이크를 "먹는" 모습을 실시간으로 볼 수 있고 동시에 해당 웨이저의 포인트가 올라간다. 이렇게 해서 웨이저의 포인트는 올라가고, 웨이즈 역시 더 정확한 지도와 경로 정보를 취하게 되어 모두가 행복해진다.

지금까지 언급한 보상은 그 어느 것도 금전적 가치를 갖고 있지 않다. 그 대신 함께 게임을 플레이하는 사람들 사이에서 사회적 가치를 지닌다. 이 사회적 가치만으로 사람들은 발걸음을 계속 되돌려 참여에 나서고, 자신의 시간과 노력을 포인트와 맞바꾸는 것이다.

게임으로 탈바꿈시키는 방법

- 두 명의 사람이 작업 완수를 놓고 자신의 실력을 겨룰 수 있게 만드는 방법을 찾는다. 실력을 겨루는 요소를 갖추고 나면 이를 점수 체계로 바꿔서 각 개인의 점수를 기록한다. 고득점 순위의 존재는 경쟁을 부추긴다.
- 득점왕을 널리 공지해 참여자들이 으스댈 권리를 행사하게 해 준다.
- 자선을 비롯한 더 큰 선을 위한 일이라면 특히 과제 수행의 근본적 이유를 명확히 밝힌다. 참여해야 하는 이유가 더욱더 선다.
- 작업 수행에 재미의 요소를 더한다. 디지털코오트의 경우 스캔한 단어가 쓰여 있는 널빤지를 치켜든 두더지를 캐릭터로 활용하고 있다. 화면에 단어를 심심하게 나타내는 것보다 훨씬 기발한 아이디어. 웨이즈는 팩맨 게임처럼 운전자가 화면에 나타난 점을 쫓으며 간간히 특별한 보상으로 컵케이크를 먹어치우게 하고 있다.

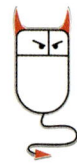
소비자는 "종료"하거나 "구매"를 하는 게 아니라 "승리해야" 한다

행사를 추첨이 아닌 대결이나 시합으로 표현해 패배의 공포를 자극한다.

복권과 같은 추첨과 경매의 차이는 뭘까? fMRI 영상을 보면 추첨 당첨이든 경매 낙찰이든 모두 같은 뇌 보상 중추에 불이 들어오는 것을 볼 수 있다. 하지만 그렇지 않은 경우 이야기가 상당히 달라진다. 보상 중추에서의 뇌 활동은 추첨보다 경매에서 졌을 때 훨씬 더 감소한다. 사실 이 활동이 감소할수록 경매 물품의 실제 가치 이상의 액수를 경매에서 부를 가능성이 올라간다.

추첨과 경매에서 승자가 됐을 때는 뇌의 활동이 서로 유사한 양상을 보이고 패자가 됐을 때는 차이를 보이는 현상으로 인해 연구진들은 경매에서 비싼 값을 부르는 행위가 승리의 기쁨이 아닌 패배에 대한 두려움 탓이라고 본다.

다시 말하면 완전히 운에 달린 일(복권이나 경품 행사)보다 기술이나 대결의 요소가 있는 일(경매)에서 사람들은 더 패배의 두려움을 느낀다는 것이다.

미국의 백화점/할인매장 체인인 JC페니는 문구에서 "세일"이라는 낱말을 없애고 대신 "한 달간 특가"를 강조하는 실험을 시도했다. 실험은 소비자가 연중 실시되는 각기 다른 590차례의 세일을 일일이 다 기억할 수 없을 것이라는 추론에 바탕을 두었다. 대신 할인 상품을 세 개의 그룹으로 나눴다. 이들을 차례로 보면, "상시 저가 판매"는 일부 상품의 부자연스러운 높은 가격 인상에 할인을 적용했다. "한 달간 특가"는 선별된 상품을 대상으로 더 긴 시간 동안 가격을 할인했다. "최저가격"은 재고 정리 세일의 새로운 이름이었다.

뚜껑을 열어봤더니 경쟁 업체인 메이시(Macy) 매장의 수익이 늘어날 동안 같은 쇼핑몰에 입점한 JC페니의 수익은 오히려 20퍼센트 감소하는 결과가 나왔다. 분명히 사람들은 세일을 좋아한 것이다. 왜일까? 세일이 알뜰 쇼핑족에게 보상을 안겨주는지도 모른다. 이들은 어쩌다 보니 할인상품을 맞닥뜨린 것이 아니라 더 저렴한 물건을 구하기 위해 굳이 발품을 들이는 노력을 하는 사람들이다. 이들은 운이 좋았다고 느끼기보다 기술적 요소가 관여하는 행위에서 자신이 승리했다고 느끼기를 더 좋아한다.

매장에서의 소비자 행동을 연구하는 파코 언더힐(Paco Underhill)은 "세일은 헤로인과 같다"라고 말한다. 매장이 특별한 세일 이벤트를 위해 "상시 저가 판매"와 같은 전략으로 옮겨가게 되면 재미를 일정 부분 없애버리는 것이다.

이는 이베이(eBay)가 2008년 실시한 "쇼핑만 할 게 아니라 승리를 거두세요!" 광고 캠페인과, 온라인 쿠폰 사이트의 대명사로 "재미 한가운데서 특가 상품을 찾아보세요."라는 구호를 내세우는 그루폰(Groupon)의 성공 비결을 설명해줄지 모른다.

그루폰의 사업 모델은 회원과의 할인 상품 정보 공유에 전적으로 의지한다. 그루폰은 매일 각 지역의 할인 상품을 알려주는 이메일을 보낸다. 이는 한정된 기간 동안에만 제공되는 할인 혜택이며, 일정 수의 참가자가 참여해야 비로소 할인 혜택을 구매할 수 있게 된다. 즉, 매장 내 세일이 헤로인[53]과 같다면 그루폰은 알뜰 쇼핑족의 크랙 코카인[54]이다.

그루폰의 인기 요인 중 일부는 새로운 특가 상품의 발견이긴 하지만 이를 구매 가능하도록 "잠금 해제"하려면 필요한 수의 사람들을 모아야 하므로 알뜰 쇼핑족들이 자신의 친구들에게 해당 할인에 대해 입소문을 퍼뜨려야 하는 점도 인기 요인으로 작용한다. 이 과정에서 그루폰의 홍보 또한 이뤄진다. 패배의 공포를 조성하는 모든 요소가 여기에 갖춰져 있다. 한정된 시간, 독점적 혜택 제공, 판매자에 대한 접근 한정, 최소 참여자 수 규정, 간헐적인 물량 한정, 상품 확보를 위한 선불 체계. 이를 위해 특별히 많은 기술이 필요한 것은 아니지만 구매자들은 경쟁에서 "승리했다"는 기분을 여기서도 느낀다.

---

53 (옮긴이) 가장 강한 중독성과 부작용을 갖는 마약류. 즉, 중독 시 마약류 중에서도 가장 극심한 정신적, 육체적인 의존 증상이 수반되며, 과용 시 호흡 부전이라는 치명적인 부작용을 일으킨다.

54 (옮긴이) 1960년대 등장한 코카인의 새로운 복용법(일반적으로 코카인은 영화에서 많이 볼 수 있듯이 코로 흡입한다)으로, 코카인 가루를 베이킹 소다와 섞은 후 가열한 것으로서 피울 수가 있기 때문에 일반 코카인에 비해 약효가 짧지만 가격은 훨씬 저렴하다. 낮은 가격으로 인해 부유층 백인들의 전유물로 인식되던 코카인이 미국 내 빈민층 흑인들에게까지 대량 확산되는 사태가 벌어졌다.

그루폰은 할인 사냥이 주는 스릴감의 덕을 본다. 소비자는 자신의 지인들에게 할인 상품에 대해 열심히 이야기해야만 혜택을 "잠금 해제"하는 데 필요한 최소 참여자 수를 확보할 수 있다. 물론 그루폰은 페이스북과 같은 소셜 미디어 플랫폼과 결합해 혜택 정보를 더 쉽게 공유할 수 있게 해 놓았다. (groupon.com)

그루폰은 판매자들을 상대로 해서도 이익을 거둔다. 판매자들은 보통 그루폰에서 정가의 50퍼센트 할인을 실시하고 그루폰에게는 홍보와 지불 수수료 명목으로 남은 수익의 절반을 넘겨준다. 이 말은 판매자들이 정상가의 1/4 이하로 제품/서비스를 제공한다는 소리다. 이는 업자 입장에서는 많지 않은 돈으로 생각될 수 있지만 그루폰은 매일 한정 수량만을 특가로 시장에 공급하고 그루폰에 참여하고 싶어 안달인 판매자들은 차고 넘치기 때문에 좋은 패를 쥐고 돈이 오가는 규칙을 정하는 이는 그루폰이 될 수밖에 없다.

테크런치(TechCrunch)의 로키 애그러월(Rocky Agrawal)의 지적대로, 판매자들이 그루폰에서 자신의 상품을 염가에 파는 대가로 받는 것은 당장의 현금이다. 업계 수위를 다투는 성공적인 업자라면 그러한 자금 투입이 시급한 문제가 아닐 수 있고 또한 그루폰의 조건에 기대지도 않을 것이다. 반면 아직 분발이 필요한 한편으로 급전을 구해야 하는 이들은 훨씬 더 적극적인 고객이 될 것이다. 사실 이는 고객에겐 별로 좋은 징조가 아니다. 어떤 판매자들에게는 알뜰 쇼핑족들이 너무 많이 몰려드는 바람에(이른바 그루폰 효과) 상품을 제대로 서비스하지 못하는 일이 벌어졌고, 결과적으로 전반적인 고객 서비스의 질이 악화된 적도 있다. 마케팅적 이익도 항상 담보되는 것이 아니다. 패스트컴퍼니(Fast Company)의 설문 결과, 과거에 할인 판매에 참여한 사업체의 절반 이상이 다음 6개월 동안 참여 의사가 없음을 밝혔다.

사람들은 특가 빼곤 눈에 뵈는 게 거의 없는 것 같다. 할인받아서 사는 실제 상품보다 사냥의 스릴과 패배의 두려움이 더 큰 동기 부여 요인이기 때문에 특가를 찾는 구매자가 판매자의 장기적 고객으로 남아 있을 가능성은 적다. 따라서 새로운 특가를 찾는 사람들은 그루폰을 계속 방문하긴 하나, 그루폰과 제휴한 사업 파트너와는 지속적인 관계를 형성하지 않게 된다.

소비자의 승리를 위한 디자인 방법

- 지는 것의 두려움을 활용한다. 사람들의 기술이나 근성이 성공을 결정한다는 것을 알려준다.
- "상"을 타기 위해 완수해야 하는 도전과제(불가능하지는 않은)를 소개한다.
- 수량이 충분한 물품이라도 필요한 "자격을 갖춰야만" 구입할 수 있게 한다.
- 시간, 수량, 가격 상승과 같은 변수를 주물러 패배의 공포를 촉발한다.

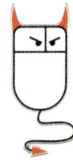

사람들이 자신의 실력에 대해 갖는 (이미 과도한) 우쭐함을 더 부풀려라

손쉬운 승리를 내세워 미숙한 사람들을 부드럽게 유혹한다. 이들 마음 속의 "환영적 우월감"을 끌어올리면 판이 커지더라도 계속 남아있을 가능성이 커진다.

버트런드 러셀의 말처럼 "이 시대의 아픔 중 하나는 확신에 차 있는 사람은 무지한데, 상상력과 이해력이 있는 사람은 의심하고 망설임에 차 있다는 것이다."

1999년 데이비드 더닝(David Dunning)과 저스틴 크루거(Justin Kruger)가 수행한 중대한 연구는 러셀의 발언을 뒷받침하고 있는데(부연하면, 그들은 이 연구로 심리학 분야에서 이그 노벨상을 수상했다), 과연 실력 테스트에서 가장 나쁜 결과를 낸 사람들이야말로 자신을 실제보다 훨씬 과대평가하고 있었다. 좋은 점수를 낸 테스트 참가자들은 상대적으로 자신이 좋지 못한 모습을 보여줬다고 생각하는 경향을 보였다. 참가자들에게 각자의 결과를 보여주자 점수가 좋은 사람들은 자신의 등수를 정확하게 추측할 수 있었던 반면, 하위 12%에 속한 이들은(나머지 88%보다 떨어지는 점수를 받은 이들이니 상당히 나쁜 성적이다) 여전히 자신을 평균 이상의 등수로 평가했다.

점수가 나쁜 참가자들은 부족한 실력을 보강하는 훈련을 받고 나서야 자신의 실제 등수를 더 잘 예측할 수 있었다. 이때 이들의 예측은 훈련으로 인해 이들의 과제 수행이 실제로 나아졌는지와는 무관하게 더 정확해졌다. 즉, 자신이 몰랐던 것을 비로소 알게 되자 이들은 자신의 실력이 별로임을 올바르게 인지하는 것으로 나타났다.

따라서 무능한 사람은 자신의 실력을 따져 보기 이전에 먼저 진짜 실력을 갖기 위해서는 무엇이 요구되는지 이해할 필요가 있었던 것이다. 이와 유사하게, 더 유능한 참가자는 자신의 실력이 실제로는 남들보다 더 좋다는 것을 이해하지 못했다. 남들을 과대평가한 것이다.

이처럼 무능한 사람들은 환영적 우월함(illusive superiority)을 지니고, 유능한 사람들은 환영적 열등감(illusive inferiority)을 갖는 현상이 더닝-크루거 효과라는 이름으로 세상에 알려졌다.

더닝과 크루거가 연구에 사용한 시험은 논리적 추론, 문법, 유머에 관한 것이었지만 적어도 서구인들의 경우 동일한 효과가 다른 영역에서도 영향력을 발휘하고 있다.

온라인에서는 누구나 참가할 수 있지만 성공하기 위해서는 정말 능력이 있어야 하는 활동을 찾아볼 수 있다. 온라인 금융거래는 가장 두드러진 예다. 아마 단순한 주식매매 사이트에서도 더닝-크루거 효과가 한참 작용 중인 모습을 볼 수 있겠지만 파생상품을 거래하는 중개인(브로커)들이 활동하는 사이트에서야말로 가장 재미있는 일이 벌어진다. 바로 옵션(option)과 선물(先物, future)이다.

옵션과 선물은 금융 상품으로서 기본적인 차원에서는 상품의 미래 양상에 대한 기대치에 의거해서 투기자가 내기를 거는 것이다. 달리 말하면, 상품의 미래 파생물이 어떤 양상을 보일 것인지에 대한 투기자의 기대치를 드러내는 것이다(또는 금융 상품의 상품 가치가 자산의 가치 변동으로부터 파생되어 결정된다). 물론 "내기"란 말을 쓰진 않는다. 파생 시장이 도박판이나 마찬가지라는 느낌을 줄 수는 없으니 말이다. 업계 종사자 분들은 "위험회피(헤징, hedging)"와 "투기(speculation)"라는 말을 선호한다.

그럼 이제부터 재미있는 일이 벌어진다. 일반 상품(귀금속이나 밀, 삼겹살 등등)의 파생 상품뿐만 아니라 집값이나 유가, 심지어 날씨 파생 상품과 같은 무형 자산까지도 거래 대상이 될 수 있다. 우천에 야외 콘서트가 열리기라도 하면 티켓 판매가 저조할 테고 이에 대한 위험을 대비해야 하니 말이다.

파생 상품 거래의 일차적 이유는 다른 투자물에 대한 위험을 상쇄(방금 든 우천의 경우나 미래 유가 변동에 대비하는 항공사들이 그 예다)하는 것이었지만 잠재 수익률이 60퍼센트 이상으로 높다는 것은 장차 투기 거래 역시 고개를 들게 한다.

그냥 경고로 몇 마디 하겠다. 독자 여러분이 지금 이 시점에서 이런 유형의 시장에 뛰어들고 싶다는 생각이 드는가? 고급 금융 상품에 대해 학위께나 받았을 정도로 해당 분야와 관련된 이해가 깊은가? 그렇지 않다면 여러분도 더닝-크루거의 "환영적 우월성" 집단과 한 배를 탈 것이다. 하지만 이 집단에 속한 사람은 자신이 집단의 일원이라는 사실을 믿으려 들지 않을 것이고, 이제 여러분은 수많은 웹사이트와 함께 돈 욕심을 채우면 된다.

트레이드러시(TradeRush.com)와 24옵션(24option.com) 같은 사이트는 미국의 직접적 규제가 미치지 못하는 다른 나라들에 거점을 두고 있지만, 북미 파생 상품 거래소(North American Derivatives Exchange, nadex.com)의 경우 시카고에 본부를 두고 있으며 미국 상품 선물 거래 위원회(Commodity Future Trading Commission, CFTC)의 규제를 받는다. 이들은 돈독 오른 무

책임한 기관은 아니지만 사이트가 적법하다는 사실이 투자자의 성공을 보장해주진 않는다는 점을 기억하라.

24옵션 사이트는 튜토리얼, 샌드박스 형식의 연습 공간, 저렴한 거래 등을 내세우며 파생상품 거래가 어려운 일이 아니라고 안심시킨다. 신참내기가 어떻게 환영적 우월감을 갖게 되는지 매우 쉽게 볼 수 있다. (24option.com)

이러한 사이트는 샌드박스[55] 형식의 연습 기회와 튜토리얼을 제공함으로써 성공의 법칙을 단순하게 설명한다. 그런데 튜토리얼이 제시하는 법칙은 옵션이 큰 이익을 남기며 만기되는 경우만을 강조하지 그 반대의 경우에는 눈길을 주지 않는다.

---

[55] (옮긴이) Sandbox. 게임 내에서 주어진 콘텐츠와 시스템이 허용하는 범위 내에서는 사용자 마음대로 무엇이든 할 수 있는 플레이 방식을 말한다.

예를 들면, 24옵션 사이트(24option.com)의 개요 화면을 보면 옵션 거래를 세 단계로 다음과 같이 설명한다.

1. 회원님께서 24옵션의 자산 중 500달러를 구글에 투자하기로 결정합니다.
2. 회원님은 구글의 주식을 산 것이 아닙니다. 구글의 주가가 오를지 내려갈지만 결정하면 되는 것이죠.
3. 매입을 누릅니다. 회원님의 예측이 맞으면 방금 445달러의 수익을 번 것입니다!

하지만 사이트는 자기 편한대로 3단계의 가장 중요한 내용, 즉 "… 회원님의 예측이 틀렸다면, 방금 500달러의 손해를 입은 것입니다!"을 빠뜨리고 있다. 또한 어느 경우든 24옵션은 수수료 명목으로 돈을 가져간다는 사실에 대해서도 입을 다물고 있다.

해당 사이트의 구성, 교육 자료, 거래 인터페이스로 인해 초보 거래자들은 과도한 자신감을 느낄 공산이 크다. 옵션의 거래 주기는 매우 짧기 때문에(풋옵션(구매 권리, put)과 콜옵션(판매 권리, call)은 분 단위로 이뤄지는 일이다) 사람들은 순식간에 돈을 잃을 수가 있다.

생각대로 일이 풀리지 않을 수 있다는 지표가 있음에도 사람들은 계속 증시 프로그램에 매달리는 유혹에 빠지게 되는데, 사이트의 교육 과정에서는 회원이 승리 전략을 발전시키는 데 시간이 걸린다고 말하는 일이 많기 때문이다. 더닝과 크루거는 "무능한 사람은 실력 향상의 필요성을 시사하는 피드백에서 배우질 못한다"라고 경고한다. 자신이 제대로 이해할 가능성이 거의 없는 금융수단에 돈을 투자하는 사람들이 딱 이들이다.

경험이 많지도 않고 산업에 대한 지식노 없는 파생 상품 거래는 상황을 통제하고 있다는 환영으로 이어질 가능성이 높다. 경험이 있어도 아주 제대로 길을 잃을 수 있는 곳이 이 분야다. 1995년 주가지수 파생상품 거래로 인해 영국의 베어링스 은행(Barrings Bank)에 12억 달러의 손실을 입히면서 은행을 혼자서 파산시켜 버린 파생상품 딜러 닉 리슨(Nick Lesson)에게 한번 물어보라.

즉각적인 승리가 가능하고, 최저액 투자로 인해 이전 손실을 간단한 일로 치부하기 쉬운 상황. 인터넷 거래소들의 인터페이스는 거래 행위를 운이 좌우하는 게임과 상당히 비슷하게 보이게 만들고, 사람들은 가짜 실력을 발휘하게 된다. 예쁘

장한 그래프와 윤기 나는 버튼들은 파생 상품 가격이 오를 것 같으면 콜을 넣고, 내려갈 것 같으면 풋을 넣으라고 꼬드긴다. 허나 유감스럽게도 이것이 이렇게 간단한 일이었으면 그렇게 확산되지도 않았고 거기서 돈을 버는 일도 없을 것이다.

워렌 버핏(Warren Buffet)은 파생 상품을 "금융계의 대량 살상 무기"라고 부른다. 2008년 세계금융위기를 초래하는 데 파생 상품이 세운 혁혁한 공을 생각해 볼 때, 독자는 누구를 더 믿겠는가? 옵션을 만지작거리는 여러분 덕택에 부자가 된 자인가? 아니면 옵션은 접어두고 그저 계속 부자로 남아 있는 자인가?

실력에 대한 느낌을 부풀리기

- 사람들이 따를 규칙은 비교적 단순하다고 말하면서 샌드박스 형태의 연습 공간을 제공한다. 이런 상황에서 사람들은 금세 자신이 원리를 이해했으며 "거물"들과 겨뤄볼 준비가 된 것처럼 느끼게 된다.

- 사이트의 게시판이나 그 밖의 특별 공간에 고객이 자신의 성공을 떠벌릴 수 있도록 권장함으로서 사회적 검증 요소를 제공한다.

- 무지한 사람은 계속 무지해야 한다. 사람들 자신이 모르는 것에 대해 알려줘서는 안 된다는 것이다. 그렇게 해서 사람들은 계속 자신의 실력을 과대평가할 것이다.

- "빠른 승리"를 초반에 안겨줘서 사람들이 이제 감을 잡았다고 느끼게 한다.

- 소규모 투자 운용을 가능하게 만들어 초기의 손실이 별 거 아닌 것처럼 느껴지게 한다.

- 전 과정을 이해하기까지에는 시간이 좀 걸릴 수 있으며, 지금도 잘 하고 있다는 말로 사람들을 현혹시킨다.

운이 아니라 기술 때문에 보상을 받는 것처럼 만들어라

행동을 해야 보상을 얻을 수 있을 때 보상에 더 많은 가치가 부여된다.

파블로프의 개와 스키너의 비둘기 이야기로 다시 돌아가보자. 파블로프와 스키너가 자신의 실험 동물에게 새로운 행동을 소개한 방식에는 서로 차이가 있었다. 이 차이를 눈여겨볼 필요가 있는데, 새로운 행동이 얼마나 오래 지속되는지에 영향을 주기 때문이다.

파블로프는 선행 조건(종 울리기)과의 행동 연계를 위해 원래 갖춰진 반사 행동(침 흘리기)을 이용했으나 스키너는 조작적 조건 형성(도구적 조건 형성, operant conditioning)을 실시했다. 새가 올바른 행동을 보이면 그 결과로 보상을 받는 것이다.

이는 어떤 점을 시사하는가? 스키너의 조건화는 능동적인 반면, 파블로프의 조건화는 수동적이다. 파블로프의 개는 스키너의 비둘기처럼 자신의 행동을 제어하지 않는 상황이었다. 개는 보상을 위해 의식적으로 행동할 필요는 없었지만 비둘기의 경우 의식적으로 행동해야 했다. 이렇게 동물이 명확한 행동을 하게 만들면 조건화의 효과는 더욱 강하고 오래 간다.

또한 스키너는 보상이 무작위로 순전히 운에 따라 주어질 때 동물의 반응은 기괴하고 미신적인 모습을 띠는 것을 밝혀냈다. 비둘기가 어떤 행동을 하고 있든지와 상관없이 비둘기들에게 완전히 아무렇게나 보상을 주는 경우, 조건화가 이뤄져서 이상한 행동을 보이기 시작하는 것을 발견한 것이다. 예를 들어, 어떤 비둘기는 춤을 추기도 하고, 다른 비둘기는 절을 하거나 고개를 특정 방향으로 돌리는 것이었다. 이러한 일은 비둘기가 보상을 받았을 당시의 행동을 무엇이든지 반복하려는 탓이었다. 따라서 다음 번에 보상이 주어질 때 동일한 행동을 할 가능성은 더 높아지고, 마침내 이 무작위적 행동이 보상(먹이)을 나오게 한다는 미신이 비둘기의 의식 속에 자리잡게 된다.

그렇다면 도박의 매력은 이상한 소리로 들린다. 도박 중독도 결국 무작위성에 일정 부분 기인하니 말이다. 하지만 그 무작위성을 상쇄하는 것만 같은 게임적 요소가 도박에 추가돼 있기 때문에 도박이 즐거워진다.

즉, 칩을 놓거나 카드 게임을 하는 사람들에게 가짜 통제력을 쥐어주면 이들은 자신이 무작위성을 지배하는 것 같은 착각을 하게 된다. 요컨대, 하나의 버튼을 눌러 이겼는지 아는 것과 두 개의 버튼 중 하나를 정확하게 눌러야 이기는 것은 다르다. 선택을 할 수 있게 된 사람들은 자신이 무대에서 통제력을 가진 것처럼 착각하게 된다.

또한 사람들은 '자신에게 일어난 일'보다 '자신이 한 일'에 따른 보상을 더 높게 친다. 쿠폰을 얻기 위해 자신의 시간이나 기술을 투자하는 감정적 측면은 쿠폰의 가치를 더 크게 느껴지게 하고, 나는 받을 만하니까 받았다고 느끼게 된다. 결과적으로 사람들은 누구에게나 주어지는 혜택보다 실력이 어느 정도 바탕이 돼야 얻을 수 있는 쿠폰이나 할인 혜택을 소중하게 생각하게 된다.

이를 가장 간단하게 보여주는 예로는 이메일 뉴스레터 수신 신청을 하거나 포인트 보상 프로그램을 통한 구매를 자주 하는 사람들에게 할인 혜택을 제공하는 것이 있다. 이 소비자들은 행동을 취했고, 그에 대한 보상을 받는 것이다. 이 행동을 취하지 않은 사람들은 제외된다. 물론 보상을 위해 소비자가 취하는 행동은 판매자에게도 도움이 되니 나쁠 것 없다.

어떤 회사들은 기술에 바탕을 둔 보상 체계를 자사의 핵심 기능과 결합한다. 그루폰은 쿠폰 중심의 할인 사이트지만 특가를 누리기 위해서는 정확한 때에 사이트를 방문하고 충분한 수의 다른 사람을 모아야 한다는 점에서 기술적 요소의 존재를 여실히 드러낸다. 포스퀘어(Foursquare) 사용자는 장소에 찾아가야만 체크인을 할 수 있으며, 빈번하게 방문할 경우 앱 내의 회원 지위(배지와 시장직)뿐만 아니라 현실에서 사용 가능한 할인 특전과 같은 보상을 받을 수 있다.

사업 전체의 보상 체계가 고객의 기술과 기량에 바탕을 두는 경우도 있다. SCVNGR(SCVNGR.com)의 방문자는 보상을 얻기 위해 다양한 도전과제에 응해야 한다. 도전과제는 주로 소셜 미니어에 특정 장소에 대한 긍정적인 내용을 올리거나, 특정 장소에 앞으로 더 많은 사람들이 올 수 있게 만드는 활동을 수행하는 것이다. 각 활동은 일정 수의 보상을 지급하고, 이 보상은 해당 위치에서 사용 가능한 할인 혜택이나 무료 아이템으로 교환할 수 있다.

샵킥(shopkick.com)은 쇼핑객이 앱 상에서 온라인으로 매장들을 둘러본 후 오프라인 매장에 실제로 가 물건을 구매하는 경우 포인트를 적립해 주는 앱이다. 쇼핑객은 매장 체크인에 따른 위치 기반 포인트(워크인 "킥"(walk-in kicks)), 구매 포인트, 신용카드 적립금을 복합적으로 적립할 수 있다. 샵킥은 사용자가 미리 목표를 명시하게 하고, 사용자가 원하는 보상까지 어느 정도 남았는지 진행률을 보여주며 앞으로의 활동을 독려한다.

앞에서 설명한 예의 고객 참여 수준은 (위험 부담이 될 수도 있지만) 보상을 위해 기술이 필요한 행동을 취해야 하는 모양새를 지니고 있다. 그 결과 사람들은 자신이 받는 보상을 다른 경우보다 더 귀하게 여기게 된다.

사용자가 자신이 받은 보상의 가치를 액면가 이상으로 높게 쳐 줄수록 업자들에게도 확실히 더 많은 금전 가치가 돌아간다. 고객 충성도 측면에서는 매장 방문자 모두에게 증정되는 5달러짜리 할인권보다 구하기 쉽지 않은 1달러짜리 할인 혜택이 그에 걸맞지 않는 더 큰 값어치를 지닐 수도 있는 것이다.

SCVNGR의 위치인식 앱을 통해 사용자는 근방에서 어떤 도전에 응모할 수 있는지 알 수 있다. 도전과제 수행을 통해 앱 사용자는 쿠폰이나 무료 상품의 형태로 보상을 얻을 수 있다. 보상을 위한 과제 수행은 보상을 더 가치 있게 느껴지게 한다. (scvngr.com)

따라서 승리를 위해 필요한 노력이나 극복해야 하는 부담감의 정도가 고객의 의지를 꺾기에는(게임 참여를 단념) 살짝 모자랄 때 고객이 인식하는 가치는 최대치에 다다른다. 이렇게 가장 열렬한 고객(또한 가장 소중한 고객들)이 된 이들은 가장 많은 장애물을 넘을 각오를 하리라는 점 또한 흥미롭다.

운이 아닌 기술을 부각시키는 방법

- 노력을 해야 할인을 받을 수 있다는 것을 깨닫게 한다. 하지만 필요한 노력을 적절히 낮은 수준으로 유지하지 않으면 소비자를 막는 장애물이 되어 버린다.
- 소비자가 해야 하는 노력은 기술 게임이나 단순한 도전과제의 형태를 띨 수 있다. 예를 들어, 특정 시각에 출석을 하거나 특정한 물건을 노출하는 것이다.
- 도전과제나 게임은 목표 집단에 따라 특정 방향으로 편향될 수 있다. 예를 들어, 단골 고객에게는 이전에 구매한 물품의 사진을 찍는 과제를 부여하고, 새로운 고객에게는 일주일에 최소 매장 두 곳을 방문하는 과제를 해결하게 할 수 있다.
- 보상에 무작위적 요소를 포함시키는 것 자체는 문제가 없지만 무작위적 요소는 제어 가능한 것으로 보여야 한다(누구나 보상을 받을 수 있다 해도 보상의 크기는 변수 내에서 무작위로 정해지는 식이다).
- 작업을 마친 사람들만 보상을 누릴 수 있다는 것을 명시함으로써 보상의 고급스러움을 유지한다.
- 보상이 커야 할 필요는 없다. 말 잘 듣는 소비자에게 할인 혜택을 주면 그 뿐이다.

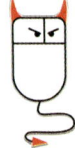

정원에 울타리 두르기

인프라를 여러분이 점하는 상황에서 사람들은 굳이 떠날 이유를 찾지 못하고 떠나도 잠깐이어야 한다.

모뎀으로 인터넷에 접속하던 시절, 미국에서 아메리카 온라인(AOL)은 많은 이들에게 인터넷과 동의어였다. 서비스 신청자들은 AOL의 서비스로 채워진 '울타리 친 정원'[56]에 머물렀다. 표면적으로 이러한 울타리의 목적은 비가입자의 접근

---

56 (옮긴이) 월드가든(walled garden). 콘텐츠, 서비스, 기술 등 여러 가지 제약으로 환경이 보호되어 외부와 교류 없이 독립됐거나 고립된 폐쇄적 '네트워크'가 울타리 친 정원을 떠올린다는 데서 나온 용어

을 차단한다는 것이었으나, 실제 의도는 가입자를 계속 유지하려는 것이었다. 이러한 방식을 통해 AOL은 다른 사이트의 콘텐츠(와 광고)가 아닌 AOL의 광고에 소비자를 더 노출시킬 수 있었다.

이러한 일은 AOL만 한 것이 아니었다. 개별 사이트들은 사용자에게 사이트를 나가려는 것이 확실한지를 묻는 안내 페이지를 운용할 수 있다. 랜딩 페이지[57]들의 HTTP 리디렉션은 사용자가 브라우저의 뒤로 버튼을 누를 때 사이트가 도로 나오게 하기도 한다.

일부 사이트들이 여전히 이러한 리디렉션 수법을 시도하지만 사용자들은 이제 예전만큼 너그럽지가 못하다. 이제 사이트들은 방송 업체들과 똑같은 일을 현실화했다. 충분한 콘텐츠로 사용자를 붙잡아 두고 던져주는 광고를 군말 없이 보아 넘기게 하는 것이다. TV 방송의 경우 프로그램의 분량은 한 시간 중에 42분, 광고는 나머지 18분에 이른다. 황금시간대의 경우라면 광고의 분량은 더 늘어날 수 있고, 독점 방송의 경우도 마찬가지다.

미래에는 광고 방송 시간이 따로 필요하지 않을지도 모른다. 광고가 콘텐츠 주변을 온종일 도배하고 있을 테니 말이다. [마이크 저지 감독의 영화 이디오크러시(Idiocracy)(2006년 작) 중에서].

---

57 (옮긴이) 검색, 광고 등을 경유해서 접속하는 사용자가 최초로 보게 되는 웹페이지

이제 온라인에서는 울타린 친 정원을 만들 여지가 없단 말인가? 분명히 그 반대다. 사람들이 페이스북의 울타리 안에서 대부분의 작업을 수행하는 이유는 한층 늘어만 가고 있다. 트위터도 비슷하다. 유튜브는 동영상의 동의어가 됐지만 2008년에는 미국 내에서 가장 많이 쓰이는 검색 엔진 2위의 자리까지 거머쥐었다. 유튜브 위에는 부모 격인 구글이 있을 뿐이다.

사람들이 주어진 인프라를 그대로 사용하고 다른 공개적 대안을 찾지 않는 경우라면 모두 사정이 같을 수 있다. 그 이유는 친구들이 모두 거기에 있고 작업 수단도 마찬가지로 모두 거기에 있기 때문일 수도 있고, 새로운 세계에 진입하면서 그쪽으로 안내(AOL의 모뎀 인터넷 경우처럼)됐기 때문일 수도 있다.

하지만 울타리 친 정원(월드 가든)은 사이트 유료화(페이월, paywall)와 다르다. 뉴욕 타임즈나 월스트리트 저널과 같은 유료 사이트는 달갑지 않은 사람들을 들이지 않기 위해 울타리를 세웠다. 이는 달가운 사람들을 계속 들여 놓기 위해 세운 울타리와는 매우 다르다.

딱딱한 울타리가 아닌 유연한 울타리를 세운다는 점만 확실히 하면 된다. 영리한 회사들은 사람들이 나가는 것을 막지 않지만, 동시에 다시 정원에 돌아오면 더 재미있는 것들이 기다리고 있을 것임을 분명히 해준다. 페이스북, 트위터, 구글은 "좋아요", "+1", "트윗"과 같은 버튼 및 타 사이트에서 자사 계정을 그대로 써서 로그인할 수 있는 옵션("페이스북 계정으로 로그인하기")을 통해 울타리 너머로 자사의 존재감을 확장하면서 이를 해내고 있다. 이러한 방식의 사용자 편의 기능을 제공하면서 업체는 울타리 너머 회원 개개인의 활동 모습을 추적할 수 있고, 울타리 친 정원으로 돌아온 회원한테는 맞춤형 광고(그가 밖에서 벌인 행동을 바탕으로 하는)를 거누게 된다.

울타리 친 정원을 디자인하는 방법

- 인프라를 점하라. AOL은 모뎀을 통한 온라인 접속 인프라를 점유해서 사용자를 자사의 콘텐츠로 안내했다. 페이스북은 소프트웨어 관련 인프라(포스팅, 좋아요, 담벼락)를 점유함으로써 사용자는 자신의 친구들이 모두 모여 있는 이 환경에 발이 묶이게 됐다.
- 사용자가 어느 선까지 광고를 용인할 수 있는지 유의해야 한다. 울타리 친 정원의 목적은 광고 수입의 극대화(정원 안의 광고 노출도 모두 점유)이지만 광고가 너무 거슬리면 사용자는 정원을 떠날 것이다.
- 사람들이 정원을 나가는 것을 막지 말되, 이들이 나가 있는 동안의 행동을 추적할 수 있는 기능을 활용한다. 이들이 돌아오면 더욱 맞춤형으로 제작된 광고를 보여줄 수 있다.
- 정원의 완성도를 지속적으로 점검한다. 그래서 만일 사용자의 바람과 필요를 충족시키지 못하는 것이 드러나면 정원을 다시 한번 키워 사용자가 정원을 떠날 이유를 찾지 못하게 한다(그 예로 페이스북은 사진 편집 기능을 추가하기 위해 인스타그램을 인수했다).

닻내림 효과와 임의적 일관성

자동차 연료계의 바늘이 E(Empty)를 가리키지만 주유소가 몇 개 나와도 저번에 간 주유소보다 기름을 비싸게 팔면 우린 그냥 지나친다. 자동차가 거친 숨을 토하기 시작하면 그때서야 마뜩잖아도 돈을 퍼줄 때임을 깨달을지 모른다.

무슨 일이 일어난 걸까? 저번 주유에서 우리 마음속에 휘발유 가격에 대한 기준 의견이 형성, 즉 닻(anchor)을 내렸고, 이제 이 닻을 거스르는 새 가격을 이전과 비교해 보고 있는 것이다. 우리는 저번에 지불한 가격과 새 가격 사이의 일관성을 찾고 있다. 시간과 장소에 따라 가격이 다양한 상품의 경우 가격 인상은 하나도 이상할 것이 없는 일이나, 우린 이렇게 마음 속의 닻에 얽매이다 결국 여러 군데의 주유소에서 줄줄이 허팅을 치고 나서야 닻을 거두어 제자리로 돌려놓을 때임을 깨닫는다.

저번에 낸 기름값이 이번에 낼 기름값 예상에서 닻으로 작용한다.

이 같은 재조정을 한 후라도 생각을 보정할 기름값의 표준(금본위제 식이라면 기름 얼마에 금 얼마)이 없는 상황은 계속된다. 그렇다고 현재 국내 평균 유가를 설명하는 정부 통계 자료를 조회할 리도 만무하다. 새로운 기준가(anchor price)는 이제 임의적인 모습을 보인다. 그저 최근의 경험에 비춰서 정하는 것이다. 따라서 다음에 자동차에 기름을 넣을 때는 임의로 새로 정한 기준(닻)을 적용하면서 행동경제학자인 댄 애리얼리(Dan Ariely)가 "임의적 일관성(arbitrary coherence)"이라고 명명한 특성을 추구하게 된다.

이러한 일관성 추구가 얼마나 제멋대로일 수 있는지 묘사하기 위해 최근 역사에서 미국의 기름값이 어땠는지 짚고 넘어가보자. 1999년 2월 일반 무연휘발유의 가치는 갤런당 평균 91센트였다. 이 당시 여러분이 프리미엄 무연휘발유이긴 해도 1갤런에 3달러에 팔고 있는 주유소를 봤다면 실소를 터뜨리면서 고개를 가로젓고 가던 길을 계속 갔을 것이다. 하지만 2008년 7월 해당 유가는 4.11달러로

20년 사이 최고 기록을 달성했다. 이때 갤런 당 3달러로 기름을 파는 주유소를 봤다면 가게를 빙 두르고 있는 대기 줄에 가세했을 것이다.

이제는 이 시기에 여러분이 영국으로 여행을 갔다고 해보자. 여러분은 영국에서 갤런(미국식)당 6.75달러라는 가격을 보고 이를 새로운 닻으로 삼는다. 이렇게 새로운 닻내림(Anchoring, 앵커링)이 이뤄지면 이제 휴가가 끝나고 미국으로 돌아와서는 기름을 참 싸게 넣는 느낌이 들 것이다.

따라서 외관상으로는 합리적인 우리의 일관성은 시간과 공간에 닻으로 매여 있는 것이다. 별 도리가 없는 일이다. 타디스[58]라도 타고 시간 여행에 동참한다면 모를까. 하지만 그게 가능한 상황이라면 기름을 구할 일도 없을 것이다. 이 점은 무엇이 싸고 무엇이 비싼지에 대한 우리의 시각이 다소 제멋대로라는 것을, 즉 임의적이라는 것을 보여준다.

소프트웨어와 웹사이트의 디자이너들은 이 닻내림 효과와 임의적 일관성 추구 현상을 어떻게 활용할까? 닻내림 효과를 이해하면 사람들의 기대치를 더 쉽게 재설정하는 일이 가능해지며, 일관성을 고찰하면 사람들이 비교하는 대상의 폭을 증가시킬 수도 있고 감소시킬 수도 있게 된다.

기대치 재설정을 통해 사람들이 더 큰 욕심을 품게 할 수 있다. 기본적으로 이 장의 초반부에서 논의한 폴 피프의 연구에 등장한 사람들이 겪은 일이 여기에 해당한다. 부자가 되고 주위에도 부자가 많아진 사람들은 허용되는 행동에 대한 기대 수준을 바꾸게 됐다. 비교 대상의 폭을 변화시키는 일 역시 유사한 효과를 자아낸다. 소비자가 좀 더 생각해 보고 결정하게 만드는 상품을 배제함으로써 기업들은 소비자가 스스로의 성마른 탐욕을 정당화하도록 부추긴다.

---

[58] (옮긴이) 영국의 유명 드라마 '닥터 후(Doctor Who)에 등장하는 시간 여행 우주선. TARDIS(Time And Relative Dimension In Space)

닻을 확보하라
물건의 가치에 대한 기준점을 만들어 가격을 통제한다.

여러분은 새로운 토스터를 구입하려고 한다. 아직 조사를 시작하지는 않았지만 희망 가격대에 대해 대충 감이 있는 상황이다. 매장에 가자 점원이 맨 처음 한 일은 사회보장번호(SSN) 뒤 두 자리 숫자를 적어달라고 부탁한 것이었다. 그러고 나서 그는 그 가격으로 토스터를 구입할 의사가 있는지 묻는다. 여러분의 답변이 어떠하든, 그다음엔 점원이 여러분에게 토스터를 구입하기 위해 지불할 수 있는 최대 금액은 얼마인지 묻는다. 사회보장번호 뒤 두 자리의 숫자는 00부터 99까지의 범위에 분포하며 거의 임의로 분포돼 있을 것이다. 이 숫자가 토스터 구입에 무슨 영향이나 행세할 수 있을까? 재미있는 것은 이 숫자가 지금과 같이 닻으로 사용됐을 때 "제법 많이" 영향을 준다는 것이다.

스탠포드 대학의 이타마 시몬슨(Itamar Simonson)과 에이미 드롤렛(Aimee Drolet)은 사회보장번호와 같은 엉뚱한 닻으로 기준점을 제시해도 물건 구입에 낼 돈의 액수가 영향을 받을 수 있다는 것을 발견했다. 사회보장번호 뒤 두 자리 숫자가 00부터 49에 해당하는 피험자들은 50부터 99까지에 해당하는 피험자들보다 더 낮은 최대구매가를 적어냈다. 아무 관련도 없는 이 숫자도 적재적소에 쓰이기만 한다면(사회보장번호의 두 자리 숫자가 높은 사람들이 말로는 그 가격에 물건을 사지 않을 것이라고 한다 해도) 기준점으로 재탄생하는 것이다.

이렇게 무관한 숫자들을 기준점으로 삼고 닻을 내리는 일이 얼마나 쉬운지 생각할 때 기업들이 일반적인 판매 기법으로 좀 더 현실적인 닻을 내리는 것은 전혀 놀라운 일이 아니다.

시장 환경에서 닻내림은 상품들의 가격대를 나열하는 방식으로 이뤄지며, 이들 상품은 품질 면에서 모두 비슷한 인상을 주지만 갈수록 더 많은 기능이 추가되고 가격도 차례로 올라가는 식으로 배열된다. 제일 저렴한 상품이 이제 기준점으로 작용한다. 세일 전단에서 광고되는 상품은 바로 이것이다. 가장 비싼 상품은 최고 기준점이 되어 다른 모든 상품은 이를 기준으로 비교된다. 점원은 고객을 진열된 상품들로 안내하면서 제품의 가격이 차례로 올라감에 따라 누릴 수 있는 상대적 이득을 소개하는데, 모든 상품은 형성된 최고 기준점에 비해서는 저렴해 보이게 된다.

다른 방법은 최고 기준점을 비현실적으로 높게 잡아 다른 모든 가격이 비교적 합리적으로 보이게 하는 것이다. 레스토랑의 메뉴가 바로 이러한 예인데, 고가의 스테이크와 해산물 요리를 메뉴판 상단에 보여주고 더 저렴한 파스타 등은 하단에 기재하는 식이다. 파스타의 가격도 절대적으로는 비싸지만 스테이크에 비하면 저렴해 보이게 된다.

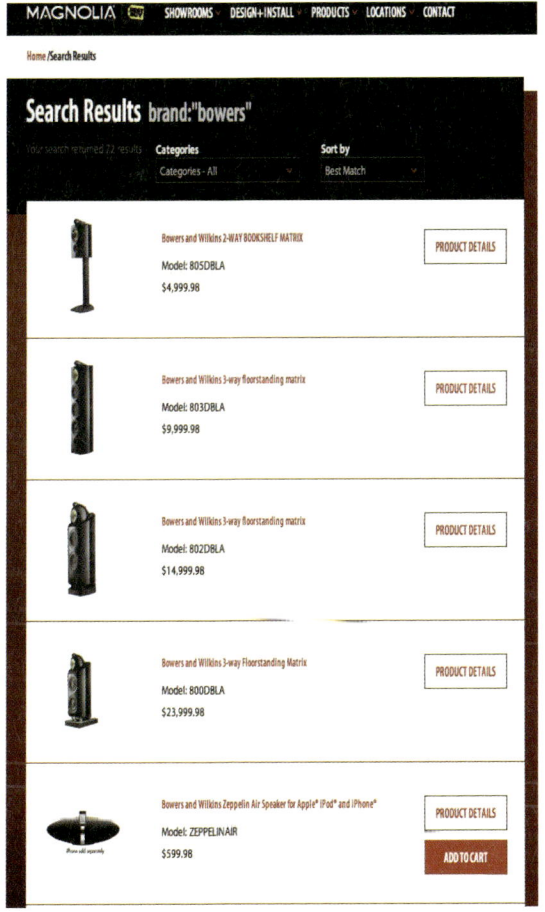

매그놀리아 히이파이(Magnolia HiFi)에서 판매되고 있는 스피커 메이커인 B&W(Bowers and Wilkins)의 제품. 맨 밑줄의 아이팟용 도크 제펠린(Zeppelin iPod dock)은 하이엔드 스피커에 비하면 매우 저렴해 보인다. 하지만 여기서 이 제품이 타사의 아이팟용 도크보다 열 배 이상 비싸다는 점을 알 수는 없다. (magnoliaav.com)

하이엔드 오디오 장비 시장은 단연코 이러한 수법이 가장 자명하게 드러나는 분야일 것이다. 하나에 500달러 하는 스피커라도 2만 5천달러짜리 다른 제품에 비하면 매우 합당한 가격의 상품으로 보인다.

이 기법이 더 흔하게 쓰이는 경우로는 상품에 딸린 부대용품을 함께 구입하는 것이다. 매장들은 상품 구매와 동시에 구입하는 부대용품에 대해서는 할인해주는 경우가 많은데, 여기에는 다 이유가 있다. 주 상품이 기준점을 정하는 닻으로 작용해 함께 사는 부대 용품은 무엇이든지 저렴해 보이는 것이다. 다음날 부대용품을 사러 매장에 다시 들를 때는 전날 구입 가격을 주 상품의 가격이 아닌 같은 부대용품의 가격과 비교하고 있을 것이다.

사람들이 자주 사지 않는 제품이나 구입에 앞서 그렇게 깊이 조사를 해 보지 않는 제품의 경우 여러 차례에 걸쳐 기준점을 재설정하는 일도 가능하다. 20101년 베스트 바이(Best Buy)는 매주 한 컴퓨터 모델의 가격을 인상하기 시작했는데 오히려 광고 전단에는 해당 컴퓨터의 가격을 강조해서 홍보했다. 하지만 "세일"이란 말을 절대 쓰지 않고, "새 가격"이라는 용어를 사용했다. 그리하여 고객 대다수를 대상으로 이전 판매가보다도 높은 가격을 새로운 기준점으로 삼아 닻을 내리는 데 성공했다.

닻을 확보하는 방법

- 최고 기준점을 위한 닻:
  - 비교 선상에 놓인 여러 상품 중 가장 비싼 모델의 최고 기준 가격은 나머지 상품을 비교적 저렴해 보이게 만들 정도로 두드러지게 고가여야 한다.
  - 다른 상품의 가격을 말할 때 최고 기준점과 자주 비교해 가며 설명한다.
- 최저 기준점을 위한 닻:
  - 비교 선상에 놓인 여러 상품 중, 가장 저렴한 모델의 가격은 판매자인 여러분이 용인할 수 있는 한도 이상이 돼야 한다.
  - 닻내림을 위한 최저 기준 가격이 고객의 예상에서 크게 벗어나지 않거나, 다른 판매자와의 비교가 어려운 상황이어야 한다.
  - 기준점에서 시작해 고객에게 점점 더 고가의 상품을 소개해 간다.

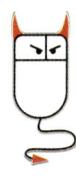# 돈에서 토큰으로

자체적인 통화 단위, 토큰의 가치는 정해진 것이 아니다. 소비자는 기준 가격에 반응(1달러보다는 99센트)한다. 그러니 토큰으로 통화를 변경하면 물건의 실제 가격이 1.5달러이면 이를 99토큰으로 나타낼 수 있다.

캡콤(Capcom)은 2011년 말 한 어린이가 자사의 아이패드용 스머프 게임에서 1,400달러어치의 앱 내 아이템 구매를 하는 바람에 뉴스란을 장식했다. 매디슨 케이(Madison Kay)란 이름의 이 여덟살 난 여자아이는 게임 내에서 스머프베리를 비롯한 여러 아이템을 구매했고, 해당 요금은 고스란히 아이 엄마(아이패드 주인)의 아이튠스 계정으로 청구됐다.

비슷한 뉴스가 이어지자, 아칸소 주 상원의원인 마크 프라이어(Mark Pryor)는 연방거래위원회(FTC)에 다음과 같이 적은 서한을 보냈다. "특히 어린이들이 겪는 앱 내 아이템 구매에 대한 혼란으로 부모들은 자녀가 구입한 가상 스머프베리, 눈송이 등등의 상품에 대한 영수증을 예기치 않게 받게 된다. 결국 애플리케이션 업체들의 이런 장난질로 인해 어린이들이 피해를 입는 것이다."

연방거래위원회는 애플과 구글의 앱스토어의 앱 설명을 조사하는 작업을 벌였고, 앱스토어들은 "추가적 조치를 마련해서 부모가 자녀를 위해 다운로드하는 앱에 대한 명확하고 간결한 정보가 부모에게 적시에 확실히 제공되게 해야 한다"는 결론을 내렸다. 하지만 이러한 무단 앱 내 결제를 막기 위해 어떠한 보호 조처가 필요한지에 대한 평은 유보한 상황이다. 2013년 3월 애플은 자녀의 앱 내 구매를 승인하지 않은 부모가 환불을 받을 수 있게 하는 집단 소송 합의안을 제시했다.

앱에서 이뤄지는 구매가 사고의 일관성을 깨뜨리는 것은 일반 화폐 단위(단위)를 자체적인 토큰으로 계산해 주기 때문이다. 하나하나의 게임이 스머프베리나 눈송이를 자체 통화 단위로 활용하는 것도 가능하지만, 대형 게임 제작사에서도 토큰을 기반으로 하는 경제 시스템을 구성함으로써 비용을 달러로 말해주지 않는다. 이러한 시스템으로 인해 신용카드가 있는 사람이 계정에 포인트를 쌓았을 때 신용카드가 없는 사람이나 아동도 포인트로 온라인 결제를 할 수 있는 면이 있지만 토큰 발행인들에게 주로 해당되는 다른 이득도 있다.

닌텐도 같은 게임 회사들은 포인트제를 통해 Wii와 DSi 게임 시스템과 관련한 온라인 디지털 자산을 더 잘 관리할 수 있는데, 모든 가격이 지역 통화가 아닌 포인트로 표시되기 때문이다. 포인트 카드가 구매 국가 바깥에서는 사용할 수 없다는 점은 닌텐도로서는 다행인데, 그렇지 않으면 현재의 확산 추세를 감안할 때 닌텐도 포인트는 전 세계의 외환 거래소에서 거래됐을 것이다.

공식적으로는 닌텐도 포인트 100포인트가 1달러에 해당한다. 하지만 영국에서는 같은 100포인트가 0.70파운드에 해당하는데, 이 글을 작성하는 시점에서 이는 1.20달러에 상당하는 것이다. 유럽에서는 100포인트가 1유로(1.30달러)의 가치를 지닌다. 닌텐도에게 국제 환율 변동에 대한 책임을 물을 수는 없지만, 어떨 때는 유럽 게이머보다 미국 게이머인 것이 벌이가 돼 보인다.

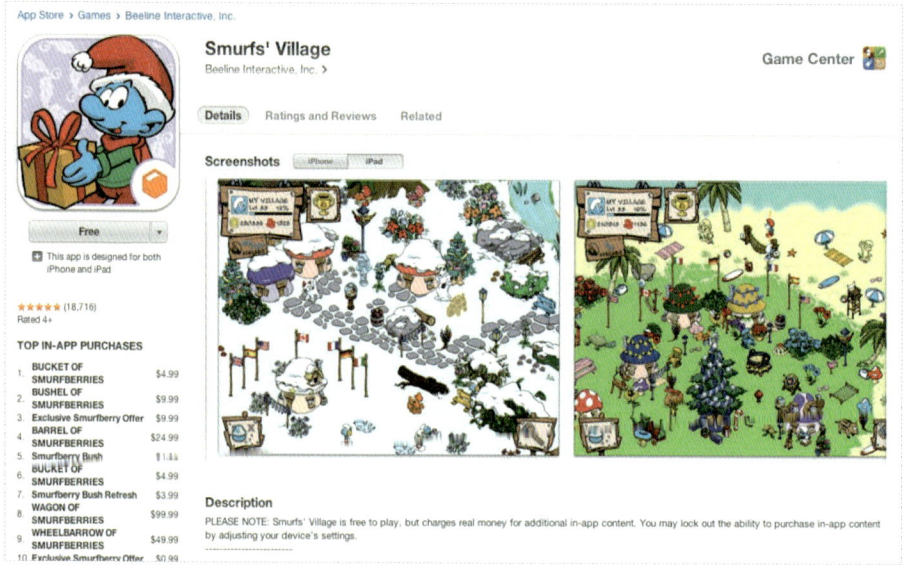

통화 단위를 포인트로 전환함으로써 현실 세계의 일관성이 제거된다. 아이튠스 스토어에서 스머프 게임을 다운로드하는 것은 무료이나, 게임 진척을 위해서는 스머프베리가 많이 필요하다. 스머프베리는 게임 내에서 손쉽게 구매해서 획득할 수 있다. 스머프베리를 거래하는 게이머들은 자신의 구매가 달러로는 얼마에 해당하는지 잘 생각하지 못할 것이다.

마이크로소프트의 포인트는 조금 더 혼란스럽다. 이 포인트로는 포터블 미디어 플레이어 준(Zune)(아이들이 쓰는 좀 딸리는 아이패드 느낌)에서 재생할 노래를 79마이크로소프트 포인트에 살 수 있다. 애플의 노래는 하나에 99센트이니 이렇게만 들으면 이 경우가 더 저렴하다고 할지 모르지만, 마이크로소프트에서는 1포인트가 1센트보다 더 비싸다는 것을 모르고 하는 소리다. 80포인트를 모아야 1달러가 되는 것이다. 또한 마이크로소프트는 여러 국가에서 다양한 액수의 포인트가 담긴 포인트 카드를 파는데, 이렇게 되면 각국의 고유 통화와 관계없이 19.99포인트나 39.99포인트와 같은 기가 막힌 가격을 포인트 카드로 해결할 수 있다.

이렇게 달러와 포인트 사이의 연결고리는 재빨리 떨어져나간다. 업체의 인프라 내에 노출되는 상품의 포인트 가격은 이를 달러로 직접 표기했을 때보다 훨씬 임의적인 모습을 띠게 되는 것이다.

게다가 이러한 시스템에서 소비자들은 여분의 돈을 미리 내야 한다. 노래 하나 혹은 게임 하나를 사려고 해도 소비자는 먼저 포인트가 천 단위로 들어있는 포인트 카드를 선구매해야 하는 것이다(마이크로소프트의 경우 1,600 또는 4,000, 닌텐도의 경우 1,000, 2,000, 또는 5,000). 이를 통해, 포인트를 발행하는 기업들은 포인트를 상환하기로 결정할 때까지는(정말 그러기나 한다면, 뒤에 설명할 "미실현수당을 장려한다" 항목을 참고) 사용자의 현금을 대량으로 보유할 수 있다.

토큰 경제를 설계하는 방법

- 토큰의 가치를 특정 통화 가치에서 유리(遊離)시킨다. 가격이 토큰으로 표시되면 사람들은 단돈 99토큰의 가격이 실제로는 1.20달러라는 사실을 망각한다.
- 19.99나 39.99와 같이 고객에게 매력적으로 보이는 가격의 토큰을 대량으로 판매한다.
- 사람들이 토큰의 실제 가격을 잘 생각하지 못하도록 토큰 충전과 토큰 소비를 서로 분리된 과징으로 유지한다.
  - 이로써 한 가구 내에서 소비가 아닌 충전을 담당하는 사람이 따로 생기게 되며, 토큰의 실제 통화 가치에 대한 개념이 더욱 희미해진다.
- 토큰은 구입이 이뤄진 권역 내에서만 사용할 수 있게 해서 투기적 거래를 막는다.
- 토큰을 보상으로 활용한다. 사용자가 특정 목표를 달성하면 한정 수량의 토큰을 지급하는 특별 혜택을 마련한다.

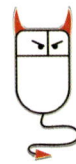

미실현수당을 장려한다

소비자에게 남아 있는 미사용 토큰이 물건을 더 사기엔 부족할 때 토큰을 추가 구매할 것을 요구해서 이익을 거둬들인다.

기프트 카드는 소매업자들에겐 원원의 제안이다. 소비자는 선물로 받은 기프트 카드를 아예 상품으로 교환하지도 않거나, 교환해도 부분적 금액만 쓰고, 아니면 상품으로 교환하는 과정에서 15~40%선의 추가적인 소비를 하게 된다.

기프트 카드는 흔한 선물이지만 이를 현물로 상환된다는 것은 번거로움이라서 결국 기프트 카드를 발행한 기업에게만 좋은 일이 돼 버린다. 아마존은 자사의 기프트 카드에는 요금이나 만료 기간이 없다고 말하면서 이 같은 공포를 반박하고 있다.

선불 결제 수단에서 상환되지 않고 남은 화폐 가치를 업계 용어로는 '미실현수당(breakage)'이라고 한다. 미실현수당은 기프트 카드를 판매하는 소매업자에게는 큰 돈이 되는 사업이다. 2011년 전자제품 판매업체인 베스트바이는 상환되지 않은 기프트 카드의 금액에서 비롯된 수입이 5천 3백만 달러에 달한다고 신고했다. 추정 자료에 의하면 기프트 카드 금액의 10~19퍼센트 선의 액수가 상환되지 않으며, 2005년부터 2011년까지의 기간 동안 이를 모두 합치면 대략 4백 10억 달러의 금액과 맞먹는 것으로 나타난다.

꼭 달러와 같은 실제 통화 단위만이 이러한 전략의 대상인 것은 아니다. 마이크로소프트 포인트나 페이스북 크레딧과 같은 어떠한 선불 기프트 카드라도 미실현수당의 문제에 처할 수 있다.

다른 산업 분야에서도 이는 흔히 쓰이는 기법인데, 휴대폰 서비스업체는 고객이 실제로 원하거나 쓰지 않는 선불 서비스를 "번들"로 제공하거나, 데이터 사용량과 같이 활용 모습이 천차만별인 상품의 요금 선납(정액제)을 요구하는 것이다. 이 경우 미실현수당은 쓰지 않으면 매월 만료되는 문자 메시지나 음성 통화 시간, 또는 소비하지 않은 데이터의 메가바이트 수가 될 수 있다. 어떤 달에 허용치 이상의 사용 내역을 기록하기라도 하면 "과다 사용(overage)"에 따른 요금은 어마어마할 수 있다.

양심을 판 업체들은 미실현수당을 극대화하기 위해 선불 결제 수단에 남은 금액을 전부 그대로 상환받는 일을 어렵게 만든다. 이로 인해 그 돈을 그냥 남겨 놓든가 아니면 소진을 위해 돈을 더 투입해야 하는 일이 벌어진다. 업체들은 기프트 카드의 액면가를 매장 내 판매 항목의 가격보다 항상 조금 낮거나 조금 높게 책정하게 된다. 예를 들면, 평균 음료 가격이 3달러인 한 커피 체인점은 5달러 단위로 증액하는 기프트 카드를 판매할 수 있다. 이렇게 되면 카드에 2달러를 남기거나, 아니면 카드 잔액 소진을 위해 고객은 1달러를 추가로 내야 하는 상황에 놓인다.

기프트 카드 사용을 지체하는 것도 별로 좋은 생각이 아니다. 카드에 만료 기간을 강제하는 일로 업자들은 한때 엄청난 수익을 거머쥐었고, 결국 2009년 미 연방 정부가 개입해서 기프트 카드의 유효 기간을 최소 5년으로 못박고 이 기간이 경과하기 전에는 회사들이 미사용 기프트 카드의 금액을 "되가져가는" 일을 막게 됐다. 그럼에도 암웨이(Amway)는 자사 기프트 카드에 "상환 기간" 날짜를 명시하는 일을 멈추지 않았는데, 만료 날짜가 아닌 하나의 고객 제안일 뿐이라는 입장을 내세웠다. 법원이 암웨이의 해석을 인정하지 않은 것은 소비자들에겐 다행한 일이다. 하지만 1년 이상 사용되지 않은 기프트 카드에 대해 기업들은 여전히 요금을 징수할 수 있다. 시간이 흘러 이 요금이 쌓이면 카드의 가치를 넘어서게 되는 일도 가능하다.

미실현수당을 활용하는 방법

- 포인트 카드의 최소 액수가 가장 저렴한 상품 가격의 10~15배는 돼야 한다.
- 포인트 카드와 재충전의 액수는 반드시 잔액을 남기도록 설계해야 한다. 예를 들어, 특정 상품이 하나에 79포인트의 가격일 때, 1000포인트짜리 12번 카드를 사용하면 결국 52포인트가 남을 것이다. 13번째 구매를 하기엔 모자란 수치다. 소비자는 새로운 카드를 사든지 남은 포인트를 포기해야 하는 상황에 놓인다.
- 정해진 기간이 지나면 포인트가 만료되어 소멸되게 한다. 혹은 유지비를 받는다.

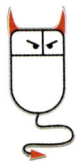

비싸게 판다

가격이 올라가면 상품에 대한 사람들의 인식도 올라간다.

사람들이 비싼 상품을 사는 이유는 보통 더 비싼 상품이 저렴한 상품보다 품질이 더 좋고 더 많은 즐거움을 안겨줄 것이라고 기대하기 때문이다. 예를 들어, 공구를 구입할 때는 작업에 필요한 수준보다 한 단계 높은 가격의 제품을 구입하라는 조언을 자주 볼 수 있다. 여기에는 가격이 높은 제품이 사용하기도 더 간편하고 품질도 더 좋을 것이며, 따라서 실용주의적인 선택보다 장기간에 걸쳐 더 만족스러운 경험을 누릴 수 있으리라는 인식이 저변에 자리한다.

하지만 대상을 와인으로 바꾸면 이야기가 달라진다. 미국 포도주 경제인 협회(AAWE, American Association of Wine Economists)는 블라인드 테이스팅에서 일반 소비자는 평균적으로 고가의 와인보다 저가의 와인을 좀 더 선호한다는 연구 결과를 밝혔다. 전문 감정가의 경우에는 같은 블라인드 테이스팅에서 고가의 와인을 좀 더 선호하는 경향성을 보이긴 했지만 말이다. 평균적인 소비자를 대상으로 할 때, 본 연구결과는 가격이나 전문가의 추천이 와인이 맘에 들지에 대한 가장 중요한 예측 요인이 될 수 없음을 말해준다.

재미있는 점은 이 글을 읽고 나서도 독자가 주류 소비 습관을 고칠 가능성은 희박하다는 것이다. 와인을 마시는 즐거움의 일부분은 가격이나 진열 방식과 같은 외부적 요인에 근거하기 때문이다. 저자의 아내를 예로 들면, 아내는 부분적으로 와인에 붙어있는 예쁜 라벨의 매력 때문에 와인을 산다고 인정한다. 가격이 변수로 소개될 때 사람들은 더 비싼 와인이 더 기분을 좋게 해준다고 평가하는 경향을 보이는데, 사람들의 주관적인 자기 보고만이 이를 증명하는 것이 아니다. fMRI 두뇌 스캔을 보면, 두뇌의 "쾌감" 반응은 비싼 가격표가 달린 와인을 마셨을 때 더 두드러지는 것으로 나타난다(다른 가격표가 붙어 있는 두 와인 잔에 든 와인은 사실 똑같은 병에서 따른 것이었다).

이런 일이 왜 일어날까? 희소성은 매력을 높여주는데, 사람들은 더 높은 가격을 더 큰 희소성과 연관시키기 때문일 수 있다. 혹은 비싼 와인은 많이 살 수가 없고 따라서 마실 수 있는 양도 더 희소하니, 더욱 깊이 음미하기 때문인지도 모른다.

아마 시중에서 구입 가능한 자전거 중 가장 비싼 제품일 스페셜라이즈드 맥라렌 벤지(Specialized McLaren Venge). 이 제품의 출시 목적은 소비자의 구매 가능 여부와 상관없이 브랜드에 대한 인식을 끌어올리고 더 큰 감탄을 자아내는 것이다. (venge.specialized.com)

탐닉을 좋아하는 사람들의 성향("되니까" 돈을 펑펑 쓰는)과 누구나 살 수는 없는 것에 대한 과시적 소비도 언급할 수 있을 것이다. 이것이 살짝 변형된 것도 있다. 한 번 빠지면 헤어나오지 못하는 호화판 음식을 소비하는 일은 지불에 대한 고통을 경감시켜주는 것처럼 보인다. 자신이 무엇을 지불하는지 더 잘 인식하고 있을 때 사람들은 주지육림에 돈을 더 소비하게 되는 것이다. 즉, 신용카드의 지연 거래와 같이 비용이 드러나지 않을 때보다 현금 지불과 같이 거래가 즉각적으로 이뤄질 때 더 많은 소비가 이뤄진다.

이유야 무엇이든 가격은 사람들의 마음속에 품질과 강하게 연관돼 있다. 물건의 값을 더 높게 매기는 것은 물건에 대한 인식 상승을 야기하는 심리학적 기제를 활성화시킨다.

스페셜라이즈드가 출시한 초고가 자전거는 전용 마케팅 사이트가 있을 정도다. 자전거 옆에는 포뮬러원 레이스카와 맥라렌 슈퍼카가 보인다. 이쯤 되면 자전거가 아니라 거의 스텔스 전투기처럼 보인다. 에스워크스 맥라렌 벤지(S-Works McLaren Venge)는 대당 1만 8천달러의 가격을 자랑한다. 오토바이가 아니라 자전거 한 대 가격이다. 이 모델은 투르 드 프랑스의 레이싱용을 제외하면 미국 내에선 오직 60대만이 한정 판매될 정도의 고급성을 자랑한다. 모델의 사이트는 구성 부품의 품질 및 스페셜라이즈드의 이전 자전거 모델을 뛰어넘는 프레임 경량화와 강성 향상을 위한 연구에 대해 매우 자세하게 설명하고 있다.

재미있는 것은 와인 구매에서 봤다시피 아마 보통의 자전거족이라면 오히려 코너링이 더 부드럽고 승차감도 더 편한 저가의 자전거를 더 만족스러워 하고 더 편하게 탈 것이라는 것이다. 그렇다면 왜 스페셜라이즈드는 이 모델을 생산하는가? 회사는 몇 가지 이유를 댈 수 있다.

첫째, 아무나 누릴 수 없는 고급스러움 때문에 이 자전거를 사는 사람들이 있다. 둘째, 기술적 낙수 효과(trickle-down effect)가 존재하여, 다른 모든 제작사의 다른 자전거들도 이 자전거에 투입된 연구로 인해 결국 덕을 볼 것이라는 관점이다. 셋째는 심리학적 낙수 효과로 같은 제조사의 다른 모델에 대한 자전거 구매층 일반의 인식에 관한 것이다. 이러한 슈퍼바이크의 홍보는 브랜드 인지도를 높이고 동일한 제조사의 다른 모델(예를 들면 고작 1800달러짜리 모델)에도 유사한 공학 기술이 활용된다는 인식을 가져올 수 있다. 심리학적 낙수 효과는 후광 효과(halo effect)로도 알려져 있다.

이것이 스페셜라이즈드에게 득이 되는 일일까? 어쨌든 이 자전거 회사는 비싼 가격표에도 불구하고 이 슈퍼바이크를 모두 판매하는 데 성공했고, 적어도 슈퍼바이크에 비하면 다른 라인업의 자전거는 모두 비교적 염가로 공급되는 것처럼 보이게 했다.

고가 정책으로 이익을 내는 방법

- 가격 상승만으로도 충분할 수 있지만 어울리는 외관도 도움이 된다. 포장과 물건의 희소성이나 가치를 시사하는 관련 이미지 등을 활용한다.

- 가격을 상품의 차별점으로 이용한다. 값이 더 나가는 상품은 품질이 더 좋기 때문에 그렇다는 것을 부각시킨다.

- 탐닉의 대상이 되는 사치품을 판매하는 입장이라면 비용을 숨기지 말고 고객에게 확실히 드러낸다. 소비자는 흔히 탐닉이 지불의 고통을 보상할 수 있다고 생각한다.

- 후광 효과를 불러일으킨다. 라인업의 다른 저가 상품들이 고가 상품과 연관되는 심리적 혜택을 누리게 하라.

차선을 먼저 제시한다

준거틀을 세우고 최고 대안과 대비시킨다.

간단한 질문 하나. 도로 중간에 그려진 점선의 길이가 얼마라고 생각하는가? 대부분의 사람들은 2피트(61cm) 정도 될 것이라고 답한다. 사실 미국 도로의 경우 이 점선의 길이는 10~15피트(3미터~4.5미터)에 달한다. 요점은 우리가 이 수치에 대해 적절한 판단 기준을 지니고 있지 못하다는 것이다. 점선을 본다고 해봐야 차 안에서 이동하면서 멀찍이서 보는 경우가 대부분이기 때문이다. 점선을 따라 머리부터 발끝까지 온 몸을 땅 위에 붙이고 누운 세 사람을 보면 비교를 통해 길이에 대한 감을 잡을 수 있겠지만 그런 일은 절대 없다.

이것이 문제다. 사람들은 값을 절대적으로 판단하는 데는 실력이 썩 좋지 못하다. 대신 값을 비교하는 상대적인 판단에는 훨씬 나은 능력을 보인다. 이러한 지각적 대조(perceptual contrast)는 우리를 상대로 농간을 부린다. 한 손은 찬물이 담긴 그릇에 담그고 다른 한 손은 따뜻한 물이 담긴 그릇에 담갔다가 양 손을 빼서 상온의 물이 담긴 그릇에 같이 넣으면, 찬물에 있던 손은 뜨겁다고 느끼고 따뜻한 물에 있던 손은 차갑다고 느끼게 된다.

지각적 대조는 더 바람직한 선택안의 특징을 부풀리는 비교 방식을 통해 실제 존재하는 것보다 선택안들 간의 차이를 크게 느끼도록 뇌를 속이는 것과 다름없다.

각 상자 안 중앙의 정사각형은 모두 같은 명도의 회색으로 칠해져 있다. 가운데 상자와 오른쪽 상자의 회색은 지각적 대조로 인해 더 밝게 보인다. 가운데 상자의 회색은 오른쪽 상자의 회색보다도 더 밝게 보이는데, 전경색의 배경색의 명도 차이가 훨씬 크기 때문이다. 대조 수준(배경 무채색의 명도)을 바꾸기만 해도 사람의 뇌는 중앙의 정사각형을 다른 것으로 인식하는 것이다.

판매원들은 이 속임수를 이용한다. 로버트 치알디니는 세일즈 기법에 관한 그의 연구에서 부동산 중개인들이 구매자에게 상태가 안 좋으면서 값은 너무 비싼 주택부터 보여주고 나서 자신이 정말 팔고 싶은 부동산을 제시해서 파는 방식을 설명한다. 두 주택의 대조적인 상태는 두 번째로 제시되는 주택을 이런 기법을 쓰지 않았을 때보다 더 구매자 마음에 들도록 만들었다. 중개인은 고객의 손을 찬물에 담갔다가 상온의 물로 옮겨놓았고, 손은 따뜻하다고 느끼는 것이다.

지각적 대조는 차선안을 가능한 한 적으면서도 모자라지는 않는 세부 정보와 함께 먼저 제시할 때 가장 효과적이다. 단, 이 차선안은 뒤이어 소개될 대상과 비교가 성립되지 않을 정도로 모자라 보여서는 안 된다. 이어 두 번째로 제시되는 안은 대조 효과를 위해 충분히 더 좋게 보여야 한다.

판매자 입장에서의 선호안을 비선호안에 비해 더 세부적으로 다루는 것 역시 유용한 기법이다. 더 많은 정보를 접한 고객은 더 많이 안다고 느끼게 되고 결과적으로 해당 상품을 더 좋게 판단하게 된다.

월스트리트 저널은 지각적 대조를 이용해 구독자에게 번들 옵션 선택을 권장한다. 인쇄판이나 온라인 구독 하나만 선택하는 것은 10달러만 내면 두 상품을 모두 구독할 수 있는 상황에서 정신 나간 짓으로 보인다. 단독 옵션에 대한 이러한 작위적인 가격 책정으로 인해 번들 구독 옵션이 상대적으로 더 솔깃하게 느껴진다. (wsj.com)

준거틀(frame of reference)을 세우는 방법

- 여러분이 선호하는 일차적 대상과 충분히 비슷해서 좋은 비교 대상으로 기능할 수 있는 이차적 대상을 마련한다. 하지만 지각적 대조를 위해 이차적 대상은 그 모자람이 충분히 드러나야 한다.

- 이차적 대상을 일차적 대상에 앞서 소개한다. 두 대상이 같은 페이지에 노출되는 경우라도 이차적 대상이 일차적 대상 왼편이나 상단에 먼저 보일 수 있게 한다.

- 이차적 대상의 정보를 공유하되, 뒤이어 공유할 일차적 대상의 정보나 세부 정보의 폭에는 미치지 못하게 한다.

- 이차적 대상의 가격을 작위적으로 부풀리거나 이차적 대상의 기능이나 매력을 축소해서 일차적 대상이 가격에 비해(절대적으로는 더 비쌀지언정) 비교적 좋은 선택인 것처럼 보이게 한다.

일관성을 깨서 가격을 합리화한다
다른 대상과 상당한 차이를 보이는 새로운 선택안을 제시해 비교를 막는다.

물건 가격을 더 높게 매기고 싶다면 다른 유사한 대안과의 연관 관계를 깨는 일이 필요할 것이다. 이렇게 되면 사람들은 비교 구매에 나서지 않고 제품에 대한 새로운 기준점을 확립하는 행동을 보일 가능성이 올라간다.

도량형 개정의 일환으로 영국은 마침내 2000년 1월 모든 식료품의 도량형을 미터법으로 변경해서 판매하기 시작했다. 많은 소비자들은 당시 이러한 개정이 그에 상응하는 가격 상승을 동반하거나 상품 포장의 축소를 야기할 것이라고 불평했다. 예를 들어, 우유 한 곽의 용량이 파인트(pint, 영국식으로는 약 0.57리터)에서 리터로 바뀌면서 동일한 가격의 우유 한 곽의 용량은 4파인트에서 2리터로 변경됐는데, 이는 3.5파인트에 해당하는 용량이었다.

도량형의 미터법화는 일관성과 기준점을 동시에 와해하기에 이르렀다. 측정 척도의 전면적인 재정의 앞에서 소비자는 변화 전후의 가치를 비교할 기회를 거의 갖지 못한 것이다.

새로운 제품 라인을 소개하고 이는 기존과 궤를 달리한다고 내세움으로써 독자 역시 일관성을 깰 수 있다. 변화에 대한 적응은 새로운 유형의 제품이나 새로운 제품군의 소개로 가속되며 '새로움'은 인상된 가격을 합리화하는 역할도 할 수 있다. 이는 바로 100% 바이오디젤(B100)이 처음으로 폭넓게 상용화되던 시기에 일어난 일이기도 하다.

조금이라도 환경 의식을 지니고 싶지만 그렇다고 기존의 내연기관을 포기할 수는 없었던 사람들을 대상으로 바이오디젤은 높은 인기를 누린다. 미국의 경우, 특히 연방 정부의 세금 감면에 힘입어 최근 몇 년 사이에 가격이 많이 안정되긴 했지만 바이오디젤은 출시 당시 일반 경유(디젤)보다 갤런당 대략 50센트가 비쌌다.

현시점에서, 바이오 연료는 규모의 경제나 분배의 경제를 형성하고 있지 않기 때문에 생산에 더 많은 비용이 들 수 있다. 한편, 환경을 위한 아주 착한 일에 동참하고 있다고 생각하면 이런 연료에 돈을 많이 낸다고 해서 나쁠 것도 없다. 하지만 여기서 쟁점이 되는 것은 실제 비용이 아니다. 새 제품이 다른 가용 제품과 상당히 다르다고 해서 더 높은 가격을 매기는 수완이 쟁점이 된다.

가격 인상을 가능케 한 핵심 차별화 요인은 바이오디젤이란 새로운 제품이 오랜 기간 소비된 일반 경유와 충분히 다르다는 것이다. 새 제품을 고유한 카테고리에 위치시켰기 때문에 일관성은 깨졌고 가격 인상에 대한 저항은 덜했다. 주류 브랜드들이 환경 친화적인 시늉만 하는 5% 바이오디젤(B5)로 옮겨가 이 연료를 같은 카테고리에 포함시켜 시장에 내놓고 일관성을 재도입한 이유를 이것이 설명할 수 있을까?

의류 브랜드인 갭은 다섯 개의 자회사를 보유하고 있는데, 갭 매장과 더불어 바나나 리퍼블릭(Banana Republic), 올드 네이비(Old Navy), 파이퍼라임(Piperlime), 애틀레타(Athleta)라는 브랜드 매장을 운영한다. 애틀레타는 갭의 프리미엄 운동복 브랜드로, 요가 바지 한 벌을 80달러에 판다. 올드 네이비가 요가 바지 한 벌을 이 정도의 고가에 판다면 사달이 날 일이다. 대신 올드 네이비는 20달러에 바지를 팔고 갭은 55달러짜리 바지를 팔면서 차액을 나눠 부담한다. 파이퍼라임과 바나나 리퍼블릭의 소비자들 중에는 요가를 하는 사람이 확실히 없어 보인다(아니면 요기를 하는 것처럼 보이고 싶지 않거나).

갭은 유사한 스타일의 의류를 다른 가격에 다른 브랜드를 통해 판매함으로써 일관성을 와해한다. (왼쪽부터: 올드네이비(oldnavy.com), 갭(gap.com), 애틀레타(athleta.com))

이러한 전략은 일차적으로 브랜드 상품 간의 일관성을 제거하기 때문에 중요하다. 쇼핑몰에 방문한 사람들은 매장 사이를 돌아다니며 유사한 상품을 비교한다. 온라인에서 유사한 상품을 비교하기 위해서는 브라우저 창 두 개를 양쪽에 띄워 놓고 번갈아 봐야 한다. 일관성은 각 사이트가 내포하는 스타일에 의해서도 제거될 수 있는데, 갭의 기업 사이트를 보면 "재미있는 패션과 가치"(올드 네이비), "의류 판매의 아이콘"(갭), "기능복의 완성"(애틀레타)과 같이 각 브랜드의 스타일을 다르게 규정하고 있다. 갭은 이 같은 맥락에서 애틀레타의 요가 바지는 "고기능"성 의류이고, 올드 네이비의 옷은 "대담"하고 "유행에 앞선다"고 홍보할 수 있는 것이다.

물론 가격대가 다양한 상품들 간에는 원단, 재단, 품질 면에서 차이가 있을 것이다. 하지만 이들 상품을 각 자회사 브랜드의 사이트로 분리해 놓음으로써 갭은 또한 비교 포인트를 재설정할 수 있다. 예를 들면, 애틀레타 사이트에서의 퓨전(Fusion) 요가 바지는 저렴한 선택이다. 레벨레이션(Revelation) 요가 바지를 구입하기 위해서는 20달러를 추가로 내야 한다. 그러나 이 추가금 20달러는 25퍼센트 상승한 가격에 지나지 않는다. 올드 네이비 사이트에서라면 이는 100퍼센트, 즉 두 배의 가격 상승을 의미한다. 갭은 일관성을 깸으로써 고객의 가격 예상 수준을 재설정할 수 있는 것이다.

일관성을 깨는 방법

- 제품의 이름이나 외관을 변경해 유사해 보일 수 있는 다른 대안과 분리시킨다.
  - 고급 시장을 노린 명칭을 사용한다. 예를 들면, "캔디"가 아니라 "고급 초콜릿 컨펙션"으로 부르고, "벨비타 치즈"가 아니라 "장인이 생산한 수입 치즈"로 부른다.
  - 제품 포장의 모양과 색깔 모두를 눈에 띄게 구별되게 만든다. 호화스러움과 고급스러움을 더한 색(보통 보라색, 자주색, 검은색)과 곡선을 이용하거나 각이 더 많은 포장(면 수)을 활용한다.
- 제품을 사이트 내 다른 카테고리나 영역에 배치한다. 유사하다고 판단될 수 있는 다른 제품으로부터 물리적으로 분리시키는 것이다.
  - 별개의 사이트(부속 웹사이트 구축 혹은 전체 브랜드의 사이트를 분리)를 만들어 차별화를 확실히 이룬다.
- 상이한 척도를 비교 포인트로 삼는다. 예를 들어, 바이오디젤의 환경 인증 마크, 식물 추출 원료, 저오염 연소 능력 대 일반 경유의 황함유량과 겔화점(gel point).
  - 고급 제품의 비교 포인트가 하위 제품의 경우보다 더 고급스러움을 지향한다면 더 많은 비교 포인트를 특별히 제공한다. (예: 옷감 선택 대 무료 배송)

욕심이 나는가?

이번 장의 도입부에서 우리는 가진 자와 가지지 못한 자 사이에 일어날 수 있는 네 가지 행동 양식을 거론한 바 있다. 공동체 내의 타인이 도움을 필요로 한다는 것을 인식할 때는 이타주의와 협력이 발생한다. 혼자서도 잘 할 수 있다는 사람들이 모이면 이기주의와 악의가 싹트고, 이들은 같은 공동체 내의 누구도 남의 도움을 필요로 하지 않는다는 생각에 이르게 된다.

기업들은 이러한 현상을 활용해 사람들을 현실에서 괴리시키고 탐욕을 증폭하는 체계로 이끈다. "보통"에 대한 사람들의 기준점을 바꾸는 일과, 사람들이 의사결정을 내릴 때 기준으로 삼는 비교 대상을 변경하는 일이 가능하며, 이를 위해 업체들은 다른 상품과의 일관성을 새로이 형성하거나 제거하기도 한다.

평상시 우리가 비교 과정을 필요로 하는 이유는 탐욕을 내리누르기 위해서다. 우리가 지금 무엇을 가지고 있는지, 주위 사람은 무엇을 가지고 있는지, 지금의 형편으로 무엇을 살 수 있는지를 놓고 비교함으로써 무엇이 이성적으로 올바른 행동인지 미루어 안다. 회사들은 이러한 준거 기준점을 활용하는 우리의 여력을 뒤틀고 제거함으로써 새로운 기준점을 마련하고 우리가 애당초 악의와 이기주의로 여겼을 행동을 실행해도 괜찮다고 생각하게 만든다.

사람들을 현실 감각에서 유리시키는 또 다른 방법은 개인이 느끼는 자신의 실력을 공략하는 것이다. 우리의 직관을 배신하는 더닝-크루거 효과가 증명하다시피 사람은 어느 정도 실력이 있어야 자신이 실력이 없음을 알 수 있다. 사람들은 자신의 능력이 어느 수준인지 이해하지도 않고서 자신의 이해가 미치지 못하는 판의 꼬임에 넘어간다. 회사들은 운의 영향력을 깎아내리고 우리의 실력(있는 것 같지만 실제로는 없는)을 굳이 강조하면서 우리를 손쉽게 납득시킨다.

사람들은 대부분 운과 확률의 기본을 이해하지 못하고 있다. 사람들이 운과 실력을 동일시하는 습관이 있고, 운이 좌우하는 게임과 도박판에 쉽사리 사로잡힌다. 단어를 살짝만 바꿔도(종료 말고 승리라는 단어를 쓰는 것처럼) 개개인들의 경쟁적 본성은 큰 흥미를 느끼며, 따라서 이러한 행동을 강화해서 우리 안의 욕심쟁이 기계를 작동시키는 것은 별 어려운 일이 아니다. 우리의 경쟁 본능이 주도권을 잡으면 결과는 모르는 일이 된다(사실 결과는 정해져 있다).

한번 탐욕의 통로에 들어온 사람은 여간해서 옆길로 새지 않는다. 이들을 정확하게 이끌기 위해 기업들은 각종 격려 수단(강화 계획)을 쥐어 주고, 사람들이 지출에 대해 깨닫는 것과 같은 탐욕의 방해 요소를 제거하기 위해 통화를 토큰으로 전환하는 등의 작업을 벌인다.

조작적 조건 형성은 외부적 동기를 기반으로 이뤄진다. 스키너의 비둘기가 부리를 쫀 이유는 이 행동을 해서 사료가 나왔기 때문이지, 그 행동이 원래 재미있었기(내재적 동기) 때문은 아니었다. 온라인 환경 내 "게임화"에 따른 보상의 상당수가 이러한 외부적 동기 부여 원칙에 의존하고 있다. 내재적 보상이 아닌 외재적 보상 앞에서 우리는 보답을 바라고 행동에 나서게 되고, 이타주의적인 행동을 할 여지는 줄어들며, 탐욕의 힘은 재차 강해진다.

돈이 아닌 토큰을 도입하는 가치 구조의 전환은 사람들을 실생활에서 얻은 지식이 아닌 업체가 조성한 환경에서 비롯된 단서를 바탕으로 가격 비교를 하게 만든다. 회사들은 통화를 변경해 적절한 기준점을 찾을 수 없게 하고 우리가 더 많은 돈을 쓰도록(욕심쟁이들로 주위가 붐비자 자신 또한 욕심쟁이가 되어 버린 사람들처럼) 종용할 수 있다. 아니 도대체 머쉬룸 하우스 하나에 스머프베리가 얼마나 많이 든다고? 다른 사람은 다 머쉬룸 하우스가 여러 채인데, 나라고 왜 아니어야 하냔 말이다.

우리가 현실 감각을 상실해서 관용의 가치를 망각하는 지경에 이를 때 탐욕이 출현한다. 기업들은 우리가 사물을 견주는 관점을 공동체 일반의 이익에서 일신의 안위로 바꾸어 버리면서 탐욕을 강화하고, 이 과정에서 기업들 역시 득을 볼 수 있는 것이다.

사악한 디자인

"마키아벨리적이다"라는 형용사는 개인의 영달을 위해 남을 속이고 조종하는 사람을 두고 쓰는 말이다. 하지만 니콜로 마키아벨리는 16세기의 정치가들(군주(prince), 더 정확히 말하면 대상(大商))의 성공을 위한 행동 지침을 제안하기 위해 당대에 펼쳐진 역사적 사건들에 대한 자신의 관찰을 활용했을 뿐이다. 그러한 바, 그는 데이터에 입각한 논객이라 하겠다. 그가 제안하는 행동 지침 중 일부는 덕행과는 거리가 있지만 그의 언급대로 덕행을 쌓은 어진 군주들이 성공을 거두지 못하는 경우는 드물지 않았다. 그의 관심은 다만 사실을 몇 자 적는 것이었고, 실제 행동과 도덕적 판단은 다른 이들의 몫으로 남긴 것이다.

이 책은 지금 우리 시대의 역사인 컴퓨터 애플리케이션과 웹사이트에 대한 관찰을 한데 모아 현 시대의 기업가들(실리콘 밸리의 대상들)이 성공하는 데 큰 도움이 될 디자인 행동 지침을 제안한다.

7대 죄악의 죄악을 하나씩 다룬 각 장에서 설명한 원칙들은 선악 양쪽으로 적용될 수 있다. 어느 정도 선에서 활용할지는 여러분의 몫이다. 설득과 기만은 별개의 것이 아닌 하나의 연속체다. 이 연속체는 숨김 없는 전달, 진실을 가려 말하기(또는 언급 회피), 왜곡이나 선의의 거짓말, 완전한 사기를 모두 포괄한다. 필자는 거짓말을 옹호하는 일까지는 하지 않겠다. 거짓말은 발각되면 어떻게 손을 쓰기가 힘들기 때문이다. 하지만 그렇다고 이 책에 짓궂은 디자인이란 이름을 붙였다면 절반 팔기도 쉽지 않았을 것이다.

그뿐만 아니라 독자 여러분은 여러 사이트에서 이 책이 다루는 원리들을 실제로 마주할 때 이러한 기교를 알아채고 거기에 넘어가는 사태를 막을 수 있다.

속임수를 나쁘다고 생각해야 하는가?

필자의 할아버지는 조그만 마을의 식료품 가게 주인이었다. 구매 목록이 적힌 종이를 들고 손님이 가게에 들어오면 주인은 선반에서 손님이 필요한 갖가지 물건을 직접 내주던 시절이었다. 그때는 손님이 직접 돌아다니면서 필요한 물건을 장바구니에 쌓아 놓지 않았다. 할아버지의 가게는 그 무엇보다도 체다 치즈로 명성이 높았다. 어떤 손님은 맛이 약한 체다 치즈를, 다른 손님은 맛이 센 체다 치즈를 선호했다. 할아버지는 손님들의 기호를 알고 있었고, 수완 좋은 세일즈맨이 그러한 것처럼 당신이 파는 치즈가 얼마나 좋은지 손님들에게 힘주어 말했다. "아 존스 부인, 이번 주에 아주 유들유들한 체다 치즈가 제법 들어왔어요. 내 특별히 부인 주려고 미리 빼 놓았답니다." "스미스 씨, 샤프 체다(톡 쏘는 맛의 체다 치즈) 좀 더 필요하지 않아요? 물건이 좋은데, 그래 뵈지 않나요?"

할아버지는 가게 뒤편으로 모습을 감췄다가 기름이 먹지 않는 종이로 싼 치즈 덩이를 가져와서는 접시저울로 무게를 달았다. 하지만 체다 치즈를 공급하는 농부가 물량이 달리면 냉장실에 치즈가 한 덩이만 남게 된다는 것을 손님들은 알지 못했다. 이런 상황에서는 맛이 센 치즈나 맛이 약한 치즈나 같은 덩어리에서 나온 것이다. 이런 경우에도 존스 부인은 맛이 약한 체다 치즈를 맛있게 먹고, 스미스 씨는 샤프 체다 치즈를 맛있게 먹는다는 것에는 변함이 없었다.

훈장까지 받은 참전 용사였던 필자의 할아버지가 사기꾼이었다는 소리인가? 그럴지도. 손님보다 할아버지에게 더 많은 이득이 돌아갔는가? 어떤 관점에서 보자면 그렇다. 할아버지는 영업을 계속했고, 무슨 설명이 구구절절 필요하겠는가? 그렇다면 손님이 할아버지의 행동으로 손해를 입었는가? 아니, 정반대다. 손님들은 자신이 제일 즐겨 찾는 식료품점 주인이 특별히 생각해서 내준 치즈라고 알고 평소보다 치즈를 더 맛있게 먹었을 것이다. 거래의 유효성은 상당 부분 치즈라는 실제 물건 자체보다 치즈에 담긴 의미와 상징에 얽매여 있는 것이다.

밖에서는 흔히 볼 수 있는 조용한 마을의 식료품 가게이지만 그 안엔 기만술이 똬리를 틀고 있다.

속임수는 이 귀여운 꼬마 아이가 밤에 단잠을 이루게끔 돕는다

어린아이들은 자주 침대 밑이나 옷장 속에 괴물이 숨었을까 봐 걱정한다. 오죽했으면 픽사는 여기서 착안해 영화 시리즈를 만들었고[59] 이들 작품은 흥행에 성

---

59 (옮긴이) 몬스터 주식회사(2001)와 몬스터 대학교(2013)

공했다. UC 데이비스의 마음·뇌 연구 센터의 연구진인 리앳 세이팬(Liat Sayfan)과 크리스틴 핸슨 래거투타(Kristin Hansen Lagattuta)는 어린 아이들을 이성적으로 안심시키기("괴물 같은 건 세상에 없단다")보다는 이들이 상상하는 세계에 머무르면서 문제를 해결하는 편이 더 유익하다고 말한다. 괴물과 맞서는 힘을 지니는 방법을 알려주거나 괴물이 그렇게 두려운 존재가 아니라고 생각하게 하는 것이 괴물 생각 자체를 하지 않게 하는 것보다 훨씬 도움이 된다는 것이다.

물론 이것은 속임수를 쓰는 것이다. 위 연구를 봐서는 아이들은 기꺼이 속임수에 빠져든다. 네 살짜리 아이라도 괴물이 실재하지 않는다는 것을 알지만, 상상의 세계에 입각한 해결책이 제시된 경우에 더 나은 대처능력을 보여주는 것이 위 연구에서 나타났다.

이렇게 적극적인 속임수 가담은 상품 판매 기회로 이어진다. "괴물 꺼져!(Monster Go Away!)" 스프레이는 물에 라벤더 오일을 희석시킨 용액인데, 그 포장은 괴물 퇴치를 특별히 염두에 두고 제작된 것이다.

2009년 괴물 꺼져 스프레이의 홈페이지 스크린샷(monstergoaway.com). 지금은 접속할 수 없는 사이트지만 제품은 여전히 판매 중이다.

속임수는 노약자의 안녕을 돕는다

보호 시설에 있는 상당수의 알츠하이머 환자는 자신의 장기 기억이 현재 상황과 갈등을 일으킬 때 괴로움에 빠져든다. 치매가 시작되면 현재 사건들에 대한 기억력은 떨어지고 과거에 살던 집이나 옛 동료에게 돌아가봐야 한다고 걱정하게 된다. 뒤셀도르프의 벤라트 노인 복지 센터 센터장 리하르트 노이라이터(Richard Neureither)는 이 상황에 맞서 싸울 것이 아니라 "치매가 온 사람들은 자신만의 세계에 살고 있는 것이다. 이들에겐 이성적 주장이 통하지 않는 것이다. 우리는 꼭 그들의 고유한 현실 안에서 환자를 마주해야 한다"고 말한다.

독일 뒤셀도르프의 자나(Sana) 보호 시설의 알츠하이머 환자를 위한 가짜 버스 정류장. © Associated Press.

뒤셀도르프 올드 라이언스 공제 조합(Old Lions Benefit Society)의 회장인 프란츠-요제프 괴벨(Franz-Josef Goebel)이 주창한 해답은 보호 시설 바깥에 가짜 버스 정류장을 세우는 것이었다. 이곳에 입주한 환자들은 자유민들이며, 약물을 투여해 잡아두거나 속박할 수 없는 노릇이었다. 일부는 시설을 벗어날 수 없다고 말해주면 폭력적인 성향을 보일 수도 있었다. 많은 사람이 귀가와 연관시키는 상징물인 버스 정류장으로 입주 환자들을 바래다 줌으로써 직원들은 환자들에게 자신이 해냈다는 느낌을 줄 수 있었다. 환자들의 단기 기억은 예민하지 못하기 때문에 자신이 왜 버스를 기다리고 있는지 금방 잊어버리게 된다. "환자분들을 커피 한잔 하자고 안으로 모시면 5분 후에는 시설을 떠나려고 했다는 사실마저 잊어 버린다"고 직원들은 진한다.

2008년에 두 곳에서 처음 시행된 이 아이디어는 충분히 성공적이었고 뮌헨, 렘샤이트, 부퍼탈, 헤르텐, 도르트문트, 함부르크에 위치한 보호/요양 시설에서 시행됐다.

치즈, 괴물 퇴치 스프레이, 버스 정류장의 세 가지 예는 모두 실제 물리적 세계에서 나온 것들이다. 하지만 기업들은 디지털 영역에서도 온건한 속임수를 실천에 옮기고 있다. 스킨케어 회사인 도브(Dove)는 사람들의 인식 제고를 위한 "진정한 아름다움(리얼 뷰티 Real Beauty)"이라는 캠페인의 일환으로, 실행 시 모델의 피부에 "광채"를 더해준다는 포토샵 액션(시간을 잡아먹는 것이 보통인 사진 편집 과정을 자동으로 실행되게 해 놓은 기능)을 다운로드할 수 있는 형태로 제공했다. 도브는 여러 곳의 온라인 포토샵 포럼에 이를 배포했다. 하지만 사실 이것은 속임수였다. 이 액션의 실제 기능은 사진에 적용된 변화를 모두 되돌리고 화면에 "진정한 아름다움에 대한 우리의 인식을 만지지 마세요"라는 메시지를 띄우는 것이었다. 액션은 실행 취소가 가능하니 사진 보정 작업이 손실되지는 않는다. 실제로 전문적인 사진 보정 전문가들이 무료 포토샵 액션을 다운로드 했을 일은 거의 없다. 오히려 도브의 광고 대행사 오길비(Ogilvy)는 마음을 훈훈하게 해주는 이야기를 듣는 기회를 발굴했다고 할 수 있다. 하지만 해당 광고는 어떤 면으로 보든 속임수를 쓰고 있다.

이 책에서 소개하는 대부분의 디자인 기법들이 설득을 위해서 꼭 남을 속이는 방법이 될 필요는 없다고 한다면 그것은 타당한 말이다. 필자는 들어가는 말에서 진정 훌륭한 사악한 디자인이라면 사람들은 자신이 따를 조건을 감안하고도 기꺼이 거래에 참여한다고 적었다. 하지만 이 디자인 기법들 상당수를 더 쉽게 적용하기 위해서는 위장이나 거짓 안내가 필요한 것이 사실이다.

이 책의 원칙들을 활용하는 것을 나쁘다고 생각해야 하는가?

1999년 스탠포드 대학의 캡톨리지[60] 연구실의 다니엘 베르디체프스키(Daniel Berdichevsky)와 에릭 노이엔슈반더(Erik Neuenschwander)는 설득 기술 디자인의 여덟 가지 원칙을 제안했다. 이 중 여덟 번째 원칙이자 설득의 "황금률"은 "설득 기술을 설계하는 사람은 자신조차도 수긍하지 않을 일을 남에게 설득시키려고 해서는 절대로 안 된다"는 것이다.

이 말이 항상 사실인 것은 아니다. 금연을 권하는 아이폰 앱의 개발자가 정작 흡연자일 수도 있는 일이다. 새로운 신자를 모집하는 교회의 웹사이트를 구축하는 무신론자는 어떠한가? 설득은 좋게도 나쁘게도 쓰일 수 있다. 어느 경우든 메시지의 설계자가 메시지에 넘어가는 일은 아마 일어나지 않을 테지만 다른 많은 사람들은 이들 설계자의 행동에 갈채를 보낼 것이다.

베르디체프스키와 노이엔슈반더는 기만과 강압은 비윤리적이라는 말로 논의를 이어간다. 하지만 우리는 이들을 지극히 실용적으로 활용할 때 긍정적인 결말을 맺을 수 있는 경우를 이미 목격했다. 부모라면 누구나 자신의 수많은 선의의 거짓말에 대해 할 말이 많을 것이며, 부모자식 사이에 오가는 타협과 합의는 또 얼마인지, 덕분에 자녀를 없애는 사단이 나지 않고 그렇게 또 하루가 가는 것이다. 유머는 속임수로 통할 때가 많다. 농담은 상황을 예상과 다른 방법으로 해결하기 때문에 재미있는 것이다. 사람들에게 이 사실에 대한 주의를 주고 농을 친다면 특히나 그 재미가 반감될 것이다.

어떤 행위가 속임수인지 확인하기 위해, 과연 모든 정보를 알고 있었다면 사람들이 그 행위에 동의했겠느냐를 알아볼 때가 많다. 여기에는 사람들은 속임수에 찬동하지 않으리라는 생각이 저변에 깔려 있다. 하지만 속임수가 도움이 되고 필요하다고 판단되는 상황을 마주할 때는 이 말이 무슨 도움이 되겠는가? 세이팬

---

60 (옮긴이) 변화에 대한 인간의 반응은 예측 가능하여 변화를 수용하는 인간의 상태를 수치로 나타낼 수 있다는 컴퓨터 과학자들의 생각에 근거해 '설득적 기술의 이론과 분석에 관한 디자인'을 연구하는 학문. Captology라는 말은 Computer as Persuasive Technology라는 말의 줄임말이다.

과 래거투타의 괴물 연구에서 어린이들은 괴물은 지어낸 것이라는 사실을 내내 알고 있었음에도 상상 속 괴물의 세계에 머무르며 괴물에 대한 공포를 상대할 때 더 나은 반응을 보였다. 알츠하이머 환자들의 가족은 버스 정류장을 불안감 해소의 도구로 활용하는 데 동의했고, 상태가 너무 악화되기 전에 환자에게도 이에 대한 설명이 이뤄졌다면 환자 본인도 필시 이에 동의했을 것이다. 구속 장치나 약물 치료 등의 다른 방안은 오히려 환자를 속이는 버스 정류장보다도 윤리적으로 받아들이기 힘든 처사로 보인다. 이러한 시나리오에서 개개인들은 모두 한마음으로 속임수에 전적으로 동참하고 있다.

그렇다면 속임수를 쓰거나 무의식적으로 사람을 유도하는 설득 기술이 긍정적인 방안으로 기능하거나 윤리적인 결과를 도출할 수 있을지 모른다. 앞서 언급한 황금률은 다만 황금지침으로 받아들여야 할 것이다.

돈을 버는 게 나쁜 일은 아니다

자본 기업들은 이익이란 생산성과 혁신을 지속시키기 때문에 사업에서 이익을 내는 것은 문제될 것이 없다고 말한다. 경제학 이론은 자본가가 만족스러운 수준의 서비스를 고객에게 제공할 때 가장 큰 이득을 얻을 수 있다고 말한다. 이 두 목표는 그 자체로는 서로 별다른 갈등을 빚지 않는다. 사용자가 아닌 여러분이 원하는 방향으로 어느 정도까지 이익을 추구할지는 독자 여러분의 결정에 달렸다.

좋은 사업 전략과 사악한 디자인을 서로 구별해주는 경계는 존재한다. 사악한 디자인과는 선을 그어야 한다. 이 선을 넘게 되면 사기꾼과 범죄자의 세계에 발을 들이는 것이다. 하지만 그 선은 대중의 정서, 정치 의지, 사법권, 개인이 느끼는 도덕적 의무에 따라 이리저리 구부러진다.

고객이 행복할 때 더 많은 돈을 벌 수 있다

고객, 사용자가 여러분이 제공하는 서비스를 계속 소중하게 여긴다면 여러분은 잘 하고 있는 것이다. 돈이 이야기의 전부가 아니다.

사용자가 누리는 무형의 이익 또한 간과할 수 없으며, 그 종류는 다양하다. 감각적 만족과 노력으로 보상을 받았다는 느낌은 사용자에게 매우 소중한 것이다. 사용자에게 이러한 느낌과 함께 유형의 제품을 제공하는 것 역시 결국 좋은 일이다.

결국 사람들의 행복의 문제인 것이다. 사람들은 살면서 돈을 내고 자신을 행복하게 만드는 다른 많은 것들(및 행복하게 만들지 않는 것들까지)을 취한다. 사실, 여러분으로 인해 사람들이 더 행복해지면 사람들은 더 많은 돈을 지갑에서 꺼내 여러분에게 줄 것이다. 사람들을 불행하게 만드는 일은 좋은 사업 전략이 아니다.

깨어있는 의식이 힘이고 약이다

도널드 노먼(Donald Norman)은 저서인 『감성 디자인(Emotional Design)』에서 사용자의 행동은 항상 행동유도성(affordance, 제품이 사용자의 사용 방식을 이끄는 방식)과 의도(intent, 사람들이 달성하고자 하는 바)에 의해 제어되어 왔다고 말한다. 하지만 디자인에 숨은 이러한 원리를 우리는 부지불식간에 적용해 온 것이 사실이다. 이 책은 행동유도성과 의도를 전면에 드러내는 디자인 기법들을 정립하고 있다.

들어가는 말에서 말했다시피, 사악한 디자인의 의도적 인터페이스로 인해 사용자의 감성적 참여가 이뤄지고 이 과정에서 사용자 자신보다 디자이너들에게 더 큰 이득이 돌아가게 된다.

지금쯤 독자 중 몇몇의 생각은 단타로 수익을 내고 재빨리 어둠 속으로 사라지는 데 그치지 않고 있을 것 같다. 사업의 지속 가능성을 추구하거나, 혹은 사람들의 라이프스타일을 더 건강하게 가꾸거나 자선 운동에 공헌하고자 하는 것과 같은 더 고결한 대의를 꿈꿀 수도 있는 것이다. 이러한 목적에 부합하기 위해 사악한 디자인의 정의를 다음과 같이 확장할 수 있다.

- **상업적 디자인**: 디자인의 의도적 인터페이스로 인해 사용자의 감성적 참여가 이뤄지고, 이는 사용자 자신과 디자이너에게 공평한 이득을 안겨주게 된다.

- **동기부여 디자인**: 디자인의 의도적 인터페이스로 인해 사용자의 감성적 참여가 이뤄지고, 사용자가 남의 도움을 받기로 한다고 해도 이는 사용자 자신에게 이득을 안겨주게 된다.

- **베푸는 디자인**: 디자인의 의도적 인터페이스로 인해 사용자의 감성적 참여가 이뤄지고, 이는 사용자나 디자이너보다 그들이 속한 사회에 더 큰 이득을 안겨주게 된다.

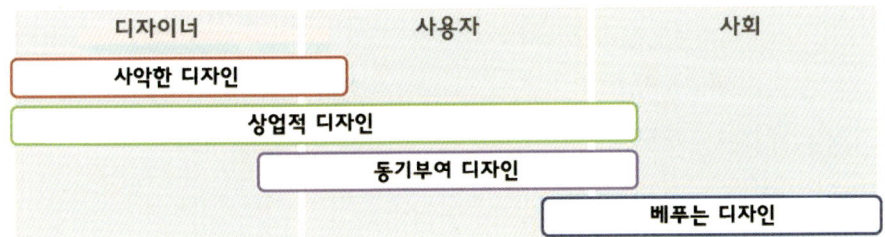

누가 이득을 보는가? 목표가 방식을 결정한다. 원하는 것은 그저 현찰인가? 고객의 행복을 창출하고 싶은가? 동기부여로 사용자의 자기 계발을 유도하고 싶은가? 사용자가 남에게 베풀기를 바라는가?

이 책의 설득적 디자인 기법을 여러분의 업무에 활용하는 방법

- **목적의식을 지녀라**: 고객의 설득을 염두에 두고 제품/서비스의 각 영역을 다룬다. 각 영역에서 어떤 디자인 접근이 이득이 될지 생각한다.
- **감성에 호소하라**: 보상이 유형의 이익일 때만 고객이 가치를 인식하는 것은 아니다.
- **이득을 선명히 드러내라**: 사용자가 체감하는 이득을 유지하면서 동시에 여러분이 바라는 결과의 극대화를 위해 인터페이스를 발전시킨다.
- **만족을 위한 디자인**: 만족한 고객들은 돌아오게 된다. 베푸는 디자인, 동기부여 디자인, 혹은 상업적 디자인은 장기적으로 볼 때 사악한 디자인보다 고객을 더 만족시켜 줄 것이다.
- **집단사고를 주의하라**: 계획에 착수하기에 앞서 윤리적, 사업적 가정들을 점검하기 위해 여러분과 생각이 같지 않은 사람들과도 계획에 대해 논의하는 시간을 갖는다.
- **성공을 측정하라**: 잠재 사용자를 실징하고 초기 프로토타입을 사용해 사용자의 반응을 판단하고 인터페이스를 조정한다. 출시 이후에는 기회가 닿는 대로 실제 고객으로부터 피드백과 시표를 수집한다. 원하는 효과를 완전히 달성하려면 반복과 조정이 수차례 필요할 것이다.

목적을 가지고 설득하라

여러분은 이 책에서 서술한 디자인 기법들을 활용해 다양한 최종 목표, 즉 사악한 디자인, 상업적 디자인, 동기부여 디자인, 베푸는 디자인 등을 달성할 수 있다. 이 책에서 논의한 사례를 읽으면서 독자 여러분은 움찔하기도 하고 웃기도 했을 것이다. 사례들 상당수는 여러분의 실제 사업과 이들을 결합하는 방향에 대해 많은 영감을 던져주었을 것이다.

여러분의 목적이 사악한 디자인이든 상업적 디자인이든 동기부여 디자인이든 베푸는 디자인이든 간에, 설득은 반드시 목적을 갖고 우연하지 않게 이뤄져야 한다. 이성이 아닌 감성을 바탕으로 사용자를 끌어들이는 것이야말로 이들의 참여를 설득하는 작업의 핵심이다.

설득형 디자인 기법 탐구 게임

이 책에서 설명한 57가지 디자인 기법은 설득에 탁월한 효과를 보이는 기제들이다. 고객의 충성도 상승이나 새로운 고객 유치를 위해 독자 여러분은 이 기법들을 디지털 세계와 실제 세계 모두를 대상으로 활용할 수 있다.

기법을 활용할 때의 창의성을 증진하기 위해 한 시간 정도를 할애해 여러분의 팀 동료들이나 친구들과 함께, 아니면 혼자서라도 다음과 같은 게임을 해 보기 바란다.

1. 제품을 떠올린다(스스로 만들어낸 것일 수도 있고 잘 알려진 브랜드일 수도 있다).
2. 동전을 던진다. 앞면은 "선", 뒷면은 "악"이다.
3. 기법 중 하나를 무작위로 선택한다.
4. 기법에 대한 자세한 내용을 책에서 읽는다. 예시 사례를 꼭 이해하고 넘어가야 한다.
5. 선택 제품을 대상으로 이 기법을 적용할 수 있는 가능 시나리오를 떠올릴 수 있는 대로 최대한 많이(선이든 악이든) 하나하나 적는다.
6. 그룹과 여러분의 아이디어를 공유한다.

7. 둘씩 짝을 짓고 가장 선호하는 아이디어를 골라 새로운 시나리오로 발전시킨다.
8. 새로운 시나리오를 그룹과 공유한다.
9. 고객 행동에 가장 영향을 미칠 것 같은 시나리오를 투표로 뽑는다.
10. 동전 던지기를 다시 해서 무작위 기법 선택을 반복한다.

"선한", 즉 착한 설득 시나리오를 구상해야 하는 경우, 비용/이익 비율이나 설득 기법 적용의 현실성에는 일단 구애받지 않는다. 대신 긍정적인 변화를 도출하는 데 최대한 집중한다.

"악한", 즉 사악한 설득 시나리오의 경우, 도덕적, 윤리적 준거에 대한 개인의 평소 생각에서 비롯하는 제약을 모두 던져야 한다. 자기 안의 대마왕을 깨워 생각을 최대한 밀고 나간다.

그 후 투표로 뽑은 가장 영향력 있는 시나리오가 제품 및 고객 간 관계의 측면에서 각자가 설정한 "선" 또는 "악"의 경계선 안에 들어맞는지 논의한다. 시나리오에 모호한 부분은 없는가? 시나리오에 대한 각자의 해석이 극명하게 달라지는가? 이것이 고객 경험에 시사하는 바는 무엇인가?

게임의 결과로 얻은 설득 전략이 차마 실행할 수 없을 정도로 악랄하거나 잠재 수익에 비해 과도한 비용이 든다고 생각될 수도 있다. 그러나 시나리오가 야기할 영향을 다루면서 여러분은 필시 작은 변화들을 일으키는 방식에 대한 통찰력과 이해를 겸비하게 되고 이는 제품의 설득력 증진으로 귀결될 것이다. 이러한 자그만 개선 사항들이야말로 제품을 고객의 마음 속에 특별하게 남게 하며, 유익한 행동 변화를 초래하기도 하는 것이다.

다음은 책에서 언급한 디자인 기법의 목록이다.

교만

사용의 이유를 제공하라: 사용자가 제품이나 서비스를 놓고 갈등을 겪을 수 있다면 이들에게 인지 부조화를 해결할 수 있는 다양한 이유를 던져주고 이들의 교만이 다치지 않게 하라

긍정적인 메시지를 반복해서 의구심을 없애라: 서로 다른 믿을 만한 출처로부터 같은 긍정적 메시지를 여러 번 듣는 것은 사용자의 결정을 돕는 사회적 검증을 제공한다.

개인적 메시지는 정곡을 찌른다: 사용자를 직접 겨냥한 메시지는 주의를 사로잡는다. 친구나 신뢰하는 이들로부터 오는 메시지의 효과가 더 크다.

목표가 생기면 공개적으로 약속하게 한다: 사용자의 결정을 공개적인 것으로 만들면 사용자는 결정 이행에 더 마음을 쓰게 되고 주위의 방해를 물리치려 든다.

일반적 유사성을 강조해 의견을 바꾸게 한다: 사람들은 자신의 의견을 바꾸길 좋아하지 않고 반대되는 정보는 무시한다. 대신, 사용자의 현재 위치가 여러분이 바라는 위치와 얼마나 가까운지를 보여줘야 한다.

인증과 추천을 이미지로서 드러낸다: 제3의 인증기관을 통한 입장 전환은 효과에 비해 많은 비용이 들지 않는다. 아니면 직접 인증을 하나 만들든지, 약속을 하든지, 보증을 하라.

세트를 완성하는 것을 도와라: 수집, 완결에 대한 충동은 사람들을 행동으로 이끈다. 최초로 제공하는 아이템은 '무상으로' 제공하고, 세트를 완성하려면 일을 하게 하라.

질서에 대한 사람들의 욕망에 영합하라: 정돈에 대한 충동에서 돈을 이끌어낸다. 원하는 정보를 제공하거나 여러분이 요구하는 작업을 완결함으로써 그들이 "정리"히게 한다.

나태

최소 저항 경로: 당신이 바라는 최종 결과가 가장 쉬운 길 위에 놓여 있어야 한다. 도중에 이를 부인하는 요소는 길에서 감춰버려라.

선택의 폭을 더 좁게: 가짓수가 많으면 꾸물거릴 일은 더 많다.

팔고 싶은 것을 먼저 보여줘라: 여러분이 강조한 제안에 사람들이 주목하고 마음의 문을 열도록 불을 댕겨 준다.

찾거나 이해하기 힘들게 하라: 옵트아웃을 한쪽으로 치워놓든지 애매하게 만들어라.

네거티브 옵션: 가입하지 말지 마십시오: 사람들이 기본설정대로 가입하게 한 후, 여러분이 바라는 대로 계속 행동하는 것이 탈퇴보다 쉽게 하라. 희망선을 사용해 가입 과정을 눈치채지 못하게 한다.

식탐

보상을 쥐어준다: 사람들은 아무나 얻을 수 없는 보상을 더 높이 쳐준다.

통 큰 보상 말고 소소한 보상: 소비자가 자신의 행동을 정당화하기 위한 압력을 받으면 보상의 가치를 더 크게 인식한다.

계산은 그만: 사람들은 산수를 싫어한다. 그러니까 계산 과정 말고 해답을 바로 보여주면 이를 믿는 방향으로 기울어진다. 해답이 불완전한 것이라도 말이다.

문제를 보여준다: 고객이 찾아 버리기 전에 약점을 먼저 드러내라. 그러면 더 큰 신뢰를 얻을 것이다.

문간에 발 들이기: 작은 일로 시작해 큰 일에 대한 동의를 얻어낸다.

면전에서 문 닫기: 거절이 뻔한 큰 요구를 제시한다. 그다음 즉시, 앞에 비해 별 거 아닌 요구를 한다. 거절을 했다는 가책으로 인해 사람들은 작은 일을 더 잘 들어주게 된다.

사용자가 쉽게 결정할 수 없는 것은 충분한 시간과 노력이 투입된 후에야 제시한다: 사용자에게 소중한 정보나 어려운 작업을 부탁하기 전에 먼저 그들이 푹 빠져 있게 하라. 나중에 올 가치를 놓치기보다는 일단 뭔가를 무상으로 제공하는 것이 좋다.

톰 소여 효과: 희소성은 욕망을 낳는다. "… 어른이든 아이든 그가 어떤 것을 원하게 하려면 쉽게 손에 넣을 수 없게 만들기만 하면 된다는 것."

의구심을 퍼뜨려 취소를 막는다: 소비자가 제품/서비스 이용을 취소할 기미가 보인다면 손실 회피를 끌어들여 의구심을 퍼뜨린다.

조급하면, 따르게 된다: 작업에 시간 제한을 둔 다음(병 주고), 해결책을 제공한다(약 주기).

분노

유머로 분노를 막는다: 작은 사고를 쳤다면 사과를 유머와 함께 전함으로써 상황을 부드럽게 만들어라. 하지만 더 큰 사고를 쳤거나 상대의 분노가 예상된다면 차분하고 공손한 어투를 구사한다.

미끄러운 경사길을 써서 분노를 노골적으로 자극하지 않는다: 시작은 미약하게. 한 번에 크게 변경하기보다 작은 변화를 연속으로 줘서 반발을 방지한다. 각 변화가 충분히 거슬리지 않다면 사람들이 부아가 치밀어 반기를 들진 않을 것이다.

초경험적 형이상학으로 무장해서 적을 무찌른다: 이성에 호소하는 것이 먹히지 않으면 논리 공격은 일단 피하면서 형이상학적 생각으로 주장을 채운다. 과학이 설명할 수 없는 뭔가가 있다는 식으로 나가라.

익명성을 사용해 억눌러 왔던 행동을 불러낸다: 익명성이 보장되면 사람들은 그렇지 않을 때보다 더 행동하게 된다.

허락해 버려라: 자신보다 권위적으로 높은 사람이 그렇게 해도 좋다고 하면 개인들은 책임감을 벗어 던진다.

사람들에게 겁을 준다(단, 그에 대한 해결책을 우선 확보하고): 사람들을 두려움에 떨게 하고, 여러분의 제품이 이 두려움을 어떻게 해결할 수 있는지 보여준다.

시기

욕망을 일깨워 시기를 낳기: 시기가 원동력으로 작용하기 위해서 제품은 반드시 매력적이어야 한다.

동경을 심어주기: 사용자들이 동경하고 선망할 대상을 제공하라. 온건한 시기는 강력한 동기 부여 요소다.

사기 전에 벌써 가진 듯한 느낌이 들게 한다: 소비자들은 제품을 더 높게 평가하고, 구매욕은 커진다.

지위의 차이를 야기해 행동을 유도한다: 차이가 없으면 시기도 없다.

성취를 지위의 표시로서 강조하기: 사용자들이 특정 목표를 달성하면 더 높은 지위를 제공하라. 이로써 사용자들은 더 많은 것을 바라면서 계속 돌아오게 된다.

업적의 대안으로 금전 지불을 권장하기: 참을성 없는 사람들에겐 자신의 지갑을 통해 더 높은 지위로 올라설 수 있는 지름길을 보여준다.

사용자들이 자신의 지위를 널리 알리게 하라: 사용자들이 커뮤니티 내에서 자신의 지위를 구축하고 이를 널리 알리는 일을 장려한다.

사람들로 하여금 자신이 중요하다고 느끼게 한다: 사람들을 조금만 인정해 주면 그들은 더 많은 사랑과 수고로 여러분에게 화답할 것이다.

색욕

"사랑해"라고 말해라: 아첨하는 말로 설득하면 더 큰 호응을 얻게 된다.

2등이 되어라: 게임 이론과 자존심은 경쟁적 공간에서 집단의 최고와는 맞서지 말 것을 명한다.

메시지를 질문으로 표현해서 전달하라: "고객님께서는 왜 그 많은 사람들이 경쟁사에서 저희 브랜드로 바꾸는지 생각해 보셨는지요?"

내집단(in-group)을 마련한다: 우선적으로 특별히 마련된 집단에 고객이 속하게 된 것을 보여준다. 고객은 이제 맡은 바 성실히 자신이 속한 집단을 비호할 것이다.

가는 것이 있어야 오는 것이 있다: 신세를 진 사람들은 보답하는 것이 도리라고 느낀다.

공짜로 팔기도 하라: 공짜 앞에서 이성은 무너진다. 돈은 다른 데서 다시 벌면 된다.

무형의 가치를 팔아라: 현실보단 인식을 바꾸는 것이 비용이 덜 든다.

좋은 인상을 주려면 먼저 부탁을 하라: 벤자민 프랭클린 효과는 여러분에게 호의를 베푼 사람이 여러분을 더 좋게 본다는 것을 보여준다.

탐욕

부분강화계획을 사용하라: 사람들은 더 오래 빠져 있을 것이다.

게임으로 만들어라: 참여에 따른 (최소한의) 보상을 안겨줘서 힘겨운 작업을 게임으로 탈바꿈시킨다.

소비자는 "종료"하거나 "구매"를 하는 게 아니라 "승리해야" 한다: 행사를 추첨이 아닌 대결이나 시합으로 표현해 패배의 공포를 자극한다.

사람들이 자신의 실력에 대해 갖는 (이미 과도한) 우쭐함을 더 부풀려라: 손쉬운 승리를 내세워 미숙한 사람들을 부드럽게 유혹한다. 이들 마음속의 "환영적 우월감"을 끌어올리면 판이 커지더라도 계속 남아있을 가능성이 커진다.

운이 아니라 기술 때문에 보상을 받는 것처럼 만들어라: 행동을 해야 보상을 얻을 수 있을 때 보상에 더 많은 가치가 부여된다.

정원에 울타리 두르기: 인프라를 여러분이 점하는 상황에서 사람들은 굳이 떠날 이유를 찾지 못하고 떠나도 잠깐이어야 한다.

닻을 확보하라: 물건의 가치에 대한 기준점을 만들어 가격을 통제한다.

돈에서 토큰으로: 자체적인 통화 단위, 토큰의 가치는 정해진 것이 아니다. 소비자는 기준 가격에 반응(1달러보다는 99센트)한다. 그러니 토큰으로 통화를 변경하면 물건의 실제 가격이 1.5달러이면 이를 99토큰으로 나타낼 수 있다.

미실현수당을 장려한다: 소비자에게 남아 있는 미사용 토큰이 물건을 더 사기에 부족할 때 토큰을 추가 구매할 것을 요구해서 이익을 거둬들인다.

비싸게 판다: 가격이 올라가면 상품에 대한 사람들의 인식도 올라간다.

차선을 먼저 제시한다: 준거틀을 세우고 최고 대안과 대비시킨다.

일관성을 깨 가격을 합리화한다: 다른 대상과 상당한 차이를 보이는 새로운 선택안을 제시해 비교를 막는다.

참고문헌

다음은 각 장에서 독자가 접한 정보의 참고문헌 목록이다. 이들 중 일부는 원작자의 글을 직접 언급하는 경우로 글의 일부가 책 본문 안에 인용했다. 본문의 내용을 보강하지만 글의 흐름을 깰 수 있는 다른 자료의 경우 본문 안에 직접적으로 저자를 밝히지는 않았다.

링크가 걸린 동일한 참고문헌 목록을 온라인에서도 확인할 수 있다. 주소는 다음과 같다: evilbydesign.info/references

테크니컬 에디터 소개

댄 락턴의 Design With Intent Toolkit: requisitevariety.co.uk/design-with-intent-toolkit/.

들어가는 말

톰 소여 인용: 마크 트웨인 (Samuel Clemens). The Adventures of Tom Sawyer[61]. The American Publishing Company, 1884.

---

61 『톰 소여의 모험』(펭귄클래식코리아, 2009)

교만

성 아우구스티누스 인용 라틴어 원문: "Humilitas homines sanctis angelis similes facit, et superbia ex angelis demones facit." 아일랜드의 토마스(Thomas of Ireland 또는 Thomas Hibernicus)가 1306년경 편찬한 선집 꽃다발(Manipulus Florum)을 따름.

인지 부조화

레온 페스팅거는 1954년 12월 21일 세상이 멸망한다고 주장한 도로시 마틴(Dorothy Martin) 사건의 여파를 연구한 후에 인지 부조화 이론을 제안했다. 실제로 이런 예언이 실제로 놀라울 정도로 자주 터져 나오는 것이다. Leon Festinger. A Theory of Cognitive Dissonance. Illinois: Row, Peterson, 1957.

해롤드 캠핑 인용: familyradio.com. (검색일: 2012년 1월).

연도별 이그 노벨상 수상자: "Winners of the Ig Nobel Prize." Improbable Research (improb.com). (검색일: 2012년 11월).

사회적 검증

애플 스토어 사진 제공: 크리스 노더.

긍정적인 메시지 반복하기

밀그램의 하늘 보기 실험(집단 크기): Stanley Milgram, Leonard Bickman, and Lawrence Berkowitz. "Note on the drawing power of crowds of different size." Journal of Personality and Social Psychology 13.2 (1969): 79–82.

추천 문구 제안 대목은 필자가 마이크로소프트에서 진행한 신뢰 관련 비간행 연구에서 발췌함.

인터넷을 사용하지 않고 물건을 구매한 13퍼센트의 소비자, 소비자의 구매 의사를 꺾는 나쁜 리뷰의 수: "When was the last time you made a purchase without researching online first?" Lightspeed Research (lightspeedresearch.com). April 11, 2011. (검색일: 2012년 12월).

연방거래위원회 가이드라인: FEDERAL TRADE COMMISSION 16 CFR Part 255 Guides Concerning the Use of Endorsements and Testimonials in Advertising. Oct 2009.

개인적 메시지는 정곡을 찌른다

하나카피아이 해변 표지판 사진 제공: 크리스 노더.

지미 웨일스의 위키피디아 청원: "Fundraising 2011." Wikimedia meta-wiki (meta.wikimedia.org). (검색일: 2012년 11월).

페이스북 스폰서 스토리 그래픽: "Sponsored Stories in Marketplace" (PDF). Facebook for Business site (facebook.com/business). (검색일: 2012년 11월).

목표가 생기면 공개적으로 약속하게 한다

지키지 못한 결심: John C. Norcross and Dominic J. Vangarelli. "The resolution solution: Longitudinal examination of New Year's change attempts." Journal of Substance Abuse 1.2 (1989): 127-134.

일반적인 유사성을 강조해 의견을 바꾸게 한다

콜베어는 진지하다고 보는 공화당 지지자의 시각: Heather L. LaMarre, Kristen D. Landreville, and Michael A. Beam. "The Irony of Satire: Political Ideology and the Motivation to See What You Want to See in The Colbert Report." The International Journal of Press/Politics 14.2 (2009): 212-231.

"공화당 지지자와의 문제"를 언급하는 콜베어의 발언: an interview at the John F Kennedy Forum, Kennedy School of Government, Institute of Politics, Harvard University, 12/1/06.

콜베어 사진 제공: Joel Jefferies via Comedy Central press site.

인증과 추천을 이미지로서 드러낸다

펫코의 보안 이미지: "Do Security Icons Really Increase Conversions? A/B Test Results from PETCO.com" (marketingsherpa.com). May 3, 2006. (검색일: 2012년 11월).

신뢰 로고 합성 그래픽: 윗줄: eagleamerica.com; 아랫줄(왼쪽부터): thickquick.com, bbb.org, and dogstrainingbook.com.

B.J. 포그의 웹사이트 신뢰도의 구성 요소: B.J. Fogg. Persuasive Technology. Massachusetts: Morgann Kaufmann, 2003. p. 130.

인증을 내건 사이트들의 더 적은 신뢰도: Benjamin Edelman. Adverse selection in online trust certifications. Proceedings of the 11th International Conference on Electronic Commerce. ACM, 2009.

맥아피의 12퍼센트 판매 전환율 상승 주장: McAfee SECURE Service page (mcafeesecure.com). (검색일: 2012년 11월).

세트를 완성하도록 도와라

코드카데미 코딩 경연대회: codeyear.com/stats. (검색일: 2012년 11월).

카우 클리커: Ian Bogost. "Cow Clicker, The Making of Obsession" (bogost.com). July 21, 2012. (검색일: 2012년 11월).

페이스북의 2011년 수입 중 12퍼센트를 징가가 창출: Facebook S1 (Initial Public Offering) filing with the Securities and Exchange Commission, February 1 2012.

질서에 대한 사람들의 욕망

전등 스위치: "AWARE project." Swedish ICT Interactive Institute (tii.se/projects/aware) via Dan Lockton. Exploiting desire for order (architectures.danlockton.co.uk). June 13, 2008. (검색일: 2012년 11월).

탑링크드 사례: 탑링크드 사이트에서 2008년 11월 검색. 나중에 탑링크는 탑 50 리스트(상위 회원 50명 목록)를 내려 버렸는데, 자사의 주장에 의하면 "리스트 상위의 거의 모든 사람들이 링크드인에서 가능한 최대 연결 수 제한에 도달했기 때문"이었다. 하지만 사실은 최상위 10명 중 네 명만이 실제 탑링크드 회원이었기 때문일지 모른다. (리스트의 마지막 업데이트는 2009년 4월 23일에 이뤄졌으며, 최상위 8명만이 3만 개 이상의 링크를 보유하고 있었다.)

링크드인 운영 철학: Patrick Crane. "A guide to building the right connections" (blog.linkedin.com). November 9, 2008. (검색일: 2012년 11월).

교만을 조작해 신념을 바꾸게 하기

독단, 질서에 대한 필요, 보수주의와 결부된 폐쇄성의 경향: Donna M. Webster and Arie W. Kruglanski. "Individual differences in need for cognitive closure." Journal of Personality and Social Psychology 67,6 (1994): 1049.

나태

희망선

최소한의 수고로 최대한의 결과를: George Kingsley Zipf. Human Behavior and the Principle of Least Effort. New York: Addison-Wesley, 1949.

공공 장소 리디자인에 사용된 희망선: Elizabeth Barlow Rogers. Rebuilding Central Park: A Management and Restoration Plan. The MIT Press, 1987; and Christopher Alexander, Murray Silverstein, Shlomo Angel, Sara Ishikawa, and Denny Abrams. The Oregon Experiment. New York: Oxford University Press, 1975.

최소 저항 경로

페이지 탐색에서의 F-패턴: Jakob Nielsen and Kara Pernice. Eyetracking Web Usability. Berkeley: New Riders, 2010.

휴경지: 휴경지의 개념은 에드문드 아놀드(Edmund Arnold)가 고안한 구텐베르크 다이어그램(Gutenberg Diagram)에서 출발한다. 더 자세한 내용은 다음을 참조: Colin Wheildon's book Type & Layout: Are You Communicating or Just Making Pretty Shapes. Victoria, Australia: The Worsley Press, 2005.

마이크 딘 인용: Stephanie Clifford. "The High Cost of a 'Free Credit Report.'" (nytimes.com). August 4, 2008. (검색일: 2012년 12월).

Credit CARD act of 2009, Title II, Section 205 Prevention of deceptive marketing of credit reports.

광고 통계: Tony Mecia. "'Free' credit report sites switch to offering 'free' scores." (creditcards.com). April 5, 2010. (검색일: 2012년 12월).

줄어든 옵션과 똑똑한 기본 설정

치약 통계: Ellen Byron. "Whitens, Brightens and Confuses." (wsj.com). February 23, 2011. (검색일: 2012년 12월).

중요도를 선택의 가짓수와 혼동: Aner Sela and Jonah Berger. "Decision Quicksand: When Trivial Choices Suck Us In." Journal of Consumer Research 39 (August 2012).

선택의 폭을 더 좁게

선택의 마비 작용: Barry Schwartz. The Paradox of Choice—Why More Is Less[62]. Harper Perennial, 2004.

의욕을 꺾는 선택: Sheena Iyengar and Mark Lepper. "When Choice is Demotivating: Can One Desire Too Much of a Good Thing?" Journal of Personality and Social Psychology 79 (2000): 995–1006.

호환되는 옵션의 제공: Jonah Berger, Michaela Draganska, and Itamar Simonson. "The Influence Of Product Variety On Brand Perception And Choice." Marketing Science 26.4 (2007): 460–472.

추천 엔진: Xavier Amatriain and Justin Basilico. "Netflix Recommendations: Beyond the 5 stars (Part 1)" (techblog.netflix.com). April 6, 2012. (검색일: 2012년 12월).

팔고 싶은 걸 먼저 보여줘라

점화효과: 위키피디아의 en.wikipedia.org/wiki/Priming_(psychology)에서 이 주제에 관해 잘 설명하고 있다.

폭로: 본문의 예시에서 보다시피 저자는 윈도우 XP 서비스팩 2의 사용자 경험을 연구했다.

찾거나 이해하기 힘들게 하라

PC 핏스탑 최종 사용자 사용권 계약(EULA): Larry Magid. "It Pays To Read License Agreements." (pcpitstop.com). Undated. (검색일: 2012년 12월).

네부애드: Ed Markey. "Key Lawmakers Question Local Provider Over Use of NebuAd Software Without Directly Notifying Customers" (markey.house.gov). July 15, 2008. (검색일: 2012년 12월).

엠바크의 두 반응: Letter from David W. Zesiger, SVP Regulatory Policy & External Affairs, Embarq, July 21, 2008; and letter from Tom Gerke, president and CEO, Embarq, July 23, 2008, to the Committee on Energy and Commerce.

---

[62] 『선택의 심리학: 선택하면 반드시 후회하는 이들의 심리탐구』(웅진지식하우스, 2005)

페이스북 개인 정보: Mark Zuckerberg interview with Michael Arrington at the 2010 "Crunchie" awards, San Francisco.

개인 정보 설정 상태: Mary Madden and Aaron Smith. Reputation Management and Social Media. Pew Internet and American Life Project, 2010.

네거티브 옵션: 가입하지 말지 마십시오.

이메일 옵트인 비율: Steven Bellman, Eric J. Johnson, and Gerald L. Lohse. "On site: to opt-in or opt-out?: it depends on the question." Communications of the ACM 44.2 (2001): 25–27.

FTC 보고서: Negative Options: A Report by the staff of the FTC's Division of Enforcement. Federal Trade Commission, January 2009.

집단 소송 제소: Complaint document, Martha Cornett v. Direct Brands Inc. and Bookspan, United States District Court, Southern District of California. Filed Aug 4, 2011.

스콜라스틱의 71만 달러 과징금: "Children's Book Publisher to Pay $710,000 to Settle Charges It Violated Commission's Negative Option and Telemarketing Sales Rule." Federal Trade Commission (ftc.gov). June 21, 2005. (검색일: 2012년 12월).

할인 클럽: "Senate Commerce, Science & Transportation Committee report on Aggressive Sales Tactics on the Internet and Their Impact on American Consumers" (commerce.senate.gov). Nov 17, 2009. Retrieved December 2012; and "Senato Commerce, Science & Transportation Committee Supplemental Report on Aggressive Sales Tactics on the Internet" (commerce.senate.gov). May 19, 2010. (검색일: 2012년 12월).

할인 클럽 파트너 사이트들: Ben Popken. "88 Big Sites Earning Millions From Webloyalty Scam." The Consumerist (consumerist.com). November 18, 2009. (검색일: 2012년 12월).

이것이 수고를 들일 만한 일인가?

퇴직연금(401k 플랜) 납입금: Brigitte C. Madrian and Dennis F. Shea. "The Power of Suggestion: Inertia in 401(k) Participation and Savings Behavior." Quarterly Journal of Economics 116.4 (2001): 1149–1187.

다중 결정: Jonathan Levav, Mark Heitmann, Andreas Herrmann, and Sheena S. Iyengar. "Order in product customization decisions: Evidence from field experiments." Journal of Political Economy 118.2 (2010): 274–299.

식탐

토마스 아퀴나스 인용: Joseph Rickaby. St. Thomas Aquinas, Aquinas Ethicus: or the Moral Teaching of St. Thomas. A Translation of the Principal Portions of the Second part of the Summa Theologica, with Notes. London: Burns and Oates, 1892.

받아 마땅한 보상

건강에 좋은 선택안: Keith Wilcox, Beth Vallen, Lauren G. Block, and Gavan J. Fitzsimons. "Vicarious Goal Fulfillment: How the Mere Presence of a Healthy Option Leads to a Very Unhealthy Decision." Journal of Consumer Research 36 (2009): 380–393.

1회 섭취량 증가: "The new (Ab)Normal." Centers for Disease Control and Prevention (makinghealtheasier.org). Undated. (검색일: 2012년 12월).

먹보 바지: betabrand.com/gluttony-pants.html.

여성의류 사이즈: "Daily Chart: Size Inflation. Why a size 10 is really a size 14." The Economist Online (economist.com). April 4, 2012. (검색일: 2012년 12월).

남성의류 사이즈: Abram Sauer. "Are your pants lying to you? An investigation." Esquire (esquire.com). September 7, 2010. (검색일: 2012년 12월).

보상을 쥐어준다

캐내이디언 타이어 머니로 잔디깎이 사기: Jasmine Franklin. "Man saves Canadian Tire money for 15 years, buys mower." Toronto Sun (torontosun.com). July 13, 2011. (검색일: 2012년 12월).

코린 레이먼드: "Don't Spend It Honey!" Corin Raymond's Live Album Fundraiser (dontspendithoney.com). (검색일: 2012년 12월).

세스 프리배취의 쿠폰 가치: Seth Priebatsch. "How 'Game Mechanics' Can Help Your Startup." Huffington Post (huffingtonpost.com). March 11, 2010. (검색일: 2012년 12월).

통 큰 보상 말고 소소한 보상

매캐니컬 터크의 중독성: personalbugmenot. "Is turking addictive?" Turker Nation forum (turkernation.com). October 7, 2012. (검색일: 2012년 12월).

벌이 분석: Compiled from information supplied by forum contributors at turkernation.com and turkers.proboards.com/. 터커들이 자신의 벌이 기록을 결과에 붙여넣도록 하는 인간 지능 작업(HIT)을 실시하면 이러한 정보의 대부분을 확인할 수 있을 것이다.

노력과 보상 간의 인지 부조화: Leon Festinger and James Carlsmith. "Cognitive consequences of forced compliance." The Journal of Abnormal and Social Psychology 58.2 (1959): 203–210.

계산은 그만

16만 6천 건의 스우포(Swoopo) 경매 통계("계산은 그만"과는 정반대!): Ned Augenblick. Consumer and producer behavior in the market for penny auctions: A theoretical and empirical analysis. Unpublished manuscript, 2009.

페니 옥션 사이트 목록: Charnita Fance. "Best Online Penny Auction Sites Reviewed And Compared." To Muse (tomuse.com). Undated. (검색일: 2012년 12월).

비이성적 집착 심화: Barry M. Staw. "Knee-deep in the Big Muddy: A Study of Escalating Commitment to a Chosen Course of Action." Organizational Behavior and Human Performance 16(1) (1976): 27–44.

문제를 보여준다

마키아벨리 인용: Niccolò Machiavelli The Prince, 1532 (via Project Gutenberg, gutenberg.org)

신용 입증 연구: Graham Dietz and Nicole Gillespie. Building and Restoring Organisational Trust. London: Institute of Business Ethics, 2011; and Graham Dietz and Nicole Gillespie. The Recovery of Trust: Case studies of organisational failures and trust repair. London: Institute of Business Ethics, 2012.

고객 일인당 비용: "2012 Data Protection & Breach Readiness Guide." Online Trust Alliance (otalliance.org). (검색일: 2012년 12월).

블루멘탈 상원의원이 소니에 보낸 서한: Senator Richard Blumenthal. "Blumenthal Demands Answers from Sony over PlayStation Data Breach." (Blumenthal.senate.gov). April 26, 2011. (검색일: 2012년 12월).

소니 유출 사고 시인: Patrick Seybold. "Update on PlayStation Network and Qrocity." PlayStation Blog (blog.us.playstation.com). April 26, 2011. (검색일: 2012년 12월).

미시건대 보건시스템 통계: "Full Disclosure of Medical Errors Reduces Malpractice Claims and Claim Costs for Health System." Agency for Healthcare Research and Quality Innovation Exchange (part of the U.S. Government Department of Health and Human Services) (innovations.ahrq.gov). June 23, 2010. (검색일: 2012년 12월).

렉싱턴 소재 재향군인의료원 통계: "Proactive Reporting, Investigation, Disclosure, and Remedying of Medical Errors Leads to Similar or Lower Than Average Malpractice Claims Costs." Agency for Healthcare Research and Quality Innovation Exchange (innovations.ahrq.gov). June 23, 2010. (검색일: 2012년 12월).

관여도의 단계적 상승

기부금의 80퍼센트 이상을 마케팅에 사용: "Millions in Future Donations to Vets Charity Will Pay Debt Owed to Vendors." American Institute of Philanthropy (charitywatch.org). August 2010. (검색일: 2012년 12월).

문간에 발 들이기

설문에 답변: Nicolas Guéguen. "Foot-in-the-door tochnique and computer mediated communication." Computers in Human Behavior 18.1 (2002): 11-15.

면전에서 문 닫기

"양심의 가책(Guilt)": 여기서 쓰이고 있는 "양심의 가책"이라는 말은 "호혜적 양보"를 다른 말로 쉽게 풀어 쓴 것이다. 하지만 양심의 가책을 호혜적 양보와 명확히 구별하는 논조 역시 존재한다. 이에 대한 예는 다음 자료를 참조한다: Daniel O'Keefe and Marianne Figgé. "A Guilt-Based Explanation of the Door-in-the-Face Influence Strategy." Human Communication Research 24.1 (1997): 64-81.

면전에서 문 닫기 전략의 묘사: Robert B Cialdini, Joyce E. Vincent, Stephen K. Lewis, Jose Catalan, Diane Wheeler, and Betty Lee Darby. "Reciprocal concessions procedure for inducing compliance: The door-in-the-face technique." Journal of Personality and Social Psychology 31.2 (1975): 206-215.

두 번째 요청은 반드시 처음 제시했던 요청이 축소된 형태여야 한다: John C. Mowen and Robert B. Cialdini. "On Implementing the Door-in-the-Face Compliance Technique in a Business Context." Journal of Marketing Research 17.2 (1980): 253-258.

가상 세계에서 면전에서 문 닫기 기법이 통하는 모습의 증거: Paul W. Eastwick and Wendy L. Gardner. "Is it a game? Evidence for social influence in the virtual world." Social Influence 4.1 (2009): 18-32.

사용자가 쉽게 결정할 수 없는 것은 충분한 시간과 노력이 투입된 후에 제시하라

우편번호 90210: Chris Nodder. "Gaining User Trust: Research and a Secret." User Experience Magazine 11.4 (2012): 10-13.

희소성과 손실 회피

1달러 지폐 실험: Baba Shiv, George Loewenstein, Antoine Bechara, Hanna Damasio, and Antonio R. Damasio. "Investment behavior and the negative side of emotion." Psychological Science 16.6 (2005): 435-439. 계속 내기를 한다고 할 때 "잃는"(20회 진행 후 딴 돈이 20달러 이하인) 경우는 13퍼센트 뿐이다.

손실의 공포가 소득을 취하려는 욕구보다 갑설로 강함: Daniel Kahneman and Amos Tversky. "Prospect Theory: An Analysis of Decision under Risk." Econometrica: Journal of the Econometric Society 47 (1979): 263-291.

톰 소여 효과

톰 소여 인용: Mark Twain (Samuel Clemens). The Adventures of Tom Sawyer[63]. The American Publishing Company, 1884.

---

[63] 『톰 소여의 모험』(펭귄클래식코리아, 2009)

의구심을 퍼뜨려 취소를 막는다

소해면상뇌병증(BSE) 통계: Wikipedia en.wikipedia.org/wiki/Bovine_spongiform_encephalopathy. (검색일: 2012년 12월).

미국 내 연간 500억개의 햄버거 소비: Ellen Rolfes. "The Hidden Costs of Hamburgers." PBS Newshour "The Rundown" blog (pbs.org). August 2, 2012. (검색일: 2012년 12월).

조급하면 따르게 된다

사람들을 재촉할 때 나타나는 더 보수적인 경향성: Mark Hwang. "Decision making under time pressure: A model for information systems research." Information & Management 27 (1994): 197-203.

자제력: 식탐에 내리는 천벌

자기조절 실패: Roy F. Baumeister and Todd F. Heatherton. "Self-Regulation Failure: An Overview." Psychological Inquiry 7.1 (1996): 1-15.

봄방학 중의 좀 더 점잖은 처신: Lizette Alvarez. "Spring Break Gets Tamer as World Watches Online." The New York Times (nytimes.com). March 16, 2012. (검색일: 2012년 12월).

분노

에밀리 디킨슨 시: from XLII. Time's Lesson, in Mabel Loomis Todd and T. W. Higginson (Eds.) Poems by Emily Dickinson, Second Series. Boston: Roberts Brothers, 1892.

분노가 의사 결정에 미치는 영향: Jennifer S. Lerner and Larissa Z. Tiedens. "Portrait of the angry decision maker: How appraisal tendencies shape anger's influence on cognition." Journal of Behavioral Decision Making 19.2 (2006): 115-137.

유머로 분노를 막는다

미소가 사람들의 기분을 더 좋게 만든다: 많은 사람들은 사실 눈꺼풀과 눈썹에 위치한 근육(눈둘레근(안륜근), 외측부(orbicularis oculi, pars lateralis))을 자기 맘대로 움직일 수 없기 때문에, 이 간단한 실험이 여러분에게 통하지 않을 수도 있다. Robert W. Levenson, Paul Ekman, and Wallace V. Friesen. "Voluntary facial action generates emotion-specific autonomic nervous system activity." Psychophysiology 27.4 (1990): 363-384.

적의가 아닌 재치가 깃든 유머의 사용: Robert A. Baron and Deborah R. Richardson. Human Aggression. New York: Springer, 2004.

텀비스트 이미지: © Matthew Inman, The Oatmeal (theoatmeal.com). CC BY 3.0.

미끄러운 경사길로 노골적인 분노를 회피하기

넷플릭스의 계획 철회: Stu Woo. "Under Fire, Netflix Rewinds DVD Plan." The Wall Street Journal (wsj.com). October 11, 2011. (검색일: 2013년 1월).

넷플릭스 관련 세부 사항: "Global Internet Phenomena Report: Fall 2011." Sandvine (sandvine.com). December 2012. (검색일: 2013년 1월).

퀵스터 인용: Jason Gilbert. "Qwickster Goes Qwickly: A Look Back At A Netflix Mistake." Huffington Post (huffingtonpost.com). October 10, 2011. (검색일: 2013년 1월).

물 속에 넣고 개구리 넣고 끓이기 우화는 거짓: "Boiled Beef." (Snopes.com) January 12, 2009.

페이스북 만화: © Matthew Inman, The Oatmeal (theoatmeal.com).

초경험적 형이상학으로 무장해서 적을 무찌른다

지적 창조론: 지적 창조론의 옹호자들에겐 이 이론 역시 증거에 입각한 과학적 이론으로 여겨지지만, 일반적 과학적 방법론으로는 검증이 가능하지 않은 몇몇 초자연적 설명(유신론적 실재론(theistic science))을 수용해야 하는 이론이다. 다시 말하면, 결국 형이상학적 설명에 기대는 것이다.

과학 무력화: Geoffrey D Munro. "The Scientific Impotence Excuse: Discounting Belief-Threatening Scientific Abstracts." Journal of Applied Social Psychology 40 (2010): 579-600.

프랫캐니스 기법: Anthony R. Pratkanis. "How to Sell a Pseudoscience." Skeptical Inquirer T9 (1995).

팀 쿡 발언 인용: Goldman Sachs Technology and Internet conference, February 12, 2013.

BBC의 슈퍼브랜드 다큐멘터리: Alex Riley and Adam Boome. "Superbrands' success fuelled by sex, religion and gossip" BBC (bbc.co.uk). May 16, 2011. (검색일: 2012년 12월).

커스틴 벨의 관찰: Francie Diep. "Why Apple Is the New Religion." TechNewsDaily (technewsdaily.com). Oct 23 2012. (검색일: 2012년 12월).

애플의 종교화: Pui-Yan Lam. "May the Force of the Operating System be with You: Macintosh Devotion as Implicit Religion." Sociology of Religion 62:2 (2001): 243–262.

"모든 아이키노트는 지금까지" 만화: Ray, Raf, and Will. (thedoghousediaries.com).

분노 끌어안기

메리 베일의 고양이 투척 사건을 보도한 영국의 두 타블로이드지의 사례: An example of the coverage of Mary Bale's cat trashing from two UK tabloid newspapers: Andrew Parker. "It's a fur cop." The Sun (thesun.co.uk). January 12, 2011. Retrieved January 2013; and Claire Ellicott. "What's all the fuss? It's just a cat, says woman seen on CCTV shoving tabby in wheelie bin." The Mail Online (dailymail.co.uk). August 25 2010. (검색일: 2013년 1월).

포챈 설명: Nick Douglas. "What The Hell Are 4chan, ED, Something Awful, And /b/?" (Gawker.com). January 18, 2008. (검색일: 2013년 1월).

익명성을 사용해 억눌러 왔던 행동을 불러낸다

스탠포드 감옥 실험: 스탠포드 감옥 실험 사이트(prisonexp.org)에서 훌륭히 소개하고 있다.

탈개인화: Philip Zimbardo. "The human choice: Individuation, reason and order vs. deindividuation, impulse and chaos." In W. J Arnold and D Levine (Eds.), Nebraska Symposium on Motivation 17 (1969): 237–307.

온라인 탈억제: John Suler. "The Online Disinhibition Effect." CyberPsychology & Behavior 7.3 (2004): 321–326.

디스커스의 데이터: Daniel Ha. "Pseudonyms." Disqus blog (blog.disqus.com). January 10, 2012. Retrieved January 2013. 여기서 표본 추출과 관련한 사안이 제기될 수 있다. 사람들이 익명 상태로 남아있는 이유는 자신의 평을 감추고 싶어하기 때문이 아니라 그저 회원가입이나 로그인이 귀찮기 때문일지 모른다. 또한 가명을 사용하는 사람들은 일반적으로 기술을 더 능숙히 사용하고 다른 이들은 이를 재미있어 하기 때문에 긍정적인 리뷰와 더 많은 반응을 모으는 것인지 모른다.

이름전쟁에 대한 전자프론티어재단(EFF)의 반응: Jillian C. York. "A Case for Pseudonyms." Electronic Frontier Foundation (eff.org). July 19, 2011. (검색일: 2013년 1월).

실시간 대화가 더 균형이 잡힘: Antonios Garas, David Garcia, Marcin Skowron, and Frank Schweitzer. "Emotional persistence in online chatting communities." Scientific Reports 2.402 (2012).

상황에 따른 규범: Tom Postmes and Russell Spears. "Deindividuation and antinormative behavior: A meta-analysis." Psychological Bulletin 123.3 (1998): 238–259.

허락해 버려라

밀그램의 실험: Stanley Milgram. "Behavioral Study of Obedience." Journal of Abnormal and Social Psychology 67.4 (1963): 371–378.

밀그램 인용: Stanley Milgram. Obedience to Authority: An Experimental View. New York: HarperCollins, 1974. p. 6.

일회성으로 그치지 않은 사건: Thomas Blass. "The Milgram paradigm after 35 years: Some things we now know about obedience to authority." Journal of Applied Social Psychology 29.5 (1999): 955–978.

도덕성 탈피: Albert Bandura. "Moral disengagement in the perpetration of inhumanities." Personality and Social Psychology Review. [Special Issue on Evil and Violence] 3 (1999): 193–209.

음수대 사진 제공: 크리스 노더.

사람들에게 겁을 준다(단, 그에 대한 해결책을 우선 확보하고)

로이 H. 윌리엄스 인용: Roy H. Williams. "Why We Buy." The MondayMorningMemo (mondaymorningmemo.com). December 4, 2006. (검색일: 2013년 1월).

섬유유연제: 섬유유연제의 성분을 완전히 알고 싶으면 다음 자료를 참조하라: Patrick Di Justo's article, "What's Inside — Downy Coats Briefs With Horse Fat." Wired Magazine 16.2 (November 2008).

적극적 예방 행동에 나섬: Anthony Pratkanis and Elliot Aronson. Age of Propaganda: The everyday use and abuse of persuasion. New York: Holt, 2001.

복잡성 파악의 어려움: Gordon Hodson and Michael Busseri. "Bright Minds and Dark Attitudes: Lower Cognitive Ability Predicts Greater Prejudice Through Right-Wing Ideology and Low Intergroup Contact." Psychological Science 23.2 (2012): 187-195.

테이저 판매 실적: 255,000 private sales. "TASER to Release Fourth Quarter 2012 Earnings on February 21, 2013." TASER International, February 13, 2013. (검색일: 2013년 2월).

테이저 경영 통계: TASER 2011 연간 보고서.

분노를 사용한다면 안전하게

분노가 의사결정에 미치는 영향: Jennifer S. Lerner and Larissa Z. Tiedens. "Portrait of the angry decision maker: How appraisal tendencies shape anger's influence on cognition." Journal of Behavioral Decision Making 19.2 (2006): 115-137.

시기

신명기 5장 21절: King James Bible "Authorized Version", Pure Cambridge Edition.

온건한 시기: Mark D Alicke and Ethan Zell. "Social Comparison and Envy" in Richard Smith (Ed.) Envy: Theory and Research. New York: Oxford University Press, 2008. p. 88.

시기의 진화적 배경: Antonio Cabrales. "The causes and economic consequences of envy." Series — Journal of the Spanish Economic Association 1.4 (2010): 371-386.

파괴적 시기: Susan Fiske. Envy Up, Scorn Down. New York: Russell Sage Foundation, 2011.

시기심 자아내기

홍보: John Berger Ways of Seeing[64]. New York: Penguin, 1972, p. 131.

욕망을 일깨워 시기를 낳기

아이폰을 노린 강도: Keith Wagstaff. "Muggers Demand iPhone, Turn Down Android." Time Tech (techland.time.com). December 15, 2011. (검색일: 2013년 2월).

블룸버그 시장의 발언: Michael M. Grynbaum. "Crime Is Up and Bloomberg Blames iPhone Thieves." The New York Times City Room (cityroom.blogs.nytimes.com). December 28 2012. (검색일: 2013년 2월).

동경을 심어주기

업워들리 모바일 매거진(Upwardly Mobile magazine): Upwardly Mobile, the magazine of mobile, manufactured and modular home living (umhmag.com).

경멸: Susan Fiske. Envy Up, Scorn Down. New York: Russell Sage Foundation, 2011.

사기 전에 벌써 가진 듯한 느낌이 들게 한다

도널드 노먼: Don Norman. Emotional Design: Why We Love (or Hate) Everyday Things[65]. New York: Basic Books, 2005.

바이오라이트: biolitestove.com.

스포어 판매 실적: Second quarter FY09 from Electronic Arts' investor relations site.

스포어 탑 10 게임: NPD Group/Retail Tracking Service.

---

64 『다른 방식으로 보기』(열화당, 2012)
65 『감성 디자인』(학지사, 2010)

38%의 효율: Will Wright made this quote at the Electronic Entertainment Expo in July 2008.

지위의 차이를 야기해 행동을 유도한다

브루스 슈나이어: "E-Mail After the Rapture." (schneier.com/blog). June 2, 2008. (검색일: 2013년 2월).

이터널 어스-바운드 펫츠: eternal-earthbound-pets.com.

바트 센터 발언 인용: Mike Di Paola. "Caring for Pets Left Behind by the Rapture." Bloomberg Businessweek (businessweek.com). February 11, 2010. (검색일: 2013년 2월).

성취를 지위의 표시로서 강조하기

미리 2번 찍어서 주는 카드: Joseph C Nunes and Xavier Dreze. "The endowed progress effect: How artificial advancement increases effort." Journal of Consumer Research 32.4 (2006): 504-512.

포인트를 더 큰 숫자로 나타내기: Rajesh Bagchi and Xingbo Li. "Illusionary Progress in Loyalty Programs: Magnitudes, Reward-Distances, and Step-Size Ambiguity." Journal of Consumer Research 37 (2011): 888-901.

업적 달성 만화: Derek Lieu. (kickinthehead.org). Jan 18, 2011.

업적의 대안으로 금전 지불 권장하기

WOW 회원수: Adam Holisky. "World of Warcraft subscriber numbers dip 100,000 to 10.2 million". WOW Insider (wow.joystiq.com). February 9, 2012. (검색일: 2013년 2월).

세계 은행 보고서: Vili Lehdonvirta and Mirko Ernkvist. Converting the Virtual Economy into Development Potential: Knowledge Map of the Virtual Economy. Washington, DC: infoDev/World Bank, 2011.

게임 외 골드 거래와 파워 레벨링에 대한 블리자드의 입장: "The Consequences of Buying Gold." (battle.net). (검색일: 2013년 2월).

코리 닥터로우 인용: Lisa Poisso. "15 Minutes of Fame: Cory Doctorow on gold farming, part 2." WOW Insider (wow.joystiq.com). August 4, 2010. (검색일: 2013년 2월).

짐팩트 인용: Gympact.com 홈페이지. (검색일: 2012년 1월).

지불 서비스: Dan Ariely. Predictably Irrational[66]: The Hidden Forces That Shape Our Decisions. New York: HarperCollins, 2008.

사람들로 하여금 자신이 중요하다고 느끼게 한다

메리 케이 애쉬 인용: Mary Kay Ash. The Mary Kay Way: Timeless Principles from America's Greatest Woman Entrepreneur. New Jersey: Wiley, 2008. p. 21.

데일 카네기: Dale Carnegie's How to Win Friends and Influence People[67]은 1936 이후에 출간됐으며, 1981년 사이먼앤슈스터(Simon & Schuster)에서 개정판을 출간했다.

앤디 워홀 인용: Ralph Keyes. The quote verifier: who said what, where, and when. New York: Macmillan, 2006. p. 288.

15명의 사람들 가운데서 유명한: Nick Currie (Momus). "POP STARS? NEIN DANKE! In the future everyone will be famous for fifteen people....." I Momus (imomus.com). 1991. (검색일: 2013년 2월).

자포스 사진: about.zappos.com/our-unique-culture/zappos-furry-customers.

스레드리스 인용: "The Threadless Story: How an Internet T-Shirt Company went XXL." Motherboard (motherboard.vice.com). September 9, 2010. (검색일: 2013년 2월).

스레드리스 통계: William C. Taylor. "The Company as Community: Threadless Puts Everyone in Charge." Fast Company (fastcompany.com). January 6, 2011. (검색일: 2013년 2월).

---

[66] 『상식 밖의 경제학: 이제 상식에 기초한 경제학은 버려라』(청림출판, 2008)
[67] 『카네기 인간관계론. 친구를 얻고 사람들에게 영향을 끼치는 방법』(아템포, 2014)

색욕

메이슨 쿨리. "City Aphorisms: Eighth Selection." New York, 1991.

색욕의 탄생: 감정으로 행동의 모양을 잡는다

과학적이지 않은 데이트의 과학: Aimee E. King, Deena Austin-Oden, and Jeffrey M. Lohr. "Browsing for love in all the wrong places: Does research show that Internet matchmaking is more successful than traditional dating." Skeptic 15 (2009): 48–55.

달성 불가능한 기대: Eli J Finkel, Paul W. Eastwick, Benjamin R. Karney, Harry T. Reis, and Susan Sprecher. "Online Dating: A Critical Analysis from the Perspective of Psychological Science." Psychological Science in the Public Interest 13.1 (2012): 3–66.

"사랑해"하고 말해라

아첨: Elaine Chan and Jaideep Sengupta. "Insincere flattery actually works: A dual attitudes perspective." Journal of Marketing Research 47.1 (2010): 122–133.

컴퓨터로도 아첨을 전달할 수 있다: B.J. Fogg and Clifford Nass. "Silicon sycophants: The effects of computers that flatter." International Journal of Human-Computer Studies 46.5 (1997): 551–561.

2등이 되어라

에이비스 통계: Avis 웹사이트(avis.com)

애론슨의 엉덩방아 효과 연구 작업: Elliot Aronson, Ben Willerman, and Joanne Floyd. "The effect of a pratfall on increasing interpersonal attractiveness." Psychonomic Science 4 (1966): 227–228.

후속 개선: Robert Helmreich, Elliot Aronson, and James LeFan. "To err is humanizing sometimes: Effects of self-esteem, competence, and a pratfall on interpersonal attraction." Journal of Personality and Social Psychology 16.2 (1970): 259–264.

어떻게 레이트하는지와 누구와 데이트하는지: Kenneth C. Herbst, Lowell Gaertner, and Chester A. Insko. "My head says yes but my heart says no: Cognitive and affective attraction as a function of similarity to the ideal self." Journal of Personality and Social Psychology 84.6 (2003): 1206.

데이팅 메타 분석: Alan Feingold. "Matching for attractiveness in romantic partners and same-sex friends: A meta-analysis and theoretical critique." Psychological Bulletin 104.2 (1988): 226.

오케이큐피드 내에서 미인에 대한 남성 회원들의 반응을 게임 이론으로 설명: Christian Rudder. "The mathematics of beauty." OKTrends (blog.okcupid.com). January 10, 2011. (검색일: 2013년 3월).

메시지를 질문으로 표현해서 전달하라

댄 모랄레스 주 검찰총장 이야기: Sheila Kaplan. "Tobacco Dole." Mother Jones (motherjones.com). May/June 1996. (검색일: 2013년 3월).

전체 편향 여론 조사: "Public Opinion Strategies Push Poll." Mother Jones (motherjones.com). May/June 1996. (검색일: 2013년 3월).

퍼블릭 오피니언 스트래터지스 인용: "About Our Firm." Public Opinion Strategies (pos.org). (검색일: 2013년 3월).

목격자들에게 제기하는 유도 질문: Elizabeth F. Loftus. "The malleability of human memory." American Scientist 67 (1979): 312–320.

내집단 마련

학교 팀 응원: Robert B. Cialdini, Richard J. Borden, Avril Thorne, Marcus Walker, Stephen Freeman, and Lloyd Sloan. "Basking in reflected glory: Three (football) field studies." Journal of Personality and Social Psychology 34 (1976): 366–375.

씹어대기: Robert B. Cialdini and Kenneth D. Richardson. "Two indirect tactics of image management: Basking and blasting." Journal of Personality and Social Psychology 39 (1980): 406–415.

자신이 속한 집단의 구성원 편을 들기: Henri Tajfel. "Experiments in intergroup discrimination." Scientific American 223.2 (1970): 96–102.

보상의 차이를 최대화: Henri Tajfel, M.G. Billig, R.P. Bundy, and Claude Flament. "Social categorization and intergroup behaviour." European Journal of Social Psychology 1 (1971): 149–178.

일반화와 정형화: Marilynn B. Brewer. "In-Group Bias in the Minimal Intergroup Situation: A Cognitive-Motivational Analysis." Psychological Bulletin 86.2 (1979): 307–324.

텍사스 A&M 대학은 12번째 선수라는 단어의 상표권을 주장하고 있으며, 시애틀 시호크는 허가 하에 이 단어를 사용하고 있다.

가는 것이 있어야 오는 것이 있다

호혜 규범: Alvin W. Gouldner. "The norm of reciprocity: A preliminary statement." American Sociological Review (1960): 161–178.

음료수 사기: Dennis T. Regan. "Effects of a favor and liking on compliance." Journal of Experimental Social Psychology 7 (1971): 627–639.

호의에 비례하는 보답: Dean G. Pruitt. "Reciprocity and credit building in a laboratory dyad." Journal of Personality and Social Psychology 8.2p1 (1968): 143.

공짜로 팔기도 하라

아마존 인용: SEC Form 10-Q 10/26/2012, Page 27 Marketing.

전자상거래 통계: Andrew Lipsman. "Free Shipping for the 2010 Holiday Season." ComScore Insights (comscore.com). November 22, 2010. (검색일: 2013년 3월).

값쌈과 공짜 사이: Dan Ariely. Predictably Irrational: The Hidden Forces That Shape Our Decisions[68]. New York: HarperCollins, 2008.

인스타그램 서비스 이용 약관: Bryan Bishop. "Instagram's new terms of service: from overreaction to retraction." The Verge (verge.com). December 20, 2012. (검색일: 2013년 3월).

채드의 차고 만화: "Instagram" © Randall Munroe, xkcd.com.

---

[68] 『상식 밖의 경제학: 이제 상식에 기초한 경제학은 버려라』(청림출판, 2008)

무형의 가치를 팔아라

골트후트 사진 제공: 크리스 노더.

인식의 문제: Rory Sutherland "Perspective is everything" Ted talk, (ted.com).

좋은 인상을 주려면 먼저 부탁을 하라

벤자민 프랭클린 인용: The Autobiography of Benjamin Franklin. Boston: Houghton Mifflin & Co., 1906. p. 107.

받은 돈을 돌려주기: Jon Jecker and David Landy. "Liking a person as a function of doing him a favour." Human Relations 22.4 (1969): 371–378.

색욕에 젖은 행실

제3자 효과: Richard M. Perloff. "Third-person effect research 1983–1992: A review and synthesis." International Journal of Public Opinion Research 5.2 (1993): 167–184.

수면자 효과: Anthony R Pratkanis, Anthony G. Greenwald, Michael R. Leippe, and Michael H. Baumgardner. "In search of reliable persuasion effects: III. The sleeper effect is dead: Long live the sleeper effect." Journal of Personality and Social Psychology 54.2 (1988): 203.

물질주의에 사로잡힌 소비자: Marsha L. Richins. "When Wanting Is Better Than Having: Materialism, Transformation Expoetations, and Product-Evoked Emotions in the Purchase Process." Journal of Consumer Research. 40.3 (2013): 1–18.

탐욕

도널드 트럼프 인용: Donald Trump with Tony Schwartz. Trump: The Art of the Deal[69]. New York: Ballantine Books, 1987.

더 높은 사회적 계층이 더 비윤리적이다: Paul K. Piff, Daniel M. Stancato, Stéphane Côté, Rodolfo Mendoza-Denton, and Dacher Keltnera. "Higher social class predicts increased unethical behavior." PNAS 109.11 (2012): 4086-4091.

더 높은 사회적 계층의 배려심이 더 적다: Paul K. Piff, Michael W. Kraus, Stéphane Côté, Bonnie Hayden Cheng, and Dacher Keltner. "Having less, giving more: The influence of social class on prosocial behavior." Journal of Personality and Social Psychology 99.5 (2010): 771-784.

더 높은 사회적 계층이 더 이기적이다: Jennifer E. Stellar, Vida M. Manzo, Michael W. Kraus, and Dacher Keltner. "Class and compassion: Socioeconomic factors predict responses to suffering." Emotion 12.3 (2012): 449-459.

카지노에서 배우기

몬티 홀 문제: en.wikipedia.org/wiki/Monty_Hall_problem.

복권 판매와 도박 수입 자료: North American Association of State and Provincial Lotteries. Lottery Sales and Profits (naspl.org).

미국 성인의 60퍼센트는 매년 최소한 한 차례 복권을 구입: National Gambling Impact Study Commission staff-generated report on lotteries (1999).

전체 도박 행위의 72퍼센트: 도박 수입 대부분은 카지노(41퍼센트)와 복권(31퍼센트)에서 비롯된다. 이 수치에 부속 카지노(tribal casino)[70]는 포함되지 않았다. United States General Accounting Office(미국 회계 감사원) report to the Honorable Frank R. Wolf: Impact of Gambling: Economic Effects More Measurable Than Social Effects (2000) GAO-GGD-00-78.

노스캐롤라이나 복권 당첨 번호 반복(글 안의 성찰이 돋보이는 1인칭 시점으로 쓰인 기사):

---

69 『거래의 기술: 도널드 트럼프 자서전』(김영사, 2004)
70 (옮긴이) 부족 주권(tribal sovereignty)을 부여받은 인디언 부족들의 카지노로서 도박을 금지하는 주의 권한이 제한됨

Leonard A. Stefanski. "The North Carolina Lottery Coincidence." The American Statistician 62.2 (2008): 130–134.

불가리아 복권 당첨 번호 반복: Carl Bialik. "Lottery Math 101." The Numbers Guy (blogs.wsj.com). September 22, 2009. (검색일: 2013년 3월).

이스라엘 정부 복권 당첨 번호 반복: Mark Weiss. "Israel lottery draws same numbers as three weeks before." The Telegraph (telegraph.co.uk). October 18, 2010. (검색일: 2013년 3월).

부분 강화 계획을 사용하라

참여자 조건화라는 렌즈를 통해 본 게임 디자인: John Hopson. "Behavioral Game Design." Gamasutra (gamasutra.com). April 27, 2001. (검색일: 2013년 1월).

개 사진 제공: 크리스 노더.

게임으로 만들어라

폭스바겐의 재미 이론 광고 캠페인: thefuntheory.com.

폴드잇: Fold.it에서 제공되는 단백질 접기 게임

디지털코오트: 핀란드 국립 도서관 디지털코오트 프로젝트는 digitalkoot.fi에서 확인할 수 있다.

구글 이미지 라벨러: 현재 서비스 중지.

소비자는 "종료"하거나 "구매"를 하는 게 아니라 "승리해야" 한다

fMRI 이미지: Mauricio R. Delgado, Andrew Schotter, Erkut Y. Ozbay, and Elizabeth A. Phelps. "Understanding Overbidding: Using the Neural Circuitry of Reward to Design Economic Auctions." Science 321.5897 (2008): 1849–1852.

JC페니: J.C. Penney revives "clearance" sales." CBS News (cbsnews.com). July 26 2012. (검색일: 2012년 12월).

파코 언더힐 "세일은 헤로인과 같다": Anne D'Innocenzio. "Discount, deal junkies hurting stores' profits." USA Today (usatoday.com). September 2, 2012. (검색일: 2012년 9월).

테크크런치의 그루폰 분석: Rocky Agrawal. "Why Groupon Is Poised For Collapse." TechCrunch (techcrunch.com). June 13, 2011. (검색일: 2012년 9월).

패스트컴퍼니 보고서: "Do Groupon And LivingSocial Do More Harm Than Good?" Fast Company (fastcompany.com). March 19, 2012. (검색일: 2012년 9월).

사람들이 자신의 실력에 대해 갖는 (이미 과도한) 우쭐함을 더 부풀려라

버트런드 러셀 인용: Bertrand Russel. New Hopes for a Changing World. New York: Simon & Schuster, 1951.

더닝과 크루거의 환영적 우월감에 대한 연구: Justin Kruger and David Dunning. "Unskilled and unaware of it: how difficulties in recognizing one's own incompetence lead to inflated self-assessments." Journal of Personality and Social Psychology 77.6 (1999): 1121.

파생상품 시장 입문: en.wikipedia.org/wiki/Derivative_products.

24옵션 인용: 24option.com. (검색일: 2013년 1월).

버핏 인용: Berkshire Hathaway Annual Report 2002, page 15.

운이 아니라 기술 때문에 보상을 받는 것처럼 만들어라

스키너의 비둘기의 미신적인 모습: W.H. Morse and B. F. Skinner. "A Second Type of Superstition in the Pigeon." The American Journal of Psychology 70.2 (1957): 308–311.

정원에 울타리 두르기

유튜브 검색 엔진 정보: "comScore Releases November 2008 U.S. Search Engine Rankings." comScore (comscore.com). December 19, 2008. (검색일: 2013년 1월).

닻내림 효과와 임의적 일관성

임의적 일관성: Dan Ariely. Predictably Irrational[71]: The Hidden Forces That Shape Our Decisions. New York: HarperCollins, 2008.

주유기 사진 제공: 크리스 노더.

과거 기름값: Weekly Retail Gasoline and Diesel Prices. United States Energy Information Administration(EIA). 미국 에너지 관리청(EIA)의 Independent Statistics and Analysis에 따르면 1999년 2월 22일 월요일 일반 휘발유의 갤런당 평균 가격은 0.907달러였고, 2008년 7월 7일 월요일에는 갤런당 4.114달러였다. Whatgas.com에 따르면 2008년 7월 영국 내 유가는 리터당 1.19파운드였다. 1 미국 갤런은 3.785리터에 해당한다. 미국 달러/영국 파운드의 환율은 당시 ~1.5였으므로 당시 영국 내 유가를 미국식으로 환산하면 갤런당 6.5달러가 된다.

타디스/타임로드(TARDIS/Time Lord): 이들 단어가 익숙지 않은 독자는 영국 유명 SF드라마 '닥터 후(Dr. Who)'를 검색해 보기 바란다.

닻을 확보하라

사회보장번호 숫자라도 기준점이 될 수 있다: Itamar Simonson and Aimee Drolet. "Anchoring Effects on Consumers' Willingness-to-Pay and Willingness-to-Accept." Journal of Consumer Research 31.3 (2004): 681-690.

돈에서 토큰으로

상원의원 마크 프라이어가 연방거래위원회에 보낸 서한: Mark Pryor. "Prior to FTC: Protect Families from Deceptive Purchases Embedded in Kids' Games." (pryor.senate.gov). February 8, 2011. (검색일: 2013년 3월).

연방거래위원회 보고서: Mobile Apps for Kids: Current Privacy Disclosures are Disappointing. Federal Trade Commission Staff Report, February 2012.

애플의 "미끼 앱" 관련 집단 소송 합의: U.S. District Court Northern District of California San Jose Division. No. 11-CV-1758-EJD. March 1, 2013.

---

[71] 『상식 밖의 경제학: 이제 상식에 기초한 경제학은 버려라』(청림출판, 2008)

미실현수당을 장려한다

40퍼센트의 추가적 소비: Kelli B. Grant. "Why Amazon Wants Your Old CDs." SmartMoney (smartmoney.com). April 11, 2012. (검색일: 2013년 3월).

베스트바이가 상환되지 않은 카드에서 벌어들인 5천 3백만 달러의 수입, 2005년부터 2011년까지의 기간 동안 이를 모두 합치면 4백 10억 달러: Phil Izzo. "Number of the Week: Billions in Gift Cards Go Unspent." The Wall Street Journal (wsj.com). December 24, 2011. (검색일: 2013년 3월).

10~19퍼센트의 기프트 카드가 미상환됨: Gift cards: Opportunities and issues for retailers. Grant Thornton LLP, March 2011.

만료 날짜: "Gift Card Report 2012." Scripsmart (scripsmart.com). November 26, 2012.

비싸게 판다

블라인드 테이스팅 결과, 소비자들은 저가의 와인을 선호: Robin Goldstein, Johan Almenberg, Anna Dreber, John W. Emerson, Alexis Herschkowitsch, and Jacob Katz. "Do More Expensive Wines Taste Better? Evidence from a Large Sample of Blind Tastings." Journal of Wine Economics 3.1 (2008): 1–9.

제품 가격이 비쌀 때 fMRI 두뇌 스캔에서 쾌감 반응이 증가: Hilke Plassmann, John O'Doherty, Baba Shiv, and Antonio Rangel. Marketing actions can modulate neural representations of experienced pleasantness. Proceedings of the National Academy of Sciences 105.3 (2008): 1050–1054.

현금을 지불할 때 소비 행태가 더 탐닉적: Rajesh Bagchi and Lauren G. Block. "Chocolate Cake Please! Why Do We Indulge More When it Feels More Expensive?" Journal of Public Policy & Marketing 30.2 (2011): 294–306.

후광 효과를 처음 설명한 문헌: Edward L. Thorndike. "A constant error in psychological ratings." Journal of Applied Psychology 4.1 (1920): 25–29.

차선을 먼저 제시한다

도로 점선의 길이: Dennis M. Shaffer, Andrew B. Maynor, and Windy L. Roy. "The visual perception of lines on the road." Perception & Psychophysics 70.8 (2008): 1571–1580.

부동산 중개인: Robert Cialdini. Influence: The psychology of persuasion[72]. Collins Business, 2007. p. 14.

일관성을 깨서 가격을 합리화한다

영국의 미터법: The Great Metric Rip-Off. British Weights and Measures Association (bwmaonline.com). (검색일: 2013년 3월).

사악한 디자인

속임수를 나쁘다고 생각해야 하는가?

식료품점 사진: Courtesy of J. E. Nodder.

괴물 같은 것은 없다: Liat Sayfan and Kristin Hansen Lagattuta. "Scaring the Monster Away: What Children Know About Managing Fears of Real and Imaginary Creatures." Child Development 80 (2009): 1756–1774.

버스 정류장: Simone Thies. "Kein Bus wird kommen." Der Westen (derwesten.de) February 14, 2008. Retrieved March 2013. and Harry de Quetteville. "Wayward Alzheimer's patients foiled by fake bus stop." The Telegraph (telegraph.co.uk) June 3, 2008. (검색일: 2013년 3월).

도브의 "리얼 뷰티" 캠페인 비디오: youtube.com/watch?&v=m0JF4QxPpvM

---

[72] 『도서 설득의 심리학: 사람의 마음을 사로잡는 6가지 불변의 원칙』(21세기북스, 2013)

이 책의 원칙들을 활용하는 것을 나쁘다고 생각해야 하는가?

설득 기술 디자인의 원칙: Daniel Berdichevsky and Erik Neuenschwander. "Toward an ethics of persuasive technology." Communications of the ACM 42.5 (1999): 51–58.

깨어 있는 의식이 힘이고 약이다

Don Norman. Emotional Design: Why We Love (or Hate) Everyday Things[73]. New York: Basic Books, 2005.

---

[73] 『감성 디자인』(학지사, 2010)

번호

2등이라는 자리에서 이득을 보는 방법	210
7대 죄악	18

A–Z

arbitrary coherence	266
breakage	274
Call to Action	63
Choice Overload	67
cognitive dissonance	21
confirmation bias	25, 40
Crowdsourcing	247
Dan Ariely	266
gambler's fallacy	242
Gamification	50
halo effect	278
pratfall effect	208
Pride	20
priming	26
Priming	73
push poll	210
Robert Cialdini	112
social enginee ring	202
social proof	26
Stanley Milgram	27
trickle-down effect	278
Warren Buffet	258

ㄱ–ㄹ

강화	242
개인적 메시지를 만드는 법	37
개인적 청원	33
게임으로 탈바꿈시키는 방법	249
게임화	50
계산을 감추는 방법	102
고가 정책으로 이익을 내는 방법	279
고드윈 법칙	146
공개적으로 약속하게 하는 방법	40
"공짜"로 파는 방법	227
공포	118, 157
광우병	122
교만	20, 301, 309
구매자의 후회	23
권위를 이용해 사람들에게 허락을 주는 방법	156
그루폰	251
나태	60, 302, 312
낙수 효과	278
내집단 편향	215
내집단 편향을 활용하는 법	217
네거티브 옵션	80
네거티브 옵션을 디자인하는 법	87
넷플릭스	134
닻내림 효과	267
닻을 확보하는 방법	270
대가성 블로그	30
댄 애리얼리	266
더 적은 선택을 디자인하는 법	72
데일 카네기	193
도날드 노먼	174
도박꾼의 오류	242
동경을 심는 방법	174
디비컵	42
로버트 치알디니	112

ㅁ–ㅂ

마키아벨리	104, 288
매몰비용의 오류	100
맥아피	45
메리 케이 애쉬	193
면전에서 문 닫기 전략을 구사하는 법	114
목표 달성 대신 금전 지불을 권유하는 방법	190
무형의 가치를 파는 방법	231

문간에 발 들이기 전략을 구사하는 법	111
문제 한가운데서 신뢰를 쌓아 올리는 방법	108
미실현수당	274
미실현수당을 활용하는 방법	276
밑칠	26
미끄러운 경사길 활용법	138
벤자민 프랭클린	231
벤자민 프랭클린 효과를 활용하는 법	234
보상	92, 243
부분 강화 계획을 설계하는 방법	246
부조화	22
분노	129, 304, 319
불평등 회피	165
비이성적 집착심화	100

ㅅ

사람들로 하여금 자신이 중요하다고 느끼게 하는 방법	197
사람들을 겁주는 방법	161
사람들의 의견을 편향시키는 방법	214
사람들이 사전-주인의식을 느끼게 하는 방법	179
사악한 디자인	17, 336
사용자가 푹 빠질 때까지 큰 결정을 아껴두는 방법	117
사이비 과학	140
사회 공학	202
사회적 검증	26
사회적 검증을 이용하는 방법	31
상식 밖의 경제학	190, 223
색욕	200, 306, 327
샌드박스	256
선택 과부하	67
선택의 심리학	67
선호 옵션을 디자인하는 법	75
설득	16
세트 완성을 돕는 방법	52
소비자의 승리를 위한 디자인 방법	253
소유효과	135
속임수	290
스키너	259
스탠리 밀그램	27, 151
스탠퍼드 감옥 실험	146
스폰서 스토리	35
시기	165, 305, 323
식탐	90, 303, 315
실력에 대한 느낌을 부풀리기	258
실수 효과	208

ㅇ

아첨	202
아첨을 활용하는 법	205
앤디 워홀	193
앤지스 리스트	230
야후! 앤서즈	50
어리석음	18
업적을 강조하는 방법	187
온라인 탈억제 효과	146
옵트아웃 항목 물타기를 디자인하는 법	79
욕망을 일깨우는 방법	168
운이 아닌 기술을 부각시키는 방법	262
울타리 친 정원을 디자인하는 방법	265
워렌 버핏	258
웹사이트의 신뢰도를 구성하는 네 가지 요소	44
유머로 분노를 막는 방법	133
유브빈레프트비하인드	181
유사성을 부각시키는 방법	43
의구심을 퍼뜨리는 방법	124
의식 고취 효과	212
이그 노벨싱	22
이반 파블로프	242
이유는 어떻게 제시하는가	25
익명성	146

익명성을 활용하는 법	151	탑링크드닷컴	54
인간관계론	193	토큰 경제를 설계하는 방법	273
인증을 이용하는 방법	46	톰 소여 효과를 활용하는 법	121
인지 부조화	21	파블로프	259
일관성을 깨는 방법	285	편향 여론 조사	210
임의적 일관성	266	폐쇄성	47
		필립 짐바르도	146

ㅈ

자제력	127		
자포스	194	합리화	22
작은 보상으로 동기를 유발하는 방법	98	해롤드 캠핑	21
점화효과	73	험블번들	119
조급함을 이용해 사람들이 따라오게 만드는 방법	126	현상유지편향	135
		형이상학적 주장을 구사하는 방법	143
존 검머	121	호혜	108
죄책감	232	호혜를 활용하는 법	222
준거틀(frame of reference)을 세우는 방법	281	화답	109
지미 웨일즈	33	확증 편향	25, 40
지위	180	후광 효과	278
지위를 알리게 하는 방법	192	휴거	21
지위의 차이를 만드는 방법	184	휴브리스	20
질서에 대한 욕구를 견인하는 방법	56	희망선	61
		희소성	118

ㅊ-ㅋ

처음 주신파 홍보에 대한 가이드라인	30
최소 저항 경로를 디자인하는 법	66
추가적 보상 가치를 창조하는 법	95
추천평	28
컨피규레이터	69
콜투액션	63
크라우드소싱	247

ㅌ-ㅍ

탐욕	237, 307, 331